Design Thinking for Educators

사람다움
교육 가치 실현

교육자를 위한
디자인 씽킹
: 교육혁신을 디자인하다

최유현

충남대학교출판문화원

교육자를 위한

디자인 씽킹

: 교육혁신을 디자인하다

지은이 최유현
1판1쇄 2022년 7월 15일 **1판2쇄** 2023년 5월 10일
발행인 이진숙
펴낸곳 충남대학교출판문화원 **주소** 대전광역시 유성구 대학로 99
전화 042-821-6045 **홈페이지** http://www.cnupress.co.kr **E-mail** cnupress@cnu.ac.kr

ISBN 979-11-6503-160-2 93370
정가 20,000원

머리말

디지털과 데이터가 기술과 사회, 그리고 교육의 변혁(transformation)과 혁신을 빠르게 진행시키고 있다. 특히 새로운 교육의 패러다임 전환을 요청받고 있는데, 이러한 교육의 패러다임 전환은 교육의 공간, 시간을 초월한 논의는 물론이고 주어진 교수·학습 상황에서의 미래적 학습자 역량이 요구되고 있다. 우리 사회와 직업 세계에서 창조와 혁신이 보편화되고 기존의 방식이나 내용으로는 복잡하고 어려운 도전과 문제 상황에서 난처한 일을 겪게 될 것이다. 창조적이고 혁신적의 과정과 결과를 도출하기 위하여 학습의 과정에서 창조적 혁신의 마인드와 방법론으로 교육이 이루어져야 할 것이다.

디자인 씽킹의 가장 큰 매력은 디자인을 전공하지 않는 사람들에게 유익한 교육적 경험을 제공한다는 데 있다. 그 이유는 마음가짐의 철학에서 찾을 수 있다. 디자인 씽킹 마음가짐의 철학 중에는 스탠퍼드 디스쿨(d.school)의 마음가짐의 철학(d.mindset)이 가장 널리 알려져 있다.

첫 번째 마음가짐은 말하지 않고 보여주기(show don't tell)다.

두 번째 마음가짐은 인간 가치에 초점(focus on human values)이다.

세 번째 마음가짐은 실험적 도전을 포용(embrace experimentation)한다는 것이다.

네 번째 마음가짐은 실천을 지향한 편향(bias toward action)이다.

다섯 번째 마음가짐은 급진적 협력(radical collaboration)이다.

여섯 번째 마음가짐은 과정을 염두에 두기(be mindful of process)이다.

일곱 번째 마음가짐은 명쾌하게 만들기(craft clarity)이다.

즉 디자인 씽킹은 한마디로 사람 공감 기반의 협력적 문제해결 사고와 방법론이다. 디자인 씽킹 방법론에서 여러 가지 마음가짐(mindset)을 지향하고 발현하게 된다. 즉 사람을 진정성있게 공감하고 배려하는 마인드, 창조적인 자신감으로 창조와 혁신을 이끄는 마인드, 실패에 대한 두려움을 제거하고 전환적 사고를 이끄는 생산적 실패마인드, 너무 문제가 복잡해서 혼자서 해결할 수 없기에 팀 구성원간의 협력과 개별성을 존중하는 마인드이다.

이 책은 '교육자를 위한 디자인 씽킹 : 교육 혁신을 디자인하다'라는 제목으로 펴낸다. 즉 디자인 씽킹 교육 방법론으로 교육의 혁신적 과정과 결과의 이론적 담론과, 실천적 지침을 제공한다. 따라서 혁신적인 교육의 결과를 위하여 혁신적 사고와 마인드를 과정에서 경험하여 교육자나 미래 교육자에게 새로운 교육 패러다임의 역량을 성찰하고 증진시키는데 목적을 두고 있다.

이 책은 본 내용으로 들어가기 전에 프롤로그로 '디자인 씽킹을 만나다'로 디자인 씽킹이 왜 담론화되고 실천되어야하는 지를 가벼운 대화로 시작한다.

그리고 이어서 본 내용으로는 5개의 장으로 구성하였다.

1. 디자인 씽킹 따라잡기 : 디자인 씽킹이란, 디자인 씽킹의 연구 동향, 디자인 씽킹 프로세스 모델
2. 디자인 씽킹, 교육과 만나다 : 디자인 씽킹과 교육, 디자인 씽킹 학습 표준(Design Thinking Standards), 예비교사를 위한 디자인 씽킹 모델, 디자인 씽킹 기반 3I 창의체험아카데미
3. 디자인 씽킹을 위한 팀 리더십 계발하기: 팀의 의미와 발달, 팀 수행과 구성하기, 팀 리더십
4. 디자인 씽킹에서의 문제와 사고 기법 돋보기: '문제'를 탐구하다, 디자인 씽킹에서의 문제 정의, 디자인 씽킹과 사고 기법
5. 교육자를 위한 디자인 씽킹 툴: '공감' 마인드 프로그램 사례, 교육자를 위한 디자인 씽킹 툴

그리고 에필로그로는 '디자인, 그 이상의 의미 : '디자인' 따라잡기, 생각 그 이상, 디자인 씽킹이 지향하는 철학, 디자이너 되어가기(Becoming a Designer)를 제시하였다.

이 책의 독자는 디자인 씽킹 교육 방법론을 이해하고 실천하려는 창조, 협력, 혁신을 학습하고 연구하는 모든 사람에게 열려 있다. 보다 구체적으로는 디자인 씽킹 교육 방법론으로 교육에서의 혁신을 도모하려는 교육전문가, 그리고 디자인 씽킹을 통하여 교사로서의 창조적 자신감과 배려와 공감의 역량을 키우고자 하는 예비교육자에게 초점을 두고 있다

부디 이 책을 통하여 디자인 씽킹, 디자인 씽킹과 교육의 이론적 담론을 활발하게 하고, 구체적인 실천의 프로젝트를 이끄는 책이 되었으면 합니다. 우리나라에서 디자인 씽킹에서 교육을 논의하는 탐험적 시도가 저자의 의도대로 의미 있는 실천이 이어지길 바란다.

2022년 7월

한밭, 대덕의 연구실에서

저자 최유현

추천의 글

호모 엠파티쿠스(Homo Empathicus)로서의 교육 문제의 혁신적 방법론을 이끄는 선도적 저서로 기대

고대혁(경인교육대학교 7대 총장, 교육학박사)

디자인 씽킹(DT: design thinking)은 미국의 스탠퍼드 디스쿨(Stanford D. School)이 확산시키고 있는 교육 프로그램이다. 이번에 출간되는 **『교육자를 위한 디자인 씽킹 : 교육 혁신을 디자인하다』**는 충남대학교 사범대학 최유현 학장의 저서이다. 저자는 다른 저술을 통하여 우리시대 교육 현실을 반성하고 미래교육의 올바른 방향에 대해 쉼 없이 성찰하고 실천 가능한 대안을 모색하고 있는 선도적인 학자이다. 특히 저자는 오랜 시간 디자인 씽킹 관련 연구 책임을 맡아 연구를 수행하고 있는 중이다. 그는 이 책에서 디자인 씽킹을 학생들 스스로 생각하고, 분석하고, 공감하고, 그들이 자신의 호기심을 토대로 더 나은 해결책을 도출해내는 교육적 접근 방식으로 다루면서 디자인 씽킹의 기법을 교육문제 해결을 위한 방법론으로 접근하고 있다.

미래사회는 인간의 기계화와 기계의 인간화가 동시에 진행되고 있으며, 인간과 기술의 공존, 초연결(hyper connectivity), 탈 표준화를 시대적 특징으로 한다. 이 새로운 문명은 빅 데이터(big data), 사물 인터넷(IoT)과 인공지능(AI) 등 과학기술을 근간으로 새로운 세계관과 다양한 존재들 간의 관계망을 구축하고 있다. 아울러 이들 과학 기술은 인간 삶의 다양한 측면, 곧 경제력과 군사력 및 생산 도구와 생활 용품 등 우리의 모든 영역을 지배하는 힘이 되고, 사회 변화의 주역이 되고 있다.

저자는 디지털 기술의 발전에 따른 과학기술과 소셜 미디어의 보급은 사람과 사람의 연결을 용이하게 함으로써 더 자주 소통할 기회를 제공하고 있지만, 실생활에서 사람들이 직접적인 반응을 보며 함께 공감할 수 있는 경험은 오히려 줄어들었다고 한다. 디지털 기술이 인간을 더 잘 이해하게 됨에 따라, 이 기술이 인간에게 봉사하기보다 인간이 이 기술에 조종될 수 있는 시대가 올 수도 있다. 디지털 기술 홍수 속에서 지구상의 인간이 살아남아 번창할 수 있기 위해서는 호모 엠파티쿠스(Homo Empathicus)가 되어야 하며, 미래사회에 인간 생존의 가장 중요한 요건은 '공감' 능력이라는 점을 저자는 특별히 강조하고 있다. 저자는 공감이 없는 의사소통은 과학기술의 비인간화를 더욱 더 촉진할 위험성에 노출되어 있다는 점을 우려하면서 인간중심 사고방법론으로써 디자인 씽킹을 학생들의 문제해결 방법론으로 학교현장에서 다룰 것을 강력하게 권고하고 있다.

저자의 의도와 열망처럼 우리시대 디자인 씽킹을 통하여 인간이 창출한 과학기술 일반이 인간의 품격을 고양하는데 쓰일 수 있도록 고민하는 독자라면, 이 책을 통하여 많은 실천적 지혜를 얻을 수 있을 것으로 확신한다.

2022. 7.

목차

프롤로그

디자인 씽킹을 만나다

디자인 씽킹의 시대

클라우드 슈밥은 기술 발전에 따른 세상의 변화를 다음과 같이 멋지게 표현했다.

> "세계에서 가장 큰 택시 기업인 우버는 소유하고 있는 자동차가 없고, 세계에서 가장 많이 활용되는 미디어인 페이스북은 콘텐츠를 생산하지 않는다. 세계에서 가장 가치 있는 소매업체인 알리바바는 물품 목록이 없으며, 세계에서 가장 큰 숙박 제공업체인 에어비앤비는 소유한 부동산이 없다."[1]

세계미래보고서 2030-2050[2]에 따르면, 핵융합, 가상 망막 디스플레이로 가상현실 시청, 1,220km의 속도로 달리는 초고속 자기부상열차, 신체 장기 3D프린터, 절단된 사지를 재생, 인공지능이 인간의 지능을 능가하는 기술 등이 가능한 시대가 될 것이라 한다.

기술은 우리의 상상을 초월하며 끝이 어딘지 알 수 없는 방향으로 성장하고 있다. 이러한 변화는 우리가 세상을 바라보는 관점, 미래를 어떻게 준비해 나가야 할 것인가 등의 근본적인 성찰을 이끌어내고 있다. 성장과 발전의 어두운 그늘인 인간성 상실의 문제, 빈부격차의 문제, 점점 더 복잡해지는 사회 문제 등에 대해 새로운 대안의 모색을 요구하고 있다.

이러한 시대적 요구에 대한 대안으로 디자인 씽킹(Design Thinking)이 주목받고 있다. 더하여 디자인 씽킹의 시대라 칭한다.[3] 4차 산업혁명의 도래에 따른 급격한 변화에 대한 요구, 점점 더 복잡해지는 세상에 익숙하지 않은 인간의 문제의 실마리를 풀어나가기 위해 디자인 씽킹이 대안으로 주목받고 있다.

피플인사이트[4]에서는 이제는 디자인 씽킹 시대라는 글을 통하여, 사용자 경험, 특히 정서적 측면에 초점 맞추기(Focus on user's experience, especially their emotional), 프로토타입을 활용해 가능한 해결책 모색하기(Use prototypes to explore potential

---

1) Schwab, K. (2016). (클라우스 슈밥의) 제4차 산업혁명(송경진, 역). 서울: 새로운현재. (원서출판 2016).
2) 박영숙, Glenn, J., Millennium, P., & 유엔미래포럼(2017). 세계미래보고서 2030-2050. 파주: 교보문고.
3) Kolko, J. (2015). Design thinking comes of age. Harvard Business Review, 93(9), 66-71.
4) https://m.blog.naver.com/PostView.naver?isHttpsRedirect=true&blogId=pninsight&logNo=221576950829

solutions), 그리고 실패를 관대하게 바라보기(Tolerate failure) 등을 그 배경으로 제시하였다.

글로벌 기업 구글(Google), 애플(Apple), 에어비앤비(Airbnb) 등은 한발 앞서 디자인 씽킹을 도입해 활용하고 있으며, 국내에서도 삼성, LG 등 대기업에서 디자인 씽킹을 적극적으로 활용하고 있다.

디자인 씽킹에 관한 관심이 뜨겁다. 미국 하버드 경영대학원에서 발간하는 100년에 가까운 역사를 가진 하버드 비즈니스 리뷰 2019년 3~4월호[5]에 디자인 사고를 주도하는 올바른 길(The Right Way to Lead design thinking)이라는 주제로 특집기사가 실렸다. 디자인 씽킹에 익숙하지 않은 사람들을 이끌어 나가야 할 리더들을 위한 조언을 담고 있다.

한국능률협회 리더스 포럼 행사에 1,100여 명이 참여해 별도의 강연장을 마련하는 진풍경이 벌어졌다고 한다. 그 세미나의 주제가 바로 '디자인 씽킹! 성공을 디자인하는 창의적 사고방식!'이었다. 더구나 시작 시각이 오전 6시 40분이었다고 하니 그 열기를 미루어 짐작할 수 있다.

IDEO라는 기업에서 태동하였다고 알려진 디자인 씽킹은 기업을 넘어, 공공기관과 교육기관까지 빠르게 확산되고 있다. SAP 코리아에서 실시한 디자인 씽킹 연수에 경기도청 고위공무원들이 참여하였고, 세계 최고의 대학으로 평가받는 미네르바 스쿨의 대학생들이 한국에서 디자인 씽킹 교육을 받았다는 점도 놀랍다. 현재도 당신의 창조적 자신감과 마인드 셋을 증진시키기 위한 자격 과정으로 디자인 씽킹 과정을 제공하고 있다.[6]

---

5) Bason, C., & Austin, R. D. (2019). The Right Way to Lead Design Thinking. *Harvard Business Review*, 97(2), 82-+.

6) https://www.ideou.com

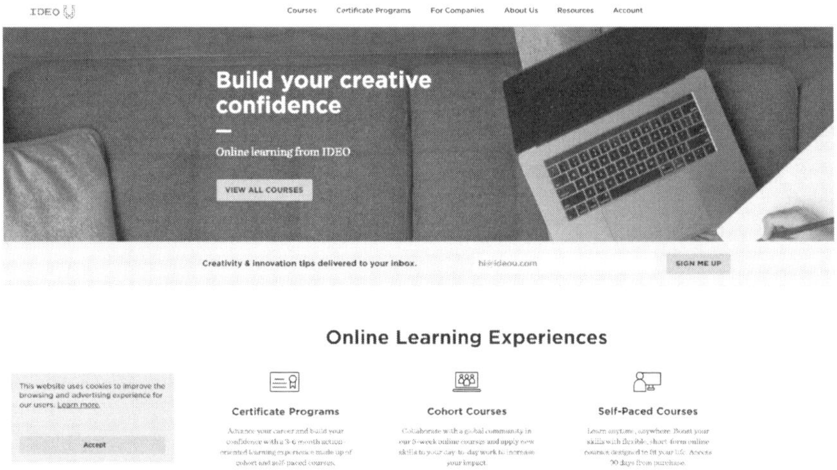

2022년 2월에 오픈하는 MIT 경영자 교육 프로그램(일주일 6~8시간, 3개월 온라인 과정)[7]에서는 왜 디자인 씽킹을 공부해야 하는지를 다음과 같이 제시하고 있다.

디자인 씽킹은 충족되지 않은 고객의 요구를 이해하는 것으로 시작하는 문제 해결의 강력한 프로세스이다. 그 통찰에서 개념 개발, 응용 창의성, 프로토타이핑 및 실험을 포함하는 혁신 프로세스가 나타난다. 디자인 씽킹 접근 방식을 비즈니스에 적용하면 혁신의 성공률이 크게 향상된다.

7) https://executive-ed.mit.edu

한편 영국의 케임브리지 대학교에서도 창의성, 문제해결, 디자인 씽킹(Creativity, Problem Solving and Design Thinking)의 온라인 과정[8]을 2022년 2월 24일에 오픈하여 6주간(일주일 6~8시간) 실시한다. 이 프로그램은 아이디어 창출과 개발의 구조화된 접근으로 창의적 스킬과 창의적 자신감을 계발한다고 한다.

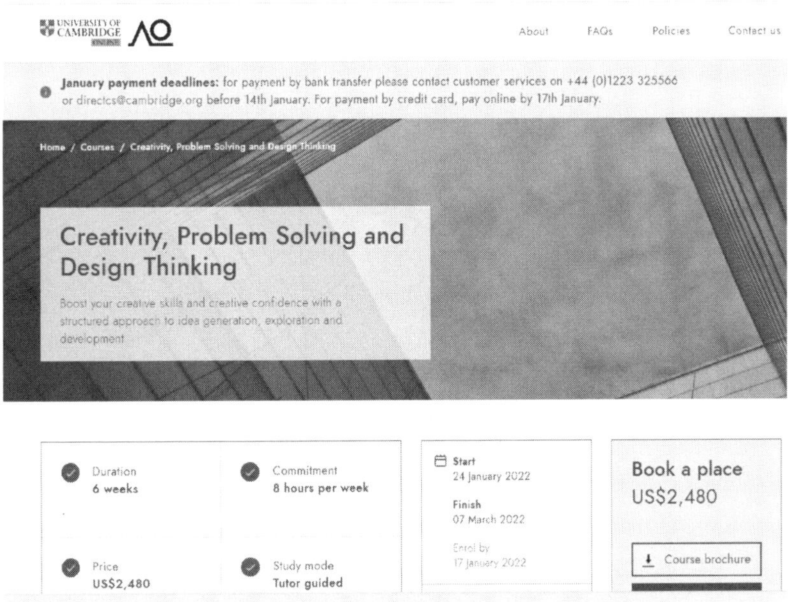

하버드 리뷰 최신판에서 왜 디자인 씽킹을 학습하는가(Why Design Thinking Works)라는 Jeanne Liedtka의 기고문[9]에도 혁신의 도전, 최상의 문제 솔루션, 낮은 위험과 비용, 디자인 구조의 탄탄함, 고객의 발견, 몰입과 집중, 감각적 실천(sense making), 아이디어 탐색, 테스트 경험 등을 키워드로 제시하고 있다.

8) https://advanceonline.cam.ac.uk/courses
9) https://hbr.org/2018/09/why-design-thinking-works

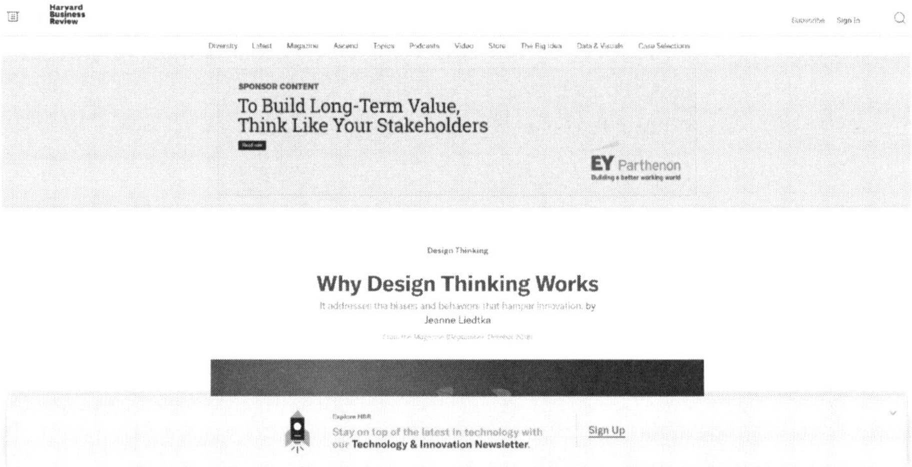

한편 IDEO에서는 교육자를 위한 디자인 씽킹이라는 툴킷[10]을 개발하고 교육적인 혁신의 전략과 실천을 소개하고 있다.

이러한 접근은 근래 들어 다양한 형태의 디자인 씽킹과 교육, 교실, 대학교육에 이르기까지 그 연구와 출판이 활발하게 이루어지고 있다.

10) https://www.ideo.com/post/design-thinking-for-educators

Joyce Hwee Ling Koh · Ching Sing Chai
Benjamin Wong · Huang-Yao Hong
Design Thinking for Education
Conceptions and Applications in Teaching and Learning
Springer

Design Science and Innovation
Gavin Melles Editor
Design Thinking in Higher Education
Interdisciplinary Encounters
Springer

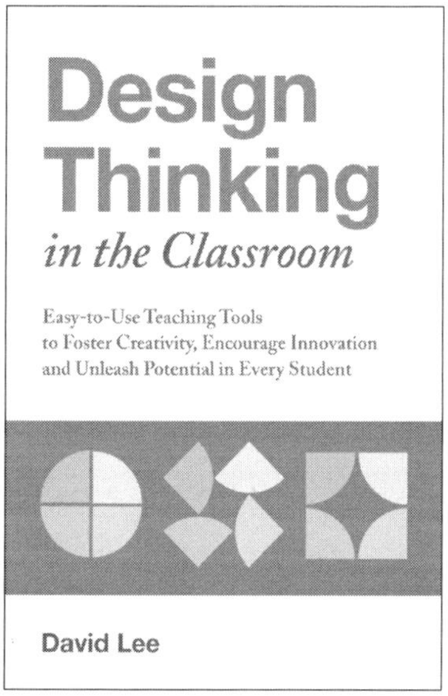
Design Thinking
in the Classroom
Easy-to-Use Teaching Tools
to Foster Creativity, Encourage Innovation
and Unleash Potential in Every Student
David Lee

Design Thinking for Every Classroom
A Practical Guide for Educators
Shelley Goldman and Molly B. Zielezinski
An Eye On Education Book

공감으로 만나다

2011년에 발표된 미국 대학생 14,000여 명의 자료 분석을 통해 이루어진 공감 능력에 관한 연구[11)]는 공감 능력의 현주소를 잘 보여주는 사례로 자주 인용된다. 연구에 따르면 미국 대학생의 공감 능력이 20~30년 전에 비해 약 40%가량 낮아졌다고 한다. 더 놀라운 사실은 최근 10년간 그 감소 폭이 증가했다는 점이다. 주요 원인 중 하나로 디지털 기술이 초래한 무관심 효과(desensitizing effects)를 들고 있다[12)]. 디지털 기술의 발전에 따른 소셜 미디어의 보급은 사람과 사람을 연결해 더 자주 소통할 기회를 제공하고 있지만, 직접적인 반응을 보며 공감할 수 있는 경험은 줄어들었다는 점[13)14)]을 그 근본 원인으로 꼽고 있다.

2008년 미국 대통령 선거에서 민주당 지지자들에게 대통령 후보에게 가장 중요한 자질이 무엇이냐는 질문을 던졌다. "선거에서 이길 확률이 가장 높은 사람"이 통상 가장 중요하게 꼽힌다. 그런데 이보다 더 높은 답을 얻은 것이 있는데 그 대답이 바로 "공감"이었다. 그해 민주당 후보로 뽑혀 미국 대통령이 된 사람이 바로 공감 능력이 뛰어나다고 평가받는 미국 최초의 흑인 대통령 '오바마'다. 사람들의 '공감 능력'의 결핍에 따라 공감 능력이 뛰어난 지도자에 대한 요구가 반영된 결과로 풀이된다.

제러미 리프킨(공감의 시대)은 인간이 인간다운 것, 문명의 발달을 거쳐 오늘에 이르게 되고 나아가 미래의 많은 문제를 풀어나가기 위해서 '공감'에 주목하라고 말한다. 지구에서 인류가 살아남아 번창할 수 있기 위해서는 호모 엠파티쿠스(Homo empathicus)가 되라고 주문한다. 더 나아가 앞으로의 시대를 '공감의 시대'로 규정하고 이 시대를 살

---

11) Konrath, S. H., O'Brien, E. H., & Hsing, C. (2011). Changes in dispositional empathy in American college students over time: A meta-analysis. Personality and Social Psychology Review, 15(2), 180-198.

12) Bushman, B. J., & Anderson, C. A. (2009). Comfortably numb: Desensitizing effects of violent media on helping others. Psychological science, 20(3), 273-277.

13) Steinberg, S. (2010). College students have less empathy than past generations. USA Today. Retrieved from https://usatoday30.usatoday.com/news/education/2010-06-08-empathyresearch08_st_N.htm

14) Swanbrow, D. (2010). Empathy: College students don't have as much as they used to. MICHIGAN NEWS. Retrieved from http://ns.umich.edu/new/releases/7724-empathy-college-students-don-t-have-as-much-as-they-used-to

아내기 위해서는 공감형 인간의 본질을 회복해야 한다고 주장한다.

캐나다 교육가 메이 고든이 시작한 "공감의 뿌리 프로젝트(Roots of Empathy Project)"는 교육에서 공감의 중요성을 재조명하여 세계적인 관심을 집중시켰다. 엄마와 아기를 교실에 초대해 아이들에게 공감 능력을 길러 주는 프로그램으로 전 세계의 교실에서 공감 능력을 기르는 방법으로 확산되고 있다.

프리드먼은 <늦어서 고마워>라는 저서에서 미래 최고의 일자리로 '공감형기술직(STEMpathy job)'을 들고 있다. STEM(과학, 기술, 공학, 수학) 능력과 인간의 공감(empathy) 능력을 결합하여 새롭게 창안한 말이다. 그는 기계들이 잘할 수 있는 STEM에 인간만이 가진 공감하는 능력을 결합하여 두 가지 모두를 갖춘 인재가 미래에 높은 가치를 지닐 수 있다고 역설한다. 결국, 지금 우리의 노력에 공감이 더해져야 한다는 점을 강조한 말로 풀이된다.

유네스코(UNESCO)는 이러한 시대적 흐름을 읽어 교육 실천 시리즈(Educational Practices Series)에 담아내고 있다. '감정과 학습(Emotions and Learning) (Pekrun, 2014, p. 8)'에서 감정은 학습에 중대한 영향을 미치기 때문에 교사는 학생들이 경험한 감정을 이해하기 위해 주의를 기울여야 하며, 긍정적이거나 부정적인 공감은 학습자의 흥미를 유발하는 데 유용하다고 특별히 '공감'에 주목할 것을 주문한다.

이러한 변화에 따른 우려는 4차 산업혁명의 도래에 따라 중요해지는 10가지 기술에 담겨있다. 2015년과 비교해 2020년에 감성 지능(Emotional Intelligence)이 추가되었으며, 사회적 기술(Social Skills)에 해당하는 다른 사람과 조화(Coordination with Others), 협상(Negotiation)이 계속해서 중요하게 다루어지고 있다는 점에서 변화의 방향을 읽을 수 있다.

변화만이 유일한 상수이며, 지금으로서는 세부 내용을 확신할 수 없지만, 변한다는 것만큼은 유일하게 확실한 미래의 진실인 시대(21세기, p. 395)를 살아내기 위해서는 저명한 철학자 칼 포퍼(Karl Popper)의 목소리에 귀 기울여 봄 직하다. 지금이 '공감의 시대'이기 때문이다.

나는 사람이 새로운 이해를 얻을 수 있는 가장 유일한 방법이 '공감적 직관' 혹은 '감정이입(empathizing)'이라고 본다. 문제 속으로 들어가서 그 문제의 일부가 되어버리는

것이다.[15)]

지능보다 정서 지능이 중요하다고 한다. 똑똑한 개인보다는 마음 따뜻하고 공감을 잘하는 아이들이 미래 주인공이 되어야 한다. 사실 어느 직장이나 조직에서도 '똑똑함'보다는 '따뜻함'의 가치가 존중받는다. 앞으로는 지능화된 컴퓨터가 다양한 분야에서 그 똑똑함을 대신해 주기 때문에 그것들을 이해할 정도의 똑똑함과 그들을 조절하고 제어하면서 인간과 기계, 인간과 인간, 인간과 사회의 메커니즘을 따뜻하게 작동시키는 지혜와 자기 성찰을 통한 배려가 필요하다. 그 중심에 '느낌 공감'이 자리를 차지해야 한다. 그래서 교육의 장에서 다양한 형태로 그들의 손(HANDS ON)과 마음(MINDS ON)이 체화된 감성을 작동시켜야 할 것이다.

오늘날 여러 분야에서의 키워드 중 하나가 '공감'이다. 공감을 잘하면 다른 사람들로부터 인정을 받게 되고 공감을 잘하는 연구 개발은 성공적인 제품을 탄생시킨다. 공감을 잘하는 행정은 품질 높은 서비스 행정으로 귀감이 된다. 교사는 아이들을 공감하고 존중하면 존경을 받는다. 서울의 Y대학은 '존중받는 학생, 존경받는 교수'로 교수와 학생 간의 공감에 바탕을 둔 교육을 실현하고자 한다.

몇 해 전 대학 입학생 면접을 본 적이 있었다. 학생이 가진 감성이나 창의성을 확인하기 위하여 다음과 같은 질문을 했다.

"만약 이 지구가 멸망 직전이다. 그런데 다행히도 너를 구할 우주선이 있다. 그 우주선은 너와 나머지 한 명만이 탑승할 수 있다. 너는 누구와 함께 우주선을 타겠는가?"

각기 나름의 대답하는데, 한 여학생이 대답을 못 하고 주저하다가 교수인 나에게 양해를 구했다.

"교수님, 제가 안 타고 다른 두 사람을 태우면 안 되나요?" 하는 것이다.

그의 참담한 고민을 이해한 터라 "좋다, 그러면 누구를 태우겠니?" 했더니 다음과 같은 대답이 돌아왔다.

---

15) Root-Bernstein, R. S., & Root-Bernstein, M. (2007). 생각의 탄생 (박종성, 역). 서울: 에코의서재. (원서출판 1999).

"네, 저는 부모님 중에 한 분을 태우려고 생각했는데, 그 누구도 남길 용기가 없어서 제가 내리고, 부모님을 태우겠습니다."

나는 속으로 참 좋은 학생을 만났구나, 하며 마음이 평안해졌다. 교사로서 가져야 할 아름다운 배려가 그 학생에게서 발견되었기 때문이다.

타인의 상황과 기분을 느낄 수 있는 능력을 공감이라고 한다. 사전적으로는 "남의 감정, 의견, 주장 따위에 대하여 자기도 그렇다고 느낌" 정도로 설명된다.

문자적인 의미로는 다른 사람에게 "감정을 이입한다(feeling into)"는 뜻이다. 이 말은 동감(sympathy)과도 비교될 수 있는데, 동감은 "함께 느낀다(feeling with)"는 뜻이다. 공감이라는 말의 기원은 19세기 미학과 심리학에서 발견할 수 있다. 당시에 공감은 대상을 알고 이해하는 방법으로 동작을 따라 하고 나서 관찰자가 자신의 운동 감각으로부터 어떤 내용을 추론하는 것을 의미한다.

공감이 전이와 저항 과정에 대한 정보를 제공할 수는 있지만, 그것이 전이와 저항의 분석을 대체할 수는 없다. 관련된 현상인 연민과 동감과는 달리, 공감은 중립적이고 비판적이라는 점에서 그것들과는 엄격하게 구별되어야 한다. 연민과 동감은 객관성이 부족하고, 과잉 동일시를 조장하고, 때로는 구원 공상의 실연으로 유도한다. 공감이 좀처럼 사라지지 않고 오래 지속되거나, 회피되거나, 다른 분석적 관찰 양식과 이해를 희생시킬 정도로 과잉 평가된다면, 그것은 역전이의 원인이 될 수도 있다.[16)]

어떤 사람이 넘어지거나 바늘에 찔리는 광경을 본다면, 마치 나 자신이 그런 것처럼 느끼도록 통각 신경이 활성화되는데 바로 거울뉴런 때문이라고 한다. 거울뉴런의 역할에 대해 빌라야누르 라마찬드란(Vilayanur Ramachandran) 박사는 다음 두 가지로 정의를 내렸다.

첫째, 가장 명확한 것으로 거울뉴런은 타인의 의도를 간파하게 하며, 이로써 오랑우탄이나 침팬지 등 고등 유인원과 달리 우리 인간들은 '마음이론'을 갖게 되었다. 둘째, 거울뉴런은 다른 사람을 시각적으로 유리한 입장에서 바라보는 것 외에도 '개념적'으로 유리한 입장에 서도록 전환한 것이다. 그래서 우리들은 종종 "당신이 무엇을 뜻하는지 알겠다."라고 같은 의미를 사용하게 된다고 한다. 우리 인간은 거울뉴런을 통해 단순 모방

---

16) 「공감(EMPATHY)」, 『정신분석용어사전』, 서울대상관계정신분석연구소(한국심리치료연구소), 2002. 8. 10. https://terms.naver.com/

차원이 아닌 또 다른 능력을 습득할 줄 알기 때문이다. 바로 공감이라는 감정을 느낀다는 점이다.[17)]

심리학자인 폰 바렌(von Barren) 연구팀[18)]은 우리들이 의도적으로 상대방과 소통하고 있을 때, 무의식적이고 무심결에 소통하도록 만드는 거울뉴런의 또 다른 형태의 공감능력을 보여주었다. 레스토랑 안에서 웨이트리스가 손님들의 주문 사항을 손님들에게 그대로 흉내 내어 말하거나, 손님이 한 말과 같은 말을 반복함으로써 그들의 주문을 확인시켜 주며 '네'라고 대답했다. 그 후 고객들이 준 팁을 계산하자, 웨이트리스가 고객의 주문을 반복해서 말할 때마다 팁의 액수는 올라갔다고 한다. TV 속 개그 프로그램 역시 일방적인 스탠딩 개그보다는 방청객과 주고받으며 반응을 직접적으로 이끌어 내는 개그 소재일 때 흥미를 더 자아내게 마련이다. 연예인 혹은 일반 방청객을 무대 위로 걸어 나오게 함으로써 더는 개그맨들만의 얘기가 아님을 보여 준 것이다.

거울뉴런의 발견자인 리졸라띠와 철학자인 시니갈리아의 『공감하는 뇌 : 거울 뉴런과 철학』[19)]이란 책에서 "우리 뇌에는 거울뉴런이 있어 인간의 발달과 사회적 학습 및 적응을 할 수 있게 된다. 또한, 인간은 태생적으로 거울뉴런 덕분으로 타인과의 관계를 통해서 감정적 공감이 이루어진다."라고 주장한다. 거울뉴런 이전의 뇌과학에서는 인간의 감각과 운동 및 추상적 이성 능력에 주안점을 두었다고 하면, 거울뉴런 발견 이후에는 인간의 사회적 능력에 관한 새로운 이론을 쓸 수 있게 된 것이다.

『공감의 뿌리』[20)] 저자 메리 고든(Mary Gordon)은 교육자이자 세계적인 연설가이다. 1996년 캐나다에서 '공감의 뿌리(Roots of Empathy)'를 설립하여 사회기업상을 받았다. 캐나다 토론토에서 유치원 교사였던 메리 고든은 '아무것도 모르는 갓난아기가 가진 힘'을 발견하고 지역에 사는 갓난아기를 초 · 중등학교에 초대해 아이들로 하여금 한 학년 동안 성장 과정을 지켜보도록 하는 '공감 능력을 높이는 심리 교육' 프로그램을 시작했

---

17) 범상규, 「소비자들을 움직이는 힘 : 모방보다는 공감을」. http://blog.naver.com/PostView.nhn?blogId=indeez&logNo=220446560543

18) van Barren, Rick B., Rob W. Halland, Bregje Steenaert, and Ad van Knippenberg, 「Mimicry for Money : Behavioral Consequences of Imitation」, ≪Journal of Experimental Social Psychology≫, vol. 39, pp. 393~398, 2003.

19) 자코모 리졸라띠 · 코라도 시니갈리아 지음, 이성동 · 윤송아 옮김, 『공감하는 뇌 : 거울뉴런과 철학』, UUP, 2016.

20) 메리 고든 지음, 문희경 옮김, 『공감의 뿌리 : 아이들 한 명 한 명이 세상을 바꾼다』, 산티, 2010.

다. 이 '공감의 뿌리' 프로그램을 통해 아이들은 갓난아기의 눈부신 성장을 지켜보고 사회 편견이나 고정관념에 노출되지 않은 아기를 만나면서 자신의 순수한 마음과 따뜻한 감정을 발견하고 표현하는 능력을 길렀다.

프로그램이 시행된 지 10년이 지나면서 캐나다 전역에서 집단 괴롭힘이나 따돌림 현상이 90%나 줄어드는 놀라운 결과를 낳았으며, 공감 능력의 발달과 함께 학습 능력도 향상되었다는 연구 결과들이 나오고 있다. '공감의 뿌리'는 현재 캐나다 9개 주와 뉴질랜드, 오스트레일리아, 미국 등지에서 5만여 학생을 만나고 있다. 메리 고든은 아쇼카 장학금, 프레이저 머스타드 상, 캐나다 교육자상, 명예 캐나다인 상을 받았다고 한다.

디자인 씽킹은 혁신적인 팀 기반의 문제 해결 방법론이다. 기업에서 학교에서 이 방법론을 혁신의 도구로 삼고 있다. 그래서 인간 중심 디자인, 유저(고객) 중심 디자인이라고 한다. 그 이유는 디자인 씽킹의 출발이 공감으로부터 시작되기 때문이다. 진정성에 바탕을 두는 인간의 요구, 고객의 요구를 심층적으로 공감하면 그 해결책이 성공을 거둘 가능성이 크기 때문이다.

공감의 과정에서 관찰, 조사, 몰입, 체험의 전략들을 펼친다. 특히 많은 혁신의 실패는 진정한 이해의 '불감'에서 비롯된다. 인간이나 고객의 필요와 요구를 색안경을 쓰거나 자신의 가설대로 피상적이고 형식적인 요구를 가정하여 문제를 해결했기 때문이다.

공감은 '숨겨진 동기'를 파악하는 것이다. 그래서 인간이나 고객의 요구를 파악한 것이지 자신의 가설을 증명하는 것이 아니다. 적어도 공감을 위한 인터뷰에서는 경청을 90% 이상은 하라고 한다. 대부분 사람들은 공감을 위한 요구 조사에서 자신의 가정이나 편견을 가지고 그들은 만난다고 한다. 그래서 피상적인 만남이나 요구조건을 가지고 가짜 공감을 반복하고 있는 것이다. 공감이 제대로 안 되면 제품이나 제도는 실패를 부른다. 공감되지 않는 교육도 마찬가지이다. 교육자들이 흔히 범하는 실수는 내가 학생들을 이해한다고 자신하는 것이다. 이런 실수를 돌이키지 않는 한, 학생 이해 중심의 교육은 기대하기가 어렵다. 공감을 위해서 적어도 다음 사항들은 지켜야 한다.

> 색안경을 벗어 던져라.
> 새로운 눈으로 세상을 바라보라.
> 당신의 편견을 인정하라.

뇌를 잠시 멈추라, 눈과 귀를 열라.
알고 있다고 가정하지 말라.
세상은 내가 아니고 그를 중심으로 돌아간다.
수정하지 말고 묵묵히 들어라.
생각을 전환해서 기발하게 질문하라.

그래서 엄청난 자본과 인력을 투입하고도 실패하는가 하면, 적은 비용과 인력으로도 꼭 필요한 요구를 해결책으로 삼아 성공을 넘어 혁신의 사례를 낳기도 한다.

GE에서 근무하고 있는 더그 디츠는 자신이 개발한 MRI 장비가 잘 운영되는지 확인하기 위해 병원에 들렀다가 부모 손을 꼭 잡고 겁에 질려 있는 일곱 살 여자아이가 MRI를 보며 온갖 무서운 생각을 하며 우는 장면을 목격했다. 깜짝 놀란 사실은 MRI 기사가 결국 마취과 의사를 불러 MRI 검사를 하는 동안, 이 소아 환자를 마취시키는 것을 처음 알게 되었다. 디츠는 그 순간 수년 동안 의료기기 장비를 개발하기 위해 노력했지만, 아이들이 어떻게 느낄지에 대해서는 한 번도 생각한 적이 없다는 것을 깨달았다. 그는 집에 돌아와 자신이 변화를 만들겠다고 다짐했다.

그는 일일 보육 센터에서 어린아이들을 관찰하고 그들에게 감정이입 하는 연습을 하기 시작했다. 어린이 박물관과 아동 병원에서 일하는 아동 전문가, 간호사, 기술자, 방사선 전문의, 지역 어린이집 원장, GE엔지니어링 디자이너와 생산자 등의 전문가들과 대화하면서 소아 환자들의 심리에 대해서도 이해하게 됐다.

아이들이 어떻게 기술을 경험하고 그것과 교감하는지 총체적으로 고려하면서 MRI 검사실을 어린이를 위한 모험 공간으로 바꿨다. 그곳에선 환자들이 주인공이 되어 용감하게 활약하는 역할을 맡게 돼 있었다. 이런 시스템 중 하나는 놀이공원에서 볼 수 있는 해적선을 본떠 디자인한 것이며, 나무로 만든 커다란 키가 MRI 기계 입구를 에워싸고 있는 배의 모습이었다. 이 항해가 끝나면 아이들은 검사실 한쪽 벽에 있는 해적의 가슴에서 작은 보물을 하나 꺼내 가질 수 있다.

그 결과, 종전에 MRI 검사를 받는 어린아이 중 80%가 진정제나 수면제의 도움을 받아야 했지만, 새로 디자인한 어드벤처 시리즈를 이용한 소아 환자에 대한 마취제 투여가

급격히 줄어들었다. 마취과 의사들이 덜 불려 다님에 따라 MRI 검사를 받는 환자 수가 늘었고 환자들의 만족 지수도 90%나 상승했다. 협업을 통해 개발한 장비 덕분에 환자인 아이, 부모, 의료인 모두 스트레스를 덜 받으면서 더 좋은 결과를 얻게 됐다. 가장 큰 기쁨과 보람은 해적선 MRI에서 검사를 받은 여섯 살배기 소녀가 엄마에게 다가가 치맛자락을 잡으며 이렇게 말한 것이다. "엄마 내일 또 여기 올 수 있어?"[21)]

『아날로그의 반격 : 디지털, 그 바깥의 세계를 발견하다』라는 책은 디지털이 완벽함과 속도에 관한 단어와 관련이 높은 반면, 정서와 관련된 모든 단어가 아날로그 영역에 있다는 점을 강조하면서 '공감'과 관련하여 시사하는 바가 매우 크다.

이 책에는 「공감 능력은 어떻게 길러지는가」라는 글이 소개되어 있다. 트웬티 원 토이스(Twenty One Toys)[22)]란 장난감을 만들어 파는데, 벤 아리라는 디자인 전공자의 스타트 기업이다. 사용자인 시각 장애인을 위한 커뮤니케이션 공감을 위한 목재 퍼즐 장난감을 개발하여 시각 장애인뿐만 아니라 공감 교육을 위하여 35개국의 일반 학생에게까지 사용된 성공적인 '공감 장난감(두 눈가리개를 활용한 세 단계의 퍼즐 의사소통) 퍼즐'이다. 이 장난감은 본질적으로 인간 중심의 교육, 공감 교육에 효과적이라는 것이다. 이미 프뢰벨이 놀이 기반 교육법을 주창한 배경과 크게 다르지 않다. 이 기업이 성공한 원인은 공감 장난감이 아날로그였기 때문이라고 주장한다.[23)]

제러미 리프킨이 『유러피언 드림』에서 '아메리칸 드림의 종말'을 고하며 새로운 시대의 비전을 제시했다면, 『공감의 시대』[24)]라는 책에서는 위기의 시대에 필요한 새로운 패러다임을 제시하였다. 그는 20세기가 석유라는 에너지를 기반으로 소수에게 부가 집중되는 경제 체제였다면, 지금 세계는 오픈 소스와 협력이 이끄는 시대로 접어들었다고 주장한다. 또한, 다윈의 적자생존이 아닌 공감하는 인간이 새로운 패러다임으로 떠오르고 있다며, 경제사에 '공감'이라는 새로운 화두를 제시해 보다 새롭고 풍부한 해석을 들려주고 있다.

---

21) 「어린이를 위한 MRI 디자인 : GE MRI Adventure Series」
http://thod.tistory.com/entry/GE-MRI-Adventure-Series [DESIGN THINKING MIND]
22) https://twentyonetoys.com
23) 데이비드 색스 지음, 박상현 · 이승연 옮김, 『아날로그의 반격 : 디지털, 그 바깥의 세계를 발견하다』, 어크로스, 2016, pp. 344~352.
24) 제러미 리프킨 지음, 이경남 옮김, 『공감의 시대』, 민음사, 2010.

이제는 경쟁의 문명에서 공감의 문명으로 패러다임을 전환할 때다.

최고의 행복은 우리의 생각과 마음, 감정이 통하는 것이 아닐까. 그야말로 소통에 목마른 시대이다. 뜻이 통하여 서로 오해가 없는 소통(疏通)의 시대를 만들어나가자는 바람을 담은 영상, 소통의 힘을 EBS는 지식 채널에서 제작하였다.

▸ 통하다
생각이 통하다
감정이 통하다
다름이 통하다.
마음이 통하다.

이 통함이 공감의 시대를 여는 통로가 아닌가? 존 더글라스는『트러스트, 사람들이 나를 신뢰하게 만드는 7가지 비결』[25]에서 소통을 잘하는 7가지 방법을 제시했다.

첫째, 존중이다. 1%만 존중해 줘도 99%의 마음을 얻는다.
둘째, 미소이다. 백만 달러짜리 미소로 마음까지 녹여 버려라.
셋째, 이름이다. 이름을 불러 주어 누구나 꽃이 되게 하라.
넷째, 관심이다. 상대의 관심사에 관심을 가져 감동을 선사하라.
다섯째, 칭찬이다. 칭찬으로 상대가 늘 소중한 존재임을 느끼게 하라.
여섯째, 경청이다. 어떤 얘기도 잘 들어주어 삶의 동기를 부여하라.
일곱째, 설득이다. 상대의 입장에 서서 나를 좋아하게 만들어라.

공감을 위한 소통은 그렇게 어려운 일이 아니지 않은가? 기본적으로 다른 사람인 남을 보다 따뜻하게 배려하고 이해하는 일이 핵심이다. 이 배려의 실천은 말하기보다 듣기이다. 올리버 웬델 홈즈는 "말하기는 지식이고, 듣기는 지혜다."라고 하지 않았던가? 공감할 줄 아는 사람은 대화 상대를 기쁘게 해주면서 상대로부터 호감을 끌어낸다. 사람은 자신이 충분히 이해받고 있다고 느낄 때, 이해해 주는 사람을 위해 기꺼이 보답을 해주려고 한다는 것이다.

---

25) 존 더글라스 지음, 최유리 옮김,『트러스트, 사람들이 나를 신뢰하게 만드는 7가지 비결』, 함께북스, 2011.

인간은 내가 만나거나 관계있는 사람에게 기꺼이 배려할 준비가 되어 있다. 교육에서 만남은 실천적인 협력의 리더십을 기르는 출발점이다. '배려하라' '더불어 살아라'라고 말하는 우둔한 가르침보다는 기꺼이 배려하기 위한 만남 기회를 많이 제공하는 지혜를 살려야 한다.

"인간은 이기심에 의하여 움직인다. 따라서 사람들이 잘 행동하게 하려면 감시하고 처벌하고 보상해야 한다."

이 그럴듯한 명제는 의식하든 의식하지 않든 경영하거나 지도하는 계층에서 가장 쉬운 방법으로 행해져 왔다.

그러나 서로 호의를 갖고 협력 관계를 형성함으로써 생산적인 목적에 이바지하도록 개개인에게 동기를 부여할 수 있다는 낙관적이고 인간적인 시각으로 이동하는 현상은 오늘날 비즈니스 세계에서 널리 확대되고 있다. 즉 사우스웨스트항공사, 도요타의 생산공정, 시카고 지역사회의 치안 참여 프로그램, 위키피디아, 리눅스에서 증명되고 있듯이[26] 인센티브나 처벌, 위계적 통제보다는 협력에 의지해 온 시스템 등이 성공사례이다.

독재자 게임(dictator game)은 행동경제학의 대표적인 실험으로, 인간이 한정적인 경제적 자원을 합리적으로 추구하는 이기적인 존재, 즉 호모 이코노미쿠스(homo economicus)라는 고전 경제학의 이론을 반박하는 실험이다. 1986년 심리학자 대니얼 카너먼은 최후통첩 게임(ultimatum game)을 발전시킨 독재자 게임을 통해 인간의 이기심과 합리성에는 한계가 있다는 것을 밝혀냈다.[27]

카너먼은 이 실험에서 161명의 학생에게 20달러를 주고 분배자 역할을 맡은 학생들로 하여금 원하는 대로 20달러를 분배하도록 하였다. 실험 결과, 약 70%의 학생이 주어진 20달러를 평균적으로 7.5 : 2.5의 비율로 나눠 가진 것으로 나타났다. 돈을 평등하게 나

26) 요차이 벤클러 지음, 이현주 옮김, 『펭귄과 리바이어던: 협력은 어떻게 이기심을 이기는가』, 반비, 2011, p. 9.

27) 『두산백과사전』을 인용한 『네이버 사전』에서 재인용.
http://terms.naver.com/entry.nhn?docId=3546397&cid=40942&categoryId=31531
일반적으로 독재자 게임에서 한 명은 분배자가 되고 다른 한 명은 수령자가 된다. 분배자는 주어진 자원을 자신이 원하는 비율로 분배하여 수령자에게 나눠 주는데, 최후통첩 게임과는 달리 수령자는 분배자가 나누어 주는 몫을 거부하거나 협상할 권한이 없다. 또한, 분배자는 수령자의 보복을 걱정할 필요가 없는 상황이다.

눠 주는 분배자도 있었다. 주류 경제학의 가정대로 어떤 분배자는 단 한 푼도 수령자에게 주지 않았지만, 그보다는 상당한 수준의 돈을 분배하는 분배자들이 더 많았다. 이와 같은 패턴은 이후 이루어진 유사한 실험 연구에서도 밝혀졌으며, 이는 부분적으로나마 공정성에 대한 인간의 관심을 보여준다. 이러한 태도는 타인 존중 선호(other-regarding preferences)에 바탕을 둔 것으로 보인다. 즉 분배자 A가 어떠한 결과를 통해 얻는 효용 및 만족은 부분적으로 상대방인 B가 얻는 효용과 만족에 달려있다는 것이다.

독재자 게임 및 최후통첩 게임은 타인과 더불어 살기 위해서 자신이 경제적 손해를 보더라도 사회적 관습에 따르고 평등 및 정의와 같은 가치를 추구하는 동기, 즉 사회적 선호를 가진 상호적 인간(homo reciprocan)의 모습을 잘 보여 준다.

한편, 1999년에 아이리스 보넷과 브루노 프레이(Iris Bohnet & Bruno Frey)[28]는 아주 흥미로운 실험을 하였다.

경제학자 아이리스 보넷과 브루노 프레이가 설계한 실험은 서로 만난 적이 없는 학생들을 모집해 역시 A, B 두 그룹으로 나눴다. 그리고 A그룹 학생 각자에게 10달러를 준 다음, 가지고 싶은 만큼 갖고 나머지를 B그룹 학생들에게 주도록 했다.

첫 번째 실험 결과 A그룹에서 B그룹에게 분배된 평균 금액은 25% 정도였다고 한다. 그리고 한 푼도 주지 않은 학생은 28%가 되었다고 한다.

이 연구에서는 여기서 그치지 않고 변형된 두 번째 실험하였다. 즉 A그룹 학생들과 B그룹 학생들이 얼굴만 대면하게 한 것이다. 서로 얼굴 한 번 마주 봤을 뿐인데, A그룹에서 B그룹에게 한 푼도 주지 않은 학생은 28%에서 11%로 떨어졌다. 평균 금액도 10달러의 25%에서 35%로 늘어났다고 보고하고 있다.

나아가서 보넷과 프레이는 세 번째 실험에서는 A그룹 학생들에게 B그룹 학생들의 전공, 취미 등 개인 정보를 알려주었다. A그룹 학생들의 누가 얼마를 줬는지는 여전히 비밀에 부쳤다. 이 실험 결과, A그룹 학생 중에서 한 푼도 주지 않은 학생은 단 한 명도 없었다. B그룹 학생들이 받은 평균 금액도 10달러의 50%로 늘었다. 서로 개인 정보를 교환하는 것만으로도 30%의 이기적 인간이 이타적 인간 혹은 협력하는 인간으로 바뀌는 놀라운 실험 결과를 얻었다.

---

28) Bohnet, Iris, and Bruno S. Frey. 「Social Distance and Other-Regarding Behavior in Dictator Games : Comment」, ≪American Economic Review≫, 89(1) : 1999, pp. 335~339.

경제적 관점이든 심리적 관점이든 인간은 만남을 통하여 배려와 협력을 할 수 있다는 사실이다.

인간은 이기심을 이길 비책이 있다. 그것은 협력의 역학을 활용하는 것이다. 특히 협력을 위해서는 서로의 만남 기회를 늘려야 한다. 만남 기회가 지속되고 성숙되면 인간의 이기심은 공감과 연대감으로 발전하여 기꺼이 배려할 수 있는 에너지가 생길 것이다.

최근 디지털의 영향 속에서 자칫 '접속의 만남'이 간편해 보이기도 하지만, 이러한 만남을 넘어서서 '접촉의 만남', 즉 아날로그적인 만남이 이루어져야 한다.

오늘날 우리 학교와 교실에서도 학생들이 서로 만날 기회를 마련해 준다면, 그것은 배려와 협력의 씨앗을 심는 일이다. 대화하고, 토론하며, 문제를 해결하기 위한 과제를 더불어 수행하는 학습 환경과 문화적 토양에서 친구를 더 이상의 경쟁 상대가 아니라 협력의 동반자로 여길 것이다. 즉 '긍정적 상호의존성'이 보장되는 학습 문화로부터 더불어 사는 지혜의 리더십을 배울 것이다.

창의력으로 만나다.: 창의력 리터러시

창의력은 단순히 새로운 상상력 그 이상이다. 창의력은 새로운 가치 창조이며 새 시대의 경쟁력이다. 창의적 학습 문화의 토양을 배양하여야 한다. 질문을 부르는 교실 문화, 비평적 사고와 문제 해결의 능동적 사고가 주도하는 교실, 정답을 찾는 질문은 멈추고 다양한 해결책이 요구되는 문제를 줘야 한다. 교수자의 획일적 교수 패러다임에서 학습자 탐구와 문제 해결의 학습 문화로 바꾸어야 한다. 교수자의 학습 지도 마인드, 학습자의 다름의 주체적 학습을 장려해야 한다. 인공지능이 따라잡을 수 없는, 인간만의 고유하고도 본질적인 학습의 패러다임 중심에 창의력이 자리 잡아야 한다. 이는 전략을 넘어선 문화의 문제이다.

창의력[29]은 "어떤 문제를 새롭고(novel) 유용하게(useful) 해결하는 능력"으로 정의하

29) 1995년에 토랜스(Torrance)는 연구 수행을 위해 세 가지 측면에서 창의성을 다루었다. 창의적 사고의 과정에 초점을 둔 '연구용 정의', 그림으로 창의성을 보여주는 '예술적 정의', 생존하기 어

기도 한다. 즉 창의력은 새로움과 적절성(가치)이 공존함을 알 수 있다. 적절성은 유용성으로 볼 수 있는데, 이는 단순히 실용적이 아닌 심미적, 기술적, 문화적, 과학적, 경제적 유용함을 포함하는 보다 넓은 의미로 보는 것이 타당할 것이다. 이러한 창의성을 이끌어 내기 위한 자원으로 학자들은 지적 자원, 지식, 사고 양식, 성격, 동기, 환경을 제시하고 있다. 결국은 모든 사람은 이러한 복합적 차원의 창의성 자원을 잠재적으로 지니고 있다고 보는 것이 타당할 것이다.

'리터러시(literacy)'는 '전통적으로 읽고 쓰는 능력'을 의미한다. 오늘날 리터러시는 언어, 숫자, 이미지, 컴퓨터 및 기타 기본 수단을 써 이해하고, 소통하며, 유용한 지식을 얻고, 문제를 해결하고 문화의 상징체계를 사용하는 능력까지 확장되었다. 이와 같이 리터러시는 현대 사회에서 살아가는 데 필요한 최소한의 기본적인 소양이나 교양을 의미한다. 흔히 컴퓨터 리터러시, 문화적 리터러시, 미디어 리터러시, 기술적 리터러시란 용어를 사용하고 있다. 리터러시를 갖춘 현대인은 글을 읽고 쓰고, 셈하고, 컴퓨터나 기술을 올바르게 활용하고, 미디어와 문화적 기본 소양이 있으므로 살아가는 데 불편하지가 않다.

이 글에서의 '창의력 리터러시'는 현대인으로서 살아가는 데 기본적으로 필요한 소양으로 '새로운 생각을 하고 유용하게 문제를 해결하는 기본적 능력'으로 그 의미를 정리할 수 있을 것이다.

창의력이 우리 교육에서 오래전부터 중요하게 다루어지고 있으며 현재는 물론 미래에도 창의력이란 키워드는 쉽사리 사라질 가능성이 없어 보인다. 오히려 인공 지능화된 기술의 진보가 눈부신 4차 산업 혁명 시대에 인공지능과 차별화된 인간만의 창의력은 더욱 중요해질 것이다.

수년 전부터 기업이나 교육에서 '디자인 사고(design thinking)'의 마음가짐과 문제 해

려운 위기 상황에서 생존을 위해 나타나는 창의적인 반응을 다룬 '생존적 정의'가 그것이다. 첫째인 연구용 정의에 따르면, 창의적 사고는 다음과 같은 과정을 거치는데, 어려운 문제나 빈틈을 인식하고 그러한 빈 곳을 메우는 추측을 하거나 가설을 만들며 그러한 가설을 검증하고 마지막으로 그 결과를 다른 사람에게 말하는 것이다. 둘째인 예술적 정의는 그림을 그리고 "창의성이란 이 그림과 같은 것이다."라는 식으로 비유적인 설명을 하는 것으로, 열린 문을 그린 후에 "창의성이란 문밖으로 나가는 것과 같다."라는 말로 설명하는 것이다. 셋째인 생존적 정의는 미국 공군 생존 훈련처럼 춥고 먹을 것이 없는 극한 상황에서 그에 걸맞은 생존 방법을 찾아내는 능력을 말하며, 이전의 사례를 참조하여 현 상황에 맞는 '새로운 형태의 것으로 상상하여 재조합'하는 능력이다. 출처: 김영채, 『창의적 문제 해결: 창의력의 이론, 개발과 수업』, 교육과학사, pp. 6~10, 2004.

결 방법론이 대두되고 있다. 철저한 공감(empathy)[30]을 바탕으로 한 인간 중심, 유저 중심의 팀 기반 문제 해결 과정의 철학을 지닌 디자인 사고는 궁극적으로 '창조적 자신감(creative confidence)'을 갖도록 전략화하고 있다. 즉 디자인 사고라는 마음가짐과 문제 해결 방법론을 통하여 창의적인 자신감을 이끌어 낼 수 있다고 믿는다.

혹자는 "먼지 쌓인 창의성의 문을 열어라."라고 조언한다. 특히 나이가 들면서 사회적 관습에 익숙해지고 자신만의 생활 습관이 생기며, 점점 잘하는 일만 하게 된다는 것이다. 그래서 창의적 자신감을 '위험과 실패를 두려워하지 않는 마음'이라고 정의하기도 한다. 유치원 시절 이후 대부분의 사람은 창의성이 봉인되어 있다고 하는 이유도 여기 있지 않을까?

데카르트가 "나는 생각한다, 고로 존재한다."라고 말한 반면, 존 쉴리 브라운은 "나는 창조한다, 고로 존재한다(I create, therefore I am)."라고 주장하는 사회에 살고 있다. 즉 창조가 없는 개인의 삶은 죽은 삶이나 마찬가지란다.

심지어는 대학 전형에서도 창의적 인재의 선발은 이슈가 된다. 창의적 질문들을 이미 오래전부터 신입생 면접 과정에서 행해져 왔다. 연세대의 경우 수년 전부터 '창의 인재 전형'으로 창의력이 높은 학생을 뽑는 전형을 도입하였다. 도입 초기에는 다음과 같은 문제들로 창의 논술 시험(120분)이 이루어졌다.

- '첫 단추를 잘못 끼웠다.'라는 말과 연관될 수 있는 단어를 5개 이상 나열하고 왜 이 단어들이 연상되었는지 각각 설명하시오.
- 2040년도에 세종대왕과 외계인이 만나는 상황을 가정하고 이 상황에서 둘 사이에 어떤 대화가 이루어질지 서술하시오.(이상 2012학년도 연세대 창의 논술 문제)
- '두 직선은 평행하다.'라는 수학적 명제를 시나 소설, 콩트, 만화 등을 이용하여 문학적 감성과 연관시키시오.
- 치타는 시속 90~100km로 달리고, 현재 최고의 달리기 선수인 우사인 볼트는 100m를 9.58초 만에 돌파한다. 그 둘에게 함께 달리기를 시킬 때 일어날 수 있는 시나리오를 근거를 들어 설명하시오.(이상 2013학년도 연세대 창의 논술 문제)

---

30) 디자인 사고에서의 공감은 매우 중요하다. 공감은 직접 참여하거나 관찰하고 체험하고 몰입을 통하여 유저의 요구를 실제적으로 알아낼 것을 요구하고 있다. 대부분 제품이나 시스템, 제도의 실패는 소홀한 공감의 결과로 볼 수 있다. 실제로 유저의 공감을 제대로 확인하기 위해서는 색안경을 벗어 던지고 유저의 요구를 90% 이상 경청해야 한다고 피력한다.

나이가 들어가며 창의력은 어떻게 변화될까? 한 연구에서는 나이에 따른 창의력 빈도가 유아기에 절정을 보이다가 초등학교 입학 시기부터 급격하게 감소하고, 그 이후로 44세까지 서서히 줄어들다가 정체기를 지나 은퇴 시기가 오면 창의력 빈도가 오른다고 보고하고 있다. 결국은 학교라는 시스템이 창의력을 옥죄고 있는 것이다.

구글 트렌드에서 창의성을 검색하면 '켄 로빈슨'이란 학자가 상위에 랭크되어 있다. 그 이유는 켄 로빈슨이 세계적 명사들이 출연하는 TED에서 '창의력이 아이를 죽인다.'고 강연한 내용이 세계적인 선풍을 일으켰기 때문이다. 그가 집필한 『아이의 미래를 바꾸는 학교 혁명』에서 "학교 교육은 획일적인 표준을 만들어 놓고 그에 미치지 못하는 학생은 '부진아'나 '열등생'이라는 꼬리표를 붙인다. 모두를 위한 교육이 아니라 표준을 잘 따라오는 학생들을 위한 교육이 되는 것이다."라고 주장한다. 저자는 획일성에 맞설 대안으로 다양성을 살리는 교육을 모색할 것을 강조한다. 또한, 학생들은 누구나 독특한 존재이고 저마다 다른 재능을 가지고 있기 때문에 학생 개인에게 맞는 재능을 육성하고 다양화시켜야 한다고 역설한다.[31)]

아무리 좋은 창의력 프로그램이 있어도 교사가 창의적이지 않으면, 그 프로그램에 참여하는 아이들은 교사가 함께할수록 하나의 획일화된 프로그램 안에서 창의력은 매몰되고 말 것이다. 베게토(Ronald A. Beghetto)는 『교실에서 창의력을 촉진시키기(*Nurturing Creativity in the Classroom*)』라는 책을 저술하였다. 그런데 제1장의 주제가 예사롭지 않다. 그는 '교실에서 창의력을 죽이는 방법(How to Discourage Creative Thinking in the Classroom)'을 제시하고 있다.

정답을 요구(Correct way / Correct answer)
질문을 못 하게 하는 교실 문화(Cultivate and unquestioning submission)
수업 지도안(The lesson plan)
획일적 구획(Compartmentalization)
핵심 정리(Points)
호기심 죽이기(Discourage curiosity)
반(反)비평적 사고(Antithetical critical thinking)
문제 해결 기회 박탈(Never problem solving)

---

31) 켄 로빈슨 지음, 정미나 옮김, 『아이의 미래를 바꾸는 학교 혁명』, 21세기북스, 2015.

창의력을 논할 때 흔히 제기되는 질문이 있다. 창의력만이 해답인가? 전문성이 중요하지 않은가? 10여 년 전의 일일 것이다. 한국예술종합학교 미술 관련 모집 단위에서 그 당시 당연시되던 '석고 데생 실기 시험' 대신 시험장에 염소를 끌고 와서 '염소 데생 시험'을 치른 적이 있다. 석고 데생을 준비한 학생들은 묘한 감정을 가진 채, 살아 있는 염소를 데생한다고 무척 애썼을 것이다. 당시 학과 교수들은 학원 등에서 길들여진 '석고 데생'으로는 잠재적 예술성을 갖춘 학생들을 선발하기 어렵다는 사실을 알고 창의적인, 아니 혁신적인 전형으로 바꾼 것이다. 그 결과 석고 데생으로 합격하지 못할 학생이 합격하고, 석고 데생으로 합격할 학생이 불합격하는 일이 발생하였을 것이다. 아마도 이 획기적인 전형 방법의 혁신은 미술과 교수들의 탁월한 전문성에서 나온 창의성일 것이다. 이런 일로 미루어 볼 때 창의성은 고도의 전문성에서도 나온다는 사실을 간과해서는 안 된다.

대덕의 한 연구 단지에 있는 E 연구원에서는 고등학생을 대상으로 하는 발명 캠프를 진행한 적이 있다. 들은 얘기이지만 캠프에 참가한 학생들의 팀에게 주어진 문제가 각 연구실에서 해결하지 못한 난제를 모아서 제시했다고 한다. 이 이야기를 듣고 교사 교육자로서 깜짝 놀랐다. 연구원 공학자들의 교육 기획 발상에 정말 전문가들이구나, 하는 생각이 들었다. 그 분야에서는 애송이 고등학생들에게 자신들도 해결하지 못하는 난제를 풀라고 건네주었다는 사실은 대단한 사건이다. 그 공학자들은 어쩌면 학생들은 풀 수 있을지도 모르겠다는 기대를 하였을 것이다. 물론 아이디어 수준의 해법이지만, 그 분야에서 수십 년 연구하는 동안 자신도 모르게 벽으로 서 있는 '심리적 타성'이나 '학문적 타성'이 그들의 고정관념으로 자리했을 것이다. 획기적인 솔루션은 자기 학문 밖의 어딘가에 있기에 학문적 타성이 없는 고등학생들은 그 문제의 실마리를 제공했을 가능성이 크다.

위 두 가지 사례는 교육자들에게 충격을 주는 실제 사례이다. 오히려 교육자보다도 창의적인 마인드를 가지고 있지 않은가? 우리 교실에서 학생들에게 새로운 선풍기 발명 아이디어를 내게 하는 과제를 주었다고 가정해 보자. 문제가 많은 날개를 없앤 선풍기를 스케치하고 있는 아이가 있다면, 교사들의 반응은 어떠할까? 빨리 선풍기 날개를 스케치하라고 하지 않을 교사가 몇 명이나 될까? 그러나 다이슨이라는 회사가 이미 날개 없는 선풍기를 시판하고 있는 시대에 살고 있다. 바퀴 없는 자동차, 바람 없는 에어컨, 선이 없는 마우스 등 수없이 많은 혁신적 제품들은 높은 창의력에서 나오는 것이다.

미래 인재를 말하는 그 누구도 창의력을 빠뜨리지 않는다. 한목소리로 창의력이 필요하다고 말하고 있다. 다중 지능 이론의 창시자 하워드 가드너는 『미래 인재의 다섯 가지 마인드』라는 책에서 '창의적 마인드(creative minds)'를 제시하고 있다. OECD는 미래 사회 학생들에게 필요한 역량을 길러 주기 위해 2015년부터 'OECD 교육 2030 프로젝트'를 수행하고, 2018년에 중간보고를 하였다.[32] OECD는 시안에서 미래 사회에 필요한 핵심 역량으로 새로운 가치 창조하기, 긴장과 딜레마 해소하기, 책임감 가지기 등 세 가지를 꼽았다고 한다. 여기에서 새로운 가치 창조는 2030년대를 살아가려면 창의적으로 생각하고 새로운 직업과 상품 · 서비스, 생활 방식, 사회적 모델 등을 계발하는 역량이 있어야 한다는 것을 뜻한다.

창의력을 가지기 위해서는 우선 창의적 자신감이 회복되어야 한다. 특히 한국 사람들은 정작 자신은 '창의적이지 않다.'라고 판단하고 창의적 일과 사고를 멈춘다고 한다. 정확하게 말하면 창의력이 없다는 표현은 틀리고 숨어 있어서 드러나지 않는 창의력을 꺼낼 생각을 안 한다는 표현이 맞다. 인간이 살아오는 동안 가진 비非창의적 문화와 환경에서 창의력은 숨어 지내야 했다. 정답을 찾는 교육에서 서로 다른 생각과 다른 해결책들은 틀린 생각과 해결책으로 낙인을 찍는 우리 교육 문화의 탓일지 모른다. 그동안 우리는 모든 시험과 입시에서 정답을 찾는 노력과 업을 쌓아 왔다.

인공지능이 많은 부분에서 지금까지 인간이 중요하다고 공부해 왔던 대부분을 능가하는 현실에서 살고 있다. 이제부터는 인간만의 창의력, 감성적 창의력, 공감적 창의력, 사람 냄새 나는 판단과 가치 창조의 창조력이 절실하게 필요하다.

학교 교실과 대학 강의실 문화가 바뀌어야 한다. 다양한 답을 요구하는 질문이 난무해야 하고, 다양한 해결책을 위한 토론과 실천적 프로젝트의 학습 문화가 스며들어야 한다. 발 빠른 핀란드는 창의와 융합, 소통을 가로막는 핵심 역량 교육을 위해서 교과목을 없앤다고 한다. 더 이상 미래 과제가 아니라 현실이 되어 버린 창의력, 창의적 리터러시 교육은 고민을 넘어 실천 경험을 담론화하여야 할 것이다.

---

32) ≪연합뉴스≫, http://www.yonhapnews.co.kr/bulletin/2018/02/14/

협력으로 만나다

집단의 지능은 개인 지능 또는 똑똑함과는 반드시 일치하지 않으며, 오히려 사회적 민감성, 소통의 분산도가 집단의 지능과 과제 수행력을 높인다. 팀의 문화와 역동성을 살리는 길이 과제 성공의 지름길이다. 그 한가운데 팀 속의 개인이 주체적으로 살아 움직여야 한다.

최근 들어 개인보다는 팀과 조직에 의한 일과 과제가 만연되고 있다. 4차 산업 혁명 또는 Industry 4.0의 지능 정보 사회에서 인간의 창조와 협력(collaboration, creativity)은 매우 중요한 역량 요소로 강조되고 있다. 즉 성공적 성과를 기대하는 팀의 '창조와 협력'은 그 결과를 성공으로 이끄는 핵심 전략이다.

"어떻게 하면 집단의 성과를 높일 수 있을까?"에 대한 관심을 가질 수밖에 없다. 단순하게 똑똑한 개인을 합하면 되지 않을까, 하는 궁금증을 갖게 한다.

아폴로 신드롬(Apollo Syndrome)이란 뛰어난 인재들만 모인 집단에서 오히려 성과가 낮게 나타나는 현상을 말한다. 경영학자 메러디스 벨빈(Meredith Belbin)이 『팀 경영의 성공과 실패』라는 책을 통해 도입한 용어이다. (국문명 『팀이란 무엇인가』, 라이프 맵, 영문명 『Management teams : why they succeed or fail』)

1960년대 말부터 약 10년에 걸쳐 영국의 헨리 경영대학에서는 팀(Team) 역할 이론에 관한 연구를 진행하였다. 개인과 팀, 조직의 행동 양상을 파악하고 그 결과를 활용하도록 돕기 위한 연구로서 팀 역할 이론에 대한 핵심적인 기초를 제공한 연구로 평가된다.

이 연구소에서는 빼어난 지능을 가진 사람들로만 구성된 팀을 아폴로팀이라고 명명하고 뛰어난 성과를 기대하였다. 그러나 실험 결과, 명석한 두뇌를 가진 인재들이 모인 아폴로팀은 다른 보통의 팀보다 성과가 더 낮게 평가되었다.

다른 보통의 팀이 상호 협력적인 관계로 구성되고 발전하는 반면, 아폴로팀의 관계는 협력보다 대립의 관계로 성립되었다.

추가 실험에 따르면, '아주 코믹한 사람' 혹은 '지도자'가 팀원으로 속해 있는 경우 유의미하게 높은 성과를 발휘하는 것으로 나타났다.

벨빈의 연구는 우수 인재 집단일수록 높은 성과를 낼 것이라는 가설을 가지고 시작되었다. 하지만, 실험 결과 뛰어난 개인들로 구성된 아폴로팀의 전반적인 성과가 오히려 우수하지 않은 것으로 나타났다.[33]

결국, 메러디스 벨빈은 우수한 개인이 이룬 집단이, 보통의 개인이 이룬 집단보다 과제 수행과 성취가 오히려 떨어진다는 실험 결과를 확인하였다. 즉 아폴로 신드롬은 우수한 개인의 합이 집단의 합으로 나타나지 않는다는 것이다. 그 우수한 집단의 구성원 가운데 아주 코믹한 사람이 있거나 지도력을 발휘하는 리더가 없다면 말이다.

집단 구성원의 우수성이 집단의 성취를 보장하지 않는다면, 집단의 능력을 예측할 수 있는 요인은 무엇일까? Spearman(1904)에 따르면 개인 수준에서 일반 인지 능력 G; (general cognitive ability)은 다양한 과제의 수행 정도를 유의미하게 예측한다. 그렇다면 개인의 지능과 마찬가지로 집단의 수준에서도 지능이라는 요인이 있을까?

Wooll(2010) 등[34]은 개인의 지능을 측정하기 위해 고안된 다양한 과제들을 집단에게 제시하였고, 집단의 여러 요인 가운데 집단 과제의 수행을 가장 잘 예측하는 요인으로 집단 지능(Collective Intelligence)을 확인하였다. 그리고 연구자들은 다양한 요인들이 얼마나 집단 지능과 유의미한 상관관계를 가지는지 분석하였다.

집단 구성원 개인의 지능과 집단 지능(C)은 얼마나 큰 상관관계를 가지고 있었을까? 연구 결과에 따르면, 집단 구성원들의 평균 지능, 혹은 집단 구성원 가운데 가장 높은 지능은 어느 정도 집단 지능(C)과의 상관관계를 가지고 있었다. 하지만, 집단 지능과 관련 있는 여러 요인 가운데 집단 구성원들의 지능 이상으로 집단 지능(C)과 유의미한 상관이 있는 세 개의 요인이 밝혀졌다고 한다. 집단 지능에 있어서 구성원들의 지능보다 중요한 요인들은 무엇이었을까?

첫 번째, 집단 구성원의 평균적인 사회적 민감도(average social sensitivity)와 집단 지능 간에 유의미한 양의 상관관계(r=.26)가 있었다.

그리고 두 번째로 집단 구성원별 발언 횟수의 분산과 집단 지능은 음의 상관관계(r=-.41)를 보였다. 즉 모든 구성원이 균등하게 발언하는 집단에 비해 소수의 구성원이

33) 메러디스 벨빈 지음, 김태훈 옮김, 『팀이란 무엇인가 : 최고의 팀이 되기 위한 조건』, 라이프맵, 2장 아폴로 신드롬.

34) Anita Williams Woolley, Christopher F. Chabris, Alex Pentland, Nada Hashmi, Thomas W. Malone, 「Evidence for a Collective Intelligence Factor in the Performance of Human Groups」, 29 OCTOBER 2010, VOL 330, ≪SCIENCE≫, www.sciencemag.org

지배적으로 대화를 주도하는 집단에서는 낮은 집단 지능C을 확인할 수 있었다.

마지막으로 집단 내 구성원 중 여성의 비율과 집단 지능 간에 유의미한 양의 상관관계(r=.23)가 있었다. 여성 비율이 높을수록 집단 지능이 높은 것은, 여성 참가자들의 사회적 민감도가 남성 참가자들에 비해 높았기 때문에 나타난 결과로 해석된다.

I 디자인 씽킹 따라잡기

연구 문제

1. 디자인 씽킹의 마인드 셋에는 어떤 것들이 있으며, 미래 인재 역량으로서의 가치는?
2. 디자인 씽킹의 연구 동향의 특징은?
3. 디자인 씽킹의 연구에서 제시되는 모델과 그 모델의 특징은 무엇이며, 공통점은?

1. 디자인 씽킹이란

디자인이란

디자인 씽킹의 의미를 알기 위해서는 먼저 디자인의 의미를 살펴볼 필요가 있다.

1978년 노벨 경제학상 수상자인 사이먼(Simon, 1996, 1999)은 세상을 '자연 세계'에 대비되는 개념으로 인간이 창조한 세계를 '인공적인 세계'로 구별하고 있다(Simon, 1999, p. 17). 여기서 인공적이라는 의미를 사전에서 찾아보면 "기술에 의해 만들어진 것; 자연적이거나 천연의 것이 아닌" 것으로 규정하고 있다. 이를 바탕으로 사이먼은 "디자인은 목표를 달성하기 위해 인공물을 고안하는 것"(Simon, 1999, p. 140)이라고 정의하고 있다. 덧붙여 "기존의 상황을 원하는 상황으로 바꾸기 위해 행동의 방향을 궁리하는 모든 사람은 디자이너이다."(Simon, 1999, p. 111)고 했다. 이는 헨리 페트로스키의 "사람은 누구나 디자인한다."라는 말과도 연결된다(Petroski, 2005, p. 5). 즉, 인공물을 만들어내는 것을 넘어, 환자에게 처방을 내리는 것, 국가의 정책, 기업의 전략 모두가 디자인이라는 것이다(Simon, 1999, p. 111). 사이먼은 디자인은 창조에 관한 것이고, 반대편에 있는 과학은 이미 존재하는 것에 관한 것(Johansson-Sköldberg, Woodilla, & Çetinkaya, 2013, p. 124)으로 구별하고 있다.

이러한 디자인의 개념이 최근 그 의미가 철학적이면서도 시대상을 반영해 나가고 있다. 스티브 잡스는 "디자인은 인간이 만든 창조물의 중심에 있는 영혼이다."(이병욱, 2008)라고 정의하고 있다. 철학적인 깊이가 있는 이 정의는 다양하게 해석될 수 있지만, 단순히 외형과 기능적인 측면을 넘어선 것이라는 의미임은 틀림없다. 시대상을 반영한 디자인의 정의로는 세계 4대 디자인 대회를 수십 차례 석권한 KAIST의 배상민 교수의 정의가 대표적이다. 배상민 교수는 "디자인이란 문제점을 파악하고 창의적이고 혁신적으로 해결해 나가는 것"으로 정의하고 있다.

최근 디자인 씽킹의 붐과 함께 스티브 잡스와 배상민 교수의 디자인에 대한 정의가 철학적이며 시대상을 반영한 정의로 널리 인용되고 있다.

좋은 질문에 좋은 답을 해나가는 과정이다.

디자인 씽킹의 태동기업인 IDEO에서는 디자인은 가난하고 상처받기 쉬운 사람들의 삶을 개선할 수 있다.

Design can improve the lives of people in poor and vulnerable communities

영국 정부는 디자인을 다음과 같이 정의하고 있다.

"디자인은 아이디어를 현실화한다."

(Design turns ideas into reality)

"디자인은 제품, 서비스, 콘셉트를 형상화한다."

(Design shapes products, services, concepts)

"디자인은 사용자를 위해 부가된 가치를 창조한다."

(Design creates added value for the users.)

"디자인은 소비자가 감성적으로 될 수 있게 돕는다."

(Design helps consumers connect on an emotional level)

디자인 씽킹이란

디자인 씽킹에 대한 정의는 다양하다.

디자인 씽킹 연구자 로저 마틴(Roger Martin)(Martin, 2010)은 [그림 Ⅰ-1]과 같이 디자인 씽킹을 '분석적 사고'와 '직관적 사고'에 근거한 창조성의 역동적인 상호작용으로 정의한다.

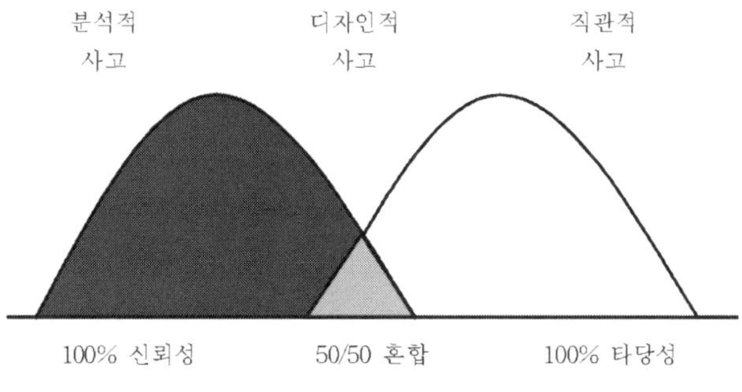

[그림 Ⅰ-1] 사고방식의 격차: 분석과 직관의 균형, 디자인 씽킹

출처 : Martin, R. L. (2010). 디자인 씽킹(이건식, 역), 서울: 웅진윙스. (원서출판 2009). P. 85.

IDEO의 팀 브라운(Tim Brown, 2008)은 디자인 씽킹을 "디자이너처럼 생각하는 것"으로, David Kelley와 Tom Kelley(2014)는 디자인 씽킹을 "디자이너적인 마인드 셋과 도구를 이용하는 방식"으로 정의하고 있다. 그들은 또한, 실현 가능성, 실용성, 바람직함이라는 세 가지 요인 간의 교집함, 즉, 고객의 진정한 필요와 욕구를 고려한 태도야말로 IDEO와 디스쿨의 디자인 씽킹이라고 정의(pp. 38-41)했다.

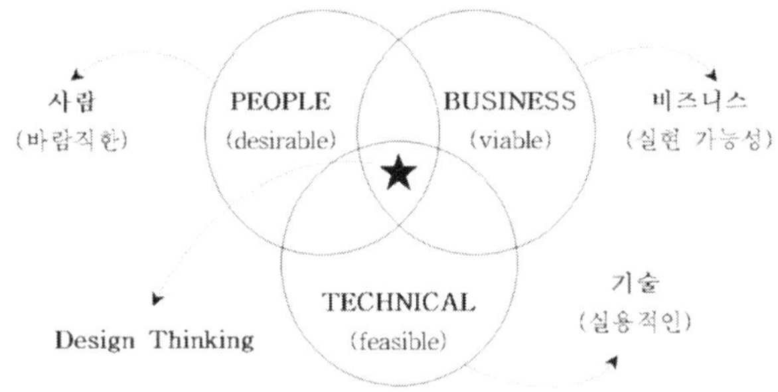

[그림 Ⅰ-2] 디자인 씽킹의 개념도

출처 : Kelley, D., & Kelley, T. (2014). 유쾌한 크리에이티브(박종성, 역). 서울: 청림, (원서출판 2013). P. 38.

Tingyi 등(2014)은 디자인 씽킹은 디자인에 관한 것이 아니며, '문제해결 방법이나 마음가짐'이라는 점을 강조하고 있으며, 스탠퍼드 디스쿨에서는 디자인 씽킹을 공감, 프로토타이핑 자세, 협력, 반복 그리고 피드백 과정의 창의적 문제해결 과정으로 정의하고 있다.

디자인 씽킹이 본격적으로 알려진 것은 2005년 스탠퍼드에 디스쿨이 설립되어 디자인 씽킹을 가르치면서부터다(Kelley & Kelley, 2014). Hasso Plattner의 요청에 따라 미국 스탠퍼드 디스쿨은 2005년, 독일 포츠담 디스쿨은 2007년에 설립되었으며, 디선언(d.manifesto)에는 "최고의 디자인 학교 만들기", "미래 혁신가들이 획기적인 사고를 할 수 있도록 여러 학문이 종합된 팀을 생각하는 디자인 씽킹을 이용해 준비시키는 것"을 목적으로 삼고 있다(Rauth 등, 2010, p. 3).

디자인 씽킹에 대한 학자들의 정의를 정리하면 다음 <표 Ⅰ-1>과 같다.

<표 Ⅰ-1> 디자인 씽킹에 대한 다양한 정의

구 분	디자인 씽킹에 대한 정의
Roger Martin (2010)	생각의 가장 완벽한 방식은 분석적 사고에 기반을 둔 완벽한 숙련과 직관적 사고에 근거한 창조성이 역동적으로 상호작용하면서 균형을 이루는 것이다. 나는 이를 디자인적 사고(design thinking)라고 부른다(p. 21).
Tim Brown & Kelley 형제 (Brown, 2008)	디자이너처럼 생각하면 제품, 서비스, 프로세스 및 심지어 전략까지 개발하는 방식을 바꿀 수 있습니다(Brown, 2008, p. 85).
Kelly & Kelly (2014)	디자인 사고는 사람들의 요구를 파악하고 디자이너적인 마인드 셋과 도구를 이용해 새로운 해법을 도출해내는 방식을 의미한다(Kelly & Kelly, 2014).
Tingyi 등 (2014)	디자인 씽킹은 문제를 해결하는 방법이다. 이것은 당신이 새로운 시각으로 세상을 바라보고 예전에는 몰랐던 방식으로 문제를 생각하게 할 것이다. 일이나 인간관계는 물론이거니와 미래의 직업을 결정하는 일까지 당신이 상상할 수 있는 모든 문제에 디자인 씽킹을 적용해서 해결방법을 찾을 수 있다. 또 디자인 씽킹은 일종의 마음가짐이다(Tingyi, Xinyi, Zhiyu, & Jingxi, 2014, pp. 19-20).
Rauth 등 (2010)	디자인 씽킹은 고정된 하나의 과정이 아니라, 창의적 문제해결을 위한 접근 방식이다. 각각의 팀과 개인들의 문제를 해결하면서 그들만의 과정을 만들어가고, 그 과정에서 문제에 적용하고 덧붙인다. 가장 중요한 요소는 단지 자신의 결과물이 무엇인지가 아니라 어떻게 문제를 해결해 나갔는지에 대해 숙고해야 한다는 점이다. 어떤 단계를 거쳤든 문제해결 과정의 근간이 되는 요소는 공감, 프로토타이핑의 자세, 협력, 반복 그리고 피드백 과정이다. (p.2)

복잡하게 생각할 것 없다. 디자이너가 생각하는 방식을 '디자인 사고', 즉 디자인 씽킹(Sharples et al., 2016, p. 22)이라 생각하면 된다. 하지만, 디자인 씽킹은 단순한 창의력 또는 '상자 밖에서 생각하기' 이상(p. 22)이며 디자인 씽킹을 활용하는 사람들이 세상을 변화시킨다(p. 23)는 점에 주목해야 한다.

디자인 씽킹의 ABC

흔히 기본을 모르는 사람을 ABC도 모른다고 빗대어 말하기도 한다. 신과 나눈 이야기에는 이런 질문이 나온다(이미도, p. 248).

What is the shortest word in the English language that contains the letters: a, b, c, d, e, f?

A에서 F까지 모든 알파벳을 포함하는 가장 짧은 영어 단어가 무엇인지 묻는 말이다.

정답은 feedback이다.

빌 게이츠(Gates, 2013)가 TED에서 '선생님들은 진정한 피드백이 필요하다(Teachers need real feedback)'라는 주제로 강연한 적이 있다. 그는 모든 사람이 발전하기 위해서는 피드백이 필요하다고 강조한다. 미국의 교사들의 98%가 '양호함'이라는 한 단어로 된 피드백을 받는 현실을 고치는 것이 교육에서 매우 중요하다고 말한다.

피드백의 뜻을 찾아보면 매우 다양한 뜻이 있다. 대표적으로 교육에서는 학습자의 학습 행동에 대하여 교사가 적절한 반응을 보이는 일로 정의한다. 심리에서는 진행된 행동이나 반응의 결과를 본인에게 알려 주는 일이라고 정의한다. 우리말로는 '되먹임'이나 '환류'로 번역하는데 요약하면 어떤 결과를 살펴 원인에 적용하는 것 정도로 볼 수 있다.

굳이 디자인 씽킹에서 feedback을 말하는 까닭은 디자인 씽킹에서 피드백이 그만큼 중요하기 때문이다. 디자인 씽킹을 처음 접하는 사람들은 각 단계가 순차적으로 진행하여 끝에 이르는 과정이라고 잘못 생각할 수 있다. 하지만, 디자인 씽킹은 다음 그림처럼 순차적으로 진행하는 과정이 아니라 되돌아가서 다시 시작하는 과정을 수업이 반복하면서 서서히 해결책에 가까워지는 단계를 거친다. 즉, 이 과정에서 다시 이전 단계나 처음의 단계로 되돌아가야 할 것인가를 결정하기 위해서는 지금의 상태를 살피고 부족한 점을 반영해 그 이전 단계로 되돌아가는 것을 '피드백'이라 한다.

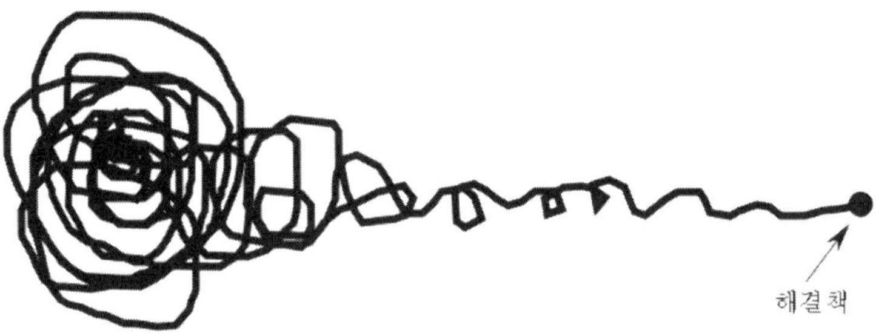

[그림 Ⅰ-3] 디자인 씽킹 문제해결 과정의 흐름

즉, 피드백은 디자인 씽킹의 ABC, 기본이면서 놓쳐서는 안 되는 중요한 요소임을 잊지 말아야 한다. ABC가 기본이라면 ABCDEF가 포함된 피드백은 기본 중의 기본인 것이다.

디자인 씽킹의 가능성

덴마크 디자인 센터(The danish design center)에서는 디자인의 단계를 디자인 사다리(design ladder)의 네 단계로 나누고 있다(Ramlau, 2004, p. 49). 1단계는 디자인이 사용되지 않는 단계(no use of design), 2단계는 모양을 아름답게 만드는 수단으로 디자인(design as styling), 3단계는 과정으로 디자인(design as process), 4단계는 전략으로 디자인(design as strategy)이다.

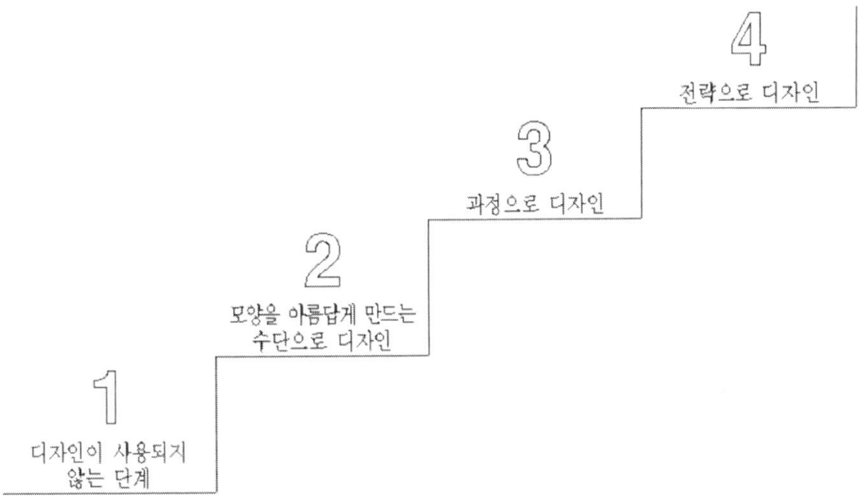

[그림 Ⅰ-4] 덴마크의 디자인 사다리

출처 : Straker, k., & Wrigley, c. (2014). The educational design ladder: creation of a multi-discipline design thinking program. *DS 81: Proceedings of NordDesign 2014, Espoo, Finland 27-29th August 2014*, p. 67.

Kretzschmar(2003, p. 3)는 국제적으로 최초로 최소 10명 이상 근무하는 덴마크 기업을 대상으로 1,000회의 전화 인터뷰로 디자인의 경제적 효과(The economic effects of design)를 조사했다. 그 결과 디자인을 사용하지 않는 회사보다 포괄적인 디자인 방식을 채택한 회사가 더 많은 수익을 창출하고 있다는 점을 발견했다. 또한, 조사대상 기업 가운데, 디자인 사다리의 네 단계 가운데 약 50% 정도의 기업이 0~2단계에 자리 잡고 있으며, 3단계는 35%, 4단계는 15%의 기업이 있는 것을 밝혀냈다. 여전히 상당수의 기업에서 디자인을 단순히 모양을 아름답게 만드는 수단으로 활용하는 단계에서 벗어나지 못하고 있다는 말이다.

Straker와 Wrigley(2014)는 디자인 사다리를 교육에 접목하여 교육용 디자인 사다리(The educational design ladder) 모형을 개발하였다. 그 단계는 1단계는 기초 수준(foundation level), 2단계는 제품 수준(product level), 3단계는 프로젝트 수준(project level), 4단계는 비즈니스 수준(business level), 5단계는 전문가 수준(professional level)이다(pp. 72-73). 이 모델은 28개 국제대학의 51개 디자인 씽킹 교육내용을 분석을 통해 개발되었다(p. 68).

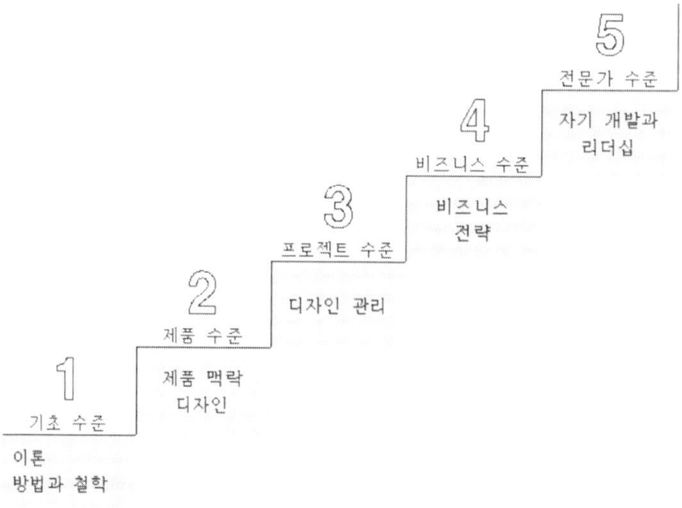

[그림 Ⅰ-5] 교육적인 디자인 사다리

출처 : Straker, k., & Wrigley, c. (2014). The educational design ladder: creation of a multi-discipline design thinking program. *DS 81: Proceedings of NordDesign 2014, Espoo, Finland 27-29th August 2014,* p. 73.

Wrigley와 Straker(2017)는 28개 국제대학과 51개 디자인 씽킹 교육 프로그램에 대한 분석을 발전시켜 교육용 디자인 사다리 교육학(educational design ladder pedagogy)을 제안(pp. 7-11)하였다. 교육용 디자인 사다리는 지식의 유형(사실, 개념, 절차 및 메타인지), 디자인 사고 수준(재단, 제품, 프로젝트, 비즈니스 또는 전문가 수준), 지식의 수준(표현, 적용, 분석, 종합, 평가)에 따라 세부적인 사항이 제시된 구조화된 교육학 및 커리큘럼(structured pedagogy and curriculum)을 설계할 수 있도록 토대를 제시해 고 있다.

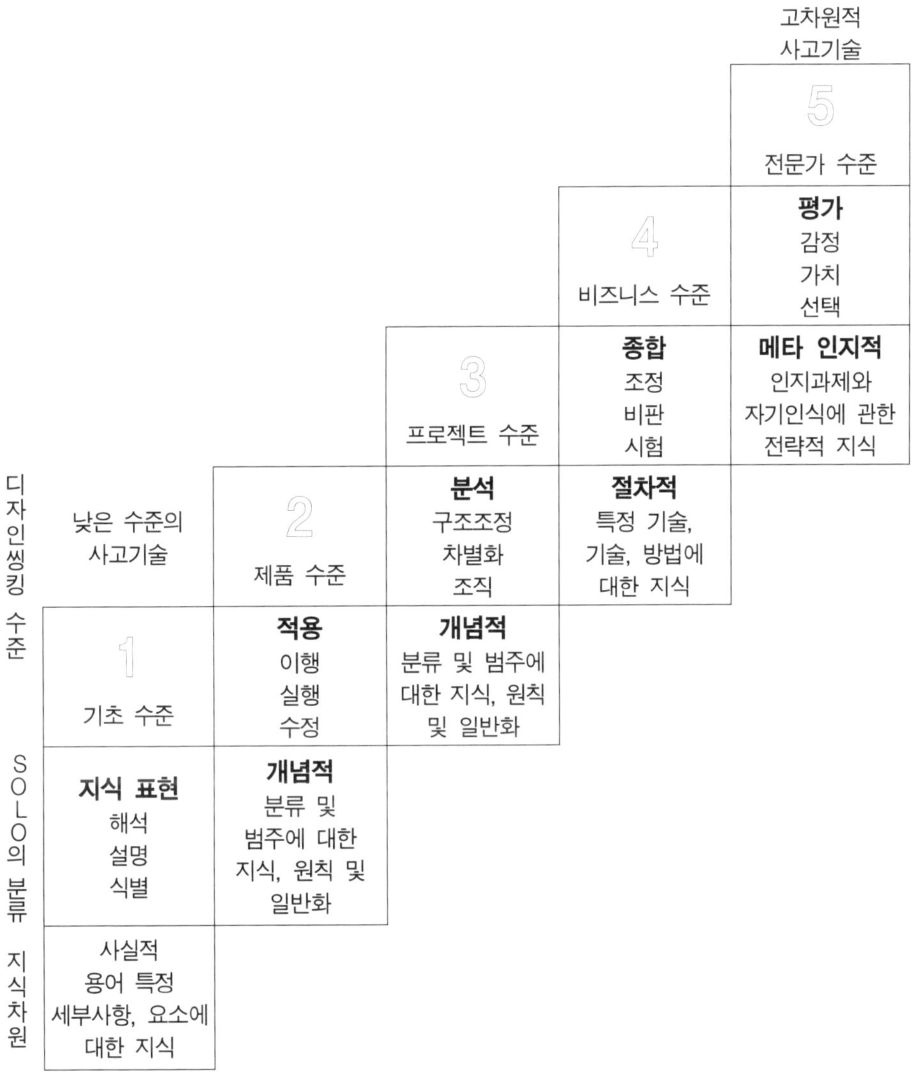

[그림 Ⅰ-6] 교육적인 디자인 사다리 교육학

출처 : Wrigley, C., & Straker, K, (2017). Design thinking pedagogy: The educational design ladder, Innovations in Education and Teaching International, 54(4), p.8.

Johansson-Sköldberg 등(2013)은 디자이너적 사고(designerly thinking)에 관한 학자들의 주장을 바탕으로 다섯 가지 담론을 제시하였다. Simon의 인공물의 창조(the creation of artefacts), Schön의 성찰적 실천(a reflexive practice), Buchanan의 문제해결 활동(a problem-solving activity), Lawson과 Cross의 추론과 사물의 이해(a way of reasoning/making sense of things), Krippendorff의 의미 창조(creation of meaning)가 그것이다.

<표 Ⅰ-2> 디자인 씽킹의 다섯 가지 담론의 비교

주창자	배경	인식론	핵심개념
Simon	경제학 및 정치학	이성론	인공 과학
Schön	철학 및 음악	프래그머티즘	행위 중의 성찰
Buchanan	미술사	포스트모더니즘	어려운 문제
Lawson & Cross	디자인과 건축	실천 관점	디자이너의 앎의 방식
Krippendorff	철학과 의미론	해석학	의미 만들기

출처 : Johansson-Sköldberg, U., Woodilla, J., Çetinkaya, M. (2013). Design thinking: past, present and possible futures. Creativity and Innovation Management, 22(2), p. 126.

또한, Johansson-Sköldberg 등(2013, p. 128)은 디자인 사고의 세 가지 경영 담론의 비교하였다. 그들은 디자인 사고의 세 가지 담론을 디자인 회사 IDEO의 디자인 및 혁신을 위한 방법, 불확실하며 조직적인 문제에 접근하는 방식, 경영 이론의 일부로 생각하는 방식으로의 세 가지로 구분하였다.

<표 Ⅰ-3> 디자인 씽킹의 세 가지 경영 담론의 비교

창작자	청중	담론	학문적 연결	실천과의 관계
IDEO (Tom Kelly, Tim Brown)	회사 관리자 (잠재고객)	IDEO의 성공사례 (관리자용으로 작성)	연구보다 경험에 기초 혁신연구와 연결	(Kelly) 어떻게 디자인 씽킹을 할까?
Roger Martin	교육자(학자 및 고문), 회사 관리자	생산회사의 성공사례를 통해 이론 개발 (경영사고)	인지과학 및 경영과학에 기초 계획이론에 기초 (어려운 문제)	어떻게 성공적 제작회사를 위해 디자인 씽킹을 사용할까? 어떤 회사(관리자/개인)가 디자인 씽킹을 사용하게 할 수 있을까?
Richard Boland & Fred Collopy	학술연구자 및 교육자	설립 (경영)학자들이 디자인 영역에 이론적 관점을 둔 짧은 에세이	개별 연구원의 이론적 관점에 기초 Gehry의 건축 실천이나 디자인과의 접촉에서 영감을 얻음	유추 및 대안으로 생각하는 디자인 씽킹

출처 : Johansson-Sköldberg, U., Woodilla, J., Çetinkaya, M. (2013). Design thinking: past, present and possible futures. Creativity and Innovation Management, 22(2), p. 130.

디자인 씽킹의 궁극적인 목적은 무엇일까?

다른 문제해결기법과 달리 디자인 씽킹이 기업을 넘어 교육기관, 공공기관의 관심을 불러일으키는 까닭은 무엇일까?

디자인 씽킹은 문제해결 그 이상을 지향하고 있기 때문이다. 디자인 씽킹은 많은 문제해결기법 중 하나에 불과하다. 하지만, 디자인 씽킹은 이런 과정을 통해 문제해결과 함께 마인드 셋(mindset)의 변화를 지향한다. 여기에 머물지 않고 한발 더 나아가 디자인 씽킹은 창조적 자신감을 최상위 목표로 지향하고 있다. 즉, 디자인 씽킹은 디자인 씽킹 활동을 통해 마음가짐의 변화를 이끌어내고 궁극적으로 창조적 자신감을 느끼도록 하는 것이 그 목적이다. 다음의 그림은 디자인 씽킹의 지향점을 나타낸 것이다.

[그림 Ⅰ-7] 디자인 씽킹의 지향점

마인드 셋(mindset)

디자인 씽킹의 매력은 디자인을 하지 않는 사람들을 대상으로 교육한다는데 있다(Dunne & Martin, 2006; Plattner, Meinel, & Weinberg, 2009; Rauth et al., 2010). 그 이유는 마인드 셋에서 찾을 수 있다. 디자인 씽킹이 다른 문제해결 기법과 차별점이 바로 마인드 셋이라는 말이다. 디자인 씽킹 마인드 셋 중에는 스탠퍼드 디스쿨(d.school)의 마인드 셋(d.mindset)이 가장 널리 알려져 있다.

[그림 Ⅰ-8] 스탠퍼드 디스쿨의 마음가짐(d.mindsets)

출처 : d.school. (2018). bootcamp bootleg. Stanford: HASSO PLATTNER Institute of Design at Stanford, p. 3

첫 번째 마음가짐은 말하지 않고 보여주기(show don't tell)다. 경험을 만들고 시각적인 방법, 좋은 이야기를 나누는 등 영향력 있고 의미 있는 방식으로 비전을 전달해야 한다.

두 번째 마음가짐은 인간 가치에 초점(focus on human values)이다. 디자인하는 사람들을 위한 공감대를 갖고, 그들로부터 피드백을 받는 것이 좋은 디자인의 기본이다.

세 번째 마음가짐은 실험 포용(embrace experimentation)이다. 시제품 제작은 단순히 아이디어를 검증하는 방법이 아니라 혁신 프로세스의 필수적인 부분이다. 우리는 생각하고 배우기 위해 성장한다.

네 번째 마음가짐은 행동을 향한 편향(bias toward action)이다. 디자인 사고는 문자 그대로는 오해를 일으킬 수 있는 잘못된 표현이다. 행동하기보다 생각하고 회의하는 일이 중요하다는 편견에서 벗어나야 한다. 생각보다 행동하는 것이 더 중요하다.

다섯 번째 마음가짐은 급진적 협력(radical collaboration)이다. 다양한 배경과 관점을 가진 혁신가들을 모으고, 그들을 통한 다양성에서 혁신적인 통찰력과 해결책을 얻을 수 있다.

여섯 번째 마음가짐은 과정을 염두에 두기(be mindful of process)이다. 디자인 과정의 현재 위치, 그 단계에서 사용할 방법 및 목표가 무엇인지 파악해야 한다.

일곱 번째 마음가짐은 명쾌하게 만들기(Craft Clarity)이다. 정리되지 않은 문제로부터 일관성 있는 비전을 만들어내고, 다른 사람들에게 영감을 주고 생각을 불러일으킬 수 있도록 해야한다.

그 외에도 Schweitzer, Groeger, 그리고 Sobel(2016)가 연구를 통해 찾아낸 '11가지 디자인 씽킹 마음가짐(The eleven design thinking mindsets)'이 있다.

<표 Ⅰ-4> 11가지 디자인 씽킹의 마음가짐

①	사람들의 요구와 상황에 대한 공감(empathetic towards people's needs and context)
②	협동적으로 조정하고 다양성을 포용(collaboratively geared and embracing diversity)
③	새로운 관점과 학습을 위한 탐구적이고 열린 태도 (inquisitive and open to new perspectives and learning)

④	과정과 사고방식에 유의하기(mindful of process and thinking modes)
⑤	체험적 지능(experiential intelligence)
⑥	단호하고 과도하게 행동하기(taking action deliberately and overtly)
⑦	의식적으로 창의적이기(consciously creative)
⑧	불확실성의 수용과 위험에 대한 개방(accepting of uncertainly and open to risk)
⑨	모델링 행동(Modelling Behaviour)
⑩	변화를 만들고자 하는 열망과 결심(desire and determination to make a difference)
⑪	비판적 질문(critically questioning)

주. Schweitzer, J., Groeger, L., &Sobel, L. (2016). The design thinking mindset: An assessment of what we know and what we see in practice. Journal of Design, Business &Society, 2(1), 71-94, pp. 10-24.

한편 스탠퍼드 디스쿨에서는 디자인 씽킹의 마인드 셋과 관련 서적을 추천하고 있다. 같은 대학의 케롤 드웩 교수가 쓴 〈마인드 셋〉이라는 책이다. 케롤 드웩 교수는 인간에게 두 가지 마인드 셋이 있다며 소개한다. 인간에 자질은 돌에 새긴 듯 불변한다는 '고정 마인드 셋(fixed mindset)'과 현재 가진 자질이 단지 성장을 위한 출발점일 뿐이며, 노력이나 전략, 또는 타인의 도움을 통해 얼마든지 길러낼 수 있다는 '성장 마인드 셋(growth mindset)'이 그것이다. 그녀는 원하는 것을 성취하며 발전해 나가기 위해서는 성장 마인드 셋을 갖추어야 함을 강조한다.

창조적 자신감(creative confidence)

디자인 씽킹의 최상의 목표인 창조적 자신감은 IDEO의 창업자인 David Kelly와 Tom Kelly(2014)가 발견한 개념이다. 창조적 자신감이란 "자신에게 세상을 변화시킬 수 있는 능력이 있음을 믿는 일에 관한 것이다."(p. 19)라고 말한다.

획기적인 생각을 해내고 그 생각을 행동에 옮길 수 있는 용기를 말하는 창조적 자신감은 기존에 없던 것이 아니라 인간의 타고난 능력이라고 Kelly형제는 말한다. 그들은 티베트어에는 '창조성', 창조적'에 해당하는 말이 없으며 가장 가까운 말로 '자연적(natural)'이라는 단어가 있는데 '누군가가 더 창조적이고자 한다면 더 자연적인 상태가 되면 되는 것'(p. 23)이라는 예를 들며 창조적 자신감을 갖는 것이 어렵지 않다고 말한다. 한발 더 나아가 Kelly형제는 창조적 자신감은 누구나 가지고 있는데 단지 봉인되어 있을 뿐이며 그 봉인은 풀릴 수 있는 것(p. 23)이라며 희망의 메시지를 던진다.

Kelly형제는 사람들이 창조적 자신감을 갖게 되면 기존과 다른 방식으로 뭔가를 해낸다고 주장한다. 가령 숙제도 다른 사람들과 다른 방식으로, 개인 맞춤형 훈련도 색다르게 즐기는 등 뭔가를 할 때 자기 자신에게 더 인간적이며 더 중요하고 더 의미있는 방식으로 해낸다고 말한다. 디자인 씽킹을 통한 창조적 자신감은 삶 전체를 바꾼다는 말이다.

삶을 바꾸는 창조적 자신감은 디자인 씽킹 워크숍(Nicola Ulibarri 등, 2014), 중학교 교실에서 디자인 씽킹 수업(Carroll 등, 2010, p. 52), 대학생들을 대상으로 한 디자인 씽킹 수업(Ulibarri 등, 2014, p. 249) 등을 통해서 그 봉인을 해제할 수 있고 향상시킬 수 있음이 밝혀졌다.

Kelly 형제가 <유쾌한 크리에이티브>라는 저서에서도 밝혔듯이 창조적 자신감은 Bandura (2001)의 자기효능감에서 파생된 개념이다. 실제로 자기효능감은 '할 수 있다'라는 신념 그 이상의 구체적, 실제적인 판단 및 능력을 포함한다고 하였다. 자기효능감은 자신감과 동일한 의미로 구별하지 않고 사용(D. Kelley & Kelley, 2014; Rauth et al., 2010; Ulibarri et al., 2014) 한다.

창조적 자기효능감은 창조성에 관한 다양한 연구를 추진하는 과정에서 Bandura(2001)의 자기효능감에서 파생된 개념이다. 창조적 자기효능감은 개인이 창조적인 결과를 생산할 수 있는 능력에 대한 그 자신의 신념(Tierney & Farmer, 2002), 개인이 특정하게 설정된 상황이나 업무 등에서 성공적으로 창조적인 행동을 수행할 것이라는 그 자신의 믿음(Lim & Choi, 2009), 새롭거나 혹은 존재하는 아이디어를 실질적인 행동으로 잘 전환할 수 있다는 자신의 능력에 대한 믿음(Yu, 2013)이다.

❑ 디자인 씽킹은 프로세스 그 이상 : 여섯 가지 주요 사고방식

- 여섯 가지 주요 사고방식(Six Key Mindsets)는 학생들로 하여금 변화와 문제에 대해 새로운 해결책을 제공하는 디자이너들과 같이 생각하고 행동하도록 하며 그들 스스로 긍정적인 변화를 가져올 수 있는 행동을 취할 수 있다는 자신감을 갖게 함.
- **인간 중심적 사고방식**: 인간 중심적 사고방식을 가진 학생들은 다른 사람들 특히 그

들이 솔루션을 제공하는 사용자의 시각에서 생각할 수 있는 능력을 지니며, 사용자의 니즈에 대한 이해를 위해 기꺼이 입장을 바꾸어 생각해 보기도 함. DT 프로세스와 각각의 과정들은 최종 사용자에 초점이 맞추어져 있어야 하는데, 이는 사용자가 바로 디자인 프로세스에서 가장 중요한 요소이기 때문임. 그들과의 교감 및 상호작용은 영감과 통찰력으로 이어져 원하는 결과를 이끌어 낼 수 있게 해줌.

- **과정 중심의 사고방식:** 과정 중심의 사고방식은 DT의 각 단계에서 수행하는 일에 대하여 생각할 수 있도록 함. 각 단계에서는 목적과 목표 그리고 전략이 있는데, 예를 들어 학생들이 특정 문제에 대한 솔루션을 위해 협력하여 브레인스토밍하는 단계 즉, 아이디어를 내는 단계에 있다고 가정해 볼 때, 그들은 명백한 것 이상의 것을 생각하고 열린 생각을 가지고 다른 사람들의 아이디어를 기반으로 많은 양의 아이디어를 협력적으로 창출해 나감. 이 같은 사고방식에서 가장 중요한 부분은 작업이 어떻게 진행되고 있으며 각 단계는 어떻게 개선될 수 있는지를 성찰해 나가는 것임.
- **프로토타입 문화:** 이러한 사고방식은 학생들이 지속적으로 새로이 학습한 내용을 적용하고 자신이 개발한 내용을 개선할 수 있도록 하여 보다 고차원적인 제품 또는 솔루션을 창출할 수 있도록 함. 프로토타입화 사고방식을 가진 학생들은 빠르게 무언가를 만들어 시험하고 피드백과 실패를 통해 재빨리 학습하는 경향을 보이고, 그들은 그들의 창의력을 토대로 그들이 배운 것을 제품 생산이나 솔루션을 발전시키는데 적용함. 이 같은 프로세스는 빠르게 이루어져 빠른 시간 내에 원하는 결과를 도출할 수 있도록 함.
- **실천 지향적 사고방식:** 실천 지향적 사고방식은 학생들로 하여금 진취적이고, 의사결정적이고, 자기주도적인 행동 성향에 도움을 줌. 예를 들어, 공감하는 단계에서 학생들은 더 깊이 사용자 니즈를 이해하기 위해 사람들과 부대끼고 그들의 관점에서 경험해 보려고 시도해야 하며, 테스트 단계에서 그들은 가치 있는 데이터와 피드백을 적용하기에 앞서 수많은 테스트 단계를 반복해야 함. 실천 지향적 사고방식을 하기 위해 학생들은 마주하게 될 장애물을 뛰어넘어야 하며 그들의 시도가 단순 시도에 그치지 않기 위해서는 실패에 대한 두려움을 이겨내야 함. 두려움과 자기 의심은 위험을 감수하고자 하는 행동 양식을 저해하는 것으로, 두려움을 이겨내고 실

패를 포용하는 것은 더 많은 가능성과 아이디어를 생산하게 하고 대담하고 독창적인 시도를 가능하게 함. 학생들이 실패를 하나의 결과가 아닌 프로세스 일부로 받아들일 때 비로소 실천 지향적 행동 양식이 가능해지며 그들의 프로토타입이 고차원적인 제품 또는 솔루션으로 거듭날 수 있음.

- 시각화: 시각화를 통해 학생들은 그들의 아이디어를 프로토타입, 스케치, 디지털 시각화 등으로 표현할 수 있음. 이러한 시도는 복잡한 아이디어를 보다 명확하게 이해할 수 있도록 돕는데, 단순한 스케치라도 이는 사람들로 하여금 더 깊이 토론하고 예상하지 못했던 문제들을 파악하는 데 도움을 줄 수 있음. 아이디어를 시각화하는 것만으로도 생각을 정리하고 전달하고자 하는 정보를 다듬는 데 도움이 될 수 있으며, 아이디어를 시각화하는 것은 사용자들부터 피드백을 얻기에 좋은 방법이므로 학생들도 건설적인 비판에 대해 마음을 열고 방어적인 태도를 벗어나 아이디어를 발전시키는 것이 좋음.
- 협력 중심 사고방식: 협력 중심의 사고방식을 가진 학생들은 사회성과 대인 관계 기술을 발휘하여 공통된 목표를 위해 학습하고 협력할 수 있으며, 팀의 다양한 관점과 기술, 배경 그리고 학습 스타일은 가능성과 혁신적인 솔루션을 끌어냄. 팀워크란 신뢰와 존중을 기반으로 한 가족적인 배경에서 이루어지는 긍정적인 관계이기 때문에 학생들은 팀원들을 챙기며 그들의 감정과 유대감을 형성하기 위해 공감 능력을 적용할 수 있음. 팀워크는 소수가 프로젝트를 장악하는 계층적 구조를 최소화하고, 학생들 간의 경쟁을 최소화하는 것은 사기를 높이고 관계를 개선하며 실망감을 줄이는 데 도움이 됨.

❑ 성공을 위한 또 다른 사고방식

- 발전/실패로부터 배우기(Improve/ Learn from Failure): 많은 학생은 처음 DT 프로세스를 경험할 때 실패에 대한 두려움으로 프로토타입을 실험하는 것을 꺼리는데, 이는 실패했을 때 다른 학생들의 시선과 실패를 통해 스스로가 얼마나 무능력한지를 확인하게 될 것을 두려워하기 때문임. DT 프로젝트들을 하나씩 수행하면서 프로토타입을 시험하고 실패 요인을 분석하며 적절한 개선방안을 모색해 적용해 가는

것이 하나의 과정임을 깨닫게 됨. 이 같은 프로세스와 학습 환경은 그들로 하여금 실패란 그저 새로운 통찰력과 개선 방향 모색을 위한 강력한 도구임을 받아들이도록 해야 함.

- **창조적 자신감(Creative confidence)**: 창조적 자신감이란 새로운 아이디어를 창조해 내고 그것을 두려움 없이 시도해 보고자 하는 의지를 의미하는 것으로, 이는 모두가 "창의적 성향"을 가지고 있다는 믿음에서 비롯되지만, 마치 근육처럼 지속적으로 사용해 강화해야 할 필요가 있음. 예를 들어, 유치원생들은 문제 해결을 위한 브레인스토밍을 거칠 때 가장 창의적이고 독창적인 아이디어를 생각해내지만, 이와 같이 걸러지지 않은 생각과 새로운 것을 시도해 보고자 하는 성향은 아이들이 자라날수록 점차 줄어드는 양상을 보이게 됨. 따라서 천성적으로 타고난 사람들만이 진정으로 창의력을 발휘할 수 있다는 확고한 믿음을 걷어내고 그들에게 창의적 자신감을 키워주기 위해 창의적인 활동에 많은 시간을 할애해 주어야 하며, 이러한 활동은 학생들에게 점차 자신의 창의력에 자신감을 갖게 되고 실제 작업에 창의성을 발휘하게 될 것임.
- **창의적 "용기"(Creative "Courage")**: "자신감" 대신에 "용기"라는 단어를 적용한 것임. 이는 설계자로서 도전적인 과제를 창의적으로 넘어서려는 의지가 반영된 것으로, 새로운 아이디어를 생성하기 위해 끊임없이 실패를 이겨내고자 하는 시도를 뜻함. "창의적 용기"는 DT 프로세스와 DT 프로세스의 사고방식들을 발전시킴으로써 창의적으로 되려고 하는 학생들에게 특히 잘 적용되는 단어로서, 학생들이 각자의 창의적 능력을 믿고 창의적 자신감을 드러내게 하여, 결과는 학생들 스스로 용기에서 비롯된다는 것을 깨닫게 해주는 것이 중요함.
- **성장 지향 사고방식(Growth Mindset)**: 연습과 엄청난 에너지 그리고 끈기를 통해 그들의 능력과 지능을 발전시킬 수 있다는 성장 지향 사고방식은 실용적인 긍정적 사고를 야기한다는 측면에서 DT 프로세스를 활용하는 학생들에게 특히 중요함. 성장 지향 사고방식을 가진 학생들은 문제에 직면했을 때 초기의 주저되는 반응에 맞서고 곧 복잡한 문제를 해결할 수 있다는 믿음을 가지게 되며, 궁극적으로 어떤 상황과 복잡한 문제에 직면하더라도 목표를 달성할 수 있다고 믿게 됨. 디자인 씽킹은 성장 지향의 사고방식을 기본으로 문제를 해결해 나가는 전략임.

• 초심자 마인드(Beginner's Mindset): 초심자 마인드는 초보자의 관점에서 바라보고 생각한다는 선불교의 가르침에서 비롯된 것으로, 사용자의 진정성 있는 공감을 위해서 학생들이 초심자의 마인드를 갖는 것은 중요함. 초심자 마인드는 학습에 대한 열정과 배움에 대한 열린 생각을 갖게 하기 때문에, 학습자처럼 생각하는 태도는 겸손을 겸비하게 한다는 점에서도 중요하지만, 학생들에게 갇힌 사고방식을 멀리하게 해준다는 점에서 궁극적인 의의가 있음.

2. 디자인 씽킹의 연구 동향

디자인 씽킹의 개념은 1987년 Peter Rowe의 저서인 'Design Thinking'에서 처음으로 언급되었으며, 2000년대에 들어와 미국을 중심으로 크게 발전하였다. 2008년에는 IDEO의 CEO인 팀 브라운(Tim Brown)이 비즈니스 분야에서 가장 영향력 있는 미국의 경영학 잡지인 'Harvard Business Review'에 "IDEO Design Thinking"을 기고하였다. 이를 통해 디자인 씽킹의 중요성을 알게 된 독일의 소프트웨어 그룹인 SAP 사의 설립자인 Hasso Plattner가 2009년에 스탠퍼드 대학교 대학원에 Hasso Plattner Institute 설립을 후원하면서 디자인 씽킹의 개념이 확산되었다. 이후 Hasso Plattner Institute는 통틀어서 d.School(디 스쿨)이라 불리고 있으며, 디자인 씽킹은 2004년부터 주목을 받기 시작하여, 2005년 독일의 소프트웨어 기업인 SAP의 전폭적인 지원 아래 스탠퍼드 대학에 d.School이 설립되었고, 2009년 9월호 Business Week가 "Design Thinking"이라는 제목의 특집호를 발간한 때부터 대중들에게 본격적으로 많이 알려지기 시작했다. 오늘날 디자인 씽킹의 개념은 디자인 분야에는 물론 교육 분야, 경영 분야, 공학 분야 등 많은 분야에서 적용되고 있으며, 최근에는 국내외 언론에도 많이 소개되어 마치 새로운 용어와 개념으로 대중들에게 인식되고 있는 것 같으나, 앞에서 소개된 바와 같이 디자인 씽킹이라는 용어는 오래전부터 디자이너의 디자인에 대한 접근법 및 과정을 표현하는 개념으로 사용되어 왔다(Peter Rowe, 1987).

디자인 씽킹이 적용된 최초의 배경은 미국 캘리포니아의 혁신적인 디자인 컨설팅 기업인 아이데오(IDEO)에서 출발한다. 이 기업의 창업자인 팀 브라운(Tim Brown)은 디자인 씽킹이란 소비자들이 가치 있게 평가하고 시장의 기회를 이용할 수 있으며, 기술적으로 가능한 비즈니스 전략에 대한 요구를 충족시키기 위하여 디자이너의 감수성과 작업 방식을 이용하는 사고방식이라고 설명하였다(Tim Brown, 2008). 또한, 팀 브라운은 디자인 씽킹 프로세스의 특징으로 집중적 사고와 확산적 사고, 분석과 통합, 실험 허용, 낙관적 문화 등으로 정리하여 이에 따른 구체적인 방법론을 Inspiration(관찰과 공감), Ideation(통합적 사고), Implementation(프로토타입-테스트-개선) 등 세 개의 'I'로 집약하여 설명하기도 한다.

대표적인 디자인 씽킹 연구자인 토론토대학교 로트먼 경영대학원의 학장인 Roger Matin(2009)은 창의적 발상에는 이성과 감성의 융합이 필수적인데, 디자인 씽킹을 통하여 이러한 융합적 사고가 가능하다고 주장하였으며, 디자인 씽킹을 통합적 사고라는 개념으로 설명할 수 있다고 하였다. 이는 혁신적인 해법을 만들어내기 위해서 제약조건과 상호 대립하는 아이디어들을 최대한 알아본 뒤 종합적으로 사고하는 것을 의미한다고 논의하였다(정정호, 장동련, 2012).

디자인 씽킹에 대한 정의는 학자에 따라 다양((Brown, 2008, p. 85; Kelley & Kelley, 2012; Martin, 2010, p. 21; Rauth, Köppen, Jobst, & Meinel, 2010, p. 2; Tingyi, Xinyi, Zhiyu, & Jingxi, 2014, pp. 19-20)하다. 이를 정리하면, 디자인 씽킹은 공감을 바탕으로 진짜 문제를 발견하고 협력을 통해 빠른 실패를 통해 시제품을 만들어나가는 과정을 반복적으로 시도하며 문제를 해결해 나가는 방식이다.

디자인 씽킹 관련 연구 동향을 살펴보면, 디자인 씽킹에 대한 분석적 연구, 도구로 활용, 교육 프로그램 개발과 적용 3가지로 구분할 수 있다.

첫째, 디자인 씽킹에 대한 분석적 연구는 다시 디자인 씽킹의 특성 분석을 통한 시사점을 도출하는 연구(Efeoglu, Møller, Sérié, & Boer, 2013; Rosa, Marques, & Rozenfeld, 2017; 김경원 & 고종현, 2015; 김자인, 2015; 양경란, 문석찬, 한규하, & 박소현, 2015)와 새로운 디자인 씽킹 과정을 제안하는 연구(Steinbeck, 2011; 김정아 & 오인균, 2016; 윤옥한, 2017)로 구분할 수 있다.

둘째, 디자인 씽킹을 문제해결 도구로 활용하는 연구는 학교 밖의 사회 문제를 해결하기 위해 디자인 씽킹을 활용하는 연구(구자준, 2017; 이봉만 & 김원택, 2014; 이태헌 &

홍순구, 2016; 전효은, 2015; 채성기, 이성희, 박성민, & 권영성, 2016)와 학교 안의 교육과 관련된 문제를 해결하기 위해 디자인 씽킹을 활용하는 연구(Henriksen, Richardson, & Mehta, 2017; Levine, Agogino, & Lesniewski, 2016; Tschimmel, 2012; 권고운, 2017; 송석리, 2015)로 구분할 수 있다.

셋째, 디자인 씽킹을 활용한 교육 프로그램 개발 및 적용에 관한 연구는 대학을 중심으로 활발하게 진행(Lugmayr, 2011; Rauth, Köppen, Jobst, & Meinel, 2010; 강인애 & 유예은, 2017; 서응교, 전은화, & 정효정, 2016)되고 있으며, 기업에 중심을 둔 연구(Chou, 2017)와 K-12 단계의 학생들을 위한 연구(염주연, 2018)가 있으며, 사례를 든 연구들도 뚜렷이 구분하여 한 영역에 속하는 연구가 아닌 중첩되는 경우도 있다.

다음은 디자인 씽킹 관련 국내·외 연구 동향을 정리한 것이다.

<표 Ⅰ-5> 디자인 씽킹 관련 국내외 연구 동향

구분	연구자	연구 내용
디자인 씽킹에 대한 분석적 연구	윤옥한 (2017)	디자인 씽킹에 대한 체계적 분석을 바탕으로 STEAM 교육을 위한 3차원 교수체제설계 모형을 제안
	김정아 외 (2016)	디자인 씽킹에 대한 분석적 연구를 바탕으로 3DP(Triple Diamond Process)의 6단계(Discover→Define→Idea Develop→Idea Sketch→Prototype→Test)를 제안
	김경원 외 (2015)	새로운 가치와 혁신의 창출을 위한 방법론으로 디자인 씽킹의 활용가치와 필요성 검토
	양경란 외 (2015)	변화의 시대에 필요한 문제해결 방법으로 디자인 씽킹 프로세스의 특징과 새로운 사업 모델 수립에 필요한 도구에 대한 성찰
	김자인 (2015)	문헌 자료 조사, 현지 조사 등 질적 연구 방법을 활용해 디자인 사고의 진앙인 디스쿨의 성공 요인을 분석
	Rosa 외 (2017)	디자인 사고 접근법을 적용해 기업의 PSS(Product-Service System)에 혁신적인 가치를 제안하기 위해 공통성과 특수성을 분석
	Efeoglu 외 (2013)	다양한 기업들의 디자인 씽킹 방법을 비교 분석하여 시사점을 도출
	Steinbeck (2011)	디자인 사고에 대한 분석을 통해 대학생들에게 창의적 역량과 자신감을 불어 넣을 수 있는 새로운 연구 및 개발 프로젝트를 제안

구분	연구자	연구 내용
디자인 싱킹을 문제해결 도구로 활용한 연구	구자준 (2017)	'배수로 놀이 시설화'를 위해 디자인 씽킹을 대학 수업에 접목해 창의적인 해결방안 도출 도모
	이태헌 외 (2016)	낙후된 마을의 지역혁신을 위해 디자인 씽킹을 통한 워크숍을 통해 실질적인 대안을 모색
	채성기 외 (2016)	공군의 피복 지원체계를 개선하기 위해 교육자를 위한 디자인 사고 툴킷의 5단계를 적용
	전효은 (2015)	기업의 창의성 창출을 위해 디자인 씽킹과 유대인의 창의적 문화 정신 도입을 통해 CDF모형(Convergence, Discuss, Failure)을 제안
	송석리 (2015)	디자인 씽킹 프로세스를 활용해 학교 홈페이지 리디자인 수업을 실시하고 성과를 성찰
	이봉만 외 (2014)	캄보디아 마을의 적용 사례를 바탕으로 디자인 씽킹의 한 방법론인 HCD(Human-centered Design) 방법론을 통해 적정기술 적용 개선방안 연구
	권고운 (2017)	공감 능력 향상을 위해 디스쿨(d.school)의 디자인 사고 과정을 수업에 적용하고 교육적 효과를 분석
	Henriksen (2017)	현장에서의 복잡한 교육문제를 해결하기 위해 디자인 씽킹을 활용 방안을 대학원 수업을 통해 적용 및 시사점 도출
	Levine 외 (2016)	디자인 씽킹을 기반으로 한 개발공학(Development engineering)을 재구성하여 제안
	Tschimmel (2012)	혁신을 위해 효과적인 툴킷으로 디자인 사고를 활용할 수 있는 방식을 제공하기 위해, 문헌 검토와 디자인 씽킹 관련 모델을 분석
디자인 싱킹을 활용한 교육 프로그램 개발·적용 연구	염주연 (2018)	디자인 씽킹을 활용한 청소년 인간중심 문제해결 대회, 디자인 씽킹 워크숍 운영 등 청소년 인간중심 E&E(Engineering and Enterpreneurship) 교육 프로젝트 실시 및 분석
	강인애 외 (2017)	미술 교양 수업 수강생(36명) 대상 디자인 씽킹 기반 메이커교육 프로그램 개발 및 적용
	최형신 외 (2017)	초등 교사를 위한 컴퓨터 교육 대학원 수업을 디자인 사고와 컴퓨팅 사고를 결합하여 새로운 교사 교육 코스로 설계·적용하고 시사점 도출
	서응교 외 (2016)	대학생 창의역량 개발을 위한 디자인 씽킹 기반 교양 강좌의 개발·적용
	Chou (2017)	디자인 사고방식을 사회적 기업가 정신 프로젝트 개발에 적용하고 새로운 방법론을 제안
	Lugmayr (2011)	공과대학 학생들에게 미디어 교육에서 새로운 아이디어를 창출을 자극하기 위해 디자인 씽킹 방법론을 적용
	Rauth 외 (2010)	창의적 자신감 개발을 위한 교육모델로 디자인 씽킹 교육 프로그램을 운영하는 스탠퍼드와 포츠담의 d.school의 강사 17명에 대한 질적 연구

디자인 씽킹 과정(design thinking process)

디자인 씽킹은 인간중심 디자인을 지향하는 세계적인 디자인 컨설팅 전문기업인 IDEO에서 시작(Tim Brown, 2012; IDEO, 2012; Kelley & Kelley, 2014; Kelly & Littman, 2002)되어 오늘에 이르고 있다. IDEO는 그들이 일하는 방식을 '이해 → 관찰 → 평가하고 다듬기 → 실천하기'의 다섯 가지 기본 단계로 체계화시켰다(Kelly & Littman, 2002, pp. 30-32). IDEO의 이 다섯 단계는 나이트라인 프로젝트(pp. 36-41)를 통해 세상에 알려지게 된다. 미국 ABC 방송의 『나이트 라인(Night line』팀은 IDEO에 "친근하면서도 오래된 소재인 쇼핑센터에서 사용하는 카트(cart)를 5일 만에 아주 새롭게 디자인해 주십시오."라는 까다로운 문제를 제안하고, IDEO는 그들만의 방식으로 문제를 보기 좋게 해결해 냈는데, 이 프로그램이 그해 방송에서 가장 인기가 높았다(p. 41)고 한다. 이를 계기로 IDEO는 세계적인 주목을 받는 기업으로 발돋움하게 되고, 세계에서 가장 혁신적인 기업 25에 선정되었다(BusinessWeek, 2006). 흥미로운 점은 IDEO(15위)는 Apple(1위), Google(2위), 3M(3위), 삼성(12위) 등 나머지 24개 기업에 디자인 컨설팅을 하고 있다는 점이다. 이후 IDEO의 디자인 과정은 '관찰(observation) → 브레인스토밍(brainstorming) → 신속한 프로토타이핑(rapid prototyping) → 개선(refining) → 실행(implementation)'의 단계로 변화되며 IDEO 방식(IDEO Way)이라고 불리게 된다(BusinessWeek, 2004).

IDEO 방식이라는 고유명사로 불리는 디자인 씽킹의 과정은 이후 대상과 목적에 따라 그 근본 틀은 유지한 채 조금씩 변형되어 사용되고 있다.

창의적인 아이디어를 얻으려는 사람들에게 영감을 줄 목적으로 IDEO는 Method Card(IDEO, 2003)를 만들어 보급하고 있다. 여기서는 디자인 프로세스의 세부 실행 방법 51개를 크게 Learn-Look-Ask-Try의 4단계로 구분하여 카드 형태로 만들었다. Learn 단계는 디자인 문제를 제대로 폭넓게 이해하는 단계이고, Look 단계는 사용자가 환경을 관찰하고 통찰력과 아이디어를 얻는 단계이다. Ask 단계는 사용자와의 인터뷰를 통해 문제해결을 위한 정보를 얻는 단계이며, Try 단계는 직접 디자인 안을 전개하고 시험해 보고 보완하는 단계이다.

2008년 빌 & 멜린다 게이츠 재단(Bill & Melinda Gates Foundation)은 IDEO에 디자인

씽킹 과정을 체계화 개발도상국의 소규모 농민과 함께 일하는 민중 비정부기구가 쉽게 사용할 수 있도록 디자인 씽킹 과정을 체계화해 달라고 요청했다. 요청에 따라 IDEO 디자이너 팀은 3개월 동안 Heifer International, 여성 연구 센터, 국제 개발 기업 등과 협력하여 새로운 제품, 서비스 및 프로그램을 설계하는 과정을 이해하고 IDEO의 자체 프로세스와 통합하였다. 이러한 노력의 결과로 조직 중심의 설계 방법론 툴인 Human Centered Design 툴킷(HCD, 인간중심 디자인)이 탄생했다. 이 툴킷은 www.hcdtoolkit.com에서 무료로 다운로드 할 수 있다(Brown & Wyatt, 2010, p. 34).

HCD는 관찰(hear) → 창조(create) → 실행(deliver)과 같은 총 3단계의 과정으로 이루어져 있다(IDEO et al., 2009).

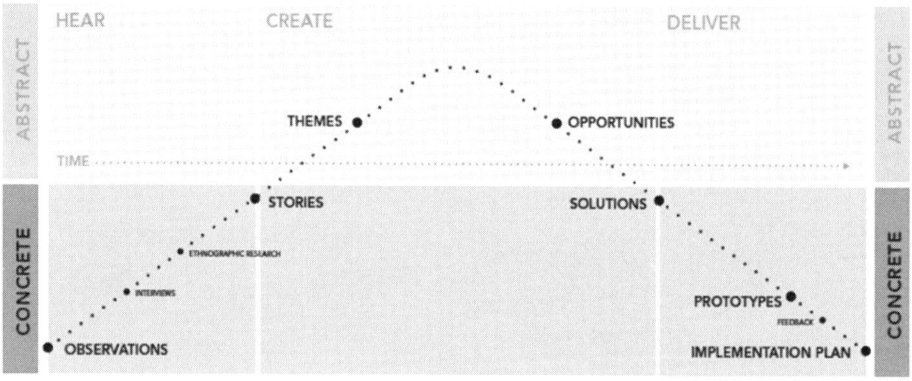

[그림 Ⅰ-9] 인간 중심 디자인 툴킷

IDEO는 디자인 씽킹을 교육현장에 창의적으로 적용하는 데 도움을 주기 위해 교육자를 위한 디자인 사고 툴킷(Design Thinking for Educator toolkit)을 제공하고 있다. 이 툴킷에서는 디자인 과정을 교육적인 상황에 맞게 '발견하기(Discovery) → 해석하기(Interpretation) → 아이디어 내기(Ideation) → 시험하기(Experimentation) → 발전시키기(Evolution)'의 5단계로 제시하고 있다(IDEO, 2012).

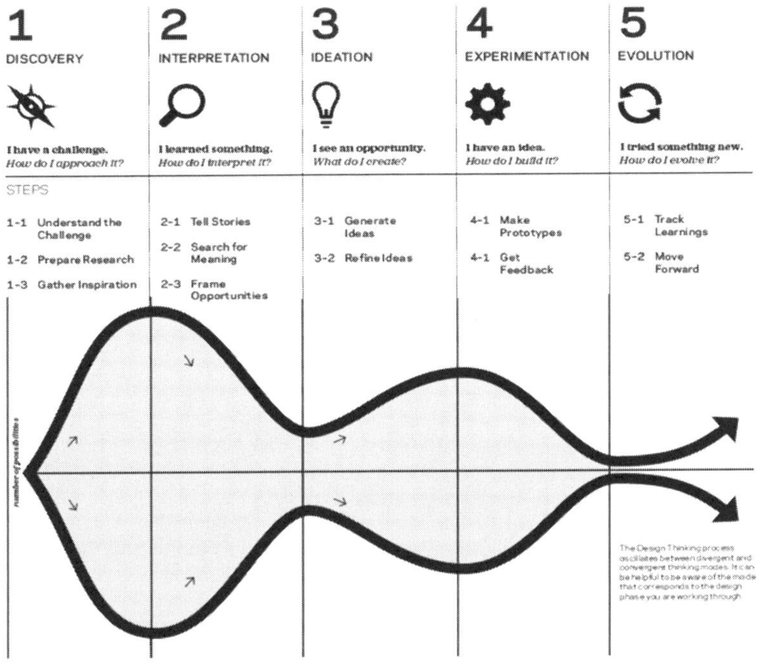

[그림 Ⅰ-10] 교육자를 위한 디자인 사고 툴킷

스탠퍼드 대학이 IDEO와 함께 개발하여 교육에 활용하고 있고 세계에서 가장 널리 사용되고 있는 디자인 씽킹 모델인 스탠퍼드 디스쿨의 디자인 씽킹의 단계(d.school, 2018a, pp. 4-8)를 살펴보면 다음과 같다.

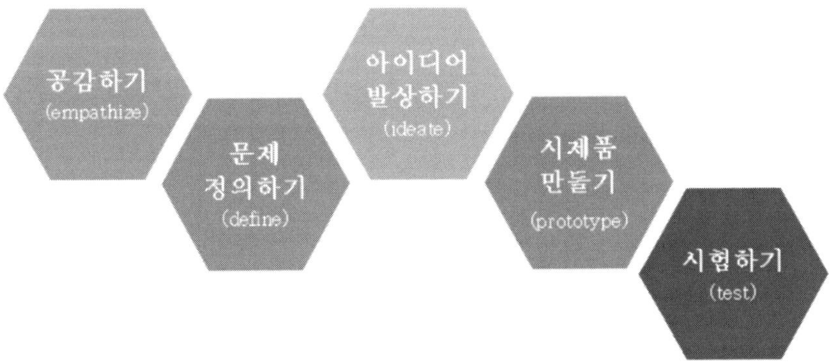

[그림 Ⅰ-11] 스탠퍼드 디스쿨의 디자인 씽킹

출처 : d.school. (2005). Design Thinking Modes/Mindset Handout, from HASSO PLATINER Institute of Design at Stanford https://dschool.stanford.edu/s/dmindsets_85-x-11_scissors.pdf

첫 번째 단계는 공감하기(empathize) 단계이다. 공감은 인간 중심의 디자인 과정의 기초다. 공감을 얻으려면 삶의 맥락에서 고객과 고객의 행동을 관찰(observe)해야 한다. 정기 또는 단기적인 만남을 통해 고객과 상호작용하고 면담에 끌어 들어야 한다(engage). 고객의 관점에서 고객을 경험(immerse)해야 한다.

두 번째 단계는 문제 정의(Define) 단계이다. 문제 정의 단계는 공감 결과를 설득력 있는 필요와 통찰력으로 통합하고 구체적이고 의미 있는 도전의 범위를 정하는 단계이다. 문제 정의 단계의 두 가지 목표는 고객과 설계 공간을 심층적으로 이해하고 이러한 이해를 바탕으로 실행 가능한 문제 보고서를 작성하는 것이다. 공감 단계에서 발견한 특정 사용자, 통찰력 및 필요에 초점을 맞추어야 한다. 단순히 문제를 정의하는 것 이상으로, 공감하는 동안 발견한 것을 바탕으로 독특한 디자인 비전을 갖는 것이다. 성공적인 해결책을 만들기 위해서는 설계 작업에 활용할 수 있는 의미 있는 해결 과제와 통찰력을 이해해야 한다.

세 번째는 아이디어 발상(ideate) 단계이다. 아이디어 발상은 혁신적인 디자인 대안을 창출하는 설계 과정이다. 정신적으로 개념과 결과 측면에서 "넓어지는(going wide)" 과정을 의미한다. 이는 "초점(focus)"이 아니라 "튀어 오르는(flaring)" 방식이다. 이러한 개념의 목표는 넓은 해결책을 탐색하는 것이다. 이렇게 방대한 아이디어에서 사용자와 함께 테스트할 수 있는 시제품을 제작할 수 있다.

네 번째는 시제품 제작(prototype) 단계이다. 시제품 제작은 머릿속에서 물리적 세계로 아이디어와 탐험을 이끌어 내는 단계이다. 시제품 만들기는 포스트잇 노트, 롤플레잉 활동, 공간, 객체, 인터페이스 또는 스토리보드의 물리적 형태를 취하는 모든 것일 수 있다. 시제품의 수준은 프로젝트의 진행 상황에 따라 결정될 수 있다. 초기의 시제품은 거칠고 빠르게 제작하여 빠르게 배우고 다양한 가능성을 조사할 수 있다. 시제품은 사람들(디자인 팀, 사용자 및 다른 사람들)이 경험하고 상호 작용할 수 있을 때 가장 성공적이다. 이러한 상호작용을 통해 배우는 것은 성공적인 해결책을 만들어 낼 뿐만 아니라 더 깊은 공감을 이끌어 내는 데 도움이 될 수 있다.

마지막 다섯 번째 단계는 시험(test) 단계이다. 시험단계에는 해결책에 대해 피드백을 받고, 해결책을 개선하고, 고객에 대해 계속 배울 기회이다. 시험단계는 낮은 수준의 시제품을 고객의 피드백을 통해 반복적으로 수정 보완해나가는 과정이다. 시제품을 만들

때는 옳다는 믿음으로 만들고, 시험할 때에는 틀렸다는 생각으로 임해야 한다.

언뜻 보기에는 여러 가지 디자인 씽킹이 복잡하고 혼란스러워 보일 수 있다. 하지만, 이를 비교해보면 큰 틀 안에서 목적과 대상에 따라 여러 단계를 하나로 합치거나 특정 단계를 세분화하거나 강조하고 있음을 알 수 있다.

구분	단 계(피드백 과정 생략)				
IDEO 5-Step	관찰	브레인스토밍	신속한 프로토타이핑	개선	실행
인간중심 디자인 과정	관찰	창조	실행		
교육자를 위한 디자인 과정	발견하기 해석하기	아이디어 내기	실험하기		발전시키기
d.school 디자인 씽킹 과정	공감 / 문제 정의	아이디어 발상	프로토타입 만들기	시험	

[그림 Ⅰ-12] 디자인 씽킹 과정의 모형별 비교

3. 디자인 씽킹 프로세스 모델

⦿ 디자인 씽킹의 절차적 모형에 관한 다양한 연구들이 많은 연구자(Beckman & Barry, 2007; Cassim, 2013; Leavy, 2010; Oxman, 2017; Rauth, Köppen, Jobst, & Meinel, 2010; Romme, 2004; Lindberg, Gumienny, Jobst, & Meinel, 2010; Seelig, 2015; Sengupta, Kinnebrew, Basu, Biswas, & Clark, 2013; IDEO, 2003)들에 의하여 수행되어 왔으며, 이들 연구의 공통된 특징으로는 Brown(2008)이 제시한 디자인 사고자가 경험하게 될 공감(empathy), 통합적 사고(integrative thinking), 최적화(optimizing), 경험주의(experimentalism), 협력(collaboration)의 강조점이 그대로 반영되어 있음.

◉ IDEO의 3I 모델은 최초의 디자인 씽킹 프로세스로서 '영감(Inspiration) - 발상(Ideation) - 실행(Implementation)'의 3단계로 이 단계는 순차적인 것이 아니고 변경되거나 통합될 수 있음(Brown, 2008). 아이디어에 대한 테스트와 프로토타이핑을 반복적으로 순환하면서 프로토타입을 사용자가 가장 만족할 만한 모습으로 개선하여 최선의 해결책을 찾아내고, 더불어 완성품을 상용화하도록 전략을 기획함.

- 영감(Inspiration) 단계: 사용자의 일상생활과 행동 등을 관찰하여 공감함으로써 고객의 니즈(Needs)를 파악하고 문제를 규명함
- 발상(Ideation) 단계: 영감 단계에서 관찰을 통해 수집한 내용을 바탕으로 변화의 기회나 새로운 해결방안을 모색한다. 이를 위하여 다양한 분야의 사람들이 팀을 이루어 브레인스토밍과 같은 아이디어 발산을 통해 최대한 많은 아이디어를 도출함
- 실행(Implementation) 단계: 생성된 아이디어 중 가장 적합한 아이디어를 선정하여 실현하는 과정으로 프로토타이핑(Prototyping)이 핵심이 됨

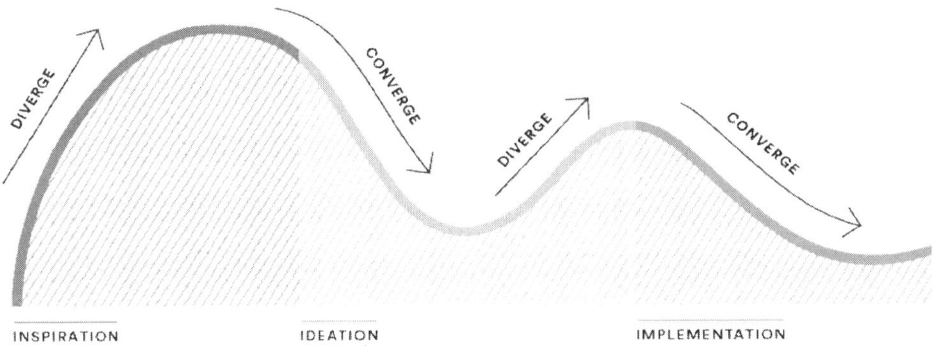

[그림 Ⅰ-13] IDEO의 3I 모델

출처 : IDEO. ORG[Website]. (n.d.)

◉ IDEO의 David Kelley, Tim Brown, Roger Martin(1990)은 디자인 씽킹을 이해단계(understand), 탐색단계(explore), 실현 단계(materialize)로 구분하고, 공감하기, 문제정의, 아이디어, 프로토타입, 테스트, 실행의 6단계를 제시함.

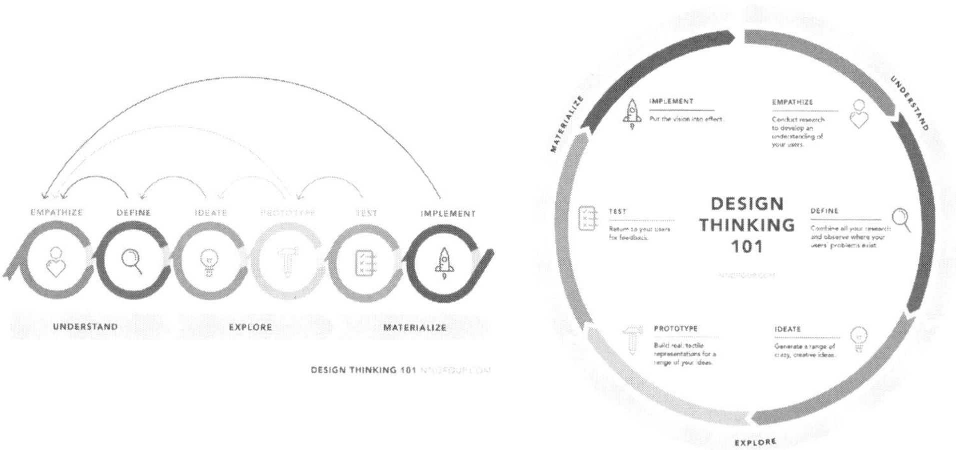

[그림 Ⅰ-14] IDEO의 디자인 씽킹 6단계

⊙ IDEO.org(2011)의 인간 중심 툴 키트(Human-Centered Design Toolkit)에서 Design Thinking 방법론의 보다 구체적인 적용이 실현됨.

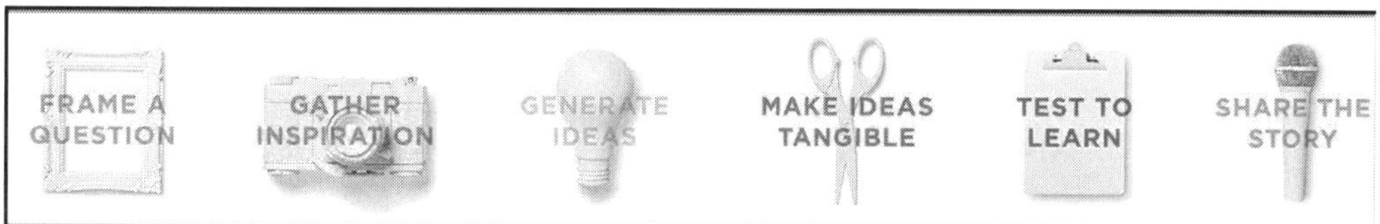

질문 구성하기	영감 얻기	아이디어 내기	실행 가능한 아이디어로 발전시키기	개선을 위한 테스트	해결책을 이야기로 공유하기
창의적 문제 해결 탐구를 위하여 사용자로부터 영감을 얻을 수 있는 질문을 확인하기	사용자가 진짜 요구하는 것이 무엇인지를 발견함으로써 새로운 사고의 영감을 얻음	혁신적인 아이디어를 위하여 과거의 명백한 해결책을 반영한다.	아이디어를 발전시키기 위하여 거친 프로토타입을 만든다.	실험과 사용자 피드백을 통하여 아이디어를 개선한다.	실행을 위하여 다른 사람에게 영감을 주기 위한 사람 중심의 스토리를 개발한다.

[그림 Ⅰ-15] IDEO의 디자인 씽킹 접근법

출처 : https://www.ideou.com/pages/design-thinking

◉ 이 툴킷은 디자이너(Design Thinking 방법론에 따라 프로젝트 관리자, 개발자 등이 될 수 있음)를 "듣기(hear)", "창조하기(create)" 및 "적용하기(deliver)"과 같은 3단계 프로세스를 통해 안내함.

◉ David Kelley는 Design Thinking 프로세스의 5가지 요소인 공감, 정의, 아이디어, 프로토타입 및 테스트를 제시함(Kliever, 2015). 각 단계는 ① 공감을 통하여 "사용자의 신념, 가치 및 요구"를 이해, ② 수집된 정보를 분석하여 사용자가 직면해야 할 과제에 대한 통찰력으로 문제를 정의, ③ 한계를 정하지 않고 아이디어를 발산하는 아이디어 생성 단계에서 가능한 해결책을 탐색, ④ 여러 아이디어가 프로토타입으로 구현, ⑤ 사용자에게 테스트 되는데, 프로토타입 및 테스트 된 해결책이 적합한지 아닌지에 따라 이전 단계 중 하나 이상을 반복할 수 있음.

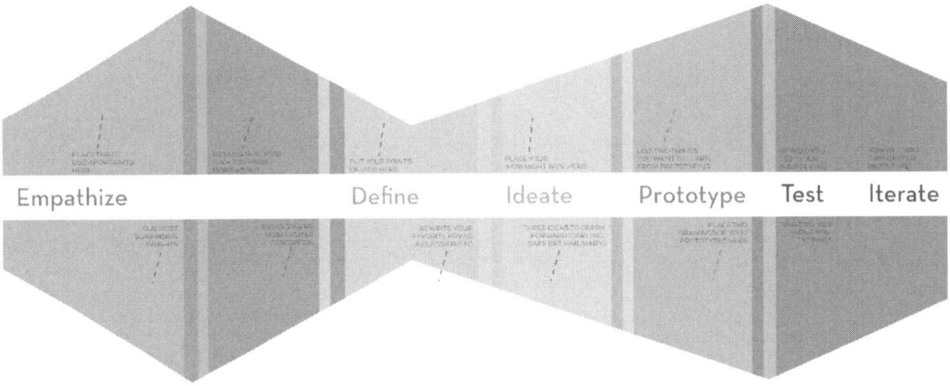

[그림 Ⅰ-16] The Design Thinking Process visualized by the K12 Lab.

출처 : https://medium.theuxblog.com/on-design-thinking-4a4980aebe8d

◉ 스탠퍼드 대학교(d.School)의 모델은 교육 분야에서 가장 많이 활용되는 단계 중 하나로, IDEO의 3I 모형에 기초하여 순환적 5단계로 진행됨.

- 공감(Empathize) 단계: 인간 중심의 프로세스에서 핵심이 되는 단계로써 다른 디자인 씽킹 프로세스와는 차별적인 특징을 가지고 있음. 공감 단계에서는 사용자와 인터뷰 및 관찰을 통하여 사용자에게 숨겨진 니즈(Needs)를 파악하고, 이를 통해 사용자가 중요하게 생각하는 것이 무엇인지, 특정 행동을 유발하는 원인이 되는 감정은 무엇인지를 발견할 수 있는 통찰력을 제시해 줌. 공감 단계에서는 해당 문제를 더 옳은 방향

으로 해결할 수 있도록 문제 정의하는 데 도움을 주기 때문에 비교적 많은 시간과 노력을 기울여서 심도 있게 수행하는 것이 중요함

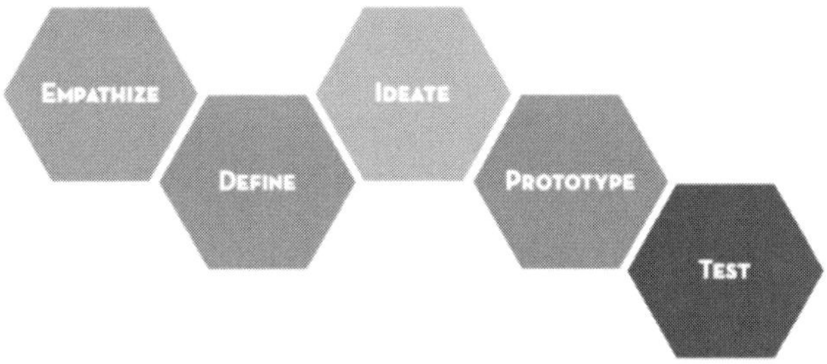

[그림 Ⅰ-17] Stanford 대학 d.school의 모델

출처 : Stanford d.school [Website]. (n.d.)

- 정의(Define) 단계: 공감 단계에서 얻은 자료들을 토대로 해결하고자 하는 진짜 문제를 명확하게 표현하는 단계로서, 사용자가 만족할 만한 해결책을 제시해주기 위해서는 문제에 대한 정확한 이해와 문제를 정의할 때 새로운 시각이 필요함. 이를 위해 5Why 기법을 활용하여 문제 해결의 아이디어를 촉진할 수 있고, 문제를 다각적으로 접근하는 데 도움을 줄 수 있음. 도출된 문제는 디자인 씽킹 프로세스의 성공 및 효율적 수행에 큰 영향을 주므로 사용자의 요구가 충분히 반영된 문제를 정의하는 것이 필요함
- 아이디어 도출(Ideate) 단계: 확산적 사고 과정을 통해 앞서 정의된 문제에 대한 해결책을 창의적이고 다양하게 도출해내는 과정으로, 최대한 많은 양과 넓은 범위의 아이디어를 내는 것이 중요하며, 이를 위해서 브레인스토밍, 브레인라이팅, SCAMPER, 마인드맵 등의 기법을 활용할 수 있음
- 프로토타입(Prototype) 단계: 선정된 아이디어를 눈에 보이는 가시적인 형태로 주변의 재료를 활용하여 저렴하고 빠르게 제작하는 단계로, 이때 빠른 제작과 테스트 실행을 강조하는 'quick and dirty' 한 프로토타입을 만드는 것이 중요함. 이 단계에서는 사용자와 끊임없는 의사소통과 피드백을 통해 프로토타입을 수정 및 보완해나가야 하며, 사용자가 만족할 만한 최종 제품이 나올 수 있도록 진행되도록 유도해야 함
- 테스트(Test) 단계: 제작한 프로토타입을 실제 시험해봄으로써 사용자의 즉각적인 피드백과 평가를 받으며, 제작자가 미처 파악하지 못했던 부분들을 발견하고 이를 수정 및 보완하여 최종적으로 문제를 해결하도록 함. 이 단계의 목적은 테스트를 통해 문제를 더 명확하게 접근하여 그동안 파악하지 못했던 부분들을 찾아내기 위함으로, 테스트는 반복적으로 수행되어야 하며, 이를 통해 개선된 산출물을 제작해야 함

⊙ Side Bench의 디자인 씽킹 모델은 공감- 문제 정의- 아이디어-프로토타입- 테스트의 일반적 과정을 제시하며 순환형의 특징을 보이는데, 이는 디자인 씽킹의 특징인 실패와 부정적 결과의 반복적인 수행을 모델로 보여주고 있음.

[그림 Ⅰ-18] Side Bench의 디자인 씽킹 모델

출처 : https://productcoalition.com/design-thinking-isnt-just-for-your-product-development-team-e8e25f713643

⊙ Zsakay(2018)의 모델은 문제 공간(problem space)과 해결 공간(solution)으로 크게 구분하고 각 공간이 확산과 수렴이 반복됨을 볼 수 있는데, 이는 디자인 씽킹이 도전- 이해- 문제정의- 아이디어- 프로토타입- 테스트의 과정에 따라 확산적 사고와 수렴적 사고가 발현되는 과정임을 확인할 수 있음.

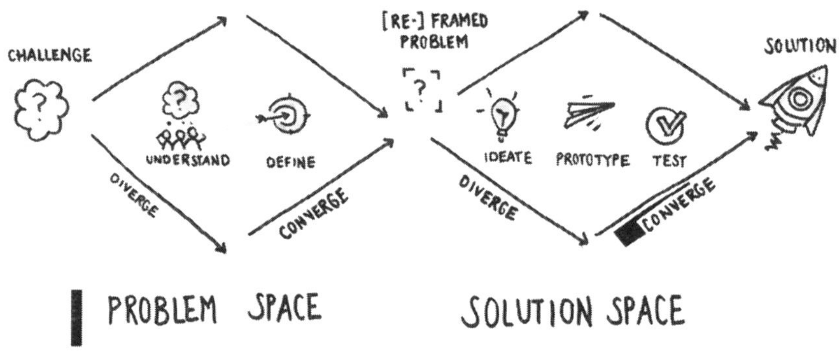

[그림 Ⅰ-19] Zsakay의 Circular Design

BY ADRIENNA ZSAKAY | APR 15, 2018 | CIRCULAR DESIGN | http://www.circulareconomyasia.org/design-thinking/

◉ Experience to Lead의 모델에서는 보다 나은 리더십, 협력, 혁신을 위한 디자인 씽킹을 활용하는 방법으로, 통찰단계(공감 - 문제정의)- 아이디어 단계(협력하기 - 프로토타입)- 적용단계(테스트 - 적용하기)로 순환적 모델을 제시하고 있음.

[그림 Ⅰ-20] Experience to Lead의 순환적 모델

https://www.experiencetolead.com/how-to-use-design-thinking-for-better-leadership-collaboration-and-innovation/

◉ Ambrose와 Harris(2009)의 모델은 디자인 씽킹의 과정을 문제 정의, 연구하기, 아이디어 내기, 프로토타입, 아이디어 선택하기, 적용하기, 피드백하기의 7단계로 제시함.

- 문제 정의(define (brief))- 문제가 무엇인지 확인하기, 디자인 문제와 정의할 대상, 개발할 문제의 이해와 한계, 이 단계는 프로젝트가 성공을 결정
- 연구하기(research (background)) - 배경 정보를 수집하기, 이 디자인 문제의 과정 정보 탐색, 최종 사용자 연구, 사용자 면접, 잠재적 장애의 확인
- 아이디어 내기(ideate (solutions)) 해결책을 위한 아이디어 내기, 최종 사용자의 동기와 요구에 부응하는 아이디어 생성, 브레인스토밍
- 프로토타입(prototype (resolve)) 사용자에게 보여줄 아이디어의 실현
- 아이디어 선택하기(select) 디자인 핵심 목표에 부응하는 해결책의 리뷰, 어떤 해결책

은 실천 가능할지도 모르지만, 최적의 해결책은 아님
- 적용하기(implement (delivery)) 디자인 개발하여 최종 고객에게 전달
- 피드백하기(learn (feedback)) 디자이너가 그들의 수행을 개선하고, 디자이너는 고객에게 피드백을 받음, 목표 만족도 확인 결정. 이 단계는 미래에 이루어지는 개선점을 확인하기도 함

⊙ Hasso-Plattner Institute(하소-플래트너 연구소)의 6단계 모델은 '이해 (Understand) - 관찰(Observe) - 사용자 관점(Point of view) - 아이디어 창출(Ideate) - 프로토타입(Prototype) - 테스트(Test)'의 단계로 구성되어 있으며, 위치한 단계에서 언제든 이전 단계로 되돌아가거나 반복적으로 실행 가능하다는 점이 특징임(이지은, 2019).

- 이해(Understand) 단계: 주제와 관련된 정보들을 수집
- 관찰(Observe) 단계: 인터뷰 및 관찰을 통해 사용자의 니즈(Needs)를 파악
- 관점(Point of view) 단계: 아이디어들을 스토리텔링을 통하여 팀에 공유하고 시각화된 틀 속에서 종합
- 아이디어 창출(Ideate) 단계: 브레인스토밍과 같은 방법으로 아이디어를 생성
- 프로토타입(Prototype)과 테스트(Test) 단계: 실행 계획을 현실에 맞게 구체화하는 과정으로 아이디어를 현실화시키는 작업을 진행

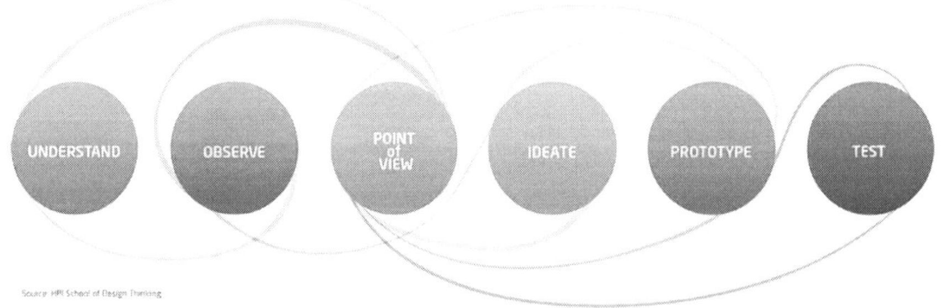

[그림 Ⅰ-21] Hasso-Plattner Institute(하소-플래트너 연구소)의 모델
출처 : HPI Academy Education for Professionals[Website]. (n.d.)

⊙ Thoring & Müller(2011)의 모델의 기본적인 절차는 시작- 이해- 관찰- 사용자 관점 - 아이디어 - 프로토타입- 테스트로, HPI D-School이 제안한 디자인 사고 과정을

따르고 있지만, 비즈니스 과정 모델링 표기법(Business Process Modeling Notation (BPMN))의 상징을 이용하여 구체적이고 분석적인 모델을 제시함. 특히 테스트 후 긍정적 결과는 종료로 이어지고, 부정적 결과는 특정 단계로 다시 피드백하는 순환적 모델을 제시하고 있는데, 각 과정의 하위 단계와 관련 수행 활동을 비롯하여 각 단계의 목표, 방법, 투입요소, 산출요소를 매우 구체적으로 제시하고 있음.

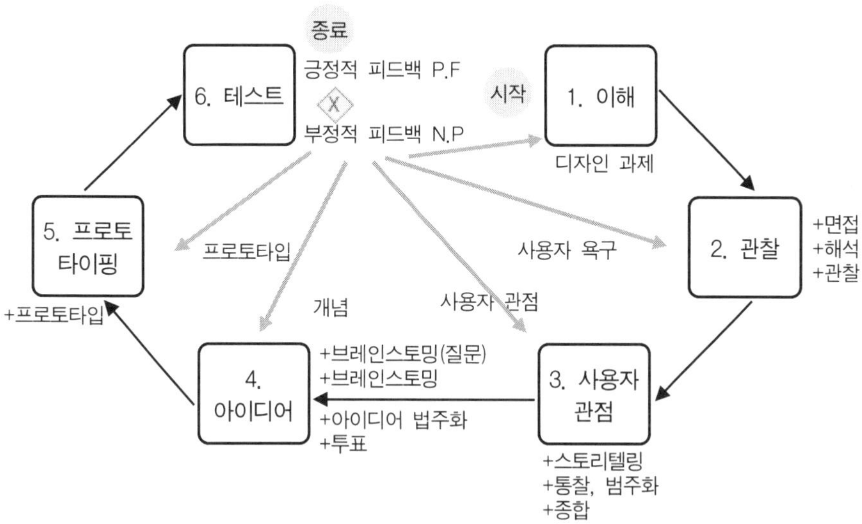

[그림 Ⅰ-22] 재구성한 Thoring & Müller(2011)의 모델

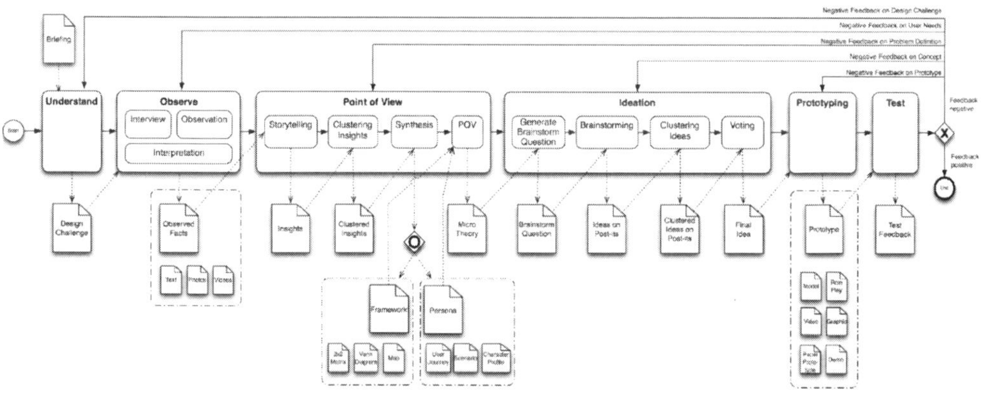

[그림 Ⅰ-23] Business Process Modeling Notation(BPMN)의 심블

출처 : Suggested Process Model of Design Thinking. Thoring, K., & Müller, R. M. (2011)

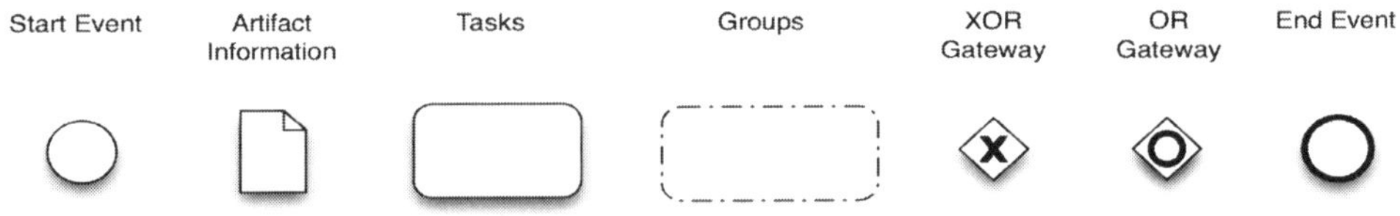

[그림 Ⅰ-24] 비즈니스 과정 모델링 표기법(Business Process Modeling Notation(BPMN))의 상징

<표 Ⅰ-6> 디자인 씽킹 각 단계의 목표, 방법, 투입, 산출 개요

단계	목표	방법	투입	산출
1. 이해하기	존재하는 정보를 모으고 전문가 되어보기	간접적(데스크) 작업	브리핑 자료, 미디어	수집된 정보 인쇄, 문서화
2. 관찰하기	사용자 요구에 대한 통찰을 수집하기	질적 연구(면접, 관찰)	문제 정의, 설계 도전, 질문지, 프로젝트 대상(구체적 제품이나 서비스)	사진, 비디오, 면접 자료, 문서, 오디오 녹음자료, 노트 등)
3.1 스토리텔링	같은 수준의 각 팀 구성원은 연구 결과를 가져와 교환함	스토리텔링(구두, 나레이션/보고, 팀 구성원과 함께 작성하기)	사용자의 요구를 통찰(사진, 비디오, 면접 자료, 문서, 오디오 녹음물, 노트 등)	작성된 통찰문, 포스트잇 기록지
3.2 통찰의 범주화	모든 통찰 거리를 구조화	유사한 통찰을 범주별로 모으고, 각 범주의 제목을 붙임	포스트잇에 통찰 거리를 적고 스케치	통찰의 재조직화: 포스트잇을 범주화하기
3.3 종합	더 나은 개선을 위하여 사용자 요구, 공통점을 확인에 대한 통찰을 시각적 자료로 요약정리하기	통찰 결과물을 프레임워크안에서 혹은 사용자의 전형적인 형태로 모은 다음 시각적으로 정렬하기	포스트잇에 통찰과 스케치를 작성한 것	프레임 워크 또는 페르소나
3.4 사용자 관점	사용자 요구에 대한 미시적 이론	유사와 은유를 위한 조사	프레임워크 또는 페르소나	은유적 사용자 입장에서의 관점

단계	목표	방법	투입	산출
4.1 브레인스토밍 질문 :문제정의	이전에 정의된 문제 / 사용자 요구를 해결하는 브레인스토밍 질문 생성	형식적 방법이 아닌 각 개인이 문장화한 브레인스토밍 질문 제안하기	관점	브레인스토밍 질문 예 "우리 어떻게 하면 기본의 (　　)를보다 (　　) 방향으로 바꿀 수 있을까?"
4.2 아이디어 내기	정의된 문제/사용자 요구를 해결하기 위한 가능한 아이디어를 창출하기	브레인스토밍, 브레인라이팅 등	브레인스토밍 질문, 포스트잇	포스트잇에 작성된 많은 아이디어
4.3 아이디어 범주화	모든 아이디어를 범주화	구체적 기준(유용성, 실현 가능성 등)에 따라 아이디어 범주화	포스트잇에 적힌 아이디어나 스케치	재조직된 아이디어 : 포스트잇으로 범주화
4.4 투표하기	보다 나은 개선을 위한 한가지 아이디어 선정	모든 팀 구성원이 모든 아이디어 투표하기, 좋아하는 아이디어에 스티커 붙이기	모든 아이디어	한가지 아이디어
5. 프로토타입	아이디어 개념을 스스로 설명하기	모델 만들기, 역할극 등으로 프로토타이핑	선정된 아이디어, 도구, 재료	프로토타입
6. 테스트	개념 및 프로토타입에 대한 사용자 및 이해 관계자의 피드백 수집	잠재적인 사용자와 이해 관계자에게 프로토타입을 보여주고, 그들에게 시도해 보게 함	프로토타입, 피드백 질문지	긍정적, 부정적 피드백, 테스팅 결과의 서류나 자료

⦿ Blosch, Osmond, Norton(2016)의 모델은 디자인 씽킹을 Lean 창업과 에자일 모델을 융합하여 디자인 씽킹 단계, 린 창업 단계, 에자일 단계로 순환적 모델을 제시함. 디자인 씽킹 단계에서는 공감하기- 문제정의하기- 아이디어 내기까지로 제시되고, 다음 단계는 린 창업 단계와 에자일 단계로 발전되어 보다 실천 가능성을 높인 모델이라고 할 수 있음

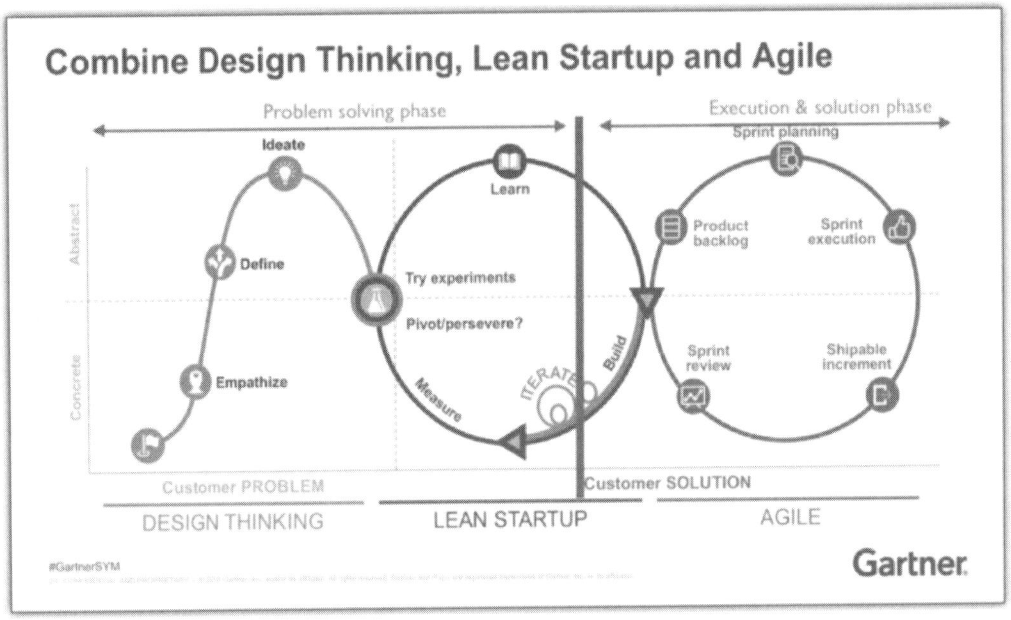

[그림 Ⅰ-25] Blosch, Osmond, Norton(2016)의 모델

출처 : https://medium.com/serious-scrum/combine-design-thinking-lean-startup-and-agile-beware-of-waterfall-in-disguise-46b230f536c9

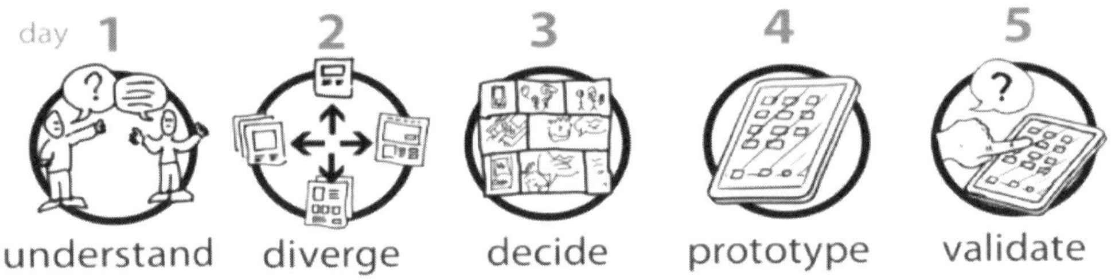

이해하기
- 사용자 이해
- 사용자 요구 내용
- 맥락 이해
- 경쟁자 조사
- 전략 형성

확산하기
- 구상하기
- 많은 해결책 고안하기
- 아이디어 내기

결정하기
- 최적의 아이디어 선정하기
- 아이디어 스토리보드 만들기

프로토타입
- 사용자에게 보여 줄 조잡하지만 빠른 모형화하기
- 아름답게 하기보다는 실현 가능성에 집중하기

타당화 하기
- 조직 밖의 실제 사용자에게 프로토타입 보여주기
- 작동하지 않는 것 배우기

[그림 Ⅰ-26] 구글의 디자인 스프린트 모델

출처 : https://designsprintkit.withgoogle.com/methodology/phase1-understand

⊙ 구글의 디자인 스프린트 모델은 구글 벤처스에 의해 개발된 디자인 방법론으로 디자인 씽킹에 기반을 두고 있음. 의사결정을 빠르고 신속하게 처리하는 특징을 가지고 있으므로 이 방법론은 5일 안에 이루어지며, 짧은 기간 안에 중요한 비즈니스 질문에 대한 통찰력을 확보하는 데 초점을 둠.

⊙ 이진우, 최유현(2018)의 모델은 디자인 씽킹 모델을 d. school의 모델에서 변형한 7단계 모델인, 공감하기- 문제정의하기- 아이디어 내기- 아이디어 다듬기- 프로토타이핑-테스트하기-성찰하기의 단계를 제시함.

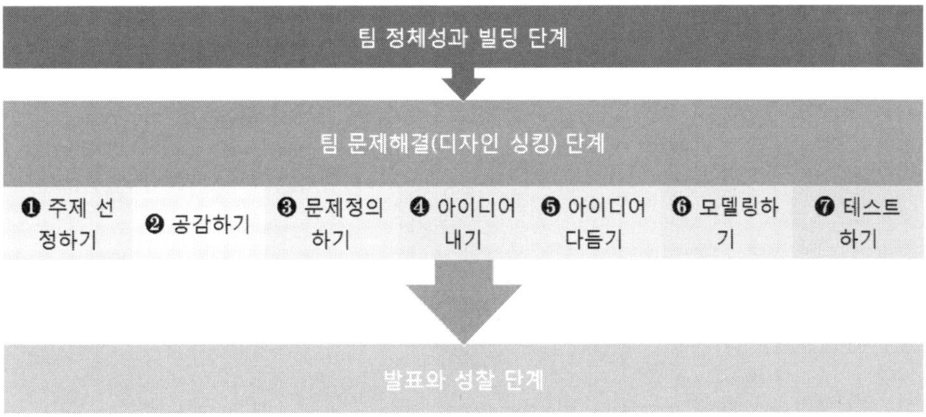

[그림 Ⅰ-27] 최유현(2018)의 디자인 씽킹 기반 팀 문제해결 과정

⊙ 최유현(2019)의 모델은 연구 강의 자료를 통해 교사를 위한 디자인 씽킹 워크샵의 단계로 문제 이해 - 공감 - 문제 정의 - 아이디어 발상 - 아이디어 선별 - 프로토타입 제작 - 테스트 및 개선 - 성찰을 제시함.

⊙ 디자인 씽킹의 모형과 단계, 특징, 모델 구안의 시사점을 비교 고찰하면 다음과 같이 제시할 수 있음.

<표 Ⅰ-7> 디자인 씽킹의 모형과 단계, 특징, 시사점 비교

	모형(연구자)	주요 단계	특징	모델 구안의 시사점
1	IDEO의 모델(Kelley 외, 1990)	공감하기, 문제 정의, 아이디어, 프로토타입, 테스트, 실행의 6단계	• 디자인 씽킹 모델의 표준 모델 • 이해 영감, 아이디어 탐색, 실현 단계로 구분	• 3단계의 큰 그림
1	IDEO(Kelly)	질문 구성하기 영감 얻기 아이디어 내기 실행 가능한 아이디어로 발전시키기 개선을 위한 테스트 해결책을 이야기로 공유하기	• 질문 구성하기, 영감 얻기의 특징 • 해결책 이야기 공유로 세분화	• 공감하기, 문제정의를 질문 구성하기, 영감 얻기로 표현
	IDEO.org (2011) 툴킷	공감, 정의, 아이디어, 프로토타입 및 테스트	• “듣기(hear)”, “창조하기(create)” 및 “적용하기(deliver)”와 같은 3단계 프로세스 반복	• 공감과 반복 강조
2	d.School의 모델	공감, 문제 정의, 아이디어 도출, 프로토타입,	• IDEO의 3I 모형에 기초, 널리 알려진 모델 • 공감-사용자에게 숨겨진 니즈(Needs) • 문제정의-5Why 기법을 활용 • 프로토타입- ‘quick and dirty’ 한 프로토타입	• 숨겨진 니즈 • 빠른 실패 프로토타입
3	Side Bench의 모델	공감- 문제 정의- 아이디어- 프로토타입- 테스트	• 순환형 모델을 제시하고 있다. 이는 디자인 씽킹의 특징인 실패와 부정적 결과의 반복적인 수행을 모델	• 나선형 순환형
4	Zsakay(2018)의 모델	각 공간이 확산과 수렴이 반복됨을 알 수 있다. 도전- 이해- 문제정의- 아이디어- 프로토타입- 테스트의 과정을	• 문제 공간(problem space)과 해결 공간(solution)으로 구분하고, • 공감 대신에 도전과 이해단계로	• 디자인 씽킹이 확산적 사고와 수렴적 사고가 발현되는 과정

	모형(연구자)	주요 단계	특징	모델 구안의 시사점
5	Experience to Lead의 모델	통찰단계(공감 - 문제정의)- 아이디어 단계(협력하기 - 프로토타입)- 적용단계(테스트 - 적용하기)로 순환적 모델	• 보다 나은 리더십, 협력, 혁신을 위한 디자인 씽킹을 활용	
6	Ambrose와 Harris (2009)의 모델	문제정의-연구하기-아이디어 내기-프로토타입-아이디어 선택하기- 적용하기-피드백 하기	• 7단계의 구체적 모델 • 문제정의-연구하기로 시작	• 프로토타입 다음 단계에[서 아이디어 선택
7	Hasso-Plattner Institute의 모델	'이해(Understand) - 관찰(Observe) - 사용자 관점(Point of view) - 아이디어 창출(Ideate) - 프로토타입(Prototype) - 테스트(Test)'의 6단	• 이해로 시작 • 사용자 관점의 단계 제시 • 모델 그림에서 순환적 반복적 피드백 제시	• 반복적 피드백 • 사용자 관점
8	Thoring & Müller (2011)의 모델	시작- 이해- 관찰- 사용자 관점- 아이디어 - 프로토타입- 테스트 각 과정의 하위 단계와 관련 수행 활동을 구체적으로 제시 1. 이해하기 2. 관찰하기 - 스토리텔링, 통찰의 범주화, 종합, 3. 사용자 관점 4. 아이디어 창출- 브레인스토밍 질문 : 문제정의, 아이디어 내기, 아이디어 범주화, 투표하기 5. 프로토타입 6. 테스트	• HPI D-School이 제안한 디자인 사고 과정 • 비즈니스 과정 모델링 표기법(Business Process Modeling Notation(BPMN))의 상징을 이용	• 매우 구체적인 모델 • 아이디어 범주화하여 투표하기 • 하위 단계 제시 • 모형의 수행 활동
9	Blosch, Osmond, Norton (2016)의 모델	디자인 씽킹 단계에서는 공감하기- 문제정의하기- 아이디어 내기까지로 제시	• 디자인 씽킹을 Lean 창업과 에자일 모델을 융합하여 제시, 즉 디자인 씽킹 단계, 린 창업 단계, 에자일 단계로 순환적 모델을 제시	• 창업 단계와 에자일 단계로 발전되어 보다 실천 가능성을 높인 모델

	모형(연구자)	주요 단계	특징	모델 구안의 시사점
10	구글의 디자인 스프린트 모델	이해하기 1. 사용자 이해 - 사용자 요구 내용 - 맥락 이해 - 경쟁자 조사 - 전략 형성 2. 확산하기 - 구상하기 - 많은 해결책 고안하기 - 아이디어 내기 3. 결정하기 - 최적의 아이디어 선정하기 - 아이디어 스토리보드 만들기 4. 프로토타입 - 사용자에게 보여줄 조잡하지만 빠른 모형화하기 - 아름답게 하기보다는 실현 가능성에 집중하기 5. 타당화 하기 - 조직 밖의 실제 사용자에게 프로토타입 보여주기 - 작동하지 않는 것 배우기	• 방법론은 5일 안에 이루어지며, 짧은 기간 안에 중요한 비즈니스 질문에 대한 통찰력을 확보하는데 초점	• 효율적인 실패, 결함이 있는 성공, 서사적인 승리
11	이진우, 최유현	공감하기- 문제정의하기- 아이디어 내기- 아이디어 다듬기- 프로토타이핑- 테스트하기- 성찰하기	• 아이디어 내기(수렴적 사고 활동 제시)	• 성찰하기
12	최유현 (2019)	1. 문제 이해 2. 공감 3. 문제 정의 4. 아이디어 발상 5. 아이디어 선별 6. 프로토타입 제작 7. 테스트 및 개선 8. 성찰	• 문제이해 단계로 시작 • 아이디어 선별 • 성찰	• 문제 이해, 아이디어 선별, 성찰의 단계 활용
	최유현 (2018)	1. 팀 정체성과 빌딩 단계 2. 팀 문제해결단계 : 디자인 씽킹 과정 ✔주제 정하기 ✔공감하기 ✔문제 정의하기 ✔아이디어 내기 ✔아이디어 다듬기 ✔모형화하기 ✔테스트하기 3. 발표와 성찰 단계	• 팀 문제 해결 단계로서의 디자인 씽킹 활용	• 팀 문제해결의 팀워크 전략 활용

성찰을 위한 토론

1. 디자인 씽킹의 마인드 셋이 왜 디자인 씽킹 길러지는지를 토의해 보자.
2. 디자인 씽킹의 연구 동향의 특징은 무성인가?
3. 디자인 씽킹 'design thinking' 연구 사례와 적용 사례를 한 가지씩 조사해 보고, 그 경험을 이야기해보자.
4. 디자인 씽킹의 여러 가지 모델에서 공통적으로 제시되는 단계의 요소는 무엇인가?
5. 디자인 씽킹의 여러 가지 모델 중 교육자에게 적용하기 유용한 모델을 제시하고 적용의 방안을 토의해 보자.

II 디자인 씽킹, 교육과 만나다

연구 문제

1. 디자인 씽킹이 왜 교육에서 왜 적용되는지와 그 적용 범주는 어떠한가?
2. 디자인 씽킹 교육의 표준은 어떻게 구성되어 있는가?
3. 디자인 씽킹의 실제적인 프로그램의 적용모델과 프로그램 사례는?

1. 디자인 씽킹과 교육[1)]

왜 교육에서 디자인 씽킹인가?

끊임없는 기술과 사회의 변화와 혁신 속에서 우리는 학생들이 '무엇을 배워야 할지'(지식)보다 '어떻게 배워야 할지'(방법)에 초점을 두도록 가르치는 것에 중점을 두어야 한다. 즉 교육자들은 학생들이 모호하고 복잡한 문제(ill structured problem or wicked problem)를 해결할 수 있는 성향을 발전시켜 나갈 수 있도록 학습 태도를 길러 주어야 한다. 이는 우리 교실에 공감 기반의 팀 문제해결 방법론인 디자인 씽킹(Design Thinking, DT)이 하나의 촉진제가 될 것이다.

DT는 우리 학생들로 하여금 복잡한 문제나 어려운 상황에 직면하거나 주어졌을 때 디자이너처럼 사고하고 문제해결할 수 있도록 도와줄 것이다.

DT는 모든 사람들에게 디자이너처럼 생각하고 행동할 수 있는 구조와 도구를 제공하는 인간 중심의 사고 방법론(HCD: human centered design)이라고 이야기할 수 있다.

DT는 다음 다섯 가지 기본적인 절차로 제시된다.

공감하기(empathy)

문제 정의하기(define)

아이디어 내기(ideate)

프로토타입(prototype)

테스트하기(test)

좀 더 세분화시켜 발전시켜 보면 다음과 같이 제시될 수 있다. 아울러 각 단계에서 가지고 있는 교육의 의미를 제시해 본다.

---

1) 이 부분은 David, L (2018). Design thinking in the classroom. Ulysses Press. pp. 16-43의 내용에 필자의 생각을 더 하여 재구성한 것임.

<표 Ⅱ-1> 디자인 씽킹의 단계와 교육적 의미

디자인 씽킹의 단계	교육적 의미
공감하기(empathy)	인간 배려, 사용자 공감, 타인의 입장에서 배려나 중심의 공감 극복 공감 정보의 통찰(insight)
문제 정의하기(define)	복잡한 문제의 구체화 문제해결의 방향과 목적 명료화
아이디어 내기(ideate)	확산적 사고, 창의적 사고, 창의성
아이디어 다듬기(refine)	수렴적 사고, 의사결정 능력, 합리성
프로토타입(prototype)	빠른 실패, 실패의 미학, 개선
테스트하기(test)	공감 요구자의 피드백, 성공기회의 증대, 순환적 개선 반복
성찰하기(reflect)	디자인 씽킹의 과정 사고의 습관화, 마음가짐으로 발전, 공감의 새로운 인식

DT는 흔히 디자인이나 공학 전문가들의 전유물이라고 착각한다. 실제로 DT는 전략과 기법을 넘어선 모든 사람이 오늘날 지녀야 할 가치이고 사고 철학이다. 그래서 미래 세대인 우리 학생들이 공감을 기본으로 한 문제해결은 거의 모든 부문에서의 문제 해결 방법론으로 적용될 수 있다.

DT의 모든 프로세스는 디자이너들이 그들의 최종 사용자와 그들로 하여금 혜택을 받을 그룹의 사람들에 대한 고찰 즉, 공감하기에서 시작된다. 디자이너들은 최종 사용자의 니즈를 파악해야 하고 최종 사용자의 경험을 극대화하기 위해 솔루션을 제공해야 한다. 많은 사람은 DT를 하나의 프로세스라고 생각하기 쉽지만, 반드시 그렇지만은 않다. 이를 제대로 시행하기 위해서 디자이너들은 DT의 접근 방식 이면에 숨겨진 철학과 필요한 사고방식을 이해해야 하며 그래야 비로소 혁신적인 행동이 나타날 수 있게 되는 것이다.

지식 플러스 일곱 가지 생존 스킬(Seven Survival Skills)

Wagner는 21세기에 중요한 7가지 역량을 도출하였다.

1. 비판적 사고력과 문제해결 능력: 정보를 꼼꼼히 살펴 추리고 문제에 대한 깊은 이해를 바탕으로 탐구 정신을 통해 해결해 내는 능력
2. 네트워크를 통한 협업 및 영향력에 의한 학습: 다양한 문화의 그룹에서 배우고 조율할 수 있는 능력. 신뢰 관계 내에서 설득과 추론을 통해 다른 사람들에게 영향을 미치는 능력
3. 민첩성과 적응력: 복잡한 문제의 출현으로 인한 또는 방대한 정보를 통해 발견된 새로운 목표를 지속적으로 변화하는 업무 환경에 더욱 적합하게 처리하고 적용하는 능력
4. 진취성과 기업가 정신: 자기주도적 행동을 취하는 능력. 새로운 기회를 모색하고 개선안을 모색하며 어려운 문제에 대한 해결책을 찾는 능력
5. 효과적인 구두 및 서면 의사전달: 서로 다른 관점과 문화 안에서도 다른 사람들에게 아이디어와 생각을 분명하고 효과적으로 공유할 수 있는 능력
6. 정보 평가 및 분석: 솔루션으로 이어질 수 있는 소중한 지식을 식별하기 위해 쉽게 사용할 수 방대한 양의 정보를 추리고 평가할 수 있는 능력
7. 호기심과 상상력: 모호하고 흥미로운 것에 대해 배울 열정과 창의력을 통해 개선하거나 재발견 될 수 있는 것들에 대한 열망

디자인 씽킹을 진정한 교육 환경에 실현함으로써 학생들은 복잡한 도전에 맞서서 일곱 가지 생존 기술을 발전시킬 수 있는 역량을 갖추게 된다. 디자인 씽킹 사고방식을 학생들에게 가르침으로써 이들을 모호하고 불확실한 미래를 효과적이고 진취적으로 헤쳐나가도록 준비시킬 수 있다.

출처 : David, L (2018). Design thinking in the classroom. Ulysses Press. p.18.

디자인과 비즈니스

DT를 대중화한 디자인과 혁신 사업체 IDEO의 CEO인 Tim Brown은 DT를 사람들과 기술의 가능성을 통합하여 사업에 성공적인 요건을 만들어가는 접근 방식이라고 설명하고 이를 인간 중심의 방법론이라고 정의하였다.

그는 그의 저서 Change By Design에서 DT를 건강과 빈곤 그리고 교육에 이르기까지보다 보편적인 분야에 적용될 수 있는 방법론으로 소개한다. IDEO는 실제로 DT 방법론을 적용하면서 서서히 제품 설계에서 건강, 빈곤, 교육문제 등 우리 생활에 실존하는 문제들을 개선하는 방향으로 탈바꿈해 나갔다.

1991년부터 IDEO는 브랜드화, 에너지, 교육, 환경, 사용자 디자인, 금융서비스 등 다양한 분야에 대한 솔루션을 설계해 왔다. IDEO의 최근 디자인은 애플의 마우스 개발이었다. Steve Jobs는 회사의 설립자인 David Kelley에게 애플 컴퓨터를 위한 직관적인 마우스 개발을 요청했다.

또 IDEO는 저장 시간을 두 배로 늘린 신장 운송 설계, 척추 수술의 정확성을 높이는 도구 개발, Los Angeles의 새로운 모듈식 투표 시스템 개발, 학생들이 상호작용하며 코딩을 배울 수 있도록 돕는 Project Bloks를 설계하는 등 다양한 혁신 사례를 내놓았다.

이 같은 솔루션들은 인간 중심적 디자인과 혁신적 문화의 결합을 통해 이루어졌다. DT가 비즈니스 환경에서 성공할 수 있었던 이유는 기업들로 하여금 변화하는 트렌드에 대처하고 **소비자 니즈에 공감**하며 분석적 사고를 가능하게 했다는 점 때문이다.

오늘날 기업들은 빠르게 변화하는 환경 속에서 살아남기 위하여 DT를 통한 비즈니스 모델의 변화를 시도하고 있다. 한국의 대기업 삼성은 DT의 핵심 컨셉을 회사 구조와 정책에 반영한 바 있다. 삼성은 또한 DT를 삼성의 미래 전략을 설계하는 데 집중적으로 사용할 수 있도록 사내에 기업 디자인 센터를 설립하기도 했다. 이 같은 시도로 인해 삼성은 단순 저가 전자제품 생산에서 새롭고 혁신적인 제품을 생산하는 기업으로 성장했다.

컴퓨터 하드웨어와 소프트웨어 그리고 컨설팅 서비스를 제공하던 IBM 또한 비즈니스의 초점을 사용자의 니즈와 경험으로 바꾸었다. 2012년, 80개 프로그램당 한 명이었던 디자이너가 2016년에는 20개당 한 명으로 늘었다. IBM은 그들만의 방식으로 혁신 경제에서 맞추어 생존할 수 있는 DT 프로세스를 도입했다.

DT를 사용하는 비즈니스의 주목할만한 사례는 GE Healthcare이다. 혁신 설계자 Doug Dietz는 2년 동안 한 MRI 스캐너를 개발하는 데 고심하였고 2년 뒤 병원에 상용화시킬 것에 대한 기대를 안고 있었다. 그는 아이들이 병원에서 겪는 두려움이란 무엇인가에 대해 공감하고자 지역의 어린이집과 소아과를 방문했다고 한다. 그는 어린이 박물관의 교육자들과 의학 전문가들과 팀을 이루어 MRI 경험을 보다 즐겁게 할 수 있는 방안들에 집중했다. 이러한 노력을 바탕으로 Dietz는 GE Adventure Series라는 MRI 테마를 만들어 MRI 절차를 마치 탐험하듯 경험할 수 있도록 만들었다.

예를 들어 Pirate Adventure 테마에서 그는 MRI 환경을 해적선의 선착장과 같이 꾸며 환자들이 MRI 경험을 마치 배의 판자 위에 있는 듯한 경험으로 꾸몄다고 한다. 또 Coral City Adventure 테마에서 그는 응급실의 환자들이 하프 연주를 들으며 노란 잠수함으로 진료를 받으러 들어가는 구조를 설계했다. 이 같은 설정과 경험은 어린이들로부터 90%가 넘는 만족도를 기록하였고 이는 디자인 통찰력 속에서 공감이 주는 힘을 보여주었다. 이 같은 기업들은 단순 광고가 아닌 사용자의 니즈에 대한 깊은 이해를 토대로 성장한 기업이라며 소비자들에게 인정받고 있다.

교육 환경에서 DT가 중요한 이유

Tim Brown의 DT는 비즈니스 환경에서 성공적인 것으로 드러났으나 교육 환경에서 이 같은 방법론을 활용을 시도하였다. DT는 인간 중심적 사고와 문제해결을 기반으로 하는 혁신적인 사고방식이다. 학생들은 다분야의 지식과 스킬과 공감적 시각을 통해 과감한 아이디어를 창조해 내고 가시적인 성과를 만들어나갈 수 있다. 교육 환경에서의 DT는 학생들로 하여금 의미 있는 변화와 발전을 이룩하고 복잡한 문제에 대한 해결책으로 발전시킬 수 있도록 한다.

앞서 살펴본 바와 같이 DT는 학생들로 하여금 미래에 준비된 시민으로 성장하고 어떤 상황에서도 자신감을 가지고 이를 해결해 나가려는 노력을 기울일 수 있도록 돕는다는 점에서 매우 중요하다. DT는 또한 프로젝트 기반 학습(PBL)과 과학(Science), 기술(Technology), 공학(Engineering) 그리고 수학(Mathematics)의 통합적인 STEM 교육에서 효율적 학습 접근 방식으로 적용될 수 있다. PBL은 실상황에서 일어날 수 있는 문제들과 그에 대한 해결력을 바탕으로 접근하는 교육 방식이다. PhD STEM 컨설턴트 Jo Anne Vasquez에 따르면 STEM 교육은 과학, 기술, 공학, 수학의 네 가지 분야를 분리하는 전통적인 장벽을 제거하는 학제 간 접근법으로 학생들로 배움을 실상황에 적용할 수 있도록 하는 교육적 경험을 제공한다고 주장한다.

PBL과 STEM 교육은 모두 실제 경험에 초점을 두어 교사가 학생들의 호기심을 불러일으키고 학생들의 학습을 지속적으로 이끌어주는 조력자의 역할을 수행하게 한다고 했다. 또 학생들은 교사로부터 단순히 지식을 전달받는 것에 그치는 대신에 직접 문제에 대한 깊은 이해를 얻기 위해 지속적으로 질문하고 이를 해결할 방법을 연구하는 방향으로 학습할 수 있다. 이처럼 학생들 스스로 혁신적인 문제해결을 찾아내고 그들 학습에 스스로 책임지는 통합적인 학습자로 거듭나게 하는 DT 방법보다 큰 가능성을 주고 있다.

DT는 학생들 스스로 생각하고, 분석하고, 공감하고 그들의 호기심을 토대로 더 나은 해결책을 도출해내는 과정을 견인하는 교육적 접근 방식이다. DT는 또한 교육 및 학습에서 모범 사례가 발생할 기회를 제공하기도 한다.

3학년 프로젝트에서 학생들은 사육을 통해 멸종위기 동물을 보호할 방법에 대한 수업이 있었다. 사회 과목에서 학생들은 정부가 법과 정책을 시민들의 **니즈**에 부합하기 위해 어떻게 개선되어야 할지에 대해 고민하는 시간을 가졌다. 학생들은 또 직접 로비스트가 되어 멸종위기 동물 보호를 위해 어떻게 정부를 설득하고 지원금을 받아낼 수 있을지에 대해서도 논의했다. 그들은 DT와 과학에서 배운 내용들을 토대로 수업 활동을 전개해 나갔다. 기술 분야에서 학생들은 기본적인 프로그래밍 개념과 가상의 야생 환경을 만들어 온라인에서 사람들과 공유하기도 했다. 나의 경험상 보다 도전적이고 흥미로운 주제로 인해 학생들은 DT 방법론을 활용한 수업에 더 많은 참여도를 보여주었다. 3학년 학생들은 그들이 배우는 주제를 매우 흥미로워했으며, 따라서 그만큼 참여도도 좋았다.

또한, DT 프로젝트들은 학생으로 하여금 지속적으로 질문하고 탐구하게 하여 그들 배움에 보다 **책임 의식**을 가지고 임할 수 있도록 이끌며 선생님과 학급 친구들로부터의 지속적인 피드백을 통한 **협력**도 가능하게 한다. DT는 학생들로 하여금 문제와 도전을 발전과 변화의 개념으로 긍정적으로 바라볼 수 있도록 한다. 그들이 이슈에 대한 전문가가 아닐지언정 건설적인 솔루션 도출을 통해 상황에 영향력을 미칠 수 있다는 **자신감**을 심어주기도 한다.

DT는 학생들에게 실패할 기회를 주고 나아가 그 실패를 통해 배울 수 있음을 시사한다. 학생들이 유치원생 때부터 DT 프로세스를 배웠다고 가정해 보자. 그들이 고등학생이 되었을 즈음에 마주하게 될 복잡한 문제들을 분명 거뜬하게 해결할 수 있는 능력이 길러져 있을 것이다.

이와 같이 교육에서의 DT를 적용하는 일은 학습 방법론으로서의 프로젝트 적용이다. 실제 세계에서의 복잡한 문제를 공감에 기초하여 해결하는 혁신적인 방법으로 적용된다. 이러한 방법론은 팀 기반의 협력적 활동을 통하여 가능할 것이다.

이와 다른 교육적 접근은 교수자들 스스로 자신의 수업에 대한 성찰과 개선을 위하여 DT가 좋은 성찰 방법론이 될 수 있다는 것이다. 즉 자신의 수업에서 수요자인 학습자의 요구를 진정성 있게 공감하면 본인의 수업의 혁신적인 문제해결 해결의 방안들을 찾을 수 있기 때문이다.

진정으로 학생들을 공감하지 못해서 수업이 학습의 요구와 희망대로 진행되지 않고 교수자 자신의 프레임을 벗어난 수업을 기대하기 힘들다. 문제는 교수자가 진정으로 학생들을 공감하지 않으면서 학생들을 알고 있다고 착각하고 있다는 사실을 깨닫게 해준다는 것이다.

세상은 나를 중심으로 돌아가지 않고 그를 중심으로 돌아간다. 그래서 참 교수자는 그들 마음속으로 우리가 들어가야 한다는 것이다.

디자인 씽킹은 프로세스 그 이상: DT 교육에서 기대하는 마음가짐(사고방식)

DT는 학생들로 하여금 창의적으로 생각할 수 있는 전략을 이야기하지만 실제로 학생들이 만들어낸 결과물은 딱히 창의적이거나 혁신적이지 못했다. 1년간 과정들을 반복한 가운데 나는 DT란 그것의 이름 디자인적 사고에서 유추해 볼 수 있듯이 단순한 프로세스가 아닌 **사고하는 방식**이었음을 알게 되었다. 나는 DT가 적용되는 문화가 DT라는 프로세스 자체보다도 더 가치 있다.

스탠퍼드 대학의 제품 디자인 프로그램 전무 이사인 Bill Burnett은 그의 웹 세미나 Design Thinking = Method, Not Magic에서 "전략은 문화에 의해 잠식당한다"라는 주장한 바 있다. Burnett은 또 "문화와 호환되지 못한다면 어떤 프로세스를 사용하는가는 중요치 않다…. 문화가 곧 그 프로세스를 거부할 것이기 때문에. 문화란 조직 내에서 암묵적으로 정해진 행동 양식이기 때문에 항상 적용되는 프로세스 또는 프로그램보다 더 우위에서 작용한다."라고 말했다.

문화에 의해 전략이 잠식당한다는 것을 나는 학생들이 DT 프로세스를 이용하여 문제를 해결해 나가는 것을 보고 느꼈다. DT 프로세스는 그들이 원하는 바를 달성하고자 하는 모든 시도에 별로 도움이 되지 않는 듯했다. 학생들은 최종 사용자의 니즈보다 그들의 니즈를 앞세웠으며 새로운 시도와 실수 그리고 실패하는 것에 두려움을 느끼는 듯했다. 이 같은 태도는 의심과 부정적 사고 그리고 포기를 초래했다. 나는 곧 학생들이 DT 프로세스를 효과적으로 만드는 혁신적인 문화적 가치를 공유하지 못하기 때문에 DT 프로세스를 효율적으로 활용하지 못한다는 것을 깨달았다. 이 장에서는 교실 내에서 DT 프로세스를 보다 효과적으로 적용하는 데 필요한 사고방식에 대해 알아보도록 하겠다.

여섯 가지 주요 사고방식(Six Key Mindsets)

사고방식이란 한 사람이 무언가에 대해 어떻게 생각하고 느끼는지를 반영하는 일련의 태도를 말한다. 이러한 태도는 특정 상황에서 그들이 행동하는 방식에 영향을 준다. 예를 들어, 실패에 대한 두려움 때문에 실수하는 것을 용납하지 못하는 학생이 있다고 하자. 그 학생은 DT 프로세스를 적용하면서 새로운 것을 시도하고 중요한 의사결정을 하며 또 행동을 취하기를 꺼릴 것이다. 스탠퍼드 대학의 디자인 연구소, d.school의 창업자인 David Kelley는 DT를 여러 가지 상황에 적용하는 학습 환경을 제공함으로써 학생들의 창의적 잠재력을 열어주려고 시도하고 있으며 K-12 Lab Network라는 프로그램을 개발했다. K-12 Lab Network 프로그램은 교육에 긍정적인 변화를 추구하고자 하는 교육자들에게 DT를 홍보하고 이를 이행할 수 있는 역량과 선택을 제공한다.

K12 La-b Network에 따르면 DT를 최대한 활용하기 위해서는 다음 주요 사고방식이 요구된다:

인간 중심의 사고방식

과정 중심의 사고방식

프로토타입 문화

실천 지향적 사고방식

시각화

협력 중심 사고방식

이와 같은 사고방식은 학생들로 하여금 변화와 문제에 대해 새로운 해결책을 제공하는 디자이너들과 같이 생각하고 행동하도록 하며 그들 스스로 긍정적인 변화를 가져올 수 있는 행동을 취할 수 있다는 자신감을 갖게 한다.

디자인 씽킹은 성장 지향의 사고방식을 기본으로 문제를 해결해 나가는 전략이다.

초심자 마인드(Beginner's Mindset)

사용자의 진정성 있는 공감을 위해서 학생들이 초심자의 마인드를 갖는 것은 중요하다. 초심자 마인드는 초보자의 관점에서 바라보고 생각한다는 선불교의 가르침에서 비롯된 것이다. 초심자 마인드는 학습에 대한 열정과 배움에 대한 열린 생각을 갖게 한다. 학습자처럼 생각하는 태도는 겸손을 겸비하게 한다는 점에서도 중요하지만, 학생들에게 갇힌 사고방식을 멀리하게 해준다는 점에서 궁극적인 의의가 있다.

앞서 살펴본 바와 같이 디자인적 사고를 하는 사람들은 디자인 프로세스에서 전문가일지 모르지만, 그들이 디자인하는 주제에 대한 전문가는 아니다. 학생들이 주제에 대해 충분히 안다고 느낄 때 진정한 공감 능력은 실현되지 못한다. 주제에 대해 안다고 느끼는 섣부른 판단은 공감 능력을 저해하는 실수를 범하게 하며 창의적인 아이디어와 의미 있는 통찰력에 대한 가능성을 제한한다.

초심자 마인드를 익히기 위해서는 d.school이 제시한 몇 가지 원칙이 존재한다..

앞서 판단하거나 그들이 보고 또 배우는 것에 대해 섣불리 의견을 제시해서는 안 된다.

학생들은 그들의 편견과 가정을 뒤로하고 진정한 공감 능력을 발휘하기 위해 노력해야 한다.

학생들은 또한 주제의 최종 사용자와 전문가가 가지고 있는 의견들을 경청해야 한다. 무엇이 어떻게 전달되고 있는지 이해하기 위해 의식적이고 적극적으로 들으려고 노력해야 하며 그에 공감할 수 있어야 한다.

들을 때는 화자를 방해하거나, 대화에 대한 의제를 생성하거나, 반대 의견을 피력하는 등의 충동을 일으켜서는 안된다.

학생들은 질문하기에 앞서 말하고 있는 사람이 이야기를 마칠 때까지 기다려야 한다. 그러나 또 학생들은 최종 사용자와 과제에 대한 보다 깊은 이해를 위해 가능한 많은 질문이 있어야 한다. 숨겨진 이야기와 감정 그리고 통찰력을 파헤치기 위해 "왜" 또는 "어떻게"라는 질문을 해야한다. 좋은 질문을 하는 것만으로도 학생들은 최종 사용자의 니즈나 관점을 보다 깊이 이해할 수 있으며 이는 문제를 해결해 나가는 데 도움을 줄 것이다.

좋은 질문을 하기 위해서 학생들은 반드시 세상을 초심자와 같이 경탄하는 시각으로 바라봐야 한다. 공감 능력을 요구하는 과제에서 학생들은 아무리 시시하고 익숙한 주제라 할지라도 로켓 과학에 대한 호기심에 준하는 태도로 임해야 한다.

Creative Confidence에서 David Kelley는 마치 우리가 외국을 여행하듯 한 시각으로 세상을 바라보아야 한다고 말한다. 그는 "여행 중 우리는 모두가 셜록 홈즈가 되어 우리 주변 환경을 심도 있게 관찰하고 이국적인 세계에 대해 알고자 노력한다. 너무 자주 우리는 우리의 일상을 크루즈 컨트롤로 설정해 놓고 우리 주변의 거대한 길들을 놓친다." 라고 말한다.

호기심이란 예기치 못한 곳에서 놀라운 통찰력을 찾아야 한다는 충동에 이끌려 생겨나기도 한다. DT 프로세스에서 학생들의 호기심이 매우 가치 있는 자산이란 것을 그들에게 가르쳐 주어야 한다.

고학년 디자인 마인드(Liberatory Design Mindsets)

DTS의 두 번째 세트는 고학년 디자인 씽킹 프로세스(liberatory design process, 기본 5단계에 이외에 공감단계 이전에 입문(notice) 단계, 테스트 단계 이후에 성찰(reflection) 단계가 있음)과 일련의 마음가짐이 통합되어 있다. 확장 디자인 마음가짐은 약간 더 복잡하며 6학년에서 12학년까지 디자인 사고를 가르치는 교육자에게 적합하다.

입문 단계에서 설계자들은 디자인 과제와 최종 사용자의 추구하는 맥락에 공감하기 전에 각자에 대한 정체성과 편견, 감정과 가정을 먼저 세운다. 그들의 진짜 자신과 마주했을 때 설계자들은 초심자의 사고방식에 입각해 형평성에 집중한 디자인을 만들어 낼 수 있다.

성찰 단계에서 학생들은 그들의 행동과 감정, 통찰력과 영향력에 집중할 수 있으며 무엇이 형평성과 포용력 그리고 심미성을 극대화할 수 있는지를 볼 수 있게 된다.

다음 사고방식들은 고학년 디자인 씽킹 프로세스를 보다 효과적으로 사용할 설계자들에게 요구되는 것들이다.

- 설계 과정에서 특권과 억압이 미치는 해로운 영향을 최소화하기 위해 **자기 인식을 실천하기**
- **인간 가치에 초점**을 맞추어 모든 공감 작업의 중심에 사용자를 배려하기
- 더 깊은 니즈와 불평등의 원인을 파악하기 위해 **억압을 항상 인식**하기
- 가능성을 열어 놓고 **복잡성을 포용**하기
- 파트너십의 하나로 사용자-디자이너 관계를 정착하기 위해 **협력을 추구하기**
- 진정한 협업과 감정적인 신뢰 형성을 위해 **신뢰적 관계를 구축**하기
- 신속하게 생각하고 배우기 위해 **실천 지향적 사고**를 하기
- 사용자에게 피드백 제공을 요구하기 이전에 **겸허한 태도로 일을 공유**하기

2. 디자인 씽킹 학습 표준(Design Thinking Standards)

디자인 씽킹 표준(Design Thinking Standards)은 두 세트 있다. 첫 번째 표준 세트는 K-12 연구실의 디자인 씽킹 원리(또는 마음가짐)을 통합하며 K-5 학년을 대상으로 디자인 씽킹을 가르치는 교육자에게 권장된다. 이러한 원리나 마음가짐은 초등학생들이 이해하기 쉽고 간단하게 설계되었다.

디자인 씽킹 표준(Design Thinking Standards)의 두 번째 세트는 확장된 설계 프로세스(liberatory design process, 기본 5단계에 이외에 공감 단계 이전에 입문(notice) 단계, 테스트 단계 이후에 성찰(reflection) 단계가 있음)과 일련의 마음가짐이 통합되어 있다. 확장 디자인 마음가짐은 약간 더 복잡하며 6학년에서 12학년까지 디자인 사고를 가르치는 교육자에게 적합하다.

디자인 씽킹 표준(DTS)은 교육자에게 디자인 사고 방법을 사용할 때 학생들이 배우고 수행해야 하는 것에 대한 기초를 제공한다. 이러한 학습 목표는 교육자가 학생의 요구 사항을 충족하기 위해 사용, 조정 및 수정할 수 있는 지침이다. 표준은 디자인 씽킹 교육의 선두 주자인 d.school(스탠퍼드 대학 디자인 연구소)과 디자인 씽킹을 학교에 도입하는 프로그램인 K12 Lab Network의 연구를 기반으로 개발되었다.

DTS는 디자인 실천(학생이 할 수 있는 기능), 핵심 디자인 아이디어(학생이 이해할 수 있는 지식), 디자인 마인드 셋(디자인 씽킹)을 효과적으로 적용하는 데 필요한 일련의 태도)으로 구성된다.

두 세트의 DTS가 있다. 첫 번째 표준 세트는 K12 Lab의 디자인 사고 원칙(또는 사고방식)을 통합하며 K-5 학년 학생에게 디자인 사고를 가르치는 교육자에게 권장된다. 이러한 원칙이나 사고방식은 초등학생이 이해하기 쉽고 간단합니다. DTS의 두 번째 세트는 유연한 고학년 디자인 프로세스와 사고방식 세트를 통합한다. 자유로운 디자인 사고방식은 약간 더 복잡하며 6-12학년 학생들에게 디자인 사고를 가르치는 교육자에게 적합하다.

[그림 Ⅱ-1] 데이비드 리의 디자인 씽킹 표준

출처 : https://davidleeedtech.wordpress.com/2017/08/20/design-thinking-standards/

가. 디자인 씽킹 학습 표준: K-5 학년

교육의 목적은 모든 학생이 성공적인 미래 직업, 과업, 개인적 삶, 시민으로서의 책무에 필요한 학습의 습관과 실천을 통하여 모든 학생이 그에 맞는 능력을 갖추도록 도와주는 것이다. 학생들은 능력 있는 시민으로서의 미래를 준비해야 한다. 즉 주어진 문제상황에서의 과제해결의 창조적 자신감은 물론 지속적으로 변화와 혁신을 학습할 수 있어야 한다..

그들은 어떠한 상황이라도 문제를 해결할 수 있는 자신감을 갖고 배울 수 있는 미래가 잘 준비된 능력 있는 시민이어야 한다. 즉 끊임없는 변화와 혁신의 세계에서 지속적으로 배울 수 있어야 한다. 학생들이 직면하게 될 문제는 예측할 수 없지만, 미래에 노력을 기울이면 성공하는 데 도움이 되는 효과적인 학습 도구를 학생들에게 제공할 수 있다.

이러한 학습 도구 중 하나가 디자인 씽킹 프로세스이다. 디자인 씽킹은 인간 중심 디자인에 중점을 두고 복잡한 문제와 실제 문제를 해결하는 데 사용되는 반복적 프로세스이다. 이 문제해결 사고방식을 통해 문제 해결자는 복잡한 문제와 도전과제를 창의적이고 혁신적인 아이디어를 창출할 수 있다. 이 디자인 씽킹의 프로세스에는 다음 5단계가 포함된다. : 공감, 문제정의, 아이디어, 프로토타입, 테스트.

디자인 씽킹 표준(DTS, Design Thinking Standards)은 학생들이 디자인 씽킹 방법을 활용할 때 배우고 수행해야 할 기초를 교육자에게 제공한다. 즉 교육자가 학생들의 요구를 충족시키기 위해 필요한 활용, 적용, 개선시킬 수 있는 지침이다. DTS는 학생들에게 자신감, 능력, 창의력을 계발을 통하여 역량을 강화시키고, 복잡한 문제를 해결하기 위한 협력적이고 혁신적인 문제해결 능력을 갖도록 설계되었다. 이 설계 과정은 선형적으로 사용하지 않는다는 점에 유의해야 한다. 디자인 씽킹의 단계는 다양한 시퀀스(상호작용과 반복)를 통해 적용될 수 있다.

이 DTS 표준은 디자인 씽킹 교육의 선두 주자인 d.school (스탠퍼드 대학의 Hasso Plattner Institute of Design)과 디자인 씽킹을 학교에 적용하는 프로그램인 K-12 Lab Network의 성과와 정보에서 영감을 얻었다. 이 표준의 구조는 차세대 과학 표준(Next Generation Science Standards.)과 유사하게 설계되었다. **기대 수행 수준**(*performance expectations*) (표준)은 학생들이 디자인 씽킹 프로세스를 사용할 때 수행 할 수 있어야 하는 것을 설명하는 실행 가능하고 평가 가능한 학습 목표이다. 이러한 기대 수행수준은

학습자 수행(*design practices*, 학생들이 수행할 수 있는 기술), **핵심 아이디어**(*core design ideas*, 학생들이 이해할 지식) 및 **디자인 마음가짐**(*design mindsets*, 디자인 씽킹 사고의 효과적인 적용에 필수적인 마인드)으로 구성된다. 대부분의 디자인 마음가짐은 디자인 씽킹 사고 프로세스의 모든 단계와 관련되어 있다. 그러나 특정 디자인 마음가짐은 단계와 관련된 마음가짐의 중요성에 따라 각 단계에 제시된다.

공감 단계(EMPATHIZE PHASE)

공감 단계에서는 설계자가 관찰, 인터뷰 및 사용자 경험의 몰입을 통해 사용자와 설계 과제의 맥락에 대해 깊이 이해하게 된다.

기대 수행수준(PERFORMANCE EXPECTATIONS)
학습자는 공감 단계에 대한 이해를 다음의 증거를 보여준다. DTS-ES-1 : 학생들의 삶의 맥락과 설계 과정에서 사용자의 행동, 감정 및 패턴을 관찰한다. DTS-ES-2 : 사용자 또는 전문가와 만나서 이야기하고, 느끼고, 공감하며, 사용자에게 중요한 것을 더 깊이 고 진지하게 이끌어내기 위하여 개방형 질문을 포함하여 대화하고 및 인터뷰를 수행한다.
학습자 수행(PRACTICES)
학습자는 다음을 수행할 수 있다. 사용자의 경험에 몰입하여 사용자를 관찰하고 참여한다. 사용자의 요구와 영감을 확인한다.
핵심 아이디어(CORE IDEAS)
학생들은 다음 내용을 이해한다. 공감은 삶에서 하는 일, 그리고 디자인 과제 도전의 맥락에서 사람들에 대한 이해, 신체적, 정서적 요구와 욕구에 이해를 이끌어낸다. 대화 및 인터뷰를 통해 사용자와의 공감은 보다 혁신적인 솔루션을 만드는 데 활용할 수 있는 통찰력을 제공한다. 입문자의 마음가짐은 공감력을 제한할 수 있는 편견을 없애고 개방적인 태도를 유지한다. [사용자에 대한 편견과 색안경을 쓰고 미리 판단하는 일은 금물이고 충분한 경청이 필요하다]
수행 마음가짐(MINDSETS PRACTICED)

디자인 씽킹 마음가짐 Design Thinking Mindsets
학생들은 사용자를 도울 수 있는 일련의 태도를 보여줄 수 있다.

인간 중심 Human Centered
공감의 핵심 과정에서 사용자와 만나면서 인간적 요구에 반응하고 사용자로부터의 영감과 방향성을 얻는다.

마음가짐의 과정 Mindful of Process
어떻게 문제가 해결될 것인지, 개선될 것인지에 하여 사려 깊고 성찰적인 마음가짐을 갖는다.

급진적 협력 Radical Collaboration
혁신적 아이디어와 문제해결을 위하여 사용자와 서로 다른 학문 전공자와 파트너 창조하고 협력한다.

문제 정의 단계(DEFINE PHASE)

문제 정의 단계에서 설계자는 공감 작업에서 수행하여 정리한 '필요(*needs*, 사용자의 목표) 및 통찰(*insights* 혁신적인 솔루션을 만드는 데 도움이 되는 정보)'의 공감 정보를 사용한다. 가장 중요한 요구 사항과 통찰력은 설계 도전과제를 명확히 하고 집중하여 실천 가능한 문제 진술을 개발하는 데 사용된다.

기대 수행수준(PERFORMANCE EXPECTATIONS)
학생들은 문제 정의 단계의 이해 증거를 다음과 같이 보여준다. DTS-DS-1 : 혁신적인 문제해결을 창출하기 위해 활용할 수 있도록 공감과 연구 작업(학습, 실현 및 패턴)을 종합적으로 분석한다. DTS-DS-2 : 높은 수준의 문제해결을 창출 과정을 이끌기 위한 특정 사용자, 요구 사항 및 통찰을 통합하여 명확하고 실용적인 문제 진술을 명료히 한다.
학습자 수행(PRACTICES)
학습자는 다음 내용을 수행한다. 사용자 요구와 통찰을 학습하고 실현한다. 실천 가능한 명료한 문제 진술을 한다.
핵심 아이디어(CORE IDEAS)
학습자는 다음 핵심 내용을 이해한다. Students will understand that … 요구(Needs)는 사용자가 간절히 바라는 핵심적인 요구 사항의 필요이다. 통찰(Insights)은 문제해결의 설계를 보다 강화시키는 데 활용될 수 있는 통찰적 발견이다.

문제 진술(Problem statements) 은 도전 설계 과제에 집중되고 명료한 문제해결을 위한 발견되어진 정보에 기초한 실천 가능한 진술이다.
수행 마음가짐(MINDSETS PRACTICED)
디자인 씽킹 마음가짐 Design Thinking Mindsets 학생들은 사용자를 도울 수 있는 일련의 태도를 보여줄 수 있다. 인간 중심 Human Centered 공감의 핵심 과정에서 사용자와 만나면서 인간적 요구에 반응하고 사용자로부터의 영감과 방향성을 얻는다. 마음가짐의 과정 Mindful of Process 어떻게 문제가 해결될 것인지, 개선될 것인지에 하여 사려 깊고 성찰적인 마음가짐을 갖는다.

아이디어 단계(IDEATE PHASE)

아이디어 단계는 설계자가 공감 작업에서 수집한 정보를 상상력과 결합하여 가능한 많은 아이디어를 브레인스토밍하여 프로토타이핑으로 이동하는 과정을 포함한다.

기대 수행수준(PERFORMANCE EXPECTATIONS)
학습자는 아이디어 단계의 이해를 다음과 같이 구체적으로 보여준다. DTS-IS-1 : 브레인스토밍 세션을 시작하기 위해 문제 진술을 위한 짧은 즉흥 질문을 개발한다. ● DTS-IS-2 : 문제 진술에 대한 혁신적인 문제해결을 위한 아이디어를 판단이나 평가를 하지 않고 가능한 많은 양의 다양한 아이디어를 창출하여 시각화한다. DTS-IS-3 : 아이디어가 성공 기준에 얼마나 잘 부합하는지에 따라 프로토타이핑을 위한 몇 가지 아이디어를 선별한다.
학습자 수행(PRACTICES)
학생들은 다음 내용을 수행한다. 아이디어를 창출하여 시각화한다. 준거에 기초하여 아이디어와 해결책을 분석한다.
핵심 아이디어(CORE IDEAS)
학습자는 핵심 내용을 이해한다. 아이디어 창출(Ideation)은 문제 진술에 대한 해결책을 위한 가능한 은 아이디어를 창출하기 위해 설계자의 상상력을 공감 작업과 조화시키는 과정이다.

혁신 가능성(Innovation potential)은 분명한 해결책 그 이상의 사고 정을 통하여 예기치 않은 해결 영역을 찾아내고 다른 사람들의 아이디어를 추가함으로써 증가시킨다.
혁신 가능성(Innovation potential)은 복수의 아이디어를 프로토타이핑 단계로 가져가면서 유지된다..

수행 마음가짐(MINDSETS PRACTICED)

디자인 씽킹 마음가짐 Design Thinking Mindsets
학생들은 사용자를 도울 수 있는 일련의 태도를 보여줄 수 있다.

인간 중심 Human Centered

공감의 핵심 과정에서 사용자와 만나면서 인간적 요구에 반응하고 사용자로부터의 영감과 방향성을 얻는다.

마음가짐의 과정Mindful of Process

어떻게 문제가 해결될 것인지, 개선될 것인지에 하여 사려 깊고 성찰적인 마음가짐을 갖는다.

- 행동 지향
  - ○ 신속하게 생각하고 배우고 의사결정을 내릴 수 있도록 행동 지향적이어야 한다.
- 말하지 말고 보이기
  - ○ 아이디어의 가치를 다른 사람들에게 주장하지 않고 겸손하게 커뮤니케이션하고 시각적 아이디어를 공유한다.

급진적 협력 Radical Collaboration

○ 혁신적 아이디어와 문제해결을 위하여 사용자와 서로 다른 학문 전공자와 파트너 창조하고 협력한다.

프로토타입 단계(PROTOTYPE PHASE)

프로토타입 단계에서 설계자는 최종 사용자가 활용하거나 경험할 수 있는 프로토타이핑을 통하여 반복적인 프로세스로서 개선을 위한 피드백을 이끌어내고 핵심 설계 개념 대한 구체적 질문에 대답한다.

기대 수행수준(PERFORMANCE EXPECTATIONS)

학습자는 프로토타이핑 단계의 이해 증거를 다음과 같이 보인다.

DTS-PS-1: 성공을 위한 기준에 따라 최종 사용자가 사용할 수 있는 유형의 제품 또는 경험의 프로토타입을 만든다.

학습자 수행(PRACTICES)
학생들은 다음의 내용을 수행할 수 있다. 사용자가 사용하고, 활용할 때 경험할 수 있는 프로토타입을 만들고 개선한다.
핵심 아이디어(CORE IDEAS)
학습자는 다음의 핵심 내용을 이해한다. 프로토타입(Prototypes) 사용자가 역할놀이 활동, 간단한 기계장치, 또는 스토리보드와 상호 작용할 수 있는 모든 것이 될 수 있다. 프로토타이핑 과정은 새로운 통찰을 발견하고 가치 있는 요인들을 확인하여 공감하고, 아이디어를 내고, 문제를 해결하는 기회를 제공한다. 프로토타이핑의 초기 단계에서 낮은 수준의 프로토타입을 만들면, 디자이너가 적은 시간과 적은 재료 및 비용으로 더 빨리 실패하고 더 빨리 배우게 된다.
수행 마음가짐(MINDSETS PRACTICED)
디자인 씽킹 마음가짐 Design Thinking Mindsets 학생들은 사용자를 도울 수 있는 일련의 태도를 보여줄 수 있다. 인간 중심 Human Centered 공감의 핵심 과정에서 사용자와 만나면서 인간적 요구에 반응하고 사용자로부터의 영감과 방향성을 얻는다. 마음가짐의 과정Mindful of Process 어떻게 문제가 해결될 것인지, 개선될 것인지에 하여 사려 깊고 성찰적인 마음가짐을 갖는다. ● 행동 지향 ○ 신속하게 생각하고 배우고 의사결정을 내릴 수 있도록 행동 지향적이어야 한다. ● 말하지 말고 보이기 ○ 아이디어의 가치를 다른 사람들에게 주장하지 않고 겸손하게 소통하고 시각적 아이디어를 공유한다. 급진적 협력 Radical Collaboration ○ 혁신적 아이디어와 문제해결을 위하여 사용자와 서로 다른 학문 전공자와 파트너 창조하고 협력한다.

테스트 단계 TEST PHASE

테스트 단계에서 디자이너는 사용자에게 실제 상황에서 사용하거나 경험할 프로토타입과 함께 제공한다. 사용자와 프로토타입을 확인하는 과정은 설계자에게 반복적인 다음 프로토타입을 개선하는 데 도움이 되는 새로운 아이디어와 통찰력을 제공한다.

기대 수행수준(PERFORMANCE EXPECTATIONS)
학습자는 다음과 같은 테스트 단계에 대한 이해의 증거를 보여준다. ● DTS-TS-1 : 사용자가 프로토타입을 사용될 맥락과 시나리오에서 프로토타입과 상호 작용하도록 테스트를 계획하고 수행한다. ● DTS-TS-2 : 사용자가 프로토타입을 경험하는 동안 관찰하고 참여하여 공감을 얻고 의견을 구한다. ● DTS-TS-3 : 테스트로부터 나온 개선을 위한 반복적인 다음 프로토타입의 정보의 새로운 학습 내용을 활용한다.
학습자 수행(PRACTICES)
학습자는 다음을 수행할 수 있다. 적절한 맥락과 시나리오로 테스트를 계획하고 수행할 수 있다.
핵심 아이디어(CORE IDEAS)
학생들은 다음 내용을 이해한다. ● 테스트 활동은 관찰과 참여를 통해 사용자의 공감과 디자인 문제에 대한 통찰력을 얻는 또 다른 기회이다. ● 설계자는 사용자의 험에 대한 지속적으로 'Why 왜'라는 질문을 하여 의미있는 피드백을 이끌어내야 한다. ● 테스트 단계에서 얻은 정보는 반복적인 프로토타입 활동에서 개선할 내용을 알려준다..
수행 마음가짐(MINDSETS PRACTICED)
디자인 씽킹 마음가짐 Design Thinking Mindsets 학생들은 사용자를 도울 수 있는 일련의 태도를 보여줄 수 있다. 인간 중심 Human Centered 공감의 핵심 과정에서 사용자와 만나면서 인간적 요구에 반응하고 사용자로부터의 영감과 방향성을 얻는다. 마음가짐의 과정 Mindful of Process 어떻게 문제가 해결될 것인지, 개선될 것인지에 하여 사려 깊고 성찰적인 마음가짐을 갖는다. 프로토타이핑의 문화 Culture of Prototyping 명확한 피드백을 얻기 위해 사용자와 대화하고 사물을 통해 탐색적이고 실험적으로 배우고 생각한다. ● 행동 지향 ○ 신속하게 생각하고 배우고 의사결정을 내릴 수 있도록 행동 지향적이어야 한다. ● 말하지 말고 보이기 ○ 아이디어의 가치를 다른 사람들에게 주장하지 않고 겸손하게 커뮤니케이션하고 시각적 아이디어를 공유한다.

급진적 협력 Radical Collaboration
○ 혁신적 아이디어와 문제해결을 위하여 사용자와 서로 다른 학문 전공자와 파트너 창조하고 협력한다.

표준의 적용을 위한 부가적인 정보

다음은 DTS를 교육과정에 적용할 때 교사를 위한 제안 사항이다.

● 교사는 학생에게 프로젝트 시나리오를 개발하고 소개할 때 용어 사용자를 다른 대상으로 바꾸어 부를 수 있도록 허락할 수 있다. 부르는 대상은 설계할 특정 인물이나 집단을 확인해야 하며, 디자인 과제의 맥락을 기반으로 해야한다. 다음은 중학교 2학년 학생들을 한 디자인 씽킹 도전과제에 대한 운전 문제의 예이다. *만약 여러분이 장난감 설계자라면 어떻게 유치원 어린이를 위한 장난감을 어떻게 발명하고 만들겠는가?*

● 디자인 씽킹 프로세스는 선형 형식으로 사용하지 않아도 된다. 디자인 씽킹 단계는 다양한 시퀀스를 통해 반복적으로 적용될 수 있다.

● 대부분의 디자인 마음가짐은 디자인 씽킹 프로세스의 모든 단계에 계발되고 발현된다. 그러나 특정 디자인 마음가짐은 단계와 관련된 마음가짐의 방식의 중요성에 따라 각 단계에 제시된다.

REFERENCES

The Virtual Crash Course Playbook (d.school)

An Introduction to Design Thinking: Process Guide (d.school)

Understand Mixtape: discovering insights via human engagement (d.school)

Ideate Mixtape: generating unexpected ideas via reframing your challenge (d.school)

Experiment Mixtape: advancing your solution via prototyping (d.school)

K12 Lab Equity-Centered Design Deck (d.school)

Mindset and Process Powerpoint

나. 고학년을 위한 유연한 디자인 씽킹 학습 표준(liberatory Design Thinking Standards) : 6-12학년

DTS의 두 번째 세트는 고학년 디자인 씽킹 프로세스(liberatory design process, 기본 5단계에 이외에 공감단계 이전에 입문(notice) 단계, 테스트 단계 이후에 성찰(reflection) 단계가 있음)과 일련의 마음가짐이 통합되어 있다. 확장 디자인 마음가짐은 약간 더 복잡하며 6학년에서 12학년까지 디자인 사고를 가르치는 교육자에게 적합하다.

교육의 목적은 모든 학생이 성공적인 미래 직업, 과업, 개인적 삶, 시민으로서의 책무에 필요한 학습의 습관과 실천을 통하여 모든 학생이 그에 맞는 능력을 갖추도록 도와주는 것이다. 학생들은 능력 있는 시민으로서의 미래를 준비해야 한다. 즉 주어진 문제 상황에서의 과제해결의 창조적 자신감은 물론 지속적으로 변화와 혁신을 학습할 수 있어야 한다.

그들은 어떠한 상황이라도 문제를 해결할 수 있는 자신감을 갖고 배울 수 있는 미래가 잘 준비된 능력 있는 시민이어야 한다. 즉 끊임없는 변화와 혁신의 세계에서 지속적으로 배울 수 있어야 한다. 학생들이 직면하게 될 문제는 예측할 수 없지만, 미래에 노력을 기울이면 성공하는 데 도움이 되는 효과적인 학습 도구를 학생들에게 제공할 수 있다.

이러한 학습 도구 중 하나가 디자인 씽킹 프로세스이다. 디자인 씽킹은 인간 중심 디자인에 중점을 두고 복잡한 문제와 실제 문제를 해결하는 데 사용되는 반복적 프로세스이다. 이 문제해결 사고방식을 통해 문제 해결자는 복잡한 문제와 도전과제를 창의적이고 혁신적인 아이디어를 창출할 수 있다. 이 확장 디자인 씽킹의 프로세스에는 다음 7단계가 포함된다. : 자각, 공감, 문제정의, 아이디어, 프로토타입, 테스트, 성찰.

디자인 씽킹 표준(DTS, Design Thinking Standards)은 학생들이 디자인 씽킹 방법을 활용할 때 배우고 수행해야 할 기초를 교육자에게 제공한다. 즉 교육자가 학생들의 요구를 충족시키는 데 필요한 활용, 적용, 개선시킬 수 있는 지침이다. DTS는 학생들에게 자신감, 능력, 창의력을 계발을 통하여 역량을 강화시키고, 복잡한 문제를 해결하기 위한 협력적이고 혁신적인 문제해결 능력을 갖추도록 설계되었다. 이 설계 과정은 선형적으로 사용하지 않는다는 점에 유의해야 한다. 디자인 씽킹의 단계는 다양한 시퀀스(상호작용과 반복)를 통해 적용될 수 있다.

이 DTS 표준은 디자인 씽킹 교육의 선두 주자인 d.school(스탠퍼드 대학의 Hasso

Plattner Institute of Design)과 디자인 씽킹을 학교에 적용하는 프로그램인 K12 Lab Network의 성과와 정보에서 영감을 얻었다. 이 표준의 구조는 차세대 과학 표준(Next Generation Science Standards)과 유사하게 설계되었다. **기대 수행 수준**(*performance expectations*) (표준)은 학생들이 디자인 씽킹 프로세스를 사용할 때 수행 할 수 있어야 하는 것을 설명하는 실행 가능하고 평가 가능한 학습 목표이다. 이러한 기대 수행수준은 **학습자 수행**(*design practices*, 학생들이 수행할 수 있는 기술), **핵심 아이디어**(*core design ideas*, 학생들이 이해할 지식) 및 **디자인 마음가짐**(*design mindsets*, 디자인 씽킹 사고의 효과적인 적용에 필수적인 마인드)으로 구성된다. 대부분의 디자인 마음가짐은 디자인 씽킹 사고 프로세스의 모든 단계와 관련되어 있다. 그러나 특정 디자인 마음가짐은 단계와 관련된 마음가짐의 중요성에 따라 각 단계에 제시된다.

입문 단계(NOTICE STAGE)

디자인 과제 및 최종 사용자의 맥락에 공감하기 전에 디자이너는 입문 단계에서 자신의 정체성, 편견, 감정 및 가정에 대한 자각을 형성하기 위해 노력한다. 그들의 진실된 자기 인식은 디자이너가 초심자의 마음가짐에 공감하여 공평 기반의 디자인을 개발할 수 있게 해준다.

기대 수행수준(PERFORMANCE EXPECTATIONS)
학습자는 자각 단계의 이해 증거를 보인다. ● DTS-NS-1 : 공평한 설계 과정을 시작하기 위해 자신의 정체성, 가치, 정서, 편견 및 / 또는 가정을 성찰한다. ● DTS-NS-2 : 공평한 설계 과정을 시작하기 위해 사용자와 사용자 간의 역동성 또는 관계성을 성찰한다.
학습자 수해(PRACTICES)
학습자는 다음을 수행한다.. 자기 정체성, 디자인 역동성, 맥락, 설계자-사용자 간의 파트너십 등을 성찰한다..
핵심 아이디어(CORE IDEAS)
학생들은 다음 핵심 내용을 이해한다. 자기 인식이란 자기의 정체성, 가치관, 감정, 편견, 가정 및 위치에 대한 이해이다.

역학 관계를 반영한 성찰 행위는 사용자와 디자이너 간의 관계가 명확하게 한다. 자아 및 사회적 정서적 자각은 설계자가 설계 프로세스에 공평성을 유지하는 데 도움이 된다.
설계 마음가짐(MINDSETS)
Liberatory Design Mindsets 확장 디자인 마음가짐 이 단계의 학습자의 확장 디자인 마음가짐은 다음과 같다. 인간 가치 중심 Focus on Human Values 자기 인식 능력 Practice Self-Awareness 편견과 역동성의 인지 Notice Bias + Power 복잡성 포용 Embrace Complexity 합리적 신뢰의 구축 Build Relational Trust

공감 단계(EMPATHIZE PHASE)

공감 단계에서는 설계자가 관찰, 인터뷰 및 사용자 경험의 몰입을 통해 사용자와 설계 과제의 맥락에 대해 깊이 이해하게 된다.

기대 수행수준(PERFORMANCE EXPECTATIONS)
학습자는 공감 단계에 대한 이해를 다음의 증거를 보여준다. DTS-ES-1 : 학생들의 삶의 맥락과 설계 과정에서 사용자의 행동, 감정 및 패턴을 관찰한다. DTS-ES-2 : 사용자 또는 전문가와 만나서 이야기하고, 느끼고, 공감하며, 사용자에게 중요한 것을 더 깊이 고 진지하게 이끌어내기 위하여 개방형 질문을 포함하여 대화하고 및 인터뷰를 수행한다.
학습자 수행(PRACTICES)
학습자는 다음을 수행할 수 있다. 사용자의 경험에 몰입하여 사용자를 관찰하고 참여한다. 사용자의 요구와 영감을 확인한다.
핵심 아이디어(CORE IDEAS)
학생들은 다음 내용을 이해한다. 공감은 삶에서 하는 일, 그리고 디자인 과제 도전의 맥락에서 사람들에 대한 이해, 신체적, 정서적 요구와 욕구에 이해를 이끌어낸다. 대화 및 인터뷰를 통해 사용자와의 공감은 보다 혁신적인 솔루션을 만드는 데 활용할

수 있는 통찰력을 제공한다. 입문자의 마음가짐은 공감력을 제한할 수 있는 편견을 없애고 개방적인 태도를 유지한다. [사용자에 대한 편견과 색안경을 쓰고 미리 판단하는 일은 금물이고 충분한 경청이 필요하다]
수행 마음가짐(MINDSETS PRACTICED)
Liberatory Design Mindsets 확장 디자인 마음가짐 이 단계의 학생들의 확장 디자인 마음가짐은 다음과 같다. 합리적인 신뢰의 구축 Build Relational Trust 인간 가치의 강조 Focus on Human Values 복잡성의 포용 Embrace Complexity

문제 정의 단계(DEFINE PHASE)

문제 정의 단계에서 설계자는 공감 작업에서 수행하여 정리한 '필요(*needs*, 사용자의 목표) 및 통찰(*insights* 혁신적인 솔루션을 만드는 데 도움이 되는 정보)'의 공감 정보를 사용한다. 가장 중요한 요구 사항과 통찰력은 설계 도전과제를 명확히 하고 집중하여 실천 가능한 문제 진술을 개발하는 데 사용된다.

기대 수행수준(PERFORMANCE EXPECTATIONS)
학생들은 문제 정의 단계의 이해 증거를 다음과 같이 보여준다. DTS-DS-1 : 혁신적인 문제해결을 창출하기 위해 활용할 수 있도록 공감과 연구 작업(학습, 실현 및 패턴)을 종합적으로 분석한다. DTS-DS-2 : 높은 수준의 문제해결을 창출 과정을 이끌기 위한 특정 사용자, 요구 사항 및 통찰을 통합하여 명확하고 실용적인 문제 진술을 명료히 한다.
학습자 수행(PRACTICES)
학습자는 다음 내용을 수행한다. 사용자 요구와 통찰을 학습하고 실현한다. 실천 가능한 명료한 문제 진술을 한다.
핵심 아이디어(CORE IDEAS)
학습자는 다음 핵심 내용을 이해한다. Students will understand that … 요구(Needs)는 사용자가 간절히 바라는 핵심적인 요구 사항의 필요이다. 통찰(Insights)은 문제해결의 설계를 보다 강화시키는 데 활용될 수 있는 통찰적 발견이다.

문제 진술(Problem statements)은 도전 설계 과제에 집중되고 명료한 문제해결을 위한 발견되어진 정보에 기초한 실천 가능한 진술이다.
수행 마음가짐(MINDSETS PRACTICED)
Liberatory Design Mindsets 확장 디자인 마음가짐 이 단계의 학습자의 확장 디자인 마음가짐은 다음과 같다. 복잡성의 포용 Embrace Complexity 자기 인식 능력 Practice Self-Awareness 설계 편견과 역동성 Define Bias + Power

아이디어 단계(IDEATE PHASE)

아이디어 단계는 설계자가 공감 작업에서 수집한 정보를 상상력과 결합하여 가능한 많은 아이디어를 브레인스토밍하여 프로토타이핑으로 이동하는 과정을 포함한다.

기대 수행수준(PERFORMANCE EXPECTATIONS)
학습자는 아이디어 단계의 이해를 다음과 같이 구체적으로 보여준다.. DTS-IS-1 : 브레인스토밍 세션을 시작하기 위해 문제 진술을 위한 짧은 즉흥 질문을 개발한다. ● DTS-IS-2 : 문제 진술에 대한 혁신적인 문제해결을 위한 아이디어를 판단이나 평가를 하지 않고 가능한 많은 양의 다양한 아이디어를 창출하여 시각화한다. DTS-IS-3 : 아이디어가 성공 기준에 얼마나 잘 부합하는지에 따라 프로토타이핑을 위한 몇 가지 아이디어를 선별한다.
학습자 수행(PRACTICES)
학생들은 다음 내용을 수행한다. 아이디어를 창출하여 시각화한다. 준거에 기초하여 아이디어와 해결책을 분석한다.
핵심 아이디어(CORE IDEAS)
학습자는 핵심 내용을 이해한다. 아이디어 창출(Ideation)은 문제 진술에 대한 해결책을 위한 가능한 은 아이디어를 창출하기 위해 설계자의 상상력을 공감 작업과 조화시키는 과정이다. 혁신 가능성(Innovation potential)은 분명한 해결책 그 이상의 사고 정을 통하여 예기치 않은 해결 영역을 찾아내고 다른 사람들의 아이디어를 추가함으로써 증가시킨다. 혁신 가능성(Innovation potential)은 복수의 아이디어를 프로토타이핑 단계로 가져가면서 유지된다..

수행 마음가짐 MINDSETS PRACTICED
Liberatory Design Mindsets 확장 디자인 마음가짐 이 단계의 학습자의 확장 디자인 마음가짐은 다음과 같다. 자유로운 협력 Liberatory collaboration. 실험 지향 Bias toward experimentation. 정서적 신뢰 구축 Build emotional trust.

프로토타입 단계(PROTOTYPE PHASE)

프로토타입 단계에서 설계자는 최종 사용자가 활용하거나 경험할 수 있는 프로토타이핑을 통하여 반복적인 프로세스로서 개선을 위한 피드백을 이끌어내고 핵심 설계 개념 대한 구체적 질문에 대답한다.

기대 수행수준(PERFORMANCE EXPECTATIONS)
학습자는 프로토타이핑 단계의 이해 증거를 다음과 같이 보인다. DTS-PS-1: 성공을 위한 기준에 따라 최종 사용자가 사용할 수 있는 유형의 제품 또는 경험의 프로토타입을 만든다.
학습자 수행(PRACTICES)
학생들은 다음의 내용을 수행할 수 있다. 사용자가 사용하고, 활용할 때 경험할 수 있는 프로토타입을 만들고 개선한다.
핵심 아이디어(CORE IDEAS)
학습자는 다음의 핵심 내용을 이해한다. 프로토타입(Prototypes) 사용자가 역할놀이 활동, 간단한 기계장치, 또는 스토리보드와 상호 작용할 수 있는 모든 것이 될 수 있다. 프로토타이핑 과정은 새로운 통찰을 발견하고 가치 있는 요인들을 확인하여 공감하고, 아이디어를 내고, 문제를 해결하는 기회를 제공한다. 프로토타이핑의 초기 단계에서 낮은 수준의 프로토타입을 만들면, 디자이너가 적은 시간과 적은 재료 및 비용으로 더 빨리 실패하고 더 빨리 배우게 된다.
MINDSETS PRACTICED
Liberatory Design Mindsets 확장 디자인 마음가짐 이 단계의 학습자의 확장 디자인 마음가짐은 다음과 같다. 자유로운 협력 Liberatory collaboration.

행동 지향 Bias toward action.
합리적 신뢰 구축 Build relational trust.
말하지 말고 보여주기 Show don't tell.

테스트 단계(TEST PHASE)

테스트 단계에서 디자이너는 사용자에게 실제 상황에서 사용하거나 경험할 프로토타입과 함께 제공한다. 사용자와 프로토타입을 확인하는 과정은 설계자에게 반복적인 다음 프로토타입을 개선하는 데 도움이 되는 새로운 아이디어와 통찰력을 제공한다.

기대 수행수준(PERFORMANCE EXPECTATIONS)
학습자는 다음과 같은 테스트 단계에 대한 이해의 증거를 보여준다. ● DTS-TS-1 : 사용자가 프로토타입을 사용될 맥락과 시나리오에서 프로토타입과 상호작용하도록 테스트를 계획하고 수행한다. ● DTS-TS-2 : 사용자가 프로토타입을 경험하는 동안 관찰하고 참여하여 공감을 얻고 의견을 구한다. ● DTS-TS-3 : 테스트로부터 나온 개선을 위한 반복적인 다음 프로토타입의 정보의 새로운 학습 내용을 활용한다.
학습자 수행(PRACTICES)
학습자는 다음을 수행할 수 있다. 적절한 맥락과 시나리오로 테스트를 계획하고 수행할 수 있다.
핵심 아이디어(CORE IDEAS)
학생들은 다음 내용을 이해한다. ● 테스트 활동은 관찰과 참여를 통해 사용자의 공감과 디자인 문제에 대한 통찰력을 얻는 또 다른 기회이다. ● 설계자는 사용자의 험에 대한 지속적으로 'Why 왜'라는 질문을 하여 의미있는 피드백을 이끌어내야 한다. ● 테스트 단계에서 얻은 정보는 반복적인 프로토타입 활동에서 개선할 내용을 알려준다.
수행 마음가짐 MINDSETS PRACTICED
Liberatory Design Mindsets 확장 디자인 마음가짐 이 단계의 학습자의 확장 디자인 마음가짐은 다음과 같다. 자기 인식 능력 Practice self-awareness. 실험 지향 Bias toward experimentation. 팔지 말고 공유하기 Share don't sell.

성찰 단계(REFLECT STAGE)

성찰 단계에서는 학생들은 자신의 행동, 감정, 통찰력 및 영향력을 사용자의 상황 내에서 파악하여 집중력, 포괄성 및 미학을 향상시키기 위해 어떤 변화가 이루어질 수 있는지 확인하는 방법을 학습한다.

기대 수행수준(PERFORMANCE EXPECTATIONS)
학습자는 성찰 단계의 이해 다음 증거를 보인다. DTS-RS-1: 자기 인식을 높이고 평등을 개선하기 위해 사용자의 상황과 관련하여 자신의 행동, 감정, 통찰력 및 영향을 자각하고, 집중하고, 성찰하고 공유한다.
학습자 수행(PRACTICES)
학습자는 다음 사항을 수행할 수 있다. 사용자의 상황과 관련하여 자신의 행동, 감정, 통찰력 및 영향에 주의하고 집중하고, 성찰한다. 형평 중심의 디자인(equity-centered design)에 관해 개선해야 할 점을 파악하기 위해 자신의 학습과 발전을 공유한다.
핵심 아이디어(CORE IDEAS)
학생들은 그다음 내용을 이해한다. ● 성찰(Reflection)은 디자인 씽킹 프로세스 전체에서 발생하는 지속적이고 투명하게 이루어지는 행위이다. ● 성찰(Reflection)은 디자이너가 자기 인식을 높이고 형평성, 포괄성 및 미적 감각을 높이는데 기여한다.
디자인 마음가짐(MINDSETS)
Liberatory Design Mindsets 확장 디자인 마음가짐 이 단계의 학습자의 확장 디자인 마음가짐은 다음과 같다. 인간 가치 지향 Focus on Human Values 자기 인식 능력 Practice Self-Awareness 복잡성의 포용 Embrace Complexity 명확한 공작 Craft Clarity 합리적 신뢰의 구축 Build Relational Trust

표준의 적용을 위한 부가적인 정보

다음은 DTS를 교육과정에 적용할 때 교사를 위한 제안 사항이다.

- 교사는 학생에게 프로젝트 시나리오를 개발하고 소개할 때 용어 사용자를 다른 대상으로 바꾸어 부를 수 있도록 허락할 수 있다. 부르는 대상은 설계할 특정 인물이나 집단을 확인해야 하며, 디자인 과제의 맥락을 기반으로 해야한다. 다음은 2학년 학생들을 한 디자인 씽킹 도전과제에 대한 운전 문제의 예이다. *만약 여러분이 장난감 설계자라면 어떻게 유치원 어린이를 위한 장난감을 어떻게 발명하고 만들겠는가?*
- 디자인 씽킹 프로세스는 선형 형식으로 사용하지 않아도 된다. 디자인 씽킹 단계는 다양한 시퀀스를 통해 반복적으로 적용될 수 있다.
- 대부분의 디자인 마음가짐은 디자인 씽킹 프로세스의 모든 단계에 계발되고 발현된다. 그러나 특정 디자인 마음가짐은 단계와 관련된 마음가짐의 방식의 중요성에 따라 각 단계에 제시된다.
- 학생들의 디자인 씽킹 마음가짐을 평가하기 위하여 Liberatory Mindset Cards 스프레드시트의 How 섹션을 사용한다.
- UbD 단원에 대한 Key Questions(필수 질문)을 개발하기 위하여 Liberatory Design Moves 문서의 주요 질문 섹션을 사용한다.

REFERENCES

The Virtual Crash Course Playbook (d.school)

An Introduction to Design Thinking: Process Guide (d.school)

Understand Mixtape: discovering insights via human engagement (d.school)

Ideate Mixtape: generating unexpected ideas via reframing your challenge (d.school)

Experiment Mixtape: advancing your solution via prototyping (d.school)

K12 Lab Equity-Centered Design Deck (d.school)

Liberatory Design: Your Toolkit to Design for Equity

Mindset and Process Powerpoint

Liberatory Design Moves

Liberatory Mindset Cards
Liberatory Design Process

Special thanks to David Clifford, Senior Learning Experience Designer of K12LAB, for providing valuable feedback and guidance during the development of the standards.

3. 예비교사를 위한 디자인 씽킹 모델

다음은 최유현 외(2021)의 예비교사를 위한 3I 디자인 씽킹 학습모델이다.

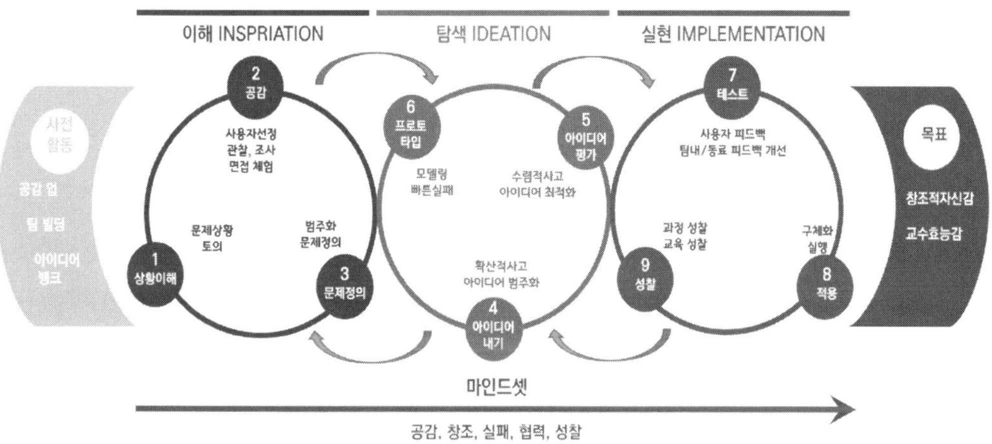

[그림 Ⅱ-2] 예비교사를 위한 3I 디자인 씽킹 일반 모델

예비교사를 위한 3I 디자인 씽킹 일반 모델은 크게 나누어 이해(Inspiration)-탐색(Ideation)-실현(Implementation)의 3단계로 구분될 수 있으며 각 단계는 유기적으로 연계되어 순차적으로 진행을 하였다가 테스트 과정을 거치며 피드백 결과를 토대로 보완해야 할 단계로 다시 돌아가 재학습할 수 있도록 단계를 조정할 수 있는 특징이 있다.

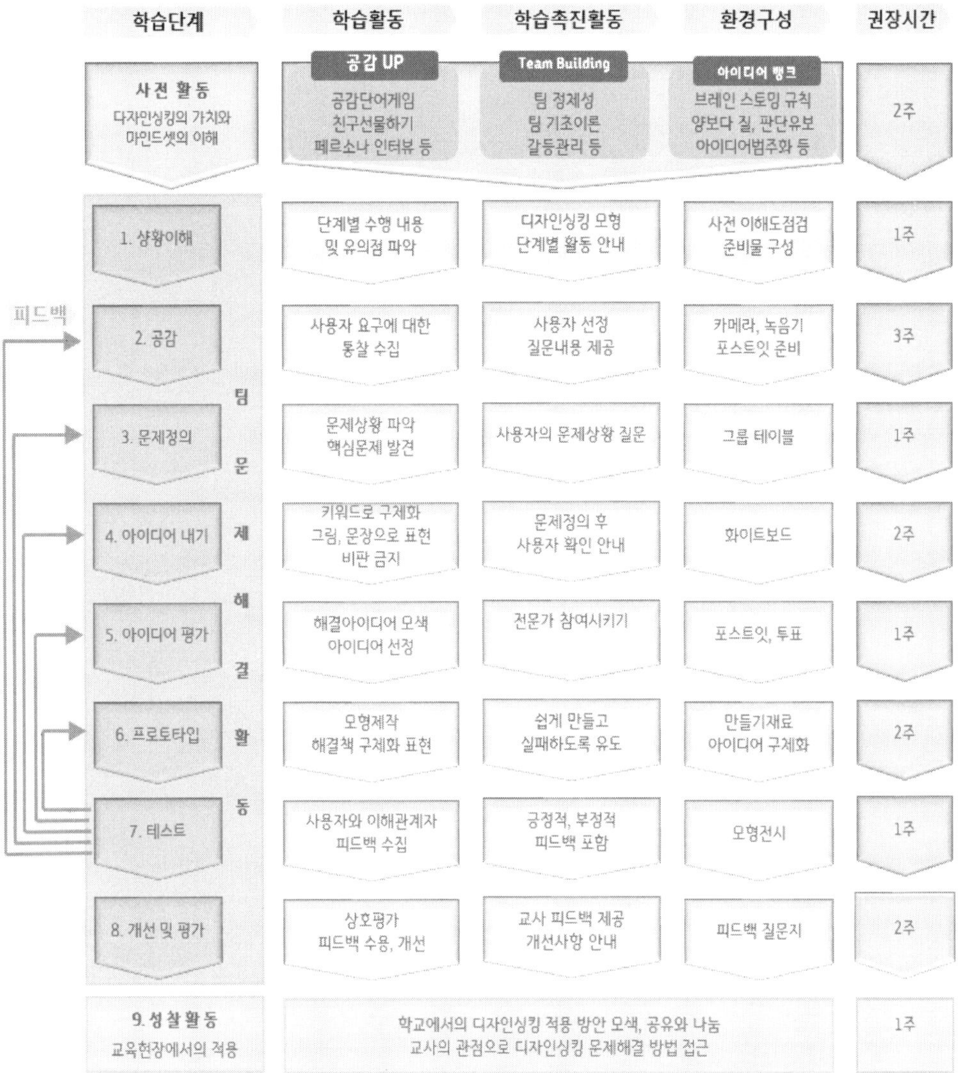

[그림 Ⅱ-3] 예비교사를 위한 3I 디자인 씽킹 학습모델

예비교사를 위한 3I 디자인 씽킹 학습모델은 사전활동과 본 활동, 성찰 활동까지 총 16주의 구성으로 권장시간을 부여하고 각 학습 단계별 수행할 학습 활동과 학습촉진 활동 및 환경구성을 안내하였다.

4. 디자인 씽킹 기반 3I 창의체험아카데미 모델

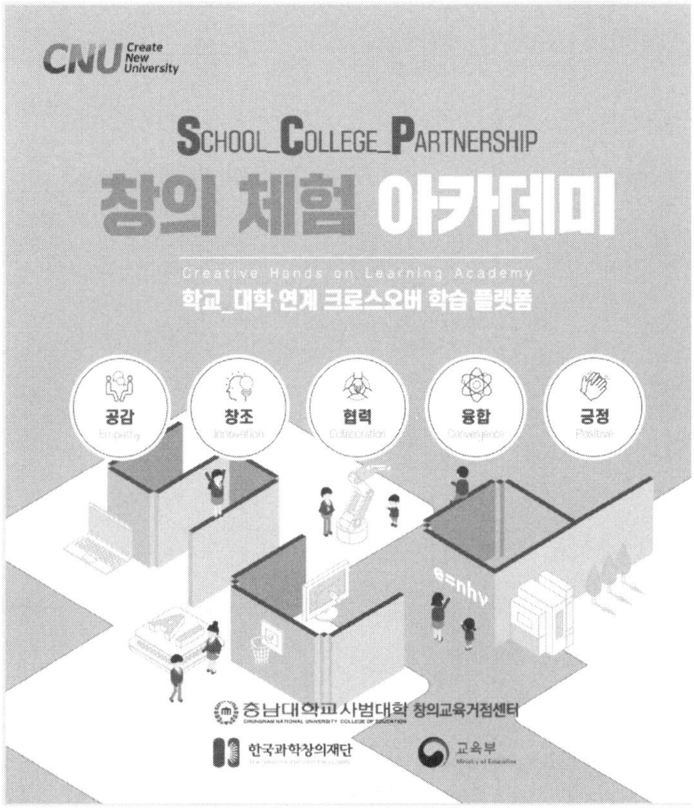

[그림 Ⅱ-4] SCP 창의 체험 아카데미 브로슈어

충남대학교(2021-2023) 창의체험 거점센터의 교육모델은 창의교육 선도 모델, 창의체험 아카데미 교육모델, 창의교육 거버넌스 구축 모델의 3가지 모델로 구성되었다.

1) 창의교육 선도 모델: SCP(School College Partnership) 모델

(1) SCP 모델의 의미

SCP 교육모델은 대학과 학교가 협력하여 학생들에게 창의교육을 지원할 수 있는 장을 마련하기 위하여 구성되었는데 SCP 모델에서 용어의 의미는 다음과 같다.

- S(School): 이 교육모델에서의 학교는 초, 중, 고등학교 학교로서 인적 네트워크를 구축하고 성과 확산 및 관리 체제를 구축하는 데 참여하는 선도학교를 의미함. 특히 대학과의 연계를 통하여 예비교사들에 대한 교육이 이루어질 수 있음
- C(College): 이 교육모델에서 대학은 충남대학교 사범대학을 의미함. 프로그램의 운영 과정에서 충남대학교 사범대학이 주로 운영하게 되지만 필요에 따라 다른 단과대학들의 참여를 통하여 프로그램의 확장이 이루어질 수 있음
- P(Partnership): 이 교육모델에서의 파트너십은 선도학교와 충남대학교 사범대학 간 교류에 관한 것으로 선도학교에서는 충남대학교 사범대학의 예비교사들에 대한 교육 지원, SCP 교육모델에 따라 개발된 프로그램의 적용 등의 활동을 하게 됨. 충남대학교 사범대학은 각 선도학교에 대학생, 대학원생 및 전문가를 지원함으로써 학생뿐만 아니라 교사를 대상으로 창의교육이 이루어질 수 있는 여건을 마련하고 필요에 따라 대학이 가지고 있는 자원을 활용하여 학생을 교육하는 등의 활동을 담당하는 것을 의미함
- 추구 역량: 추구 역량에서는 창의적 사고(Creative Thinking), 비판적 사고(Critical Thinking), 컴퓨팅 사고(Computational Thinking)를 이 교육모델이 추구하는 역량으로 선정함

  다양한 역량들이 존재하며 실제 교육과정에서는 더욱 많은 역량이 증진될 것으로 기대되나 기본적으로 창의적 사고, 비판적 사고가 창의교육의 핵심이며 미래 교육을 위해서는 컴퓨팅 사고 또한 필요하다고 판단
- 지향 마인드(공감, 창조, 긍정, 협력, 융합): 이 교육모델이 지향하는 마인드는 디자인 씽킹의 마인드 셋에 근거하여 공감, 창조, 긍정, 협력, 융합으로 선정됨. 이들 마인드는 교육의 과정에서뿐만 아니라 교육 프로그램을 구성하는 과정에서 고려되는 것으로 이들 마인드를 통하여 창의교육이 이루어질 수 있음을 고려하였음

이를 통하여 지역사회 일원으로서 대학이 초·중·고 학생들의 창의교육을 위한 지원을 시작하는 것뿐만 아니라 대학과 학교와의 선도적, 능동적 협력을 통하여 예비교사 양성에서부터 교원의 자질 함양 및 교육 혁신을 이룰 수 있는 여건을 마련함

2) 창의체험 아카데미 교육모델 : 3I(Inspiration, Ideation, Implementation) 모델

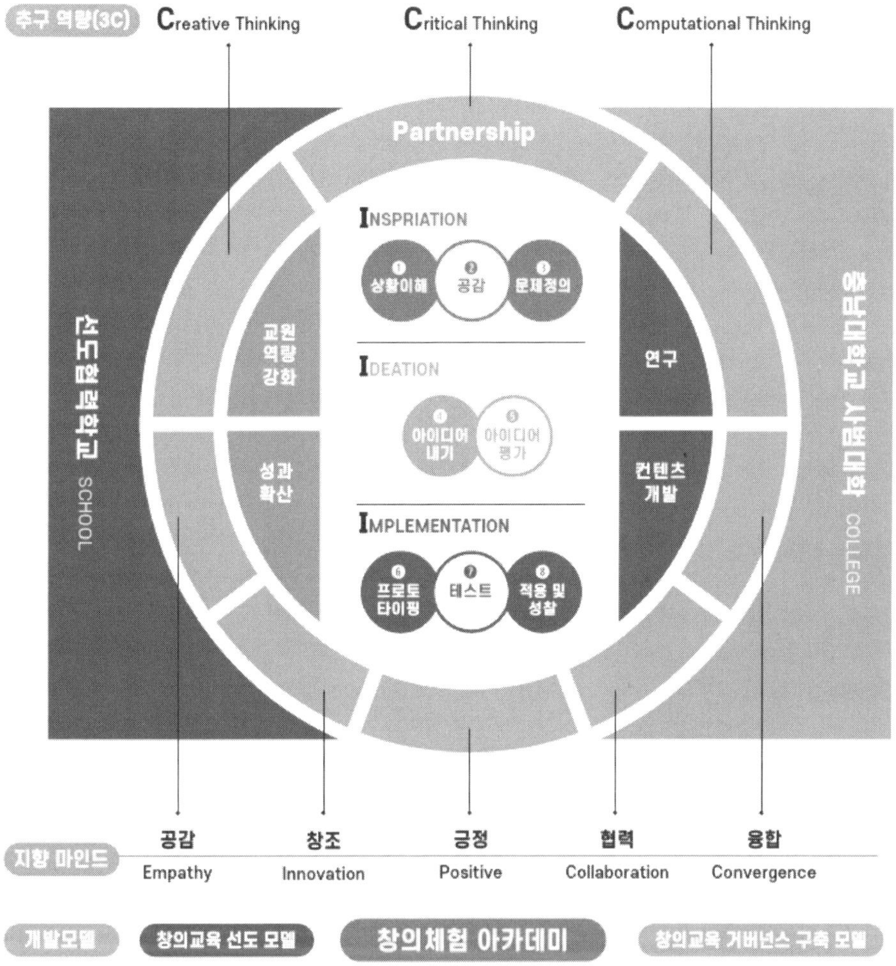

[그림 Ⅱ-5] 창의체험 아카데미 교육모델 : 3I 모델

(1) 3I 모델의 의미

3I 모델은 실제 학생들이 창의체험아카데미에서 교육을 받을 수 있도록 프로그램을 구성하거나 운영하는 과정에서 적용되는 모형이다.

기본적으로 디자인 씽킹의 마인드 셋을 지향하며, 팀 기반의 문제해결 학습으로 진행하고, 최종적으로 학생들로 하여금 공감 마인드, 창조 마인드, 융합 마인드, 협력 마인드,

융합 마인드, 생산적 실패의 긍정 마인드 등을 프로그램 체재와 학습 과정에서 강조하고 역량을 키우도록 설계하였다.

3I 모델에서 용어의 의미는 다음과 같다.

- Inspiration: 이 모델에서의 Inspiration은 이해를 의미하며 이해의 과정에서는 상황을 이해하고 공감하며 문제를 정의하는 과정이 포함되어 있음

  각 단계는 1, 2, 3번으로 표기되어 있어 순차적으로 진행되는 경우가 많기는 하나 공감 과정에서 필요에 따라 상황이해가 다시 필요할 수 있으며 문제를 새롭게 정의하는 과정을 거치는 등 순환적으로 적용될 수 있기 때문에 원형으로 표시됨
- Ideation: 이 모델에서의 Ideation은 창안을 의미하며 이해의 과정을 통하여 정의된 문제를 해결하기 위하여 아이디어를 내고 아이디어를 평가하며 평가된 아이디어를 선정하는 단계임
- Implementation: 이 모델에서의 Implementation은 실현을 의미하며 이해와 창안 과정, 선정과정에 나온 최종 아이디어를 프로토타입으로 적용해보고, 만들어진 산출물을 대상으로 테스트를 하고 실제 적용을 해보며 최종적으로는 성찰하는 과정을 거치게 됨

  앞선 과정들과 마찬가지로 순환적인 활동이 이루어질 수 있기 때문에 원형으로 표현됨

❑ 교재개발 사례 : 글로벌 환경 연구소

01

글로벌환경연구소
페트병이 빛나는 순간

'1리터의 빛(1 liter of light)' 은 친환경적인 태양광 에너지를 이용하여 세계 각지의 소외되고 가난한 사람들에게 빛을 전파시키는 것을 목적으로 매사추세츠 공과대학 학생들이 발명한 적정기술 기반의 프로젝트이다. 이처럼 소외 계층의 사회적 문제를 해결하기 위한 유용한 적정기술이 꾸준히 등장하고 있고, 세계 곳곳에서 나타나는 여러 가지 어려움을 공감하면서 적정기술은 꾸준히 발전해 왔다. 최근에는 여러 나라에서 자원의 재활용과 에너지 절약 측면에서 적정기술을 많이 활용하고 있다.

무엇을 체험할까요?

1 적정기술을 기반으로 태양광 패널을 이용한 페트병 램프를 제작해 보자.

2 친환경 에너지인 태양광 발전의 과학적 원리를 이해해 보자.

3 제작한 페트병 램프의 다양하고 창의적인 활용 방법을 생각해 보고 실천해 보자.

주제 학습 MAP

#적정기술 #태양광발전 #리사이클링

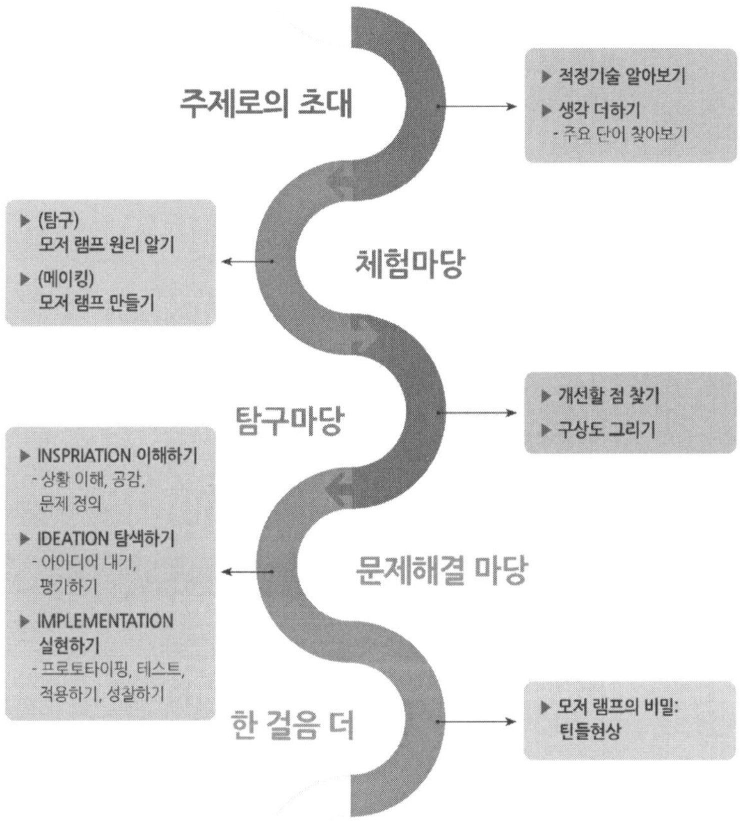

주제로의 초대

공감마인드 창조마인드 협력마인드 융합마인드 긍정마인드

적정기술에 대해 얼마나 알고 있니?

적정기술은 1973년 영국의 경제학자 에른스트 슈마허(1911~1977)가 쓴 『작은 것이 아름답다(Small is Beautiful)』에서 '중간기술' 이라는 개념으로 처음 소개가 되었다.

첨단기술과 토속 기술의 중간에 위치한다는 의미로 쓰인 중간기술은 현지 사람들의 직접적인 필요를 채우는 기술, 지역에서 생산되는 재료를 기반으로 하는 값싼 기술, 전문가가 아니어도 손쉽게 활용될 수 있는 기술을 뜻한다. 이처럼 아프리카나 아시아의 지개발국에 적용된 적정기술은 물 부족, 질병, 빈곤, 문맹 등의 문제해결에 기여하고, 새로운 일자리를 제공할 수 있는데, 아래에 제시된 '항아리 냉장고'와 '큐드럼'은 적정기술의 대표적인 사례라고 할 수 있다.

'항아리 냉장고'는 수분이 기화하면서 열을 빼앗는 기화열의 원리를 이용한 것이다. 큰 항아리 안에 작은 항아리를 넣고, 항아리와 항아리 사이에 젖은 모래를 채우면 수분이 날아가면서 열을 빼앗아 가 작은 항아리 내부의 온도가 낮아지게 된다. 냉장고를 사용하기 어려운 곳에서는 이렇게 채소들을 보관하기에 부족함이 없다.

'큐드럼'은 최대 50L의 물을 채울 수 있는데, 굴려서 끌고 다닐 수 있기 때문에 몸집이 작은 아이들도 쉽고 빠르게 물을 운반할 수 있다. 게다가 내구성도 좋아 매일 사용해도 평균 8년 이상을 쓸 수 있다. 덕분에 식수를 얻기 위해 힘들게 물을 길어 와야 하는 아프리카 사람들을 위한 성공적인 적정기술의 사례로 꼽힌다.

▲항아리 냉장고

▲큐드럼

[사진 출처: https://www.qdrum.co.za/image gallery?func=viewcategory&catid=7]

생각 더하기

위 글을 읽으면서 중요하다고 생각하는 단어를 다섯 가지만 적어 보자.

10

체험마당

공감마인드 창조마인드 협력마인드 융합마인드 긍정마인드

가로등이 없는 어두컴컴한 골목길을 걸어 본 적이 있는가? 혹은 집에 정전이 되어서 전기가 들어올 때까지 한참을 기다려 본 경험이 있는가? 우리에게 빛이란 참으로 소중한 존재임을 느끼게 되는 순간들이다. 오늘날에도 이 지구상에는 빛이 없어 밤에 어려운 생활을 하고 있는 사람들이 있다. 그런 사람들을 위해 '1리터의 빛' 이란 프로젝트를 통해 빈곤 가정의 어두움을 환하게 비춰 주었다고 한다. 그것은 바로 전기가 아닌 빈 페트병과 물 그리고 표백제로 만들었다고 한다.

우리도 한번 따라해 보자.

탐구해 보기

탐구 가이드

필리핀 빈민촌은 대부분 판자로 지어져 조밀하게 붙어 있다. 태양빛이 판잣집을 서로 가려 낮에도 항상 그늘져 밤 못지않게 어둡다. 빈민가에 전기가 들어오지 않아 전등을 켤 수도 없다. 브라질 출신 기계공이자 발명가인 알프레도 모저는 페트병을 활용해 집을 밝힐 수 있었으며 그의 이름을 따 '모저 램프' 라고도 불리게 되었다.

모저 램프 만들기 (유튜브)
https://www.youtube. com/watch?v=i5YQ4t5 apPM

지붕에 구멍을 뚫으면 햇빛이 들어오게 된다. 하지만 각도가 제한적일 수밖에 없다. 햇빛이 집 안으로 들어오는 범위도 작다. 하지만 햇빛이 들어오는 부분에 페트병 전구를 끼우게 되면 이야기는 달라진다.

이 모저 램프의 원리는 빛의 굴절과 산란, 반사이다. 표백제와 물을 담고 있는 투명한 페트병에 빛이 닿으면 빛이 굴절되고 내부에서 산란되어진다. 매질이 달라져 일부는 반사되기도 한다. 투명한 병 안으로 들어온 빛은 지붕 경계선을 지나 집 안에 빛을 퍼트린다.

단순한 원리에 비해 효과는 매우 강력하다. 태양빛이 강할 때는 이 페트병 전구 하나가 55와트급 전구 밝기와 맞먹는다고 하니 어둠을 물리치고 세상을 환하게 밝혀 준 모저 램프가 진정한 적정기술의 우수 사례라고 할 수 있다.

메이킹 가이드

1. 탐구에 필요한 준비물을 준비해 보자.

[준비물]

1~1.5 리터 빈 페트병 1개, 물, 가루 표백제 약간, 폼보드(8절, 10T) 1개, 은박지, 접착제, 검정색 도화지(8절) 2장, 가위, 스카치테이프

2. 준비물을 활용하여 페트병 램프를 제작해 보자.

❶ 빈 페트병에 물을 가득 채운다.
❷ 그 안에 가루 표백제를 약간만 넣어 잘 녹인 후 뚜껑을 닫아 준다.
❸ 폼보드를 페트병에 끼울 수 있도록 동그랗게 구멍을 내 준다.
❹ 접착제를 이용하여 폼보드와 페트병을 부착시킨다.
❺ 은박지를 폼포드 위에 부착하여 마무리한다.
❻ 검정색 도화지로 검정색 상자를 만든 후 제작한 페트병 램프를 끼워 페트병 램프를 완성한다.

▲메이킹 과정

▲실험 과정

한 줄 에세이

메이킹 과정과 결과를 바탕으로 느낀 점을 작성해 보자.

12

탐구마당

공감마인드 창조마인드 협력마인드 융합마인드 긍정마인드

1. 밤에도 사용할 수는 없을까?

모저 램프는 태양빛이 들어오는 낮에만 사용할 수 있다는 단점이 있다. 밤에도 사용할 수 있는 방법은 어떤 것이 있을지 탐구해 보자.

예) 태양광을 낮에 충전하여 밤에도 사용할 수 있도록 한다.

2. 개선 사항을 바탕으로 구상도를 그려 보자.

문제해결 마당

공감마인드 창조마인드 협력마인드 융합마인드 긍정마인드

문제 상황

필리핀 빈민촌에 설치되어 어두웠던 실내를 환하게 비춰 주었던 모저 램프는 낮에 태양빛이 비춰질 동안에만 사용이 가능하기 때문에 밤에는 여전히 어둡게 지낼 수밖에 없다. 따라서 밤에도 사용 가능한 페트병 램프를 만들 수 있는 방법을 구안하고자 한다.

도전 과제

- 태양광 패널을 활용하여 주야간 겸용 페트병 램프를 제작한다.
- 좀 더 밝은 빛을 낼 수 있도록 LED 전구를 활용한다.
- 페트병 램프의 다양한 활용 방법을 생각해 본다.

문제해결 조건

- 다 쓴 빈 페트병과 뚜껑 있는 일회용 테이크아웃 컵을 이용하여 주야간 겸용 페트병 램프를 제작해야 한다.

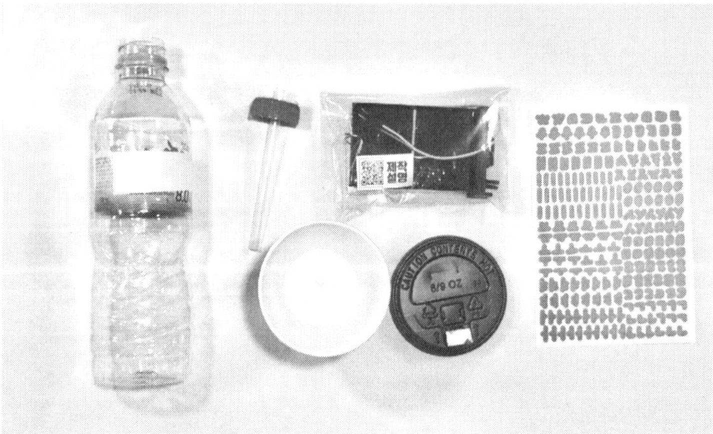

▲재료 소개

• 브레드보드에 태양광 패널과 LED 전구, 충전지 등을 연결하여 주간에는 전기를 충전하고 야간에는 충전된 전기를 활용하여 빛을 내도록 해야 한다.

• 문제해결에 필요한 준비물은 다음과 같다.

[준비물]
태양전지판(1), LED 전구(1), 다이오드(1), 인덕터(1), 세라믹 콘덴서(1), 5252IC(1), 스위치(1), 충전지(1), 배터리 홀더(1), 점퍼선(12) 브레드보드(1), 10cm 케이블(1), 20cm 케이블(1)

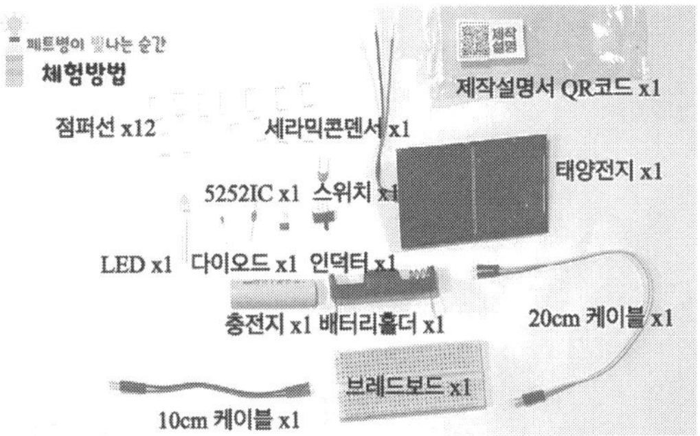

• 제작된 페트병 램프의 다양한 활용 방법을 구안해야 한다.

▲반려식물과 함께하는 무드등

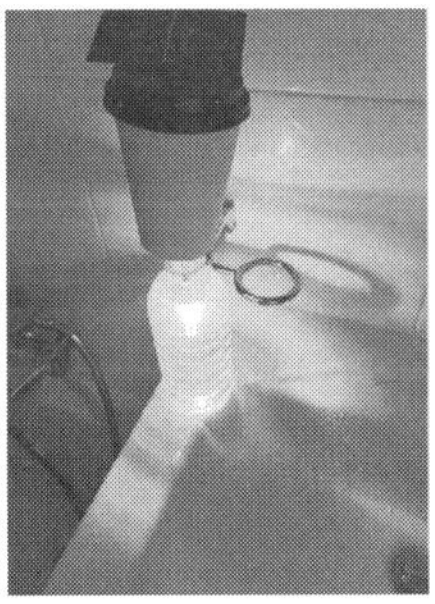
▲욕실 조명등

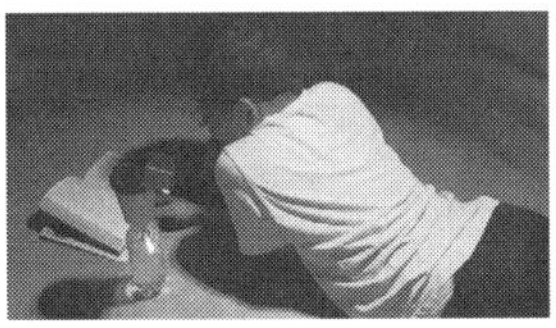
▲정전 대비 비상용 램프

1. 글로벌환경연구소 : 페트병이 빛나는 순간 15

1. ⓘNSPRIATION 이해하기

1 상황 이해

필리핀 빈민촌에 설치된 모저 램프를 통해 낮에도 어두운 집 안을 환하게 비춰 줄 수 있었지만 그들이 아쉬워했던 부분은 어떤 것들이 있었을까?

인물(사물, 사건)		해결할 과제
예) 상황: 낮에만 사용할 수 있다. -	➡	예) 밤에도 모저 램프를 사용할 수 있었으면 좋겠다. -

2 공감

위 내용을 바탕으로 공감 지도를 작성해 보자.

바라는 것(소망)	제약 요소(한계)
❖ 사용자가 무엇을 생각하고, 상상하고 있는지 묘사해 보라.	❖ 사용자가 처한 환경 속에서 무엇을 보는지 설명하라.
좋아졌으면 하는 것(불만)	**염두에 두어야 할 것(주의 사항)**
❖ 환경이 사용자에게 어떤 영향을 미치는지 설명하라.	❖ 사용자가 무슨 말을 하는지, 어떻게 행동하는지 상상해 보라.

3 문제 정의

우리가 해결해야 할 문제를 한 문장으로 정의해 보자.

16

2. ❶DEATION 탐색하기

활동의 Tip

포스트잇을 활용하여 생각나는 아이디어를 단어나 그림으로 표현하여 붙여 보자.

4 아이디어 내기

브레인스토밍을 통해 다양한 아이디어를 제시해 보자.

❶ 밤에 전기가 없어도 빛을 비추게 할 수 있는 방법

❷ 친환경적으로 리사이클링 할 수 있는 방법

❸ 남들과 다르게 나만의 창의적인 작품으로 만들 수 있는 방법

❹ 페트병 램프의 다양한 활용 방법

5 아이디어 평가

PMI 기법을 활용하여 여러 가지 아이디어 중 최적의 아이디어를 선정해 보자.

1) **아이디어 1** : 예) 충전지를 사용하여 밤에도 램프를 사용할 수 있도록 하기

Plus(장점)	예) 밤에도 불빛을 켤 수 있어서 도움이 될 것으로 판단됨
Minus(단점)	예) 충전지를 사용하면 가격이 비싸질 것으로 예상됨
Interest(흥미로운 점)	예) 다양한 재료와 도구를 추가해 보려는 노력이 흥미로웠음

2) 아이디어 2 :

Plus(장점)	
Minus(단점)	
Interest(흥미로운 점)	

3) 아이디어 3 :

Plus(장점)	
Minus(단점)	
Interest(흥미로운 점)	

18

3. IMPLEMENTATION 실현하기

6 프로토타이핑

아이디어를 바탕으로 아래의 회로 제작 설명서를 참고하여 프로토타입을 생성해 보자.

활동의 Tip
아래의 프로토타이핑은 문제해결을 위한 예시이므로 다양하고 창의적으로 실현해 보자.

❶ 회로 준비물 확인

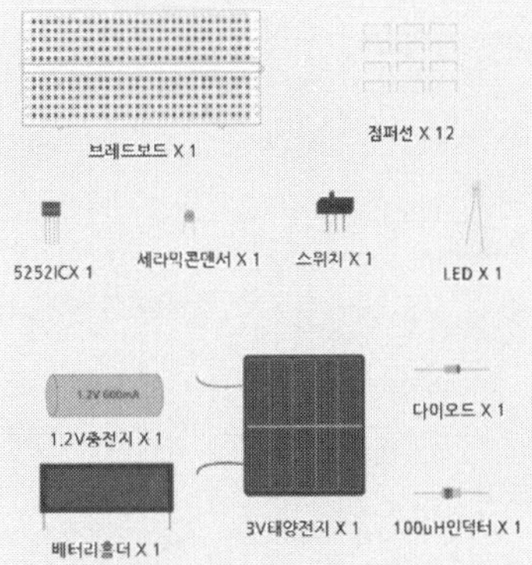

❷ 점퍼선 연결 자리 표시 후 점퍼선 12개 연결

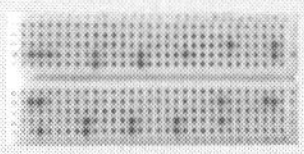

네임펜으로 연결 위치를 확인하여 표시

점퍼선 12개를 해당 위치에 아래 그림처럼 꽂기

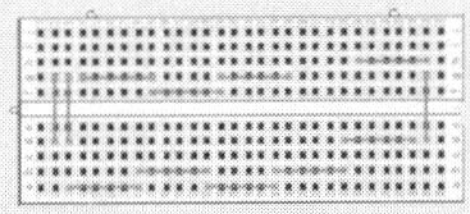

점퍼선(jumper wire) 회로의 도통을 유지하기 위하여 전기적으로 접속하는 전선이다.

❸ 인덕터, 다이오드 연결

인덕터와 다이오드의 평행한 다리를 ㄷ자로 구부린다.

다이오드는 방향에 유의하여 ■ 위치에 꽂는다. (h19, h22)

인덕터는 방향무관하게 ■ 위치에 꽂는다. (h2, h4)

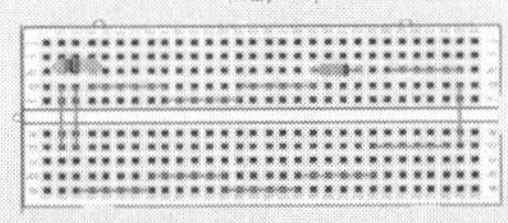

다이오드는 방향에 유의해야 하는 부품으로 전기를 한쪽방향으로 흐르게 한다. 위 회로에서는 1개의 다이오드로 교류의 절반을 통과시켜 직류형태로 바꾸어준다.

인덕터는 방향에 무관하게 연결해도 좋다. 내부가 코일로 이루어져 있으며 자력과 코일의 상호관계에 의한 기전력이 발생되어 전압을 높여주는 역할을 한다.

❹ 세라믹콘덴서 연결

세라믹 콘덴서는 방향무관하게 ■ 위치에 꽂는다. (i22, i24)

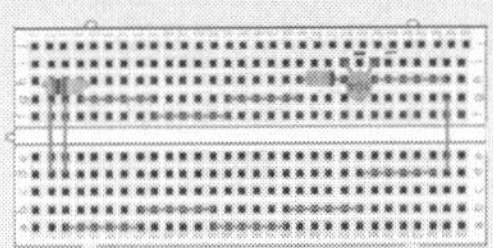

세라믹콘덴서는 방향에 무관하며 본 회로에서는 50khz근방의 주파수에 맞는 콘덴서를 선택한다.
알맞는 콘덴서를 사용하면 LED가 좀더 안정적으로 동작한다.

❺ 5252IC 연결

5252IC는 방향에 유의하여 ■ 위치에 꽂는다.
(i1,i2, i3, i4)

5252IC가 적힌 면이 앞쪽을 향함.

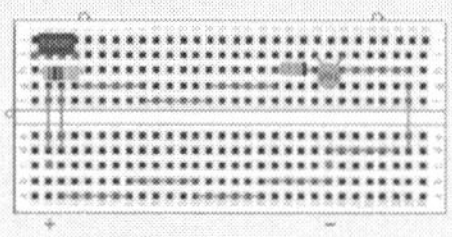

회로에서 가장 핵심적인 부품으로 태양전지의 발전 상황에 따라 태양빛이 있을 땐 태양전지로부터의 에너지로 충전지를 충전하고 태양빛이 없을 땐 충전지의 에너지를 LED로 방전한다.

❻ 충전지 연결

충전지는 소켓에 꽂은 후 방향에 유의하여 +는 (d2)에 꽂고 -는 (d23)에 점퍼선이 꽂힌 위치에 함께 꽂는다.

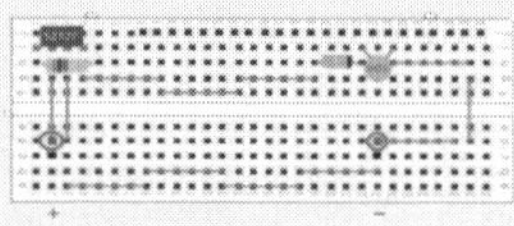

태양전지로부터의 발생된 전력을 저장하는 공간인 충전지이다.

❼ 태양전지 연결

❽ LED 연결

LED의 다리가 긴 쪽이 +, 짧은 쪽이 -이다. 20cm 연장케이블에 LED를 연결하여 극성에 유의하여 +는 j22에, -는 j24에 꽂는다.

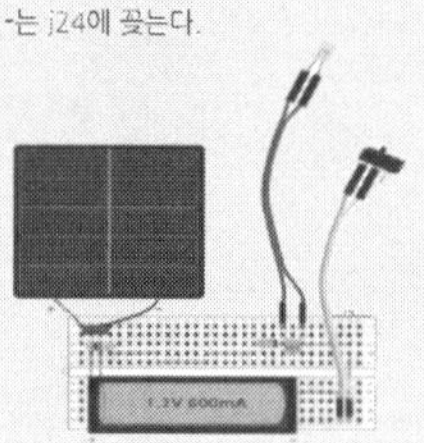

LED는 방향에 유의해야 하는 부품으로 긴 다리가 + 짧은 다리가 -극성으로 가도록 연결한다. LED는 크기, 형태, 빛깔, 깜빡임에 따라 다양한 종류가 있다.

❾ 스위치 연결

스위치는 10cm 연장케이블에 연결하여 방향에 유의하여 a28과 a29에 꽂는다.

회로도 꾸미기(PDF)

20

7 테스트

우리가 만든 시제품을 평가해 보자.

구분	평가 내용	평가
사용자 평가	낮과 밤에 모두 사용이 가능한 제품인가?	▢잘함 ▢보통 ▢미흡
	환경을 생각하는 친환경 제품인가?	▢잘함 ▢보통 ▢미흡
	페트병 램프가 다양한 활용이 가능한가?	▢잘함 ▢보통 ▢미흡
자기 평가	나는 작품 제작에 적극적으로 참여하였나?	▢잘함 ▢보통 ▢미흡
	나는 창의적으로 문제를 해결하려고 노력하였나?	▢잘함 ▢보통 ▢미흡
	나는 환경문제에 관심을 갖고 노력하고자 하는 의지를 갖고 있나?	▢잘함 ▢보통 ▢미흡

8 적용

평가를 통해 수정한 아이디어를 적용해 보자.

활동의 Tip
수정된 아이디어로 제작된 작품을 실제로 적용하는 사진을 찍어 친구들과 함께 SNS에 공유해 보자.

9 성찰

활동을 통해 새롭게 알게 된 것과 느낀 점을 작성해 보자.

모저 램프의 비밀: 틴들현상

모저 램프가 빛을 산란시켜 환하게 비출 수 있었던 것은 '**틴들현상**(Tyndall phenomenon)' 혹은 '**틴들효과**(Tynall effect)' 때문이다.

콜로이드에서 나타나는 대표적인 현상 중 하나인데 구름 사이로 빛이 지나가는 것이 보이는 것으로, 광선이 그것이 지나가는 통로에 떠 있는 작은 부유물이나 작은 입자 등의 미립자에 의해 산란하여 그 통로가 밝게 나타나는 현상을 말한다. 19세기 아일랜드의 과학자 존 틴들(John Tyndall)의 이름을 따서 지어졌다.

틴들현상 (유튜브))
https://www.youtube.com/tch?v=_4h7nHDUmSw

틴들현상의 대표적인 예가 구름 사이로 들어오는 빛줄기이다. 구름의 틈 사이로 들어오는 빛줄기가 수증기 입자나 작은 먼지 등 공기 중의 입자들과 부딪치면서 산란하게 되는데, 이렇게 산란된 빛이 우리 눈에 들어오면서 빛줄기가 지나가는 경로가 보이는 것이다. 이러한 현상은 안개 낀 날이나 보슬비가 내리는 날에 자동차의 불빛에도 나타나는 현상이다.

맑은 날씨에는 자동차의 불빛이 나아가는 경로는 보이지 않는다. 그런데 공기 중에 미세한 먼지들이 불빛의 경로상에 놓이게 되면 일부의 빛이 산란되면서 사방으로 흩어지게 되고, 그것이 우리 눈에 보이게 되면서 그 경로에 따라 빛줄기가 보이는 것이다. 집에서도 창문을 통해 들어오는 빛줄기가 집 안의 먼지 때문에 보이는 현상 역시 마찬가지다. 틴들현상은 그 입자가 비교적 큰 경우에 적용되는 현상이다.

[내용 출처 : alluck / 네이버 지식인 출처 : 두산백과사전 EnCyber & EnCyber.com]

▲틴들현상

사진출처: https://m.blog.naver.com/PostView.naver?isHttpsRedirect=true&blogId=kisun3333&logNo=220766926061

22

참고문헌

1. 김정태, 홍성욱(2014). 적정기술이란 무엇인가?. 공업화학 전망 17(1) 38-50
2. 네이버 블로그 『놀고먹기대학(인생여행코치)』
3. 한국에너지공단 블로그 http://blog.energy.or.kr/?p=20609

성찰을 위한 토론

1. 디자인 씽킹이 왜 교육에서 왜 적용되는지와 그 적용 사례를 이야기해보자.
2. 디자인 씽킹 교육의 표준은 어떻게 구성되어 있는지 알아보고, 우리나라의 상황에서의 활용 가능한 교육의 전략은 토의 해보자.
3. 3I 디자인 씽킹 기반의 모델과 교육 프로그램을 구체적으로 알아보고, 학습에서의 기본 지향과 전략을 토의해 보자.

III 디자인 씽킹을 위한 팀 리더십 개발하기

연구 문제

1. 팀이 가지는 의미, 유형, 발달 과정은 어떻게 논의되는가?
2. 팀이 수행되는 기본적인 이론은 무엇인가?
3. 팀과 관련된 팀 리더십, 갈등관리 등의 리더십 기술은 어떻게 개발되는가?

1. 팀의 의미와 발달

1 팀의 의미

팀은 우리 생활에서 흔히 사용하는 용어이다. 그래서 사용하는 사람마다 서로 다른 팀의 용어에 대한 이해가 있으며, 팀 워킹(team working)과 혼용하여 사용하기도 한다. 그러나 보다 과학적인 접근으로 팀은 하나의 도구이며, 다음과 같이 정의될 수 있다.

> 공동의 목표에 근거한 의미있는 결과를 도출하기 위하여 그들의 개인적 기술과 능력을 조화롭게 혼합하여 모든 책임을 공유하면서 함께 일하는 사람들 간의 집단이다 (Bagulary, 2003).

이 정의에서 보면, 팀은 공동 목표, 바람직한 결과 추구, 각 개인 능력의 조화, 책임 공유, 공동 작업 등의 핵심 요소가 있음을 알 수 있다. 따라서 팀이라는 렌즈로 비유하면 다음과 같은 그림이 그려질 수 있다.

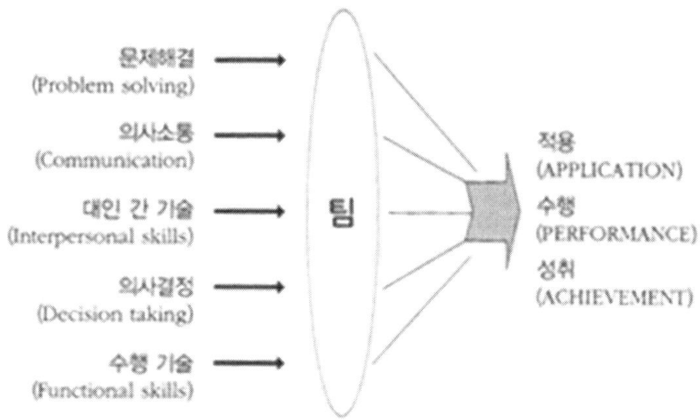

[그림 Ⅲ-1] 렌즈와 같은 팀의 개념

위 그림에서와 같이, 문제해결, 의사소통, 대인 간 기술, 의사결정, 수행 기술의 요소들이 팀이란 렌즈를 통하면 적용, 수행, 성취 등의 결과를 이끄는 활동임을 알 수 있다. 따라서 팀에서는 팀 수행에 필요한 문제해결, 의사소통, 의사결정 등의 기술이 동반되어야 함을 알 수 있다. 한편으로 학습조직 차원에서 팀에서는 이러한 활동들이 적용되거나 반복됨으로써 팀 활동을 통하여 이러한 기술의 개발이 뒤따를 수 있을 것이다.

팀워크는 매우 다양한 용어로 불린다. 이 용어들을 이해하면 팀워크가 갖는 중요성과 의미를 이해할 수 있을 것이다.

Teamwork	팀워크
Teamship	팀리더십 + 팔로우십
Team Leadership	팀 리더십
Team Dynamics	팀 역동성
Team Building	팀 세우기
Team working	팀으로 일하기
Group Dynamics	집단 역동성
Empowered Teams	강화된 팀

흔히 팀은 프로젝트와 관련하여 사용하고, 집단은 학습조직에서 말하고 있지만, 엄격히 구분하기는 힘들다. 모든 집단이 팀이 되는 것은 아니다. 다음의 <표 Ⅲ-1>은 단순한 작업 집단과 팀과의 차이를 잘 설명해주고 있다(Smith, 2004).

<표 Ⅲ-1> 업 집단(working group)과 팀(team)의 비교

작업 집단(working group)	팀(team)
강하고 명백히 집중된 리더	공유된 리더십 역할
개별적 책무	개별 및 공동 책무
집단의 목적은 광범위한 조직의 임무와 동일	팀 스스로 전달받은 구체적 팀의 목적
개별적 작업 수행	협력적인 작업 수행
효율적인 회의 수행	개방적 토의와 실제적 문제해결 호의 독려
다른 사람들의 영향에 의한 간접적 효과성 평가	협력적인 작업 수행을 평가하는데 직접적인 수행 평가
토의, 결정, 지시적 위임	토의, 결정, 실제로 공동 작업

자료: Katzenbach & Smith(1993)

2 팀이 갖는 특성

오늘날 많은 기업, 연구소, 정부에서도 팀 체제를 전환하고 있다. 왜 이처럼 팀 체제로 변화를 하고 있는가? 한 조사연구(Wellins, Willson, Katz, Laughlin, and Day, 1990)에 의하면 자기주도적 팀으로 전환하는 일차적 이유를 다음 <표 Ⅲ-2>와 같이 분석하였다(Wellins, Byham, & Willson, 1991). <표 Ⅲ-2>에서와 같이 팀 체제로의 전환은 품질 개선, 생산성 확대, 조직 수행비 절감, 직무 만족 등이 주된 이유이다.

팀의 이점은 많은 학자들이 한결같이 말하고 있다. Wellins, Byham, & Willson (1991)은 오늘날 팀으로서의 체제 변화에서 오는 이점을, Stewart, Manz & Sims, Jr (1999)는 팀워크의 이점을 다음 <표 Ⅲ-2>와 같이 제시하고 있다.

즉 팀 체제하에서 이점은 품질과 생산성 증대, 조직의 융통성 확보, 비용 절감, 작업자의 능력 제고, 기술 혁신과 적응력 등의 결과를 창출할 수 있다는 것이다.

<표 Ⅲ-2> 팀의 이점

Wellins, Byham, & Willson(1991)의 팀 체제 변화 이점	Stewart, Manz & Sims, Jr(1999)의 팀워크의 이점
• 품질, 생산성, 서비스의 향상	• 생산성 증대, 개선된 품질
• 보다 확장된 융통성	• 조직 적응력과 융통성 증대
• 감소된 조직 수행비용	• 비용 절감
• 훌륭한 작업자의 보유 능력	• 작업자의 직무 수행 능력 증대
• 기술변화에 대한 빠른 적응	• 혁신의 증가
• 새로운 작업자 가치의 보다 나은 수용	• 감소된 전직, 이직률
• 소수, 단순한 직무 분류	• 감소된 갈등

따라서 팀은 기업에서 매우 중요한 일의 수행 단위이자 혁신의 조직임을 알 수 있다.

한편으로 왜 팀 체제가 필요한지는 팀을 통한 효과를 통해서도 확인할 수 있다. 많은 연구를 종합하면, 교실에서든지 일의 현장에서 모두 가장 효과적인 팀의 특성은 다음과 같이 제시된다(Smith, 2004).

- 긍정적 상호의존성(positive interdependence) - 팀은 공동 목표 또는 한 가지 결과를 추구한다.

• 개인 및 집단의 책무성(individual and group accountability) - 팀 구성원은 자신의 일뿐 아니라 팀의 작업에 대해서는 책임감을 갖는다.
• 촉진되는 상호작용(promotive interaction) - 팀 구성원은 실제로 면대면(face to face)을 통하여 작업한다.
• 팀워크 기술(teamwork skills) -팀 구성원의 효과적인 의사소통(특히 경청능력), 의사결정, 문제해결, 갈등관리, 리더십 기술을 가지고 있어야 한다.
• 집단 과정(group processing) - 팀은 정기적으로 얼마나 잘 수행되고 있는지, 문제해결이 잘 되고 있는지 함께 성찰할 수 있어야 한다.

이러한 연구들을 종합할 때 팀 수행 능력을 계발하는 기본 과제는 다음과 같다(Katzenbach & Smith, 1994, in Smith, 2004).

• 팀의 중요하고 긴급한 목표와 방향을 확립한다.
• 개인적 안면과 관계가 아닌 기술과 잠재적 능력에 기초하여 팀원을 선발한다.
• 첫 번째 팀 모임과 실천에 매우 주의를 기울인다.
• 팀 행동의 명확한 규칙을 확립한다.
• 신선한 정보와 함께 정기적으로 팀원들에게 도전을 준다.
• 함께 있는 시간을 많이 보낸다.
• 긍정적 피드백, 보상을 공공연하게 수행한다.

TEAMWORK TIP **최고의 팀을 위한 팁**

• 팀은 단순히 작업 그룹과 구별됨을 인식하기
• 팀은 결과 그 자체가 아니라 어떤 것을 성취하기 위한 도구이고 수단임을 인식하기
• 실제 팀은 2 + 2 = 5 혹은 그 이상이라는 것을 기억하기
• 팀 수행은
  - 팀과 팀 구성원에게 최선을 다하기
  - 함께 일하고, 협력하기
  - 공유할 수 있고 의미있는 결과 창출하기

Phill Baguley

효과적인 팀을 정의하는 데 있어서 수많은 논의가 있다. 그러나 대체로 다음과 같은 효과적인 팀의 특성을 열거할 수 있다(Smith, 2004).

적극적 참여	공동 목표
존중	목적의 지각
주의 깊은 경청	촉진적 만남
리더쉽	역량 있는 팀 구성원
건설적으로 관리되는 팀 갈등	책임감을 가진 팀 구성원
즐거운 과제 수행	효과적인 의사결정

3 팀의 유형

팀을 분류하는 방법으로 확고하게 정해진 것은 없다. 흔히 직장 안에서 사람들을 집단으로 조직하는 방법은 3가지가 있다. 전통적인 작업집단, 전통적인 팀, 자율적인 팀이다. 이들 차이점은 아래 <표 Ⅲ-3>과 같다.

<표 Ⅲ-3> 팀의 구성

	전통적인 작업진단	전통적인 팀	자율적인 팀
권한	조직 내 계급체계의 한 부분을 이루며, 간부의 통제를 받는다.	조직 내 계급체계와 연결되어 있으며, 팀으로 권력의 이동이 어느 정도 이뤄진다.	조직 내 계급체계와 연결되어 있으며, 권력과 독립이 크게 늘어난다.
리더십	매니저나 감독자의 통제를 받는다.	리더는 제한적인 감독권을 가지며, 조직에 의해 선출된다.	리더는 팀 촉진자(facilitator)이며, 팀에 의해 선출된다.
의사결정	권위적이거나 협의적이다.	합리적이거나 민주적이거나 합의적이다.	민주적이거나 합의적이다.
활동 또는 과업	독립적이다.	상호의존적이며, 리더에 의해 조정된다.	상호의존적이며, 팀원들에 의해 조정된다.

출처 : McGrath(1984), 대니얼 래비 지음(정명진 역, 2011), 팀 심리학, 18. 부글북에서 재인용.

흔히 우리가 지향하는 팀의 전형은 자율적인 팀을 의미한다. 즉 조직 내 계급체계와 연결되어 있으며, 권력과 독립이 크게 늘어나고, 리더는 팀 촉진자(facilitator)이며, 상호 의존적이며, 팀원들에 의해 조정되고 민주적이고 합의적인 특징을 가진다.

4 팀의 발달 과정

조직심리학자인 부루스 터크만(Tuckman)은 모든 팀이 경험하는 팀의 발달 단계를 자신의 이름을 딴 '터크만 모델'로 소개했다. 즉 팀의 발달(team development) 과정은 일반적으로 형성기(forming), 격동기(storming), 규범기(norming), 성취기(performing)의 단계로 요약될 수 있다(Tuckman, 1965, in Stewart, Manz & Sims, Jr, 1999). 그러나 학자에 따라 휴지기를 제외한 4단계로 제시하기도 한다. 비록 많은 팀은 이 다섯 단계를 시간적으로 겪지만, 팀에 따라 어느 한 단계를 건너뛰기도 한다. 또한, 팀마다 각 단계에서 지속 시간이 다르게 나타난다. 극단적으로 이러한 절차를 거치지 않은 팀도 있을 수 있다. 그럼에도 불구하고 팀 발달의 다섯 가지 기본 단계는 팀 발달 과정의 기본적 이해를 돕는데 충분한 이론이 된다. 이러한 팀의 발달 과정은 기대, 동화, 수용의 사회화(socialization) 과정과 관련지어 설명될 수 있는데, 다음 [그림 Ⅲ-2]는 팀의 다섯 가지 발달 단계와 사회화 과정을 함께 제시한 것이다.

팀의 발달(Team Development)

형성기 (Forming) ➡ 격동기 (Storming) ➡ 규범기 (Norming) ➡ 수행기 (Performing)

기 대 (Anticipation) ➡ 동 화 (Accommodation) ➡ 수 용 (Acceptance)

사회화(Socialization)

[그림 Ⅲ-2] 팀의 발달과 사회화 과정

<표 Ⅲ-4> 터크만의 팀 발달 모델

팀 발달 단계	증 상
형성기 (Forming)	• 팀원들이 서로를 경계하듯이 조심스럽게 대한다. • 때때로 서로 다른 점을 발견하고 혼란스러워하지만 갈등으로 번지지는 않는다. • 팀이 어떤 일을 수행하고 그 속에서 자신의 역할과 책임이 무엇인지 궁금해한다. • 팀원들이 리더에 대한 의존도가 높으며 리더가 어떤 생각을 가지고 있는지 궁금해한다. • 팀의 생산성이 낮다.
격동기 (Storming)	• 의사결정 과정에서 다양한 갈등과 분열이 일어난다. • 팀원 간의 경쟁이 심화되고 사이가 안 좋아지는 경우도 많다. • 의사결정이 늦어져 일 처리가 지연된다. • 리더의 리더십이나 팀 운영 방식에 대해 불만을 갖는 팀원이 생긴다. • 팀의 생산성이 (매우) 낮다.
규범기 (Norming)	• 팀원 간 신뢰 관계가 형성되기 시작하고 결속력이 강화된다. • 공동의 목표에 대한 공감대가 형성되고 목표 달성 의지가 높아진다. • 의견 차이가 발생했을 때 서로 존중하고 더 나은 대안을 찾기 위해 노력한다. • 지속적으로 보다 생산적인 일 수행 방법이나 절차를 찾는다. • 팀의 성과를 본격적으로 기대할 수 있다.
성취기 (Performing)	• 기존의 성과에 만족하지 않고 더 높은 성과 창출을 목표로 한다. • 누군가의 지시가 없어도 팀원들이 각자 해야 할 일을 찾아 움직인다. • 팀원들이 서로 조화롭게 일을 수행한다. • 개방된 소통을 즐기며 서로에 대한 신뢰가 높다.

출처 : 박태현(2012). 팀으로 일하라. 시그마북스. p.18에서 재인용함.

<표 Ⅲ-5> 집단사고(groupthink)로부터 팀 사고(team think)로 전환하기

집단사고		팀 사고
• 팀은 일체감을 착각하여 경험한다.		• 팀은 팀 구성원의 개인적 독특함을 인식하고 가치를 부여한다.
• 팀은 그들이 실패할 수 있다고 믿는다.		• 팀은 그들의 한계와 위협을 이해한다.
• 팀 내에서의 사회적 압력은 서로 다른 견해를 방해한다.		• 개인적 견해가 존중된다.
• 팀은 도덕성을 착각한다.	➡	• 팀은 윤리적 도덕적 의사결정을 인식한다.
• 상대방의 리더는 관례를 통하여 인식한다.		• 관례를 따르지 않는다.
• 팀 구성원은 자기검열 (self censorship)을 강화한다.		• 팀 구성원은 개방적으로 관심과 아이디어를 표현한다.
• 외부적 정보에 정신적 보호막을 친다.		• 집단 밖의 사고도 추구한다.

자료: C. C. Manz, C. P. Neck, J. Mancuso, and K. P. Manz, 1997 in Stewart, Manz & Sims, Jr, 1999.

많은 연구는 과제 수행의 질이 일관되게 유지되지 않는다. 보통은 과제의 마감 시간에 임박하여 과제 수행이 집중적으로 나타난다. 수행기에서는 자율적 또는 자기관리에 의한 과제의 진척, 의무의 공유, 팀 자체의 동기 부여 등의 이 나타날 때, 좋은 징후를 보이는 것이다.

팀 빌딩 전략 훅보다 잽을 노려라. Small & Quick Win 전략

'팀 슬럼프'를 벗어날 수 있는 한 가지 방법을 소개한다. 그것은 '지금 당당 얻을 수 있는 작고 빠른 성공 Small & Quick Win' 것이다. '팀 슬럼프'에 빠진 팀에게는 한 가지 희소식이 있다. 팀이 오랫동안 인정받지 못하거나 소외된 상태였으므로 팀에 대한 외부의 기대 수준도 낮을 것이라는 점이다. 바꿔 말하면 작은 성과도 쉽게 돋보일 수 있다는 말이다. 섣불리 일의 가짓수를 늘리거나 일거에 전세를 뒤집을 수 있는 대박 거리의 일로 승부하려 해서는 안 된다. 그렇게 하면 성공보다는 실패의 가능성이 높다. 그동안 인정받지 못해 왔으니 충분한 자원을 공급받을 수가 없으며 팀원들의 자신감도 떨어져 있을 것이기 때문이다. 슬럼프에 빠져 있는 팀에게는 훅이 아니라 잽이 필요하다.

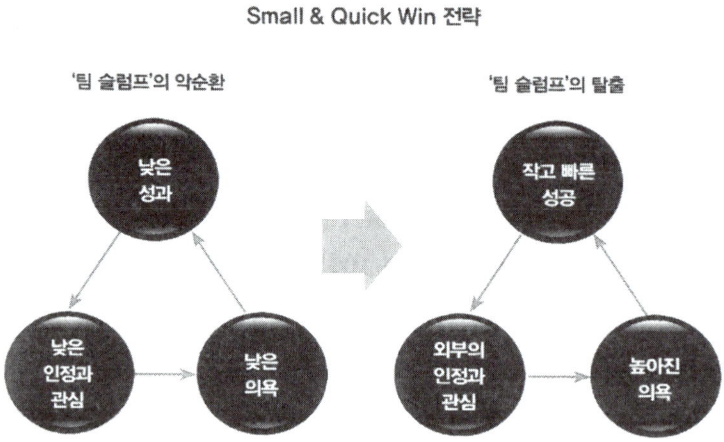

[그림 Ⅲ-3] Small & Quick Win 전략

출처 : 박태현(2012). 팀으로 일하라. 시그마북스. pp. 40-43.

한 가지 예를 더 들어보자. 어느 기업의 연수원에서 발생했던 일이다. 연수원은 대표적인 지원 조직으로 '팀 콤플렉스'를 갖기 쉬운 조직인데, 연수원장이 새로 부임했다. 그는 연수원에 변화의 바람을 일으키고 싶었다. 그러나 초기에 그가 변화의 목표점으로 선택한 것은 교육 프로그램과 같은 시간이 오래 걸리는 일들이 아니었다. 그는 단기간에 과실을 얻을 수 있는 곳을 선택했다. 그것은 연수원 내의 구내식당이었다. 식당의 메뉴를 다변화하여 고객 지향적으로 바꾼 것이다. 음식 맛이 좋아야 연수원을 찾는 고객이 늘고 고객이 많이 찾아야 다른 변화도 추진할 수 있다는 것이 그의 논리였다. 모두의 고개를 갸우뚱하게 했던 그의 선택은 옳았다. 식당 메뉴의 변화가 발단이 되어 점점 다른 영역에서도 변화가 일어나기 시작했다.

팀원 전체가 모여 '당장 거둘 수 있는 작은 성공'의 아이템을 찾아보자. 작지만 눈에 잘 띄는 것일수록 좋다. 또한, 쉬운 것일수록 좋다. 그리고 팀원 모두의 역량을 그곳에 집중하라. 이것이 바로 죽어가는 팀을 살리는 첫 번째 방법이다.

TEAMWORK TIP 당신의 팀은 어느 발달 단계까지?

- 모든 팀은 팀의 발달 순서대로 시작한다는 사실을 인지하라.
- 모든 팀이 팀의 발달 과정 모두를 경험하는 것이 아님을 기억하라.
- 팀의 성공 여부는 팀의 발달 과정의 단계를 얼마나 극복했는가에 달려있음을 인식하라.
- 팀 발달의 전 과정인 형성기, 격동기, 규범기, 수행기로 전진하라.

Phill Baguley

팀 정체성

팀워크 계발 활동 1
TEAM BUILDING

■ **목표**

1. 우리가 생각했던 것보다는 팀 구성원이 공통점이 많음을 확인한다.
2. 팀 정체성을 확인한다.

■ **준비물**

공통점 찾기 백지

■ **절차**

1. 공통점 기록할 백지를 각 팀원에게 나누어 준다.
2. 팀원들에게 짝을 빨리 찾도록 한다.
3. 신호를 주면, 가능한 한 많이 둘이 가진 공통점을 찾도록 한다.
4. 그 두 사람에게 첫 번째 줄에 짝의 이름을 쓰고, 공통점이라 찾은 항목들을 기록한다.
5. 2~3분 후에 시간이 다 되었음을 알리고, 팀원들에게 새로운 짝을 찾아, 신호에 맞추어 다시 절차를 반복한다.

■ **활동 토의**

1. 여러분 중 얼마나 많은 사람들이 15가지 이상 공통점을 찾았는가?
2. 당신이 발견한 약간 유별난 항목들은 무엇이었나?
3. 당신은 어떻게 이러한 공통점의 범주들을 털어놓았는가?
4. 이것은 우리에게 팀원으로서-다양한 구성원으로서- 어떠한 의미를 부여하는가?

■ **팁(TIP)**

1. 소란 정도는 이 활동 동안 올라갈 수 있다.
2. 각 라운드를 끝내려면 신호를 보낸다.
3. 연습의 속도를 올리기 위해, 공통점 찾기 기록지를 15개에서 7개나 10개 항목으로 짧게 구성한다.
4. 활동을 재미있게 하기 위해, 가장 많이 공통점을 찾았던 두 사람에게 상을 준다.
5. 동점을 이루는 경우 여분의 상을 준다.

2. 팀 수행과 구성하기

1 팀 수행과정

팀워크를 계발하기 위하여 여러 가지 전략을 제시하고 있다. 크게는 시스템적인 접근 단계적인 접근으로 구별할 수 있다. 리즈(Rees, 1997)는 *Teamwork form start to finish* 라는 저서를 통하여 팀워크 계발을 위한 열 단계를 제시하고 있다.

제1단계 : 팀 조직하기

1. 팀의 확인
2. 팀의 역할
3. 팀의 규칙 설정

제2단계 : 팀 과제 수행하기

4. 과제의 계획
5. 과제 수행하기
6. 팀 과제 수행의 검토
7. 과제의 완료

제3단계 : 팀 정리하기

8. 과제 결과의 발표와 공개
9. 팀의 보상
10. 팀의 개선과 재조직

스튜어트, 만즈, 심스 주니어는 *Team Work and Group Dynamics*라는 저서에서 투입, 과정, 결과에 따른 시스템적인 단계를 제시하였다.

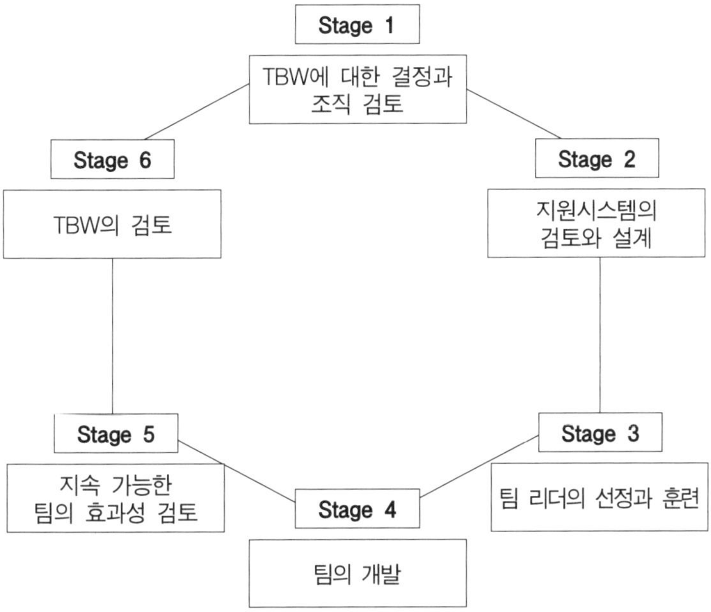

[그림 Ⅲ-4] 투입-과정-결과에 따른 시스템적 단계

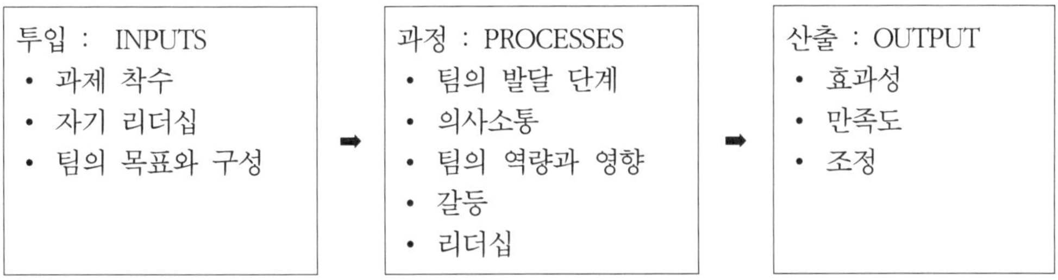

제1단계 : 투입
제2단계 : 과정(팀의 발전, 사회화, 힘과 영향, 갈등, 리더십)
제3단계 : 결과(팀 효과성 결정, 팀의 잠재적 효과, 팀 간의 협력, 팀의 효과성 개선)

한편 웨스트와 마르키에비치(West & Markiewicz, 2004)는 다음 그림과 같이 팀 기반 작업(Team-Based Work: TBW)의 계발 기술을 제시하고 있다. TBW에 대한 결정과 조직 검토, 지원시스템의 검토와 설계, 팀 리더와 선정과 훈련, 팀의 개발, 지속가능한 팀의 효과성 검토, TBW의 검토의 여섯 가지 전략을 제시하고 있다. 이 전략은 팀 기반의 실제적인 조직 변화에 초점을 두고 있다.

그리고 괴쉬(Goetsch, 2004)는 *Effective Teamwork: Ten Steps for Technical Professions* 라는 저서에서 열 단계의 팀 계발 기술을 제시하였다.

1. 팀의 목표와 방향을 정립하기
2. 팀의 역할과 규칙을 정하기
3. 팀의 역할에 따른 책무성을 확립하기
4. 팀 리더십 기술을 계발하기
5. 팀 리더와 구성원을 위한 의사소통 기술 계발하기
6. 팀 갈등 관리 기술을 개발하기
7. 보다 명확한 의사결정 과정 확립하기
8. 긍정적 팀 행동 철학 확립하기
9. 효과적인 팀 수행 결과를 인식하고 보상하기
10. 팀워크를 계속적으로 평가하고 개선하기

대체로 괴쉬의 팀워크 계발을 위한 열 단계 모델은 팀의 목표 설정, 조직, 역할, 팀의 수행에 따른 리더십, 의사소통, 갈등관리, 효과의 평가에 이르기까지 팀워크의 전반적인 내용을 다루고 있다는 장점을 지니고 있다.

따라서 이 책에서도 괴쉬의 절차를 기본으로 진술하되, 각 영역에서 다른 연구자들의 아이디어와 실천들을 적용하고자 한다.

2 팀 목표 설정: 팀 강령 세우기

주어진 프로젝트나 과제가 주어질 경우 팀의 조직과 수행보다도 가장 먼저 해야 할 일은 명확한 팀의 방향과 목표를 설정하는 일이다. 누구든지 팀 구성원이 되면 몇 가지 기본적인 사항이 궁금해진다.

그 첫째는 팀의 임무를 알고 싶어 하고, 다음으로는 왜 이 팀이 존재하는지, 그리고 성취되어야 할 구체적 목표가 무엇인지를 알고 싶어 할 것이다. 그러고 나서 당신과 다른 팀 구성원에게 주어진 구체적 과제를 알고 싶어 할 것이며, 마지막으로는 팀의 일정과 과제 종료 시점을 알고 싶어 할 것이다.

결국, 이러한 것들을 진술하는 문서가 팀 강령이다.

2.1. 팀 강령

팀 헌장은 개인적 팀 구성원이나 전체 팀에게 방향을 제시해주는 간단한 강령이다. 일반적으로 이 강령에는 다음과 같은 정보를 기본적으로 담고 있어야 한다.

- □ 팀의 임무 진술
- □ 팀의 목표
- □ 팀의 과제 할당
- □ 팀 수행 일정

팀 강령에는 팀장의 이름과 팀의 방향과 책임을 제시한 프로젝트의 큰 그림의 정보가 담겨있다. 팀 강령은 매일 매일 따라야 하는 활동이 아니라 팀의 방향을 광범위하게 진술한 프로젝트의 큰 그림이다.

TEAMWORK TIP **당신의 팀 강령은?**

- 팀 강령은 예외적으로 부가되는 것이 아니라 팀의 생산성과 팀 효율성을 높이는 데 핵심적인 역할을 함을 인지하라.
- 팀 강령은 반드시 팀 구성원 모두가 함께 개발하고 동의하여야 한다.
- 팀 구성원과의 토의로 시작한다.
- 반드시 팀 강령을 확인한다.

Phill Baguley

가. 팀 임무 진술

팀 임무의 진술은 팀이 존재하는 이유를 설명해준다. 팀 임무 진술은 팀의 전체적인 책임을 포함하는 광범위한 용어로 작성되어야 하지만, 팀의 임무 수행이 가시적으로 나타날 수 있는 명확한 것이어야 한다.

다음은 팀 임무 진술의 준거가 되는 잘 진술된 팀 임무 진술의 특징을 보여준다.

이 팀의 임무는 주문 시점과 배달 시점의 차이를 줄이는 것이다.

진술이 잘된 팀 임무의 특징
■ 질문에 대답이 있다: 왜 이 팀이 존재하는가? ■ 간략하다: 한 문장으로 충분하다. ■ 방법(how)이 아닌, 임무 내용(what)과 이유(why)를 설명하고 있다. ■ 광범위하게 진술하고 있다(팀의 목표에서 구체성을 보여준다).

[그림 Ⅲ-5] 팀 임무 진술의 준거

나. 팀 목표

팀 책임의 자세한 내용은 팀 강령에 나타난 팀 목표의 명확성에서 찾을 수 있다. [그림 Ⅲ-6]은 잘 진술된 팀 목표 진술의 특징을 보여주고 있다.

진술이 잘된 팀 목표의 특징
■ 팀의 임무 진술에 직접적으로 연계되어 있다. ■ 팀 목표는 하나의 과제에 초점을 두고 있다. ■ '팀 임무 진술의 의미가 무엇인가?'에 대한 대답이 있다. ■ 구체적으로 팀이 성취해야 할 내용을 보여주고 있다.

[그림 Ⅲ-6] 팀 목표 진술의 준거

팀 목표는 팀 임무에 직접적으로 연계되어야 한다.

팀 목표의 진술은 팀 임무와 직접적으로 관련이 되어야 하는데, 그렇지 못할 경우 목표 진술이 부적절하거나 팀 임무 진술이 잘 진술되지 못한 것이다. 다음 건설 회사의 팀 진술과 팀 목표 진술의 직접적인 연계를 살펴보자.

■ 팀 임무 00건설 회사의 소비자 만족 개선팀의 임무는 소비자의 불만 요인을 확인하고, 그 불만 요인을 제거할 수 있는 전략을 제안하는 것이다. ■ 팀 목표 1. 소비자 불만이 많은 순서로 우선순위를 정한다. 2. 확인되지 않은 소비자들의 다른 불만을 조사한다. 3. 내년에 회사 주식의 주가를 20% 이상 증대시킨다. 4. 5개의 상위 불만 요인 해소를 위하여 적어도 한 가지 이상씩의 전략을 제안한다.

위 회사의 팀 임무와 목표 진술에서 직접적인 연계가 되지 않는 목표는 목표 3 임을 알 수 있을 것이다. 물론 다른 목표가 성취되고 소비자 불만요인이 줄어든다면 목표 3이 성취될 가능성은 있지만, 이 팀에서 달성해야 할 직접적인 목표와는 거리가 있다는 것이다. 결과적으로 이 목표 3은 재진술 되거나 삭제되어야 할 것이다.

팀 목표는 하나의 과제에 초점을 두고 진술해야 한다.

다음 팀 목표를 살펴보자.

- 작업 위치 1-19C에 있는 모든 인쇄회로기판 납땜 결함의 근본적인 원인을 찾는다.
- 작업 위치 1-19C에 있는 모든 인쇄회로기판 납땜 결함의 근본적인 원인을 찾고, X-2 타입의 전선 작업 설비를 위한 새로운 연결 메커니즘을 찾는다.

위의 목표 진술에서 보면 첫 번째 목표는 하나의 과제에만 집중하고 있는 반면, 두 번째 목표는 두 개의 과제에 초점을 두고 진술되었다. 팀의 임무와 관련하여 이 목표는 나누어 진술되든지, 아니면 하나의 과제에 집중하여 재진술 되어야 할 것이다.

팀 목표는 팀 임무 진술의 의미를 설명하여야 한다.

팀 임무 진술은 광범위한 큰 그림으로 진술되어 있다. 그래서 팀 구성원들이 프로젝트의 성격과 방향을 알 수 있다. 하지만, 보다 구체적으로 그것이 무엇을 요구하는지 그 의미는 팀의 목표 진술에서 설명되어야 한다.

예를 들어 음식 구매팀에서의 목표가 다음과 같이 진술되었다고 하자.

<u>목표: '식품 가게에 가서 요리할 재료를 사는 것'</u>

이 임무는 큰 그림에 불과하고 구체적으로 많은 의문을 제기한다. 즉 구매해야 할 재료의 종류와 양이 제시되지 않아 팀의 목표에서 진술하여 설명해야 한다. 즉 팀의 목표는 다음과 같다.

- 기름기가 없는 소고기 500g을 구매한다.
- 감자 5개를 구매한다.
- 검은콩 50g을 구매한다.

팀 목표는 측정 가능하도록 구체적이어야 한다.

좋은 팀의 목표는 측정 가능한 방법으로 진술되어야 한다. 그래야 팀의 목표가 성취되었는지 아닌지를 판단하기 쉽기 때문이다. 예를 들어 앞서 진술한 목표에서 '감자 5개를 구매한다.'라고 되어 있을 경우 3개를 구매했을 경우 목표 달성은 60%를 한 셈이다. 다음 목표 진술을 살펴보자.

- 회사의 회식을 위하여 햄버그 롤빵을 구매한다.
- 회사 회식을 위하여 충분한 햄버그 롤빵을 구매한다.

첫 번째 진술 목표는 목표성취를 가늠할 수 있는 근거가 없어 재진술 되어야 할 것이다. 두 번째의 경우는 충분한 재료로 목표가 성취될 수 있고, 성취되지 않을 수도 있다. 그러나 비록 성취되었다 할지라도 재료 낭비나 경제적 손실을 가져올 수 있기 때문에 '충분한'이란 애매한 용어 선택보다는 더욱 구체적인 측정 가능한 진술로 재진술 되어야 할 것이다.

팀 목표는 팀이 성취해야 할 구체적 내용을 보여주어야 한다.

잘 진술된 목표는 목표성취에 대한 책임이 무엇인지를 보여주어야 한다. 만약 팀 강령이 단지 팀 구성원의 과제 할당만 제시한다면, 개인적 목표성취는 따질 수 있지만, 전체적인 팀 목표 달성을 가늠하기 어렵다. 이는 팀의 목표가 팀 구성원의 목표보다 먼저 진술되어야 하는 이유를 설명해준다.

그래서 팀의 임무를 진술하고, 목표를 설정하고 나서 팀의 과제 할당을 하는 것이다. 목표가 팀워크를 촉진하는 방법 중 하나는 전술적 상호 지원(tactical mutual assistance: TMA)을 통해서 가능하다.

팀 빌딩 전략

왜 팀의 목적과 목표는 구체적이어야 하는가?

팀 조직에 없어서는 안 될 요소는 참여 의식(Common commitment)이다. 공동의 참여의식이 없으면 각자 자기 성과만 올리기에 급급해한다. 하지만 공동의 참여의식이 있으면 강력한 응집력으로 공동의 성과를 내려고 노력하는 것을 볼 수 있다. 이런 참여의식을 기르려면 팀원들을 믿고 따를 수 있는 목적이 필요하다. 목적은 '공급업체의 기여를 고객 만족으로 전환하기', '언제라도 자부심을 느낄 수 있는 곳으로 우리 회사 만들기', '모든 아이들이 배울 수 있다는 사실 증명하기' 등이 될 수 있다. 신뢰감을 주는 팀 목적은 성공할 수 있고, 최고가 될 수 있고, 혁신을 불러일으킬 수 있고, 최첨단이 될 수 있는 요소와 관련이 있다.

팀은 의미 있는 목적을 개발하려는 노력을 통해 구성원들에게 방향성, 추진력, 참여의식을 심어줄 수 있다. 그러나 구성원들에게 주인의식과 참여의식을 심어주려면 초기 방향을 팀 외부에 맞추어 설정해야 한다. 팀에게 자율권이 있어야 팀 목적을 '정립할 수 있다'는 흔한 가정은 사실은 많은 예비 팀들에게 도움을 주기보다는 혼란을 불러일으킨다. 팀이 완전히 자체적으로 목적을 세울 수 있는 경우는 실은 사업을 새로 시작하는 예외적인 경우에서나 가능하지 일반적으로는 그렇지 않다.

훌륭한 팀은 대개 고위 경영진의 요구나 기회를 실현해내기 위하여 목적을 설정한다. 팀을 결성할 때 팀원들이 가장 먼저 하는 일은 회사의 성과 기대치를 명료하게 정의내리는 일이다. 경영자의 의무는 팀에게 강령, 이론, 성과 과제 등을 명확하게 설정하는 것이지만, 그 목적과 일련의 구체적 목표, 타이밍, 접근법에 대해서는 팀이 충분한 재량권을 갖도록 해주어야만 한다.

성공한 팀들은 자신들의 목적을 연구하고 그 틀을 잡고, 합의를 이끌어내는 데에 개인적, 집단적으로 막대한 양의 시간과 노력을 투자한다. 이 '목적 설정하기'는 팀이 존재하는 한 그치지 않고 이루어지는 핵심 활동이다. 반면에 실패한 팀들은 공동의 목적을 연구하는 일이 별로 없다. 성과에 대한 미진한 집중, 노력의 부족, 부실한 리더십 등 어떤 이유에서건 그들은 목적이 부재하기에 승부욕을 키울 수 없고 그래서 한데 뭉치지 못한다.

훌륭한 팀들은 가령 '공급업자 거부율 50% 줄이기', '졸업자의 수학 성적 40%에서 95%로 끌어올리기' 식으로, 자신들의 공동 목적을 구체적인 성과목표로 옮길 줄 안다. 팀이 구체적 성과목표를 세우지 못하거나 그러한 목표들이 팀의 전반적 목적과 연관성을 띠지 못하면 팀원들이 우왕좌왕 흩어져서 평범한 성과로 퇴보하고 만다. 반면에 목적과 목표가 서로 맞물리면서 팀 참여의식과 결합되면 강력한 성과 엔진으로 작용한다.

각 구성원들에게 의미 있는 목적을 정립하려면 명료한 목적을 구체적이고 측정 가능한 성과목표로 전환하면 된다. '일반적 출시 기간의 절반 안에 신제품 출시하기', '모든 고객에게 24시간 안에 대응하기', '비용 절감과 동시에 무결점률 40% 달성하기' 등을 그 예로 들 수 있다. 이를 위해서는 몇 가지 근거가 있다.

- 팀 목표를 구체화하면 조직 차원의 참여의식이나 개인적인 직무목표와는 다른 일련의 작업 산물을 정의내릴 수 있다. 그 결과, 작업 산물에 실질적인 가치를 본질적으로 더할 수

있는 팀원들의 집단적 노력을 요구할 수 있게 된다. 반면에 그때그때 의사결정을 하기 위해 모이는 단순한 행위는 팀 성과를 계속 유지시켜주지 못한다.

- 팀 목표를 구체화하면 팀 안의 커뮤니케이션과 건설적인 의견대립이 명료해진다. 예를 들어 공장 표준화 팀이 기계 교체 평균 시간을 2시간으로 줄이는 목표를 설정했다면 이 목표의 명료성 덕분에 팀은 그 목표에 집중할 수 있게 된다. 목표가 명확하면 그것을 어떻게 추구할지, 그것을 변경할지 말지 등에 집중하여 회의를 진행할 수 있다. 목표가 모호하거나 없으면 회의의 생산성이 떨어진다.
- 팀 목표가 구체적이면 팀은 결과물을 얻는 데에 계속 집중할 수 있다. 가령 엘리 릴리(Eli Lilly)의 페리퍼럴 시스템스 디비전(Peripheral Systems Division)의 제품개발팀은 심부정맥과 동맥의 위치를 확인할 수 있게 도와주는 초음파 검사기의 시장 도입을 위해 확실한 기준을 설정한 적이 있다. 그 검사기는 일정한 깊이의 피부조직을 통과해도 들을 수 있는 신호를 쏠 수 있어야 하고, 1일 100대 비율로 제조할 수 있어야 하며, 예정된 금액보다 적은 단가에 만들 수 있어야 했다. 팀은 이러한 구체적 목표에 대해 그 진전 사항을 측정할 수 있어서, 검사기 개발 과정이 어느 지점에 와 있는지를 중간중간 확인할 수 있었다.
- 아웃워드 바운드(Outward Bound: 학교가 정한 정규 교육과정 외의 과외 활동)에서와 다른 팀 구축 프로그램들이 예시하듯이 팀의 목표가 구체적이어야 팀의 단결된 행동에도 도움이 된다. 일반적인 소집단의 경우, 그 구성원들이 한계를 뛰어넘어서 행동 시간을 50% 줄이려고 한다면 그들 각각의 직함, 특전, 지위들을 무시해야 한다. 그러나 훌륭한 팀은 성과목표의 관점에서 각 개인의 특성을 잘 살려서 각자의 장점을 이끌어낼 줄 안다.
- 팀 목표가 구체적이면 팀은 명료한 목적을 추구해가는 도중에도 작은 승리들을 일궈낼 수 있다. 이러한 작은 승리들은 장기적 목적을 가로막는 불가피한 장애물들을 극복하게 해주고, 참여의식을 높여주는 데에 매우 귀중하다. 가령 초반에 언급했던 나이트 리더의 텔러해시 데모크랫팀의 경우, 이 팀은 과실을 없애겠다는 작은 목표를 강력한 고객 서비스 목적으로 전환해내었다.
- 구체적인 성과목표가 있어야 구성원들의 마음도 사로잡을 수 있다. 성과목표는 구성원들의 마음에 동기의식을 심어주고 활력을 불어넣어 주는 성취의 상징이다. 성과목표가 있으면 팀 구성원들은 극적인 느낌, 긴박성, 실패에 대한 건전한 두려움 등이 한데 뒤섞인 참여의식을 품고서 달성 가능한 도전적인 목표를 앞에 놓고 같은 곳을 바라보며 달려간다. 팀 말고 그 어떤 그룹도 이런 성격을 띠지 못한다.

팀의 목적과 구체적 목표와의 결합은 팀 성과에 절대적으로 필요하다. 이것들은 서로 떼려야 뗄 수 없는 관계로 의존성이 깊다. 확실한 성과목표가 있어야 팀은 책임감을 지니고서 프로젝트의 진행 과정을 계속 따라잡을 수 있다. 팀 목적이 지닌 명료하고 숭고하기까지 한 열망이 있어야 일의 의미와 감성 에너지를 계속 충전할 수 있기 때문이다.

출처 : 더글러스 스미스 외 지음 / 이영진 옮김(2009). 팀 매니지먼트 성공하는 팀 구축 전략. 21세기북스. pp. 26-29.

다. 팀의 과제 할당

팀의 과제 할당 목록은 팀 강령에서 가장 구체적 구성요소이다. 팀 과제 할당 목록을 작성할 경우 균형을 잘 맞추는 일이 중요하다. 한편으로는 각 팀은 명확하게 목록을 작성해야 하지만, 조금의 변화를 수용할 수도 없을 정도로 너무 엄격해서도 안 된다.

조립 금속 빌딩 설계 업체의 공학기술팀의 예를 보자. 이 팀은 1명의 공학 기술자, 3명의 CAD 기술자, 1명의 구매 기획자로 구성되었다. 이들 팀의 과제 할당 목록은 다음과 같다.

- 설계 계산 : A(팀 리더)
- 기초 계획 : B
- Anchor-bolt 계획 : B
- 고형 구조물 : C
- 지붕 구조 설계 : C
- 벽 구조 설계 : C
- 세부 접합 설계 : D
- 재료 목록 작성 : D
- 구매 기획 : E

설계 계산은 공학적 전문성이 요구되고, 구매 기획도 경험 있는 지식이 필요하다. 따라서 A와 E는 팀의 특별한 과제를 할당받았다. 그러나 나머지 3명은 구체적인 과제 할당을 받았지만, 상호 간에 과제 변경의 가능성이 상황에 따라 가능하도록 열려 있는 점이 다르다. 팀 리더가 필요하다고 판단한 경우 일시적인 수정이 가능하다는 의미이다.

TEAMWORK TIP 팀 구성 해법

- 당신의 팀은 다음과 같은 것을 할 수 있음을 인지하라.
  - 어떤 것을 진행하고 통제한다.
  - 어떤 것을 개발한다.
  - 어떤 것을 수행한다.
  - 어떤 것을 평가하고 제안한다..
- 다음과 같은 팀 과제가 필요함을 기억하라.
  - 명확하게 정의되어야 한다.
  - 구체적이고 획득 가능한 목표여야 한다.
  - 도전적이어야 한다.
- 당신의 팀은 다음 같은 것이 충족되어야 한다.
  - 자율성
  - 지원과 배려
  - 팀 계발과 성장을 위한 시간
  - 인지도

Phill Baguley

라. 팀 일정

팀 강령에서 팀 일정은 팀의 유형에 따라 그 구체성의 정도가 다르다. 팀 일정은 다른 팀 및 팀 내의 일의 전후를 잘 따져서 일정을 잡아야 한다. 팀의 과제가 최종적으로 수행되어야 할 시점을 정하고 팀 내 각각의 과제의 소요 시간 등을 할당하여 무리가 없도록 정할 필요가 있다. 그러나 실제로 과제의 수행에 따라 일정이 다소 변경될 가능성이나 여유를 두는 것도 중요하다.

TEAMWORK TIP 최고의 팀을 위한 팁

• 팀은 단순히 작업 그룹과 구별됨을 인식하기
• 팀은 결과 그 자체가 아니라 어떤 것을 성취하기 위한 도구이고 수단임을 인식하기
• 실제 팀은 2 + 2 = 5 혹은 그 이상이라는 것을 기억하기
• 팀 수행은
  - 팀과 팀 구성원에게 최선을 다하기
  - 함께 일하고, 협력하기
  - 공유할 수 있고 의미있는 결과 창출하기

Phill Baguley

팀 붕괴 전략 _ 사회적 태만 : '봉(鳳) 효과'(sucker effect)

동기 부여와 관련 있는 문제들 중에서 가장 심각한 것이 사회적 태만이다. 즉 사람들이 혼자 일할 때보다 집단으로 일을 할 때 개인의 기여를 줄인다는 말이다. 간단한 실험으로도 사회적 태만을 극명하게 보여줄 수 있다. 사람들에게 혼자서 소리를 지르게 하고 그 성량을 측정해보라. 그런 다음에 두 사람씩 짝을 지어 소리를 지르게 하면 그 성량은 개인들의 합계 평균 66%에 지나지 않는다. 이번에는 6명이 한꺼번에 소리를 지르게 해보라. 그러면 개인들의 합계의 36% 선으로 뚝 떨어질 것이다.

사회적 태만은 이외에도 집단과 관련 있는 다른 현상과도 관계가 있다. 집단에 속한 상황에서는 사람들이 쉽게 **'무임승차'**(free rider)를 할 수 있다. 집단에 속하게 되면 일을 더 적게 한다는 뜻이다. 그 이유는 사람들이 자신의 개인적 노력이 중요하다는 것을 믿지 않기 때문이다. 사람들은 자신의 노력과는 상관없이 집단에게 주어지는 보상을 얻게 될 것이라는 사실을 잘 알고 있다. 훌륭한 수행자들의 경우에는 팀을 이루기만 하면 다른 사람들이 자신을 이용하는 것을 원하지 않아 게을러지기도 한다. 이를 **'봉(鳳) 효과'**(sucker effect)라고 부른다(Johnson & Johnson, 1997). 이 효과가 작용하면, 집단 구성원 모두가 과업에 대한 기여도를 줄이게 된다.

사회적 태만을 부르는 요인도 다양하다. 팀이 수행하는 과업이 단순히 개별적인 과업을 모아놓은 것에 지나지 않는다면, 팀이 조화를 추구하며 수행해야 할 이유가 전혀 없

다. 이런 사실이 동기 부여를 줄일 수 있다. 팀으로 일을 해야 할 필요성이 제대로 인식되지 않기 때문이다. 개인의 수행이 팀의 집단적인 노력에 묻혀버릴 수 있다. 그러면 당연히 뛰어난 구성원들이 노력을 줄일 것이다. 다른 사람들이 자신의 수행에 대해 어떻게 생각할 것인지에 대한 걱정을 더 이상 하지 않아도 되기 때문이다. 마지막으로는, 팀원들이 다른 사람들이 과업에 노력을 어느 정도 쏟고 있는지를 파악하지 못하는 점도 지적해야 한다. 그 결과 팀원들은 자신이 정당한 몫의 일을 하고 있는지 알지 못한다. 불행하게도, 사람들은 집단에 대한 자신의 기여도를 과대평가하는 경향을 보인다.

사회적 태만을 이해하는 최선의 방법 중 하나가 바로 그런 태만이 거의 일어나지 않는 상황이다. 농구 결승전이 그런 예이다. 여기서는 승자의 결정에 팀의 점수만 중요할 뿐이다. 그러나 각 선수들의 개인적인 기여도 눈에 드러나고 측정이 가능하다. 그런 과업 자체가 동기를 부여하고 있으며 수행을 사회적으로 관찰하는 것이 가능하기 때문에 구성원들을 더욱 세게 자극할 수 있다. 그 과업은 통합적이고 조화로운 수행을 요구한다. 한 선수만으로는 절대로 시합에서 이길 수 없다. 그렇기 때문에 승리를 거두려면 선수 모두가 팀의 조화로운 노력에 기여해야 한다. 경기에서는 승리가 중요하다. 또 그에 따르는 보상도 매우 크다. 농구나 그런 특징을 갖는 다른 과업에서는 사회적 태만이 끼어들 틈이 전혀 없다.

작업집단을 대상으로 한 연구에서는 스포츠에 나타나는 이런 원칙들이 일에도 그대로 적용된다는 사실이 확인된다. 작업집단들에게 도전적인 과업을 주고, 또 집단의 성공에 대해 보상을 하되 개인적으로 성취도를 측정할 수 있는 지표를 확보하고, 팀에 대한 충성이 있을 때는 사회적 태만이 일어나지 않는다(Hackman, 1986).

출처 정명진 옮김(2010). 팀워크 심리학(대니얼 레비 지음). 부글. pp. 86-88.

우리 팀 슬로건	**팀워크 계발 활동 1** TEAM BUILDING

■ **목표**
팀워크를 다지기 위하여 정체감을 갖기 위한 활동과 기회를 제공한다.

■ **준비물**
플립 차트 종이와 각 모둠을 위한 매직펜

■ **절차**
1. 10여 분 동안 팀 이름, 팀 슬로건, 팀 로고를 구상한다.
2. 팀 이름, 슬로건, 로고가 완성되면 소개를 하고, 팀 내에서는 의도적으로 사용 횟수를 늘린다.

■ **활동 토의**
1. 여러분은 팀의 이름, 슬로건, 로고는 어떻게 선택했는가? 세 가지 과제를 각각 완성하기 위해 어떤 기준을 사용했는가?
2. 당신의 팀에 대하여 지금의 느낌은 어떠한가? 미래의 과제를 더 성공적으로 해낼 수 있겠는가? 팀에 소속되어 일하는 것이 개인적으로 만족을 주겠는가?

3. 팀 리더십

1 팀 리더십 기술 개발하기

1.1. 팀 리더십

팀 리더십은 팀에서 일관되게 최고의 성공을 보장하는 가장 중요한 요소이다. 좋은 리더십을 가지고 있다면, 보통의 사람들이 예상외의 성과를 가져올 수 있다. 반면에 리더십이 없다면 가장 재능이 많은 사람들도 기대 이하의 성취를 이룰 수도 있다. 이 장에서는 팀을 이끌기 위한 책임이 주어진 경우 어떻게 리더십을 개발하는 기술하는가를 설명한다(Goetsch, 2004).

지금까지 가장 오래된 논쟁 중의 하나는 리더십이 타고나느냐 아니면 만들어지는가이다. 이러한 논쟁은 리더십이 학습될 가능성이 있는가의 문제이다. 이러한 논쟁은 아직도

해결되지 않았으며, 아마도 앞으로도 해결되지 않을 것이다. 보다 확실한 결론은 이 두 주장이 어느 정도 모두 맞다는 것이다.

운동선수와 마찬가지로 선천적으로 어느 정도 타고난 재능도 있지만, 후천적인 훈련에 의하여 길러질 수 있는 측면이 있다는 것이다. 즉 타고난 운동선수는 출발점이 다를 수 있지만 그 이후의 능력은 본인의 의지와 훈련에 의하여 결정된다는 것이다. 리더십에 있어서도 이와 마찬가지로 어떤 관리자는 다른 관리자보다도 타고난 리더십을 지닐 수 있다. 그러나 그들의 개인적 출발점과 관계없이 모든 관리자는 교육, 훈련, 연습, 결정, 노력 등에 의하여 훌륭한 리더가 될 수 있다는 것이다.

베이글리는 힘(power)의 유형 지위를 가진 힘(position power) 자원을 보유한 힘(resource power) 전문성을 가진 힘(expert power) 품성적 힘(personality power) 보상적 힘(reward power) 네트워크 힘(connection power)

1.2. 팀 리더의 능력

베니스와 나누스(1985)는 그의 저서『능력 있는 리더의 전략』에서 리더의 능력을 세 가지 학습영역으로 요약하였다.

- 변화에 대한 저항을 극복하기 - 어떤 사람들은 힘과 통제를 통하여 이러한 것들을 시도한다. 능력 있는 리더는 공유된 가치와 목표에 대하여 전체적, 의지적, 자발적 태도를 견지함으로써 이러한 것들을 극복한다.
- 팀 내부와 외부의 집단의 상반된 요구를 중재한다. - 팀과 다른 부서의 요구가 갈등을 일으킬 때, 능력 있는 리더는 어느 한쪽이 희생하지 않고 양쪽의 요구를 수용하는 중재안을 찾을 수 있다.
- 전체의 팀의 원활한 과제 수행을 위하여 윤리적 기초를 확립한다. - 이것은 다음과 같은 전략으로 성취될 수 있다.

- 윤리적 모범 행동 사례를 마련한다.
- 팀 구성원으로 윤리적 사람을 선택한다.
- 팀 목적을 교감하도록 대화한다.
- 팀과 팀 밖에서 적절한 행동을 강화한다.
- 내부적, 외부적인 윤리적 지위를 분명히 한다.

1.3. 훌륭한 리더란?

훌륭한 리더는 여러 가지 특성을 보인다. 이러한 특성은 전체적이고, 의지적이고, 자발적인 태도를 추구한다.

훌륭한 리더는 자신이 과제를 잘 수행하고 팀 구성원이 과제를 잘 수행하도록 만들어야 하는데, 이 두 가지의 균형 있는 지도력이 필요하다. 좋은 리더는 항상 긍정적 모범을 제시한다. 즉 역할 모델이 되어야 한다. 행동이 아닌 말로만 하는 관리자는 효과적인 팀 리더가 아니다. 팀 구성원을 움직이기 위해서 팀 리더는 작업자들이 기대하는 일을 최고 수준으로 일관되게 기꺼이 수행할 수 있어야 한다. 예를 들어 팀의 참여가 중요하다면 팀 리더는 일관성 있게 자리를 지켜야 하고, 팀의 시간 준수가 중요하다면 시간 준수의 모범을 보여야 한다.

훌륭한 리더는 의사소통을 잘해야 한다. 리더는 팀 구성원의 말에 자발적이고, 인내하면서 숙련된 청취자이다. 리더는 간결하고 명확하게 편안한 태도로 대화할 수 있어야 한다. 리더는 팀 내에서의 자연적 친밀감을 형성하여 의사소통 기술을 확립해야 한다. 좋은 리더는 팀 구성원과 함께 영향력을 받고 긍정적인 태도로 그 영향력을 활용해야 한다. 영향력은 어떤 관점으로 사람들을 움직이는 힘의 예술이다. 팀 리더의 힘은 팀 구성원과 쌓은 신뢰와 그들의 과제 수행의 권위로부터 나온다. 영향력이 없는 힘은 소용없다. 힘은 적당하고 적절하게, 그리고 효과적으로 긍정적 영향력이 미치도록 발휘되어야 한다.

끝으로 훌륭한 리더는 설득력이 있어야 한다. 팀 리더는 영향력 있는 의사소통 기술과 설득력을 보여야 하며, 이 과정에서 전체적이고, 의지적이고, 자발적인 태도로 접근하는 것이 바람직하다.

1.4. 리더십에 대한 오해

수십 년 동안 리더십에 대한 그릇된 신화들이 전해져오고 있다. 리더는 이러한 오해를 인식하고 그것들을 추방할 수 있어야 한다. 베니스와 나누스(1985)는 이러한 일반적 오해를 다음과 같이 제시하였다.

오해 1 : 리더십은 특별한 기술이 없다.

오해 2 : 리더십은 타고나는 것이지 만들어지는 것이 아니다.

오해 3 : 리더는 카리스마가 있어야 한다.

오해 4 : 리더십은 높은 지위에 있는 사람의 전유물이다.

오해 5 : 리더는 통제하고, 지시하고, 명령하고, 조정하는 것이다.

오해 6 : 리더는 학습자가 될 필요가 없다.

이러한 오해들을 살펴보면 우리가 흔히 리더를 잘못 판단하는 실수를 바로잡아주는 중요한 메시지를 얻을 수 있다. 리더십에 대한 이러한 오해는 결코 사실일 수 없으며, 훌륭한 지도자라면 가져서는 안 될 생각들이다.

1.5. 리더십 유형의 종류

리더십의 유형은 연구자마다 서로 다른 이름으로 분류된다. 괴쉬(2004)는 다음과 같은 다섯 가지 리더십 유형으로 구분하였다.

독재적 리더십- 독재적 리더십은 지시적 리더십, 명령적 리더십으로 불린다. 이러한 부류의 리더는 팀 구성원과의 의논 없이 독단적으로 의사결정을 한다. 이러한 리더십은 단기간의 효과를 볼지는 모르지만, 장기적으로 효과를 기대하기 어렵다는 비평을 면하기 어렵다. 독재적인 리더십은 팀 체제의 상황에서 적절한 리더십 유형이 아니다.

민주적 리더십- 민주적 리더십은 조언적 리더십 또는 합의적 리더십으로 불린다. 이러한 접근을 하는 리더는 팀 구성원과 충분한 대화를 하여 의사결정을 한다. 리더가 최종적인 의사결정을 하지만, 팀 구성원의 요구와 추천 내용을 검토한 후에 결정한다. 이러한 리더십의 단점은 가장 인기 있는 결정이 최선의 결정이 아닐 수 있다는 것이다. 이러한 스타일은 요구되는 결과를 가져오지 못하고 실패하는 타협을 이끌 수도 있다. 따라서 이 리더십 유형도 팀 체제에서는 적절한 것이 못 된다.

참여적 리더십- 참여적 리더십은 비지시적 리더십으로 알려져 있다. 이 접근법을 취하는 사람은 의사결정 과정 전체에서 약한 형태의 통제를 행사한다. 그들은 문제에 대한 정보를 마련하고, 팀 구성원이 전략과 해결을 개발하도록 요구한다. 이 유형의 중요한 사항은 팀 구성원이 과제해결, 목표성취, 전략개발에 준비성을 갖고 수용할 책임을 보다 많이 갖는다는 것이다. 이 접근의 단점은 모든 사람들이 팀에 최대한도로 참여함으로써 시간 낭비를 초래할 수 있다는 것이다.

목표 중심 리더십- 목표 중심 리더십은 결과기반 리더십으로 불린다. 이 접근을 취하는 사람들은 팀 구성원이 당장의 목표에만 관심을 갖도록 요구한다. 그러한 사람들의 유일한 전략은 정해지거나 측정 가능한 팀의 목표만 검토하는 것이다. 팀에서 팀의 목표와 관계가 적은 인성이나 다른 요인의 영향력은 최소화된다. 이 접근의 단점은 팀 내부의 구체적인 목표에만 매달려 팀 외부의 작은 관심을 잃게 되어 팀의 기회와 잠재력을 깰 수 있다는 것이다. 이러한 결점은 팀 상황에서는 효과를 발휘하기 어렵다.

상황적 리더십- 상황적 리더십은 임기응변적 리더십으로 불린다. 이 접근을 취하는 리더는 현재 상황에 기초하여 가장 적절한 리더십을 선택하여 적용한다. 리더는 상황을 평가하는 데 다음과 같은 요인을 고려한다.

- 리더와 팀 구성원의 관계
- 얼마나 정확하게 구체적인 지침을 실천할 수 있는가?
- 리더가 팀 구성원에게 실제로 가지고 있는 권위의 정도

이러한 요인에 기초하여 관리자는 독재적, 민주적, 참여적, 목표중심적 접근을 적절히 선택한다. 서로 다른 상황에서 같은 리더라도 다른 리더십 유형을 적용할 수도 있다. 이

접근을 비판하는 사람들은 장기간이 아닌 단기간에 이 접근을 시도하는 것을 거부한다.

한편 베이글리(2003)는 팀 리더의 유형을 동료 유형, 조언적 유형, 참여적 유형, 독재적 유형으로 구분하고 통제, 의사결정, 영향력을 중심으로 다음과 같이 비교하였다.

<표 Ⅲ-6> 팀 리더의 유형(베이글리, 2003)

구분	독재적 유형	동료 유형	조언적 유형	참여적 유형
통제	리더	공유	공유	팀
의사결정	리더	조언 후	공유	위임
영향력	말하기	설득하기	공유	위임

2 팀 구성원의 갈등관리

가. 갈등의 이해

1) 팀 갈등의 원인

갈등은 고도의 경쟁적이고 스트레스가 많은 작업 환경에서 자연적으로 나타나는 현상이다. 사람들이 함께 일할 때는 갈등이 일어나기 마련이며, 팀 구성원은 갈등관리에 능숙하여야 한다. 이 장에서는 팀 구성원이 팀 내에서의 갈등을 푸는 데 촉매가 될 수 있는 방법을 설명하고자 한다(Goetsch, 2004).

팀 갈등의 대부분 원인은 예측될 수 있으며, 예측 원인은 다른 사람들에 의하여 사람들의 요구가 좌절되거나 필요가 위협받을 때 갈등이 일어난다.

'제한된 자원'은 작업을 완수하는 데 필요한 자원(자금, 재료, 사람, 시간, 장비 등)이 너무 적을 때 발생되고, 누구 많은 자원을 차지할 것인가와 관련된다. '양립할 수 없는 목표'는 팀 구성원의 요구와 팀의 요구가 다르기 때문에 오는 것으로 팀에서 피할 수 없는 갈등이다. '애매모호한 역할'은 담당 구획선의 문제로 누구의 책임인지 누구의 권한인지 모호할 때 발생된다. '서로 다른 가치'는 작업 보안, 위험 인지와 같은 가치의 차이가 등의 잠재 요인이 된다. '서로 다른 인식' 팀 구성원의 서로 다른 배경, 가치, 신념, 개인적 상황 등의 특별히 다양한 작업 환경이 늘어나는 곳에서 발생된다. 끝으로 '서투른 의사소통'의 문제'이다. 완벽한 의사소통은 없기 때문에, 의사소통과 관련된 갈등은 충분히 예측되는 갈등이다. 모든 팀 구성원의 의사소통 기술의 개선은 팀 리더의 지속적인 목표가 되어야 한다.

포크라스(Pokras, 2002)는 갈등은 차이점과 부조화의 연장 선상에서 그 결과로 나타나는 것으로 보고 다음과 같은 갈등에 이르는 순서도를 제시하였다.

차이점 팀 구성원은 인간으로서 자연적 다양성을 갖고 있고 그들은 각기 독특하다.	▸ 환경, 교육, 성장 ▸ 가치, 신념, 철학 ▸ 성격 유형과 선호도 ▸ 작업 우선순위와 부서 목표 ▸ 개인적 야망

⬇

부조화 사람들은 마찰과 부조화를 느끼고, 팀은 좌절하고 시간을 낭비하고 목표를 벗어난다.	▸ 실천 과제가 완성되지 못한다. ▸ 팀 운영 규칙에 따르지 않는다. ▸ 지배, 파열, 협동의 부족 ▸ 작업 부담을 공유하기를 꺼림 ▸ 비판, 부정적 피드백

⬇

갈등 의사소통이 완전히 단절되고 정서적으로 통제 밖의 상태	▸ 종국에 폭발을 일으키는 긴장감 ▸ 직접적 불평과 혼란 ▸ 조정이 어려운 팀 미팅 ▸ 팀 구성원이 일을 중단하고 나타나지 않음 ▸ 관계의 영구적인 손상

[그림 Ⅲ-7] 갈등에 이르는 순서도

2) 갈등에 대한 대응

갈등을 효과적 다루기 위해서는 팀 리더는 갈등에 대응하는 사람들의 다양한 방법을 이해할 필요가 있다. 가장 전형적인 대응은 다른 사람을 이기기 위한 '경쟁'이다. 그리고 이것과 상반되는 대응으로 다른 사람을 배려하는 '수용'이 있다. 그리고 '타협'은 서로 가장 훌륭한 결과를 이끌어내는 문제해결 방법이며, '협력'은 양자가 수용 가능한 해결을 위하여 함께 도우며 문제해결을 시도하는 것이다. 그리고 '회피'는 갈등으로부터 떠나는 것이다. 이것들은 상황에 따라 효용이 다를 수 있다.

- 경쟁은 도움이 되거나 중요하지만, 인기가 없는 실행이 급히 필요할 때 적절하다.
- 협력은 개인 간의 관계에서 서로의 일에 관여하며 일하는 것이 중요할 때 적절하다.
- 회피는 다른 사람의 관심을 만족시킬 기회가 없다고 판단될 때나 긍정적인 인식을 위해서 냉각시키는 시간이 필요할 때 적절하다.
- 수용은 즉각적으로 쟁점화하기보다는 조화와 안정이 요구될 때와 당신이 앞서있다고 생각될 때 적절하다.

3) 갈등관리의 중요성

'갈등관리'는 갈등 해결, 갈등 시뮬레이션을 포함하는 광범위한 개념이다. 팀 구성원은 갈등에 대한 반응의 종류와 관계없이, 갈등에서 스트레스를 받는다. 사실 갈등은 작업 스트레스의 큰 원인이고, 이 때문에 팀 리더는 갈등관리에 능숙해야 한다. 작업 관련 스트레스는 다음과 같은 많은 부분에서 불리하게 영향을 줄 수 있다.

- 팀 구성원의 수행 능력- 스트레스를 과도하게 받은 팀 구성원은 최고의 품질 또는 생산성을 가져오는 일을 수행하지 못한다.
- 고객 서비스와 만족- 스트레스를 과도하게 받은 팀 구성원은 적절하게 고객을 서비스하고 만족시키는 데 필요한 긍정적이고 배려하는 태도를 가지기가 힘들다.
- 팀 구성원의 안전- 스트레스를 과도하게 받은 팀 구성원은 사고를 일으킬 가능성이 크며, 그 결과로 다른 사람에게 위험이 될 수 있다.
- 팀 구성원의 건강- 너무 과도한 스트레스는 질병을 가져올 수 있다. 스트레스는 혈압, 심장 박동, 위장 장애 등의 문제를 일으킨다.
- 결근과 지각- 과도하게 스트레스를 받으면 지각이나 결근하고 싶은 경향을 보인다. 이러한 일이 발생될 때 팀 전체의 목표 달성에 영향을 미친다.

나. 갈등관리 기술 개발하기

수잔 윌리스 조글리오는 갈등 해결을 위해 내가 할 수 있는 전략 4가지를 제안하였다. 즉 자신만의 갈등 스타일을 이해하고, 갈등 해결 기술을 향상시키고, 일단 갈등이 생기면 신속히 해결하며, 끝으로 동료들의 갈등 해결에 도움을 주는 것으로 전략화하고 있다(안진환 역, 2003).

1) 자신만의 갈등 스타일을 이해한다.

자기주장이 강한 사람도 있고 그렇지 않은 사람도 있는 것처럼, 갈등을 해결할 때 강하게 밀고 나가는 사람도 있지만, 조화롭게 해결하려는 사람도 있다. 모든 상황에 따라 적절한 방식이 있듯, 어떤 방식이 '옳다' 혹은 '그르다'라고 할 수 없다. 하지만 자신에게 맞는 방식과 상황에 맞는 방식은 존재한다. 가장 적절한 방식을 의식적으로 선택하기 위해서는 순간적으로 나오는 자신의 기본적인 스타일을 알고 있어야 한다.

팀 갈등에 대한 오해

1. 팀 갈등은 정상적인 팀 수행과정이 아니다.
2. 팀 갈등은 팀 수행을 해치는 팀 구성원 문제이다.
3. 팀 갈등이 없는 경우는 훌륭한 팀이다.
4. 팀 갈등 시 최상의 해결책은 무시하거나 피한다- 방어적 회피
5. 팀 갈등은 나쁜 것이며, 반드시 피해야 한다.
6. 모든 팀 갈등은 모두가 만족하는 쪽으로 해결된다.
7. 갈등의 원인은 불건전한 원인만 있다.
8. 팀에서 갈등이 많아지면 팀 분열을 가져온다.

2) 갈등 해결 기술을 향상시킨다.

갈등을 잘 해결하려면 사고방식, 즉 패러다임을 전환할 수 있어야 한다. 여기서는 일반적으로 대립에 직면하는 상황에 대한 패러다임, 자신만의 극복 노하우에 대한 패러다임에 대해 생각해 본다. 패러다임이란 자신이 옳다고 생각하는 추측이나 가정을 가리킨다. 예를 들어 대부분 사람들이 워낙 이기적이고, 원하는 것을 손에 쥐는 것에만 관심이

있다고 생각한다면, 특정 패러다임이 작동한다는 것이다.

패러다임이란 주관적이고 구태의연하며 부정확할 가능성이 있기 때문에, 창의적인 협상에는 전혀 도움이 안 된다. 따라서 냉철하게 검토해 봐야 한다. 자신의 패러다임을 바꾸면 갈등을 해결할 가능성도 높아진다. 사물을 다른 시각에서 보게 되기 때문이다. 다음 인물들은 우리가 세상을 다른 각도에서 볼 수 있도록 해준 장본인들이다.

- 콜럼버스 : 지구가 평평하지 않고 둥글다는 것을 보여주었다.
- 파스퇴르 : 박테리아와 같은 눈에 안 보이는 것들이 사람들을 죽일 수도 있다는 것을 입증했다.
- 예거 : 음속의 벽을 넘었다.

나의 패러다임 점검

자신의 패러다임을 점검하는 것이 중요하다. 어설픈 선입관은 가능한 것, 현실적인 것, 필요한 것에 대한 관점을 제한하기 때문에 실질적인 걸림돌이 된다.

따라서 어떠한 갈등이 생긴다면 이를 무턱대고 해결하려 하기 전에, 자신의 사고방식을 점검하도록 한다. 이를 통해 갈등을 성공적으로 해결하는 데 발목을 잡는 자신만의 편견에는 어떤 것들이 있는지 짚고 넘어갈 수 있을 것이다.

1) 일반적으로 갈등이 빚어지고 있는 상황에 대해 어떠한 사고방식을 가지고 있는가?
(예: "대립적인 상황에서 누군가가 이기고, 다른 사람이 져야 게임이 끝난 것이라 할 수 있다.")

나는 어떤가:

2) 현재 해결해야 하는 갈등에 대해 생각해 본다. '상대방'을 어떻게 생각하고 있는가?
(예: "그 사람과 해결을 보는 유일한 방법을 내가 원하는 바를 확실히 말하고, 절대 빈틈을 타고 들어오지 못하도록 하는 것이다. 안 그러면, 내가 온통 뒤집어쓸 것이다.")

나는 어떤가? :

3) 그러한 상황에서 자기 자신을 어떻게 생각하는가?

(예: "이 상황에 대해 내가 할 수 있는 것은 전무하다. 난 빼도 박도 못 한다. 한바탕 소리 지르며 서로 달려들 것이다. 그 여자는 정말로 내 피를 솟게 하기 때문에, 어쩔 수 없다.")

나는 어떤가? :

부정적인 패러다임을 버리고, 더 긍정적인 것으로 바꾸는 데 도움이 되는 3가지 테크닉은 생각의 전환, 역지사지의 정신, 긍정적인 태도로 요약된다. 이러한 기술을 발전시키면, 정신적으로 폐쇄된 관점에서 벗어나 더욱더 개방적인 관점으로 향한다. 개방적이 되면 윈윈 전략으로 갈등 해결에 성공할 확률이 높다.

패러다임의 긍정적인 전환을 위한 3가지 테크닉

- 생각의 전환
- 역지사지
- 선언문 사용

생각을 전환한다는 것은 상황을 다른 각도에서 보고 산다는 말이다. 어렸을 적에 만화경을 가지고 논 적이 있을 것이다. 만화경을 돌리면 부분적으로 모양이 변해서, 돌릴 때마다 다른 그림이 나온다. 다른 그림을 보기 위해 계속해서 돌리고, 또 돌렸던 기억이 있을 것이다. 효과적으로 협상을 하기 위해서는 사물의 틀을 '재구성'하는 것이 도움이 된다. 다시 말하면, 현재 상황을 다른 시각에서 볼 필요가 있다는 것이다. 재구성이라는 것은 컵에 물이 '반밖에 없다'로 생각하지 않고, '반이나 남았다'라고 보는 것과 같은 맥락이다. 밝은 면을 보는 것, 더 긍정적인 관점을 갖는 것과도 같다.

생각의 전환

대립적인 상황에 대한 사고방식을 바꾸기 위해 '생각의 전환' 테크닉을 사용할 수 있다.

(예 : 전환 전

그 사람 아니면 나야.

희망이 안 보인다.

갈등은 없어야 해.

• 전환 후

우리 모두 이길 수 있어.

해결책이 있을 거야.

갈등은 충분히 있을 수 있어.

다음의 생각들을 전환해 보자.

전환 전 • 전환 후

a. 그 여자의 말에
왈가왈부할 가치도 없어.

전환 전 • 전환 후

b. 내가 양보하면,
나를 밟고 올라서겠지.

전환 전 • 전환 후

c. 이봐, 이것은 내가
시작한 것이 아니야.
그 여자가 시작한 거야.
왜 내가 협상해야 하는데?

역지사지

대립적인 상황에 대한 사고방식을 바꾸기 위한 두 번째 테크닉은 자신이 그 사람의 입장이라면 어떠할지 머릿속으로 그림을 그리는 것이다. 그러면 감정이입이 되고, 그 사람의 입장에서 상황을 보게 된다. 역지사지는 감정이입을 요한다. 상대방의 느낌을 느껴야 하고, 상대방의 시각으로 봐야 한다. 익히기에 쉽지는 않지만, 연습하면 확실히 도움이 된다.

1. 당신의 팀원 중 한 명이 다른 사람들 앞에서 호되게 질책을 당한다면 그 사람은 어떤 느낌일까?
2. 특별 업무팀에 지원자가 없다면 당신의 사장은 어떤 느낌일까?
3. 당신이 현재 갈등을 빚고 있는 그 사람은 어떤 느낌일까?
4. 그 사람에게 정말로 중요한 것은 무엇인가? 그의 관심사는 무엇인가?

특히 자신에 대한 패러다임을 전환하는 데 도움이 되는 세 번째 테크닉은 선언문(긍정적인 말)을 이용하는 것이다. 자신이 옳다고 생각하는 것에 대해 현재 시점으로, 긍정적인 문장으로 말하는 것이다. 머릿속에서 긍정적인 말로 표현하리라 다짐하며, 어떠한 부정적인 생각도 지워 버리려는 것이다.

선언문은

- 긍정적이고
- 현재 시제여야 한다.

예컨대, 누군가와 대립하는 것이 신경 쓰인다고 가정해 보자. 머릿속을 스치는 생각들은 다음과 같이 부정적일 것이다.

'나는 언젠가는 이 분노가 폭발할 것 같아.'

'내 권리를 주장할 수 없을 거야.'

'그 사람 앞에서 너무 떨려 아무 생각도 안 날 것 같아.'

이러한 생각 대신 다음과 같은 긍정적인 생각으로 바꿀 수 있다.

'나는 온화한 성격에, 준비된 사람으로서, 협상을 잘할 수 있어.'

'나는 절제할 줄 알고, 주장도 분명하며, 융통성 있어.'

선언문 사용의 실제

1. 현재 자신이 경험하고 있는 대립적인 상황을 생각해 보자. 계속해서 뇌리를 스치는 부정적인 생각에는 어떤 것들이 있는가?
2. 위의 생각 대신에 뇌리에서 반복할 수 있는 긍정적인 사고 한 가지를 적어 본다.

선언문을 잘 활용하려면, 하루에도 몇 번씩 되뇌어야 한다. 특히 아침에 일어나서, 잠들기 전에 말한다. 이러한 모토를 포스트잇에 적어두면 하루 종일 긍정적인 태도를 취할 수 있다. 거울 위, 다이어리, 칠판, 열쇠 주머니 같은 곳에 하나씩 붙여 놓을 수도 있다.

3) 일단 갈등이 생기면 신속히 해결한다.

갈등을 해결하는 데 있어 가장 중요한 것은 첫 단추를 잘 끼우는 것이다. 상대방에게 '우리 둘 사이에 문제가 있다'라고 말하는 것은 쉽지 않다. 그저 덮어두려 한다. 하지만 덮어두면 둘수록 사태 해결은 어려워진다. 시간이 지나면 처음의 잘잘못은 희미해지고, 어느새 뇌리에는 새로운 시나리오가 자리 잡으며 상처는 곪게 된다. 신속하게 갈등을 조절하면, 자신에게도 수월하게 된다. 갈등이 일어나고 48시간 이내에 해결하면 아주 이상적이다.

상대방과 갈등에 대해 말하기 전에 상대방으로 인하여 생긴 분노, 괴로움, 그것에 관한 구체적인 사례, 분노와 괴로움이 생기는 이유를 적어본다. 해결되지 않은 갈등은 팀의 커뮤니케이션, 협동, 창의력에 영향을 미친다.

해결점을 찾으려고 우선적으로 노력하는 사람이 되기 위해서는, 동료와 대립될 때마다 문제 해결을 위한 자리를 솔선수범하여 만들겠다는 각오가 있어야 한다. 그렇게 하면 팀에서 본보기가 되고, 다른 사람들도 무작정 회피하는 습관을 버리게 될 것이다. 팀에서 이견을 조율하고 개방적인 직장 분위기를 유지할 수 있도록 하는데, 긍정적인 영향을 미칠 수도 있다.

4) 동료들의 갈등 해결에 도움을 준다.

묵은 갈등이 해소되지 않는 분위기에서 평소와 다름없이 일하게 되면, 서로 피하게 되는 습관만 키울 뿐이다. 딱히 비난할 수 없는 이런 행동은 반복되게 마련이고, 이런 행동을 대수롭지 않게 여기기 때문에, 해결되지 않은 갈등은 지속되는 것이다. 그러한 장기전을 피하려면, 당사자에게 대립적 상황에 대해 말을 한다.

다른 두 팀원이 팽팽한 신경전을 벌이는 것을 목격한다면, 둘 중 한 명에게로 가서 '나와 팀 전체에 영향을 미친다.'라고 설명하라.

갈등 국면의 당사자들은 보통 자신들에게만 상처가 있을 뿐이라며 타협하는 것을 미루기 때문에, 제삼자가 가서 팀의 대인 관계의 문제점들이 커뮤니케이션, 협동, 창의력을 가로막는다는 사실을 밝혀 주는 것이 도움이 된다.

동료에게 타협의 손길을 먼저 건네는 방법을 제안할 수도 있다. 방법을 대략적으로 설명하거나, 자신이 비슷한 입장일 때 했던 언행이 어떻게 성공했는가를 들려줄 수도 있을 것이다. 동료가 정말로 난처해한다면 첫 대면을 중재해 주거나, 상담가나 인사부 전문가와 같은 객관성을 띤 중재인을 소개해 줄 수도 있다.

관계 개선이 안 되면 당사자에게 직접 가서 타협을 시도해 봤는지 물어본다. 포기하지 말라. 그리고 당사자가 "당신이 상관할 바 아니니 물러나시오"라고 말해도 끈질기게 설득하라. 팀은 개방적이고 정직해야 하고, 팀원들은 긍정적이고, 기분 좋은 환경에서 일하길 원한다는 말을 전하라. 팀 내에서 각기 다른 생각이 있게 마련이고, 이는 해결 가능하다는 확고한 믿음을 가져야 한다. 이것은 팀의 역량을 최대한 발휘하기 위한 필수 조건이다.

혼자서 해보는 리더의 역량 계발

팀워크 계발 활동 1
TEAM BUILDING

❶ 칭찬하는 연습하기

요약	이 게임은 리더가 팀 구성원들을 정기적으로 칭찬하도록 독려할 뿐만 아니라 칭찬을 가치 있고 상호 보상적인 경험으로 만들기 위한 팁과 테크닉을 제공한다.
시간	소요 시간은 상황에 따라 달라질 수 있다.
준비물	특별한 준비물은 없으나 팀 구성원들이 성장해 가는 모습을 지켜보려는 강력한 의지가 필요하다.
진행 방법	깜짝 퀴즈로 시작하자. 지난 이틀간 팀 구성원들을 칭찬한 적이 있는가? 그전에는 어떠한가? 팀 구성원들이 정확히 어떻게 일을 계속해 나가야 할지 알 수 있을 정도로 칭찬이 구체적인가? 모든 팀 구성원을 칭찬하되 팀 구성원들 개개인의 독특한 장점을 인정하고 칭찬하는가? 빈정대거나 비꼬지 않고 진심으로 칭찬하는가? 팀 구성원들이 그 의도를 의심할 수 있는 형식적인 칭찬이 아니라 정말로 칭찬할 만한 부분을 찾는가? 부서에서 벌어지는 좋은 일들에 늘 관심을 기울이고 팀 구성원들을 인정하기 위해 의식적으로 노력할 때 하루나 한 주를 마치면서 기분이 좋아지는가? 자, 깜짝 퀴즈에 대한 정답은 다음과 같다. 그렇다, 그렇다, 그렇다, 그렇다, 그렇다, 그렇다, 그렇다. 모두 맞혔다면 참 잘하고 있는 것이다! 만일 정답을 맞히지 못했다면 아래 내용을 계속 읽어보고 다음 주 다시 퀴즈를 풀어보도록 한다. 다음은 팀 구성원들에 대한 칭찬을 새롭고 보상적이며 의미 있는 관행으로 유지하는 데 도움이 될 만한 몇 가지 아이디어다.
	• 오른쪽 주머니(또는 책상 오른쪽)에 동전 네 개를 넣는다. 팀 구성원을 한 명 칭찬할 때마다 동전 하나를 왼쪽 주머니(또는 책상 왼쪽)로 옮긴다. 매일 오전과 오후, 네 개의 동전을 모두 옮기도록 노력한다. • 가나다순으로 팀 구성원들의 이름을 적어 목록을 만든다. 이를 깨끗하게 복사해서 한 주를 시작한다. 하루하루 칭찬한 팀 구성원들의 이름을 형광펜으로 칠한다. 주말이 올 때까지 모든 팀 구성원의 이름을 형광펜으로 칠할 수 있도록 노력한다. • 작은 메모지에 팀 구성원들에 대한 칭찬을 적는다. 팀 구성원들이 출근하기 전에 그 메모를 팀 구성원들의 의자 아래쪽에 테이프로 붙인다. 그날 중으로 전 팀 구성원에게 의자 밑을 확인하라는 내용의 이메일을 보낸다. • 매주 또는 2주마다 한 번씩 팀이 이루어낸 성과 중 칭찬할 만한 일을 가려낸다. 팀 구성원들에게 이메일이나 음성메일을 보내 협동의 성과에 대해 칭찬한다. • 누군가를 칭찬하는 일을 매일의 일상에서 무엇보다도 우선시하도록 한다.

❷ 우선순위 정하기

요약	두 가지 목록을 만든다. 하나는 되고 싶은 것을 나열한 목록이고 하나는 절대로 되고 싶지 않은 것을 나열한 목록이다. 간단하면서도 계몽적인 게임이지만 리더로서 사명감을 키우고 프로다운 삶을 위한 우선순위를 설정하는 데 도움을 준다.
시간	약 10분
준비물	컴퓨터(또는 펜과 종이)
진행 방법	이 자기활동의 전제는 매우 간단하다. 리더로서 당신의 행동이나 철학을 정립하는 데 도움이 될 두 가지 목록을 만드는 것이다. 그러나 이 게임은 예상치 않게 매서운 경험이기도 하다. 샘플 목록을 살펴본 다음, 리더로서 당신의 가치관과 우선순위에 대해 잠시 생각해 본다. 각 목록의 항목을 일곱 개 이하로 제한할 것을 권장한다. 이는 어떤 자질이 당신에게 가장 중요한지 결정하도록 자극할 것이다. 게다가 항목 수가 적어 관리하기도 쉽다. 그 이상 목록이 길어지면 당신뿐만 아니라 누구라도 이를 실현하기 위해 진심으로 노력하기는 어려울 것이다. 물론 반드시 일곱 개의 항목을 나열해야 한다는 강박관념에 얽매일 필요는 없다. 당신에게 중요한 항목이 세 개뿐이라고 생각한다면 그것만 나열해도 좋다. 이것은 어쨌거나 당신의 목록이다! 팁 하나! 두 목록에 반대되는 말을 나란히 나열하지 않는다. 예를 들어 '되고 싶은' 목록에 '공정한 사람'이라고 적었다면, '되고 싶지 않은' 목록에서는 '불공정한'이라는 단어를 피한다. 목록을 작성한 다음에는 이를 가까이 두고 매일 자주 참고하도록 한다. 머리와 마음속에 항상 새겨두면 이를 실현하려는 목적의식이 강해질 뿐만 아니라 실제로 그렇게 될 가능성도 높다.
그 밖의 아이디어	• 이 게임을 다시 한번 하되, 이번에는 '되다'를 '하다'로 대체한다. 당신이 하고 싶은 일들과 절대로 하고 싶지 않은 일들의 목록을 각각 만들게 될 것이다. • 이 게임을 개인적인 생활로 확장해 본다. 업무 외의 생활에서 당신은 무엇이 되고 싶고 절대로 되고 싶지 않은 것은 무엇인가? • 때때로 목록을 검토하고 수정한다. 그리고 두드러지게 나아졌거나 성과를 거둔 부분에 대해서는 스스로 보상한다. • '내 인생에 없어서는 안 될 것들'과 '내 인생에서 절대 없어야 할 것들'로 테마를 바꾸어 또 다른 변형을 시도해 볼 수 있다. 이는 당신의 가치관을 명료하게 표현해 볼 수 있는 훌륭한 방법이다. 직접 해본 후, 직원들에게도 같은 방법으로 게임을 해보도록 권장한다.

샘플	언제나 되고 싶은 것 1. 창의적인 사람 2. 열심히 일하는 사람 3. 열린 사고를 하는 사람 4. 야망이 있는 사람 5. 용기를 북돋우는 사람 절대로 되고 싶지 않은 것 1. 불공정한 사람 2. 거만한 사람 3. 무기력한 사람

출처 : 안미헌 역(2006). 게임으로 배우는 팀 리더십(바슈다 데밍 저). 한국경제신문, pp. 168.177.에서 재인용

activity TIME

리더십 가치와 팀 의사결정 활동

팀 구성원:

다음 리더십 항목에서 연구원에서의 가장 중요하다고 생각되는 리더십의 순위를 개인별로 기록해 보세요. [1]

개인별 순위를 바탕으로 팀 순위를 협의를 거쳐 기록해 보세요. [2]

표준 순위를 기준으로 개인 순위와의 차이 절대 값, 팀 순위와의 차이 절댓값을 기록해 보세요. [3] [4]

[3]과 [4]의 합을 구하여 기록해 보세요. [5]

리더십 항목	1. 개인 순위	2. 팀 순위 (협의)	3. 표준	4. [표준-개인 순위] 절댓값	5. [표준-팀 순위] 절댓값
존중과 배려					
책임감					
비전					
인적 네트워크					
품성					
솔선수범					
소통					
혁신					
내 외부 중재					
전문성					
합계					

activity TIME

나의 리더십 진단

		1 전혀 그렇지 않다	2 거의 그렇지 않다	3 가끔 그렇다.	4 다소 그렇다.	5 아주 그렇다.
1	나는 일의 구체적인 수행과정에 즐거움을 느끼면서 빠져든다.					
2	정해진 규칙에 따라서 다른 구성원의 요구에 나온 아이디어를 수용하는 것은 나에게는 쉽다.					
3	나는 추상적인 아이디어로 일하는 것을 즐긴다.					
4	나는 직무와 관련된 기술적인 일에 도취된다.					
5	다른 구성원을 이해하는 일은 나의 일에 있어서 가장 중요한 부분이다.					
6	큰 그림을 보는 것은 생각하는 것은 나에게 익숙하다.					
7	나의 직무 기술 중 한 가지는 작업을 하는 데 능숙하게 작용한다.					
8	나의 주된 관심은 소통 문화를 유지를 지원하는 것이다.					
9	나는 복잡하고 조직적인 문제에 호기심이 간다.					
10	나는 지시나 안내를 따르거나 서식을 채우는 등의 일에 익숙하다.					
11	조직의 사회적 관계를 이해하는 것은 나에게 중요하다.					
12	나의 조직의 발전을 위한 우리의 전략을 수행하는 것을 즐긴다.					
13	나에게 할당된 일을 완수하는 데 능숙하다.					
14	함께 일하기 위하여 협력하는 것은 내가 즐기는 도전이다.					
15	나는 주어진 임무를 창안하는 것은 보람 있는 작업이다.					
16	나에게 요구되는 기본적인 직무를 어떻게 수행하는지를 이해한다.					
17	나의 의사결정이 다른 사람의 삶에 어떻게 영향을 주는지 관심을 가진다.					
18	조직의 가치와 철학에 대하여 숙고하는 것은 나에게 매력적이다.					

출처 : Northouse(2011). Leadership Theory and Practice (6th Edi.) Sage. 69-70.

리더십 진단 결과 분석하기

30			
20			
10			
	Technical (1, 4, 7, 10, 13, 16)의 총점	**Human** (2, 5, 8, 11, 14, 17)의 총점	**Conceptual** (3, 6, 9, 12, 15, 18)의 총점

23-30 High Range

14-22 Moderate Range

6-13 Low Range

팀 리더의 리더십 자가 진단

(ELBA, Randel, S. Carlock)

핵심 영역	리더 수행 행동	1. 전혀 그렇지 않다	2. 대체로 그렇지 않다	3. 대체로 그렇다	4. 매우 그렇다
모범적 팀 리딩 Leading by example	1. 리더의 행동이 높은 수준의 표준을 유지한다.				
	2. 다른 팀 구성원과 동일하게 열심히 일한다.				
	3. 다른 사람과 일하는 방법의 모범적 사례를 보인다.				
	4. 모범적인 팀을 이끌어 간다.				
참여 Participation	1. 아이디어와 제안을 하는 팀 구성원을 격려한다.				
	2. 팀의 아이디어와 제안을 주의 깊게 경청한다.				
	3. 의사결정을 하는데 팀에서 나온 제안을 활용한다.				
	4. 팀 구성원의 의견을 제시할 기회를 준다.				
코칭 Coaching	1. 팀의 수행을 개선하기 위한 방법을 제안한다.				
	2. 팀 구성원 문제를 해결하기 위한 방법을 그들에게 가르친다.				
	3. 팀 목표에 초점을 두고 팀을 돕는다.				
	4. 팀 구성원 간의 좋은 관계를 발전시키도록 돕는다.				
정보 Informing	1. 어떻게 팀을 조직에 올바르게 맞추는가를 설명한다.				
	2. 팀에 거는 기대와 조직의 정책을 설명한다.				
	3. 팀에 대하여 구성원의 결정과 행동을 설명한다.				
	4. 팀 구성원이 잘 수행할 때가 언제인지를 말해준다.				
팀 상호작용 Showing Concern/ Interacting with the Team	1. 존중하는 마음으로 팀 구성원을 대한다.				
	2. 팀 구성원의 시간을 토의할 시간을 마련한다.				
	3. 정직하고 올바른 대답을 팀 구성원에게 해준다.				
	4. 팀에 의하여 수행된 일의 상황을 알려준다.				

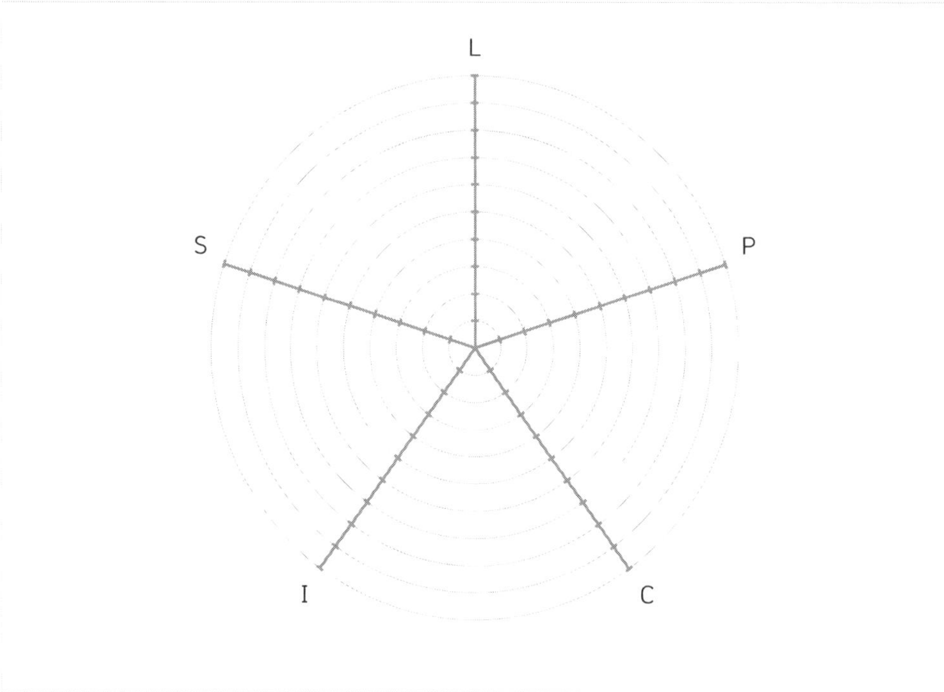

결과 프로파일링

L :　　　P :　　　C :　　　I :　　　S :

팀 리더로서의 강점 :

팀 리더로서의 개선점 :

개선을 위한 실천전략 :

1. 다음은 TEAMWORK의 이니셜을 팀워크의 관점에서 제시한 것이다. 여기서 팀이 갖는 의미에 대하여 생각해 보자.

Together: 혼자가 아니라 함께 일을 하면 보다 쉽게, 보다 전문가답게 해결할 수 있습니다. **E**mpathy: 동료나 부하직원을 염려하고 그들의 복지에 관심을 가지는 것입니다. **A**ssist: 그들이 도움을 필요로 할 때 기꺼이 도우려는 마음과 도울 수 있는 능력입니다. **M**aturity: 긍정적이고 건설적으로 문제를 다룰 수 있는 성숙함입니다. **W**illingness: 모든 동료와 친근하고 협조적인 태도로 일을 할 수 있는 것입니다. **O**rganization: 동료 및 타 부서의 협조를 바탕으로 위기 상황을 줄이고 잘 정돈된 체제를 유지하는 것입니다. Respect: 일상의 기본으로 함께 일하는 사람들에 대한 존중입니다. Kindness: 당신이 만나는 사람들에 대한 친절입니다.

2. 좋지 못한 환경은 팀의 성공에 장애가 될 수 있다. 다음과 같은 환경은 팀에게 바람직하지 않은 환경의 사례로 볼 수 있다. 각각의 사례가 왜 해로운 환경인지 토의 해 보자.

• 높은 이직률 • 개인 간의 경쟁을 우선하는 문화 • 핵심 요원이 계약직이거나 외부 업체 인사에 있는 경우 • 중역 간부나 관리자가 심하게 팀을 반대하는 경우 • 모든 문제에 대하여 팀의 아이디어가 즉각적 만병통치약으로서 해결안이 될 경우 • 너무 바쁜 이유로 팀 훈련과 팀 계발을 위한 시간 할애가 어려운 환경

3. 다음은 리더와 관련된 오해이다. 이들 오해에 대하여 생각해 보고 그 오해를 팀의 이론의 관점에서 바로 잡아 보세요.

오해 1 : 리더십은 특별한 기술이 없다. 오해 2 : 리더십은 타고나는 것이지 만들어지는 것이 아니다. 오해 3 : 리더는 카리스마가 있어야 한다. 오해 4 : 리더십은 높은 지위에 있는 사람의 전유물이다. 오해 5 : 리더는 통제하고, 지시하고, 명령하고, 조정하는 것이다. 오해 6 : 리더는 학습자가 될 필요가 없다.

4. 갈등관리 기술에서 자신의 패러다임을 점검하는 것이 중요하다. 어설픈 선입관은 가능한 것, 현실적인 것, 필요한 것에 대한 관점을 제한하기 때문에 실질적인 걸림돌이 된다. 따라서 어떠한 갈등이 생긴다면 이를 무턱대고 해결하려 하기 전에, 자신의 사고방식을 점검하도록 한다. 이를 통해 갈등을 성공적으로 해결하는 데 발목을 잡는 자신만의 편견에는 어떤 것들이 있는지 짚고 넘어갈 수 있을 것이다.

부정적인 패러다임을 버리고, 더 긍정적인 것으로 바꾸는 데 도움이 되는 3가지 테크닉은 생각의 전환, 역지사지의 정신, 긍정적인 태도로 요약된다.

- 생각의 전환
- 역지사지
- 선언문 사용

5. 팀워크의 두 가지 오해에 대하여 생각해 보고 그 오해를 팀의 이론의 관점에서 바로 잡아 보세요.

1) 팀워크가 좋은 팀에는 갈등이 없는가? 2) 팀워크 향상을 위하여 개인의 희생이 불가피한가?

IV 디자인 씽킹에서의 문제와 사고 기법 돋보기

연구 문제

1. 디자인 씽킹에서 '문제'란 어떤 의미를 갖는가?
2. 디자인 씽킹 문제해결 과정에서의 발현되는 사고의 종류와 과정은?
3. 확산적 사고기법의 종류와 절차는?
4. 수렴적 사고기법의 종류와 절차는?

1. '문제'를 탐구하다.

문제란 그리스 원어로 'Problema'로 '앞에 내던진 것'을 의미한다. 사전적 의미는 크게 다섯 가지로 설명되는데, 즉 ① 해답을 요구하는 물음 ② 논쟁, 논의, 연구 등의 대상이 되는 것 ③ 해결하기 어려운 일, 난처한 일 ④ 귀찮은 일이나 말썽 ⑤ 어떤 사물과 관련되는 일 등이다(금성출판사, 1992 : 1070).

듀이는 문제해결의 사고과정을 설명하기 전에 문제를 '곤혹(difficulty)'으로 정의하였다. Waetjen(1989 : 7)은 여러 학자들의 문제에 대한 견해를 종합한 결과 대체로 다음 네 가지의 의미로 정리하였다. 즉, ① 개인이 해결하려는 목표나 결론이다. ② 개인이 목표를 성취할 수 없을 때 경험하는 갈등의 형태이다. ③ 개인이 목표를 달성하기 위하여 대안이나 새로운 길을 모색하는 행위이다. ④ 새로운 길을 모색하거나 전략은 완전히 새로운 것이 아니고 그 안에 새로운 요소가 있다는 것이다. 이러한 의미는 결국 문제가 갈등이나 곤혹을 겪지만 목표를 성취하기 위한 출발점으로 이해하고 있는 것 같다.

James(1990 : 29)도 문제해결을 정의하면서 문제의 의미를 밝혔다. 즉, 그는 문제해결을 '곤란을 확인하고 해결방법을 모색하고, 추측하고, 가설을 형성하고, 개선점을 찾고, 다시 검토하고, 최종적으로 결과를 평가함으로써 문제(deficiencies, gaps in knowledge, missing elements, disharmony etc.)에 민감해지는(sensitive) 과정'이라고 정의하고 있다. 여기서 문제로 정의한 내용이 결점(deficiencies), 지적 곤란(gaps in knowledge), 요소의 결여(missing elements), 부조화(disharmony) 등이다.

문제(problem) = 목적(objective) + 장애(obstacle)

[그림 Ⅳ-1] 문제의 의미

Kahney(1986)는 학습자(인간)가 직접적으로 달성되어질 수 없는 목표를 가졌을 때 문제를 가졌다고 보았다. 즉 Jackson(1983)은 문제를 그림과 같은 식으로 표현하였다(Watts, 1991 : 8). 이러한 개념은 문제가 장애를 갖는 동시에 목적의식을 가지고 있다는 의미이다. 문제(problem), 문제해결(problem solving), 해결책(solutions)의 관계를 도식화하면 [그림 IV-2]와 같다(Frazer, 1982, 홍미영, 1995 : 7 재인용).

문제(problem)	→	**해결책(solutions)**
•질문 •망설임 •과제나 원하는 목표	**문제해결(problem solving)** 장애나 벽을 극복하거나 정보와 사고를 이용하여 이 사이에 다리를 놓는 것	•대답 •결정 •완수된 과제나 목표

[그림 IV-2] 문제 및 문제해결의 의미

또한 Watts(1991 : 27)는 문제해결 접근에서 문제해결 방법(method)과 과정(process)을 다음과 같이 설명하였다.

- 방법(method) = 과정들의 집합체(sum of processes)
- 과정(process) = 기능들의 집합체(sum of skills)

▸ 과정의 일반적 순환적 또는 루프형 절차
가설설정(hypothesizing)
실험(experimenting)
설계(designing)
평가(evaluating)
기록(recording)
해석(interpreting)
의사소통(communicating)

[그림 IV-3] 문제해결 방법(method)과 과정(process)의 의미

일반적으로 문제를 단순한 문제(명확한 문제)와 제대로 정의되지 않은 문제(ill-structured problem), 복잡한 문제(악성 문제, wicked problems)로 구분된다.

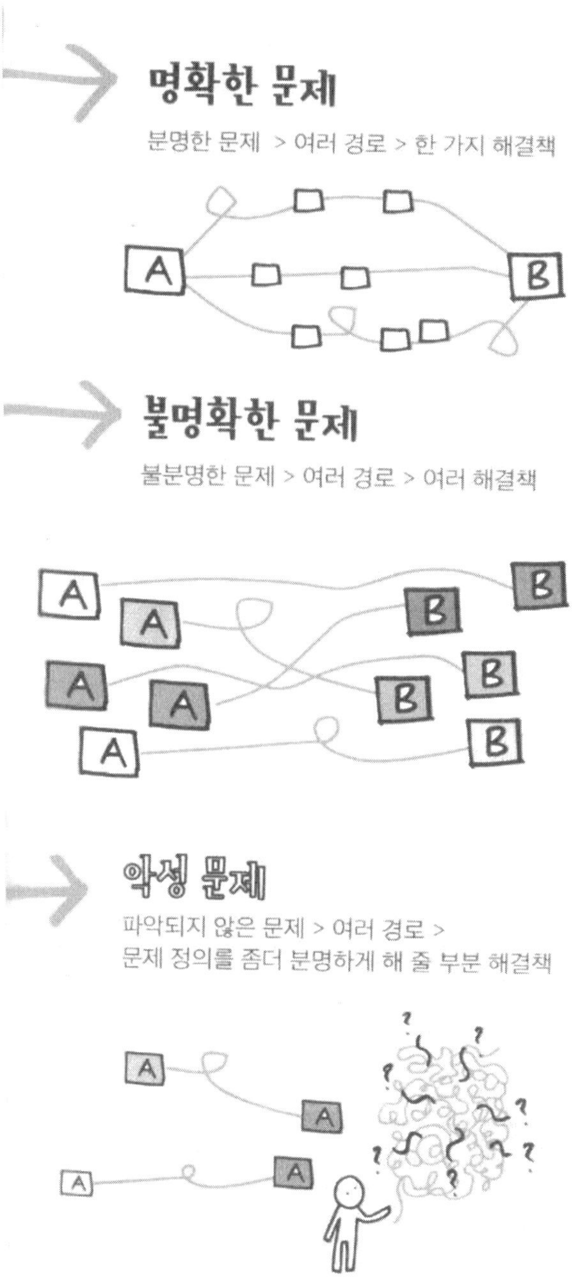

출처 : Michael, L., Patrick, L., Larry, L. 강혜진, 이광훈(역). (2018). 디자인 씽킹 플레이북. 프리렉. p. 51.

[그림 IV-4] 명확한 문제, 불명확한 문제, 악성 문제의 구분

문제에 대한 개념적 의미보다 구조적인 의미에 대하여 VanGundy(1981)는 자세히 논의하고 있다. 그는 문제해결은 문제에 대한 가능성을 추구하는 하나의 과정이며, 이 과정은 직면하게 될 문제의 형태에 따라 아주 다양하다고 하였다. 그는 구조화되지 못한 것에서 잘 구조화된 것으로의 연속선상에서의 문제를 구분하고 있다(Hatch, 1988 : 89-90).

가장 잘 구조화된 문제(well-structured problems)는 상대적으로 범위가 좁고 흔히 하나의 답만이 존재한다. 이런 형태의 문제는 학생들에게 수렴적 사고(convergent thinking)를 하도록 강요한다. 즉 학생들은 문제의 상황을 조사하고 하나의 가장 좋은 해결방법을 찾아야 하는데, 전형적으로 이러한 문제는 알고리즘[1]을 이용하여 문제가 해결된다. 결국 잘 구조화된 문제는 알고리즘과 수렴적 사고에 의해 문제가 해결된다(Hatch, 1988 : 89-90에서 재인용).

그러나 중간 정도 구조화된 문제(semi-structured problems)는 한 가지 이상의 답이 존재하고 스스로의 발견방법(heuristics)을 이용하여 해결된다. 대부분의 사람들은 매일매일 스스로 발견하는 과정을 생활화하고 있는데, 즉, ① 우선 가장 최단 기간의 일을 계획하고 ② 중요한 순서대로 일을 수행한다(Foulds, 1983). 문제해결을 위한 스스로의 발견방법은 중간 정도 구조화된 문제를 극복하는 데 지침이 된다.

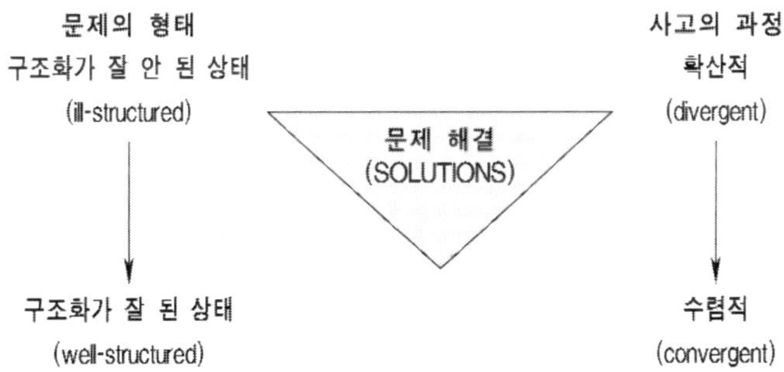

[그림 IV-5] 문제의 형태와 사고과정과의 관계(in Hatch, 1988 : 89-90)

1) Hatch는 알고리즘을 두 개의 숫자를 합하는 문제를 해결하는 과정에서 설명된다고 하면서, 기술적 문제는 학생들이 전압, 점화 플러그 간극, 드릴링 속도 등을 결정하는 문제와 관련된다고 주장한다. 이러한 문제들은 간단한 규칙이나 명세서를 적용하여 해결될 수 있다고 보는 것 같다.

구조화가 잘 안 된 상태(ill-structured)는 확산적 사고(divergent thinking)와 창의적 문제해결 기법(creative problem solving)이 요구된다. 예를 들어 도시에서의 교통문제 등은 다양한 해결방법이 있을 수 있다. 이러한 문제는 알고리즘이나 스스로의 발견법으로서 해결되지 않고, 창의적 문제해결 기법이 요구된다.

여기서 극단적으로 구조화가 잘 된 상태의 문제는 하나의 답(the answer)만 존재하게 되고, 구조화가 잘 안 된 상태의 문제는 여러 가지 해결방안이나 답(an answer)이 존재하게 된다. 이는 여러 개의 해결방안이 가능한 구조화가 잘 안 된 상태의 문제는 확산적 사고(창의적 사고)가 가능하게 되고, 기술교과 교육에서 이런 문제에 기초한 수업전략의 전개는 아이들에게 생활 문제해결력을 길러줄 수 있다는 길을 열어주게 된다. 이러한 의미에서 문제해결 학습을 통한 기술교과 교육은 학생들에게 문제해결력, 창의력, 의사결정능력, 논리력 등의 고등 사고능력을 길러줄 수 있고, 이는 기술교과 교육의 내재적 가치로서 정당화될 수 있으며, 외재적 가치(생활 적응력)와 더불어 중요한 교육적 목적으로 상정될 수 있는 것이다.

이상의 논의로 보아 문제의 의미는 갈등, 곤혹, 부조화 등으로 인식되며, 이러한 문제는 그 문제의 구조화된 정도에 따라 다양한 문제의 성격을 지니게 된다. 따라서 문제는 문제해결의 시작이며 처음에 경험한 곤혹함을 해결하려는 성취동기를 지니고 있다. 그 성취의 과정이 반성적 사고과정을 통해서 이루어진다면 듀이가 주장한 대로 바람직한 문제해결을 기대할 수 있을 것이다.

2. 디자인 씽킹에서의 문제 정의(define the problem)[2)]

정의 단계는 학생들이 문제 진술서를 개발하기 위해 공감 단계에서 발견한 정보를 종합하는 것을 포함한다. 문제 진술은 의미 있는 도전이 무엇인지 정의하고 학생들에게 DT 과정을 통해 바람직한 해결책으로 안내한다. 이 문제 진술은 설계 기회를 제공할 수 있는 사용자의 요구를 기초로 통찰력을 얻는데 필요하다.

---

2) 이 부분은 David, L (2018). Design thinking in the classroom. Ulysses Press. pp. 53-100을 재구성한 것임.

K-12 Lab에 따르면, 니즈(needs)는 동사의 형태로 나타나는 사용자의 정서적 또는 신체적 필요와 욕망이다. 니즈는 사용자에게 필요한 해결책이 정확히 무엇인지, 해결책으로 무엇을 달성할 수 있는지를 알려준다. 그리고 니즈에 기반한 통찰(insights)은 설계 도전에 더 잘 대응하기 위해 활용할 수 있는 주목할 만한 실현 가능성을 유도하는 지침이다.

종합하기 : 니즈를 발견하고 통찰하기
Synthesis: Finding Needs and Insights

이제 당신의 학생들이 그들의 WHW 도구(What: 무엇을 하는가, How: 어떻게 하는가, Why: 왜 하는가) 를 활용하여 니즈를 발견하고 통찰을 종합한다. 인터랙션 디자인 재단(Interaction Design Foundation)에 따르면, 디자인 씽킹 단계에서의 요구를 종합하기 위해서는 "문제 진술을 위하여 수집한 데이터를 정리, 해석, 통찰하여 창조적으로 퍼즐을 맞추라"고 한다. 이는 학생들이 공감 단계에서 발견되는 이야기와 관찰 내용을 공유하고 도전하는 설계 디자인의 목표에 대해 팀원 모두가 같은 문서에 정리하게 한다. 다음은 학생들이 팀으로서 사용자의 니즈와 통찰을 종합할 때 사용할 수 있는 두 가지 방법이다.

이야기 공유와 정리하기 Story Share-and-Capture

Story Share-and-Capture 도구는 d.school에서 개발하였다. Story Share-and-Capture 도구는 학생들이 관찰하면서 보고 들었던 중요하다 생각하는 내용들을 포스트잇에 작성한다. 이후 포스트잇의 내용의 주제를 나타내는 짧은 제목을 기재한다. 그 다음 대형 포스터 및 화이트 보드에 포스트잇들을 붙이고, 그 내용들을 그룹대로 분류를 하는 과정을 한다. 이 과정을 거치면 가치 있는 사용자의 요구를 알 수 있고, 학생들 간의 결과를 비교하는 경험은 아이들의 통찰력을 향상시킬 수 있다.

통찰을 구조화하기 Structuring Insights

앞에서 설명한 바와 같이, 통찰력은 설계 도전에 더 잘 대응하기 위해 활용할 수 있는 실현이다. 통찰력은 어떤 특정한 행동을 유발하는지에 대한 정보를 포함하는, 공감 단계 중에 인지된 세부 내용을 발견하는 것이다. IDEO의 수석 디자인 리더인 Matt Cooper-Wright는 "통찰 종합하기(synthesizing insight)"라는 기사에서 병원 시나리오에 대한 예를 제공함으로써 발견과 통찰력을 구별하고 있다.

발견 : "환자는 종종 비순응적입니다. 이것은 그들의 상태를 악화시키고 좌절시켰습니다."
통찰 : 환자들은 의사들이 진료하는 동안 극도로 긴장한 상태이기 때문에 의사의 말에 응하지 않습니다.

여기서 통찰 문장은 분명히 발견뿐만 아니라 그 행동의 원인까지 포함하고 있다.

환자들은 의사들이 진료하는 동안 극도로 긴장한 상태이기 때문에 (행동의 원인) 의사의 말에 응하지 않습니다(발견).

학생들은 그들의 발견의 원인을 확인함으로써 같은 방법으로 그들의 통찰력을 구조화 할 수 있다.

Cooper-Wright는 당신이 좋은 통찰력을 가지고 있는지 알아보기 위해 몇 가지 질문을 할 것을 권고한다.

'통찰 과정은 당신의 학생들에게 그 문제를 위한 디자인 활동을 시작하도록 동기부여를 시키는가?'

'자신의 통찰력을 설명하는데 사용할 수 있는 이야기를 가지고 있는가?'

'너의 통찰력은 흥미롭고, 놀랍고, 새로운가?'

'통찰력이 설계에 영향을 미칠 잠재 가능성이 있는가?'

'이 통찰력은 설계 도전의 맥락과 관련이 있는가?'

통합과 통찰력 확인 과정은 학생들에게 어려울 수 있다. 따라서, 그들은 과정을 모델링하고 여러 상황에서 촉진과 피드백을 제공할 수 있는 교사(퍼실리테이터)가 필요하다.

문제 진술하기 Problem Statement

사용자의 요구와 통찰력을 파악한 후, 학생들은 나머지 도전에 대한 질문을 유도하고 설계 작업을 안내할 실행 가능한 문제 진술을 해야한다. 문제 진술은 학생들이 누구를 위해 디자인하고 있는지, 사용자의 니즈에 초점을 맞추고, 해결책의 성공을 위한 기준을 정하고, 모든 팀 구성원은 동시에 같은 문서에 작업을 한다. 이는 사용자, 사용자 요구, 그리고 사용자 기반 통찰이라는 세 가지 요소로 구성된다.

"(user) might need a way to (user's need) that // because // but (insights)."

첫 번째 빈 줄에서 학생들은 자신의 사용자를 인식한다. 여기에는 설계 대상자를 정확히 지정하는 서술형 형용사가 포함될 수 있다. 문제 진술은 유도 질문(question)과는 다르다는 점에 유의해야 한다. 유도 질문은 학생들이 연구할 프로젝트를 소개한다. 그것은 프로젝트의 목적을 설명하고 학생들의 흥미를 사로잡기 위한 흥미롭고 생각나는 방법으로 표현된다. 반면, 문제 진술은 유도 질문이 소개된 후에 학생들이 최종 사용자들에 대한 이해를 얻기 위해 공감 작업을 수행한 후에 개발된다. 그것은 프로젝트의 매개 변수와 공감 단계에서 얻은 요구와 통찰력을 바탕으로 개발된다. 또한, 문제 진술은 너무 구체적이면 안 된다. 구체적인 진술은 해결책에 대한 몇 가지 옵션으로 이어지는 반면, 개방형 질문은 더 많은 가능한 해결책으로 이어질 것이다. 다음은 '사용자 + 니즈 + 통찰력'을 보여주는 몇 가지 문제 진술이다.

City Plan

- 거주자 (사용자)가 다른 장소로 이동하기 때문에 (통찰) 보다 다양한 식당과 오락(니즈)에 접근할 수 있는 방법이 필요하다.
- 회사원과 학생 (사용자) 은 놀랍게도 매일 8~9시간씩 일하거나 공부를 하기 때문에 (통찰) 휴식을 취하고 휴식을 취할 수 있는 공간 (니즈) 이 필요하다.
- 노년층 (이용자) 은 건강을 의식하기 때문에 (통찰) 운동을 할 수 있는 방법 (니즈) 이 필요하다.

"How Might We" Question

일단 학생들이 그들의 문제 진술을 개발하면, 그들은 그것을 "어떻게 우리가 할 수 있을까?" 질문으로 바꿀 수 있다. 그렇게 함으로써 학생들은 디자인 문제를 확인하는 것에서 그것을 해결하기 위한 창의적인 아이디어를 만들어내는 것으로 생각을 바꾸기 시작한다. 예를 들어, 다음은 도시 계획 프로젝트의 문제 진술 중 하나이다. 거주자(사용자)는 다른 장소로 운전할 필요가 없는(통찰) 보다 다양한 식당과 오락에 접근할 수 있는 방법(니즈)가 필요하다. 이 진술에 대한 HMW의 질문은 "어떻게 하면 지역사회 구성원들이 다양한 음식과 오락 옵션을 즐기면서 그 지역에 머물 수 있는 도시 계획을 개발할 수 있는가?"이다. 이 문구의 "우리"는 설계 작업의 팀 노력을 의미하거나 설계 프로세스 중에 존재하는 경우 설계 사상자와 최종 사용자 간의 파트너십을 의미할 수 있다.

HMW 질문은 학생들이 이것이 창의적인 과정의 시작에 불과하다는 것을 알게 하고 학생들이 창의적인 해결책을 개발하기 위해 상상력을 사용하는 단계를 시작하도록 자극한다. 게다가, 그 질문은 답을 알 수 없다는 것을 시사하여, 추가적인 설계 작업이 필요하며, 질문의 "우리"는 앞으로 다가올 설계 작업에 협력적인 측면을 더한다. 이 질문은 학생들에게 브레인스토밍과 가능한 해결책 생성을 위한 이상적인 단계로의 전환을 제공한다.

How Might We Statement 기본형

1. 대상 : 주된 사용자
2. 주제 : 기존의 상품, 경험, 서비스, 공간, 시설, 제도, 인터페이스, 시스템, 교육, 학습 등
3. 방향성 : 매우 큰 방향성

우리가 어떻게 하면 (누구)를 위한 기존의 (주제)를 보다 (방향성) 할 것인가?

우리가 어떻게 하면 (A 교사)를 위한 기존의 (기술교육의 전형적인 교육활동)을 보다 (흥미롭고, 체험 중심적이며 문제해결 중심의 혁신적인 기술교육 활동을 도와 줄) 것인가?

우리가 어떻게 하면 ( )를 위한 기존의 ( )을 보다 ( ) 것인가?

❑ 교과 학습에서의 좋은 문제의 조건

1. 충분한 동기부여가 가능한가?
   - ▸중요한 개념이 내포된 심오한 이해를 우한 흥미와 동기를 이끌어내고 몰입시킬 수 있는가?
   - ▸실제 세계와 관련이 높은가?

2. 판단이나 의사결정을 요구하는가?
   - ▸학생들이 사실, 논리, 관계에 기초한 의사결정이나 판단을 하도록 요구하는가?
   - ▸필요한 가정을 학생들에게 요구하는가?
   - ▸관련 있는 정보를 확인하고 정의하도록 요구하는가?
   - ▸문제를 해결하기 위한 단계나 절차를 정의하도록 요구하는가?

3. 협력을 요구하는가?
   - ▸ 긍정적 상호의존성을 요구하는가?
   - ▸ 팀 내의 분열이나 경쟁을 일으키는 전략이 없는가?
   - ▸ 복잡성과 수준이 적절한가?

4. 상호작용을 격려하는가?
   - ▸ 문제가 열려있는가?(다양한 대안 선택이 가능한가?)
   - ▸ 제한된 하나의 정답을 요구하지 않는가?
   - ▸ 이전에 배운 지식을 관련시키는가?
   - ▸ 논쟁적 쟁점이나 결정을 포함하는가?

5. 성취 가능한 목표인가?
   - ▸ 학습 내용과 목표에 통합되어 있는가?
   - ▸ 이전의 지식을 새로운 개념에 통합하고 있는가?
   - ▸ 다른 학문적 개념에 새로운 지식을 연결시키고 있는가?

❑ 문제 설계의 일반적 단계

1. 프로그램 및 학습 내용을 분석한다.
   - ▸프로그램의 목표는 무엇인가?
   - ▸어떤 프로그램의 주제 영역이 이 문제의 범위를 포함하고 있는가?
   - ▸문제의 목록을 얼마나 잡을 것인가?
   - ▸문제를 재구조화하거나 적용하는 데 필요한 실러버스(syllabus)는?

2. 문제 토픽을 선정한다.
   - ▸문제는 프로그램의 목표에 포함되어 있는가?
   - ▸프로그램의 목표를 성취하거나 아는데 학생들이 정상적으로 활동할 수 있는가?

3. 문제나 시나리오를 브레인스토밍 한다.
   - ▸선정된 토픽 내에서 학생들이 접하게 될 전형적인 쟁점, 문제, 시나리오가 있는가?
   - ▸선정된 문제나 쟁점을 다루는데 실제적 삶의 경험 사례가 관련되는가?
   - ▸프로그램의 목표에 가장 적합한 쟁점, 문제, 시나리오를 결정한다.

4. 문제의 프레임을 구상한다.
   - ▸학생들이 시나리오를 해결하는데 알아야 할 지식이나 수행이 무엇인가? 프로그램의 목표는 무엇인가?
   - ▸문제를 제시하기 위한 서로 다른 유형을 고려한다.(이야기, 사례, 설계 문제, 열린 질문 들)

5. 문제를 구체적으로 진술한다.
   - ▸문제의 개요를 구성한다.
   - ▸문제에 사용 될 정보나 자료를 선정한다.
   - ▸문제의 첫 번째 진술문을 작성한다.
   - ▸'좋은 문제의 조건'과 비교한다.

▸ 할당된 시간 내에서 문제를 해결할 수 있는지 확인한다.

▸ 필요한 수정을 한다.

6. 학습 문제로 개발 한다

▸ 문제가 어떻게 적용되는가? 교실, 교실 밖, 양쪽 다

▸ 모든 절차에 따라 문제를 완성할 수 있는가?

▸ 어려운 부분을 기대하고 미니 강의를 개발한다.

7. 문제해결의 자원들을 확인한다.

▸ 문제를 해결하는 데 필요한 자료 목록을 개발한다.

▸ 문제를 해결하는 데 직접적으로 도움을 주는 자료 보다는 일반적인 정보를 제시한다.

❑ 문제 설계하기 워크시트_교과 기반

1. 교과목 목표와 학습의 핵심 내용을 분석한다.

▸ 교과목을 내용 구조를 스케치한다. - Mind Mapping

▸ 교과목 목표를 설정한다. - 지식, 사고, 행동, 태도

교과목 목표		
영역 목표 1	지식	
	사고	
	행동	
	태도	
영역 목표 2	지식	
	사고	
	행동	
	태도	
영역 목표 3	지식	
	사고	
	행동	
	태도	
영역 목표 4	지식	
	사고	
	행동	
	태도	
영역 목표 5	지식	
	사고	
	행동	
	태도	

▸ 교과목 대주제, 핵심개념(keywords), 내용과 범위를 구체화한다.

대주제	관련 영역목표	핵심 개념	내용과 범위
	영역 목표 1		
	영역 목표 2		
	영역 목표 3		
	영역 목표 4		
	영역 목표 5		

2. 문제 토픽을 선정한다.

대주제	핵심 개념	문제의 잠정적 토픽

문제토픽은 대주제들이 통합되어도 무방함.

[토픽 선정의 관점]

▸ 문제는 프로그램의 목표에 포함되어 있는가?

▸ 프로그램의 목표를 성취하거나 아는데 학생들이 정상적으로 활동할 수 있는가?

3. 문제나 시나리오를 브레인스토밍한다.

문제토픽	▸ 선정된 토픽 내에서 학생들이 접하게 될 전형적인 쟁점, 문제, 시나리오가 있는가?	▸ 선정된 문제나 쟁점을 다루는데 실제적 삶의 경험 사례가 관련되는가?	▸ 프로그램의 목표에 가장 적합한 쟁점, 문제, 시나리오를 결정한다.

4. 문제의 프레임을 구상한다.

▸ 학생들이 시나리오를 해결하는데 알아야 할 지식이나 수행이 무엇인가? 프로그램의 목표는 무엇인가?

▸ 문제를 제시하기 위한 서로 다른 유형을 고려한다.(이야기, 사례, 설계 문제, 열린 질문 들)

5. 문제를 구체적으로 진술한다.

▸ 문제의 개요를 구성한다.

문제 토픽	문제제시 유형 문제상황 - 이야기1 도전과제 문제해결 과제 설계 문제	제시전략 Hand Out 자료 PPT 동영상 뉴스 신문기사	문제 설계 자료원 공학 사례 뉴스 신문기사 유튜브 CM 개인 문제 저널이나 잡지 생활 경험

▸ 문제의 첫 번째 진술문을 작성한다.

▸ '좋은 문제의 조건'과 비교한다.

기준	좋은 문제의 조건	1. 그렇지 않다	2. 보통이다	3. 그렇다
1. 열린 창의적 문제인가?	▸ 문제가 열려있는가?(다양한 대안 선택이 가능한가?)			
	▸ 문제 해결 과정에서 확산적 사고 활동이 충분히 예상되는가?			
	▸ 문제 해결과 최종 결과가 다양한 결과가 예상되는가?			
2. 교과목의 목표와 핵심 개념을 포함하고 있는가?	▸ 학습 목표, 핵심 개념, 학습 내용이 문제해결과정에서 반영될 수 있는가?			
	▸ 이전의 지식을 새로운 개념에 통합하고 있는가?			
	▸ 다른 학문적 개념에 새로운 지식을 연결시키고 있는가?			
3. 충분한 동기부여가 가능한가?	▸ 흥미와 동기를 이끌어내고 몰입시킬 수 있는가?			
	▸ 실제 세계와 관련이 충분히 높은가?			
	▸ 복잡성과 수준이 도전을 주고 적당히 어려운가?			
4. 상호작용과 의사결정을 요구하는가?	▸ 긍정적 상호의존성을 요구하는가?			
	▸ 팀내의 분열이나 경쟁을 일으키는 전략이 없는가?			
	▸ 논쟁적 쟁점이나 의사결정을 포함하는가?			
계				

▸ 할당된 시간 내에서 문제를 해결할 수 있는지 확인한다.

▸ 필요한 수정을 한다.

6. 학습문제로 개발한다

▸ 문제가 어떻게 적용되는가? 교실, 교실 밖, 양쪽 다

▸ 모든 절차에 따라 문제를 완성할 수 있는가?

7. 문제해결의 자원들을 확인한다.

▸ 문제를 해결하는 데 필요한 자료 목록을 개발한다.

▸ 문제를 해결하는 데 직접적으로 도움을 주는 자료보다는 일반적인 정보를 제시한다.

Problem Design (교사용 문제 설계 양식)

◈ 교과목 명 :

◈ 문제 코드 :

◆ 문제상황

◆ 도전과제

◆ 문제해결 조건

◆ 문제해결 결과의 활용 : 포트폴리오와 작품 전시회 / 경진대회 /

◆ 디자인 동을 위한 설계 개요(Design Brief) 양식(kelley, 2017)

주제 :

상징적 그림 : 설계 해결책을 암시하지 않고, 좌절감을 주어서는 안 됨

시나리오 : 고객이나 사용자의 요구가 포함된 문제 상황

준거 : 고객의 희망 - 고객의 문제를 구체적으로 진술한 독특한 특징

제한 조건 : 재료, 공구, 크기, 검사 등의 제한 조건

디자인 활동 :
주제 : 상징 그림   시나리오   준거 제한 조건

3. 디자인 씽킹과 사고 기법

가. 디자인 씽킹과 사고

디자인 씽킹은 팀 기반의 문제해결 방법론이다. 공감, 문제정의, 아이디어 탐색, 아이디어 평가, 프로토타잎, 테스트, 성찰의 과정에서 문제해결 사고의 핵심적인 확산적 사고와 수렴적 사고과정을 발현시키거나 계발시킨다. 여기서 확산과 수렴의 사고 과정을 그림으로 제시하면 다음과 같다.

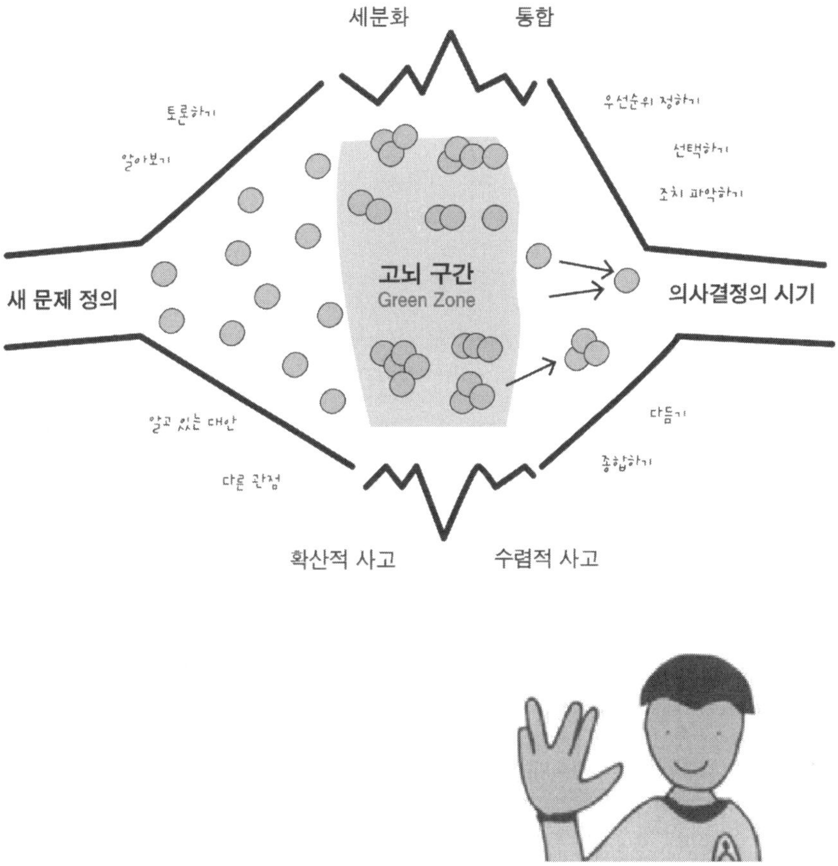

[그림 Ⅳ-6] 확산적 수렴의 사고 과정

출처 : Michael, L., Patrick, L., Larry, L. 강혜진, 이광훈(역). (2018). 디자인 씽킹 플레이북. 프리렉. p. 41.

나. 혁신적 아이디어 창출을 위한 확산적 사고기법

Guilford(1956)는 인간의 지적 능력의 구조에 대한 모델(The Structure of Intellect Model)에서 다섯 가지 유형의 조작(operations)을 제시하면서 처음으로 확산적 사고에 대하여 논의하였다. 그는 확산적 사고를 "정답이 하나로 정해지지 않은 질문에 대하여 다양성을 추구하고 다른 방향으로 생각하는 사고"라고 정의하고, "다양한 생각을 산출하는 확산적 사고는 보다 드물고 보다 독창적인 생각에 도달할 가능성을 증가시킨다"는 점을 확산적 사고의 특징으로 강조했다. 그리고 전형적인 일반적 지능을 대표하는 수렴적 사고(convergent thinking)가 오직 한 개의 답을 가지고 있는 질문에 대하여 정답 혹은 오답을 찾는 사고임에 반해, 이와는 구별되는 특징적인 사고유형으로서 확산적 사고를 분류하였다.

확산적 사고에 대한 Guilford(1959)의 이론은 인간의 능력을 이해하는 데 있어서 전통적인 지능(IQ)만으로는 충분하지 않으며 그 밖의 다양한 능력들도 종합적으로 고려할 필요가 있음을 구체적으로 보여 주었다는 점에서 의의가 있다. 그리고 Guilford(1950)는 이미 인간 능력의 중요한 영역으로 창의력에 대한 연구의 필요성을 주장한 바 있었고, 지적 능력에 대한 개념적 모델에서 다섯 가지의 조작 중 수렴적 사고와 함께 확산적 사고, 창의적 사고를 설명할 수 있는 가장 중요한 사고유형으로 제시하였다(김영채, 1999, 재인용).

확산적 사고는 아이디어들을 많이, 다양하게 그리고 독특하게 생성해 내기 위한 사고유형으로 수렴적 사고와 함께 창의력을 설명할 수 있는 가장 중요한 사고유형이라고 할 수 있다.

Guilford(1959)에 의하면, 확산적 사고(divergent thinking)는 정답이 정해지지 않은 질문에 대하여 다양성을 추구하고 다른 방향으로 생각하는 사고이며, 수렴적 사고는 한 개의 답을 가지고 있는 질문에 대하여 정답 혹은 오답을 찾는 사고이다.

정답이 결정되어 있는지 혹은 문제 해결 가능성이 열려 있는지의 여부는 과제의 특성으로 결정되는 문제이다. 그러나 과제가 확산적 사고 과제인지 혹은 수렴적 사고 과제인지에 따라서 사고 과정도 확산적 사고 혹은 수렴적 사고로 완전히 분리된다기보다는 오히려 거의 대부분의 문제 해결 과정에서 두 사고가 서로 긴밀하게 관련되어 있는 것으로 생각할 수 있다.

예를 들어 "네모난 것이라고 생각할 수 있는 것이 무엇이 있을까?" 하는 문제가 주어졌다면, 이 문제는 문제 해결 가능성이 열려 있고 정답이 하나로 결정되어 있지 않기 때문에 확산적 사고를 유발시킬 것이다. 그러나 문제 해결 과정에서 다양성을 추구하고 다른 방향의 생각을 산출할 것이지만 그렇게 산출되는 모든 생각(ideas)은 '네모난 것'이라는 하나의 연결고리를 갖는다. 즉, 산출된 생각들이 구체적인 사물이든 추상적인 개념이든 모두 '네모난 속성'을 가지고 있다는 점에서 일치하여야 할 것이다(김영채, 1999, 재인용).

즉, '네모난 것'과 관련한 가능한 한 다양한 생각을 산출하는 과정에 '네모난 속성'을 적용시키는 과정이 반드시 포함될 것이다. 이를 다른 말로 하면, 생각의 다양성 속에 생각의 정확성이 들어있다는 것이다. 만약 생각의 정확성을 추구하는 것이 수렴적 사고와 밀접한 관련이 있다면, 확산적 사고는 그저 이런저런 생각들을 아무렇게나 산출해 내는 것이 아니라 수렴적 사고와의 긴밀한 관계 속에서 다양성을 추구하는 사고로 이해될 수 있을 것이다.

<표 Ⅳ-1> 확산적 사고기법과 특징

사고기법 (사고도구)	주요 절차	특 징
브레인 스토밍	① 아이디어들을 많이 생각해내기 ② 긴장을 풀고, 장난기 있게, 견해를 바꾸어서 생각해보기 ③ 떠오른 아이디어를 모두 적기	구체적인 문제에 초점을 두고 많은 수의 아이디어를 생성해 내는 기법
브레인 라이팅	① 대집단을 몇 개의 소집단(4~5명)으로 나누기 ② 조그만 원탁에 둘러앉기 ③ 용지 제일 위에 '문제 진술'을 적고 가로 줄마다 3개의 아이디어를 적기 ④ 3개의 아이디어를 적었으면 그 용지를 원탁 위에다 올려놓고 다른 용지를 갖고 와 3개의 아이디어를 다시 적는 과정을 반복하기	내성적인 참가자들의 생각을 표현할 때, 많은 아이디어를 빠르게 생성해 내고자 하는 기법
마인드맵	① 마인드 맵 하려는 문제나 제목을 종이 한가운데 그려 놓은 원이나 박스에 적어 넣기	비직선적인 노트 정리 방법으로 요점을 더 잘 기록하고,

사고기법 (사고도구)	주요 절차	특 징
	② 자연스럽게 아이디어가 흘러나오게 하고 이러한 아이디어를 핵심단어로 나타내기 ③ 한 개의 선(가지)에는 한 개의 핵심 단어만을 기록하기 ④ 아이디어를 나타내는 핵심 단어를 중심에 있는 제목에 선으로 연결시키기	창의적인 사고 기능을 증진시키는 기법
결부법 (시네틱스)	① 완전 상상을 통해서 매우 희귀하거나 특이한 해결책을 찾는 '환상기법' 하기 ② 실제 생활 내에서 유사한 문제를 찾아서 답을 하는 '직접유추 방법'하기 ③ 자신이 직접 문제에 나오는 대상이 된 것으로 생각해 보는 '개인유추 방법'하기	문제를 친근한 방식으로 들여다 보고 이해를 더 잘 하도록 할 때, 현재 문제의 틀에서 벗어나 보다 창의적인 해결책을 찾고자 하는 기법
강제연결법	① 별로 관계가 없는 주위에 있는 물건, 머리 속에 있는 물건 등을 문제에다 강제로 연결시키기 ② 어떤 물건과 대상을 강제로 연결시킨 뒤 그 결합에서 새로운 아이디어를 만들어 내기	별로 관계가 없어 보이는 어떤 대상, 문제에다 강제로 연결시켜 아이디어를 얻고자 하는 기법
유추법	① 문제를 진술하기 ② 문제의 주제에 포함되어 있는 것과 비슷한 다른 어떤 것을 생각해서 적용하는 유추 만들기 ③ 만들어 낸 유추를 해결할 수 있는 방법 찾기 ④ 이 해결방법을 원래의 문제에 적용하기	어떤 문제가 해결이 안되고 더이상 생각이 나지 않아 현재의 문제와 유사한 어떤 것을 생각해 보는 기법
속성 열거법	① 현재 모델(상태)이 가지고 있는 속성을 나열하기 ② 각 속성들을 차례대로 보고 어떻게 향상시킬 수 있는지를 고려하기 ③ 이들 중 그럴 듯하고 좋아 보이는 아이디어들을 모두 가려내어 평가하기	현재 모델(상태)이 가지고 있는 속성을 나열한 후 각 속성들을 차례대로 보고 어떻게 향상시킬 수 있는지를 고려하여 좋아 보이는 아이디어를 평가하는 기법
체크 리스트법	① 어떤 것을 더하거나 빼기 ② 색깔을 변경하기 ③ 재료를 바꾸기 ④ 부분(부품)들을 재배열하기 ⑤ 모양을 바꾸기 ⑥ 크기를 변경하기 ⑦ 디자인이나 스타일을 수정하기	새로운 아이디어를 생성해 낼 수 있으며 특히 기존의 제품을 다소간 개조하여 신제품을 발명해 내는 기법

사고기법 (사고도구)	주요 절차	특 징
SCAMPER	① Substitute - 대치시키기 ② Combine - 조합하기 ③ Adapt - 맞도록 고치기 ④ Modify-Magnify-Minify - 수정 - 확대 - 축소하기 ⑤ Put to other use - 다른 용도로 놓기 ⑥ Eliminate - 제거하기 ⑦ Rearrange-reverse - 재배치 - 거꾸로 하기	7가지 질문에 있는 핵심 단어들의 첫 글자를 따서 기억하기 좋게 만든 후 이들 철자와 관련있는 질문을 통해 아이디어를 자극하는 기법
Po 진술	① 어떤 아이디어(진술)에 대해 참·거짓으로 판단을 내리지 않기 ② 어떤 주제나 문제에 대해서 도발적으로, 기발하게, 황당하게 상상해 보고 진술하기	어떤 아이디어에 대해 참·거짓으로 판단을 내리지 않고 그 생각을 상상이나 새로운 제안, 기발한 생각 등으로 창의적으로 다루는 기법
디딤돌 (징검다리) 기법	① 'Po 진술'의 아이디어를 생각하기 ② 'Po 진술'의 아이디어를 징검다리로 사용하여 다른 새로운 멋진 생각을 하기	'Po 진술'의 아이디어를 '디딤돌(징검다리)'로 사용하여 새로운 아이디어를 생성해 내는 기법
무선적 투입법	① 현재의 장면과는 관계없는 어떤 '명사 단어'를 '무선적 단어'라고 하는데 이 '무선적 단어'를 만들기 ② 만들어진 '무선적 단어'를 문제 장면에 넣는 '무선적 투입'하기 ③ '무선적 투입'을 통해서 새로운 아이디어를 만들기	현재의 장면과는 관계가 없는 어떤 명사 단어를 의도적으로 도입하고 그것을 'Po 진술'로 사용하여 새로운 아이디어의 생성을 자극하는 기법
생각·도전	① 기존의 사상이나 생각을 당연하게 받아들이지 않기 ② 기존의 사상이나 생각에 '왜 꼭 그래야만 하는가?'라고 의심하고 도전해 보기 ③ 도전과정을 통해서 새로운 아이디어를 생성하기	기존의 사상이나 생각을 당연하게 받아들이지 않고 '왜 꼭 그래야만 하는가?'라고 의심하고 도전함으로써 새로운 아이디어를 생성할 수 있는 능력을 기르는 기법
지배적 생각	① 문제상황에서 가장 주도적인 아이디어를 찾아내기 ② 찾아낸 그 주도적인 아이디어를 의도적으로 회피하기 ③ 새로운 아이디어를 생성하기	문제상황에서 가장 중요한 주도적인 아이디어를 찾아내어 그 아이디어를 의도적으로 회피함으로써 새로운 아이디어를 생성하는 기법

사고기법 (사고도구)	주요 절차	특 징
문제점 밝히기	① 문제를 정확하게 규정함으로써 새로운 아이디어를 생성할 수 있음을 알기 ② 다양한 연습을 통해서 문제를 정확하게 규정하는 습관 기르기	새로운 아이디어는 문제를 정확하게 규정함으로써 생성할 수 있음을 이해시키고, 다양한 연습을 통해서 그런 습관을 기를 수 있도록 하는 기법
결점 제거법	① 기존 아이디어들의 결점들을 나열하기 ② 결점들을 제거시킬 수 있는 아이디어들을 생각해내기 ③ 그 결점들을 제거함으로써 기존의 아이디어를 더욱 훌륭하게 개선시키기	모든 결점들을 나열하고 이들을 제거시킬 수 있는 아이디어를 생각해내는 기법
필요조건 찾기	① 어떤 문제가 요구하고 있는 요구조건을 밝히기 ② 그 조건을 충족시키는 아이디어를 생성시킬 수 있도록 노력하기 ③ 여러 개의 보조 조건을 찾아서 그 조건에 맞추어 생각해 보기	어떤 문제가 요구하고 있는 조건을 밝히고, 그 조건을 충족시키는 아이디어를 생성시킬 수 있도록 여러 개의 보조조건을 찾을 수 있도록 하는 기법
평가하기	① 어떤 아이디어의 장점과 단점, 필수적인 요건을 갖추고 있는지 등을 따져 보기 ② 우리가 제시한 생각이 그 문제를 해결하는 데 적당한가를 알아보기	어떤 아이디어의 장점과 단점 그리고 필수적인 요건을 갖추고 있는지 따져 보며 자신이 제시한 생각이 그 문제를 해결하는 데 적당한가를 알아보는 기법
여섯 가지 사고모자	① 각 사고모자(흰색 모자, 빨간색 모자, 검은색 모자, 노란색 모자, 녹색 모자, 파란색 모자)가 의미하는 사고의 형태에 대해 이해하기 ② 사고모자의 사용 방법과 순서 알기 ③ 어떤 문제나 이야기에 대해서 여섯 가지 사고모자의 사용 방법, 순서, 사고의 형태에 맞게 다 같이 생각하고 토의하기	색깔을 달리하는 여섯 개의 모자를 미리 준비해 놓고 사회자가 지시하는 모자를 다 같이 쓰고 그 모자가 의미하는 것만을 다 같이 생각하고 토의하는 기법
연상법	① 어떤 단서, 대상, 주제, 방법, 상황을 제시하고 문득 떠오르는 아이디어를 포착·제시하는 자유연상법 이해하기 ② 자유연상에 어느 정도 조건을 주어서 제한·통제된 연상을 유도하는 통제연상법 이해하기	어떤 단서, 대상, 주제, 방법, 상황을 제시하고 문득 떠오르는 아이디어를 포착·제시하거나 어느 정도 제한·통제된 연상을 하는 기법

확산적 사고 기법은 크게 집단용과 개인용 사고 기법으로 분류할 수 있다.

<표 Ⅳ-2> 확산적 사고 기법의 분류

<table>
<tr><th>대상</th><th>범 주</th><th>기 법</th></tr>
<tr><td rowspan="5">집단용</td><td>브레인스토밍 기법과 관련의 기법</td><td>•브레인스토밍 기법
•브레인라이팅 기법
•브레인라이팅 게시 기법
•Gordon-Little 브레인스토밍 기법</td></tr>
<tr><td>결부법과 관련의 제 기법</td><td>•결부법 •강제결합법
•시네틱스</td></tr>
<tr><td>형태분석법과 관련의 제 기법</td><td>•형태분석법 •속성열거법
•체크리스트법
•발견적 아이디어 생성기법
•시퀀스 - 속성 수정 행렬법</td></tr>
<tr><td>Osborn의 질문리스트와 SCAMPER</td><td>•오스본의 질문리스트
•SCAMPER</td></tr>
<tr><td>De Bono의 CoRT프로그램과 육색사고모자</td><td>•PO진술 •조합(Combination)
•디딤돌(Steppins Stone)
•무선적 투입(Random Input)
•결점 제거법(Remove Faults)
•육색사고모자(Six Thinking Hats)</td></tr>
<tr><td rowspan="4">개인용</td><td>개인용 - 유추를 이용한 기법</td><td>•Einstein 기법
•'자연 속 유추' 기법
•'잡지 오리기' 기법
•'당신이 바로 제품' 기법
•'창의를 위한 SES등식' 기법</td></tr>
<tr><td>개인용 - 심상과 상상을 이용한 기법</td><td>•회색상자 기법
•소원 상상하기 기법
•이미지 스트리밍 기법</td></tr>
<tr><td>개인용 - 연상을 이용한 기법</td><td>•마인드스토밍 •자유 연상법
•'아이디어 이름 붙이기' 기법</td></tr>
<tr><td>개인용 - 제품명/상호 만들기</td><td>•제품명/상호 만들기</td></tr>
<tr><td colspan="2">기 타</td><td>•마인드 맵핑
•통찰을 통한 아이디어 생성
•컴퓨터 지원의 아이디어 생성</td></tr>
</table>

아이디어 생성을 위한 기법에는 적지 않은 수의 것이 있음을 볼 수 있었다. 그러면 이들 가운데서 어떤 것을 어떻게 선택하여 사용할 것인가? 그것은 현재의 문제를 해결하기 위하여 어떠한 성질의 아이디어, 즉 어떤 성질의 해결(책)을 얻고자 하느냐에 따라 달라질 수 있다. 생성해 내는 아이디어들은 성질에 따라 다음과 같은 4개의 범주로 나누어 볼 수 있다.

범주 1 : 직접적인 것, 생성해 낸 아이디어는 진술한 문제에 직접적으로 대답해 주며 따라서 큰 변화는 없다.

범주 2 : 보충적인 것. 생성해 낸 아이디어는 전통적인 아이디어들을 새롭게 사용, 적용 도는 개조한 것이며 흔히 '개선'이라 부를 수 있는 것이다.

범주 3 : 수정적인 것, 생성해 낸 아이디어는 전통적인 아이디어를 구조적으로 수정·변화시킨 것이며 따라서 상당히 독창적이다.

범주 4 : 혁신적인 것, 생성해 낸 아이디어는 전통적인 것과는 용도나 적용이 완전히 다른 것이다. 이것은 문제에 대한 시각이 완전히 바뀌어야 가능한 것이다.

다음 [그림 Ⅳ-7]은 기대하는 아이디어가 '순응적 - 혁신적'의 연속선에 따라 다양한 아이디어 생성 기법들이 놓일 수 있는 위치를 보여주고 있다. 보다 보수적이고 순응적인 결과를 기대하면 '분석적 생성' 기법들이 더 유용하고 반면에 SCAMPER나 강제결합법 등은 보다 혁신적 아이디어를 요구할 때 사용할 수 있을 것이다.

순응적 ⟷ 혁신적				
분석적 생성 - 속성열거법 - 형태분석법	브레인스토밍 변형 - 브레인라이팅 - 브레인라이팅 게시기법	브레인스토밍	아이체크리스트 - Osborn의 질문법 - SCAMPER	강제결합법 - 관계강제법 - 감각적탐색기법 - Synetics

[그림 Ⅳ-7] 확산적 사고 기법의 위치

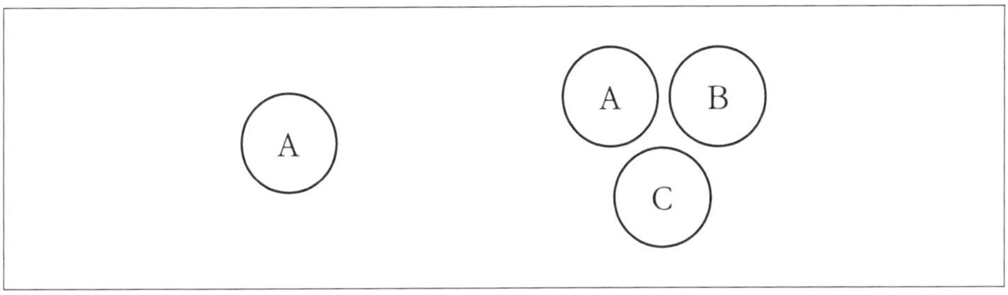

[그림 Ⅳ-8] 브레인스토밍 개념

1) 브레인스토밍(Brainstorming)

브레인스토밍은 창의적인 아이디어를 생산하기 위한 학습 도구이자 집단 회의 기법으로 알렉스 F. 오즈번이 광고 제작에 처음으로 시도하였다. 일정한 주제에 관하여 참가자가 자유스럽게 발언을 하고 아이디어를 제시하여 해결책을 찾아내려는 방법이다. 뇌(브레인)에서 폭풍(스톰)이 몰아치듯 발상하고 아이디어를 제시하는 회의 모습에서 이름이 유래되었다.

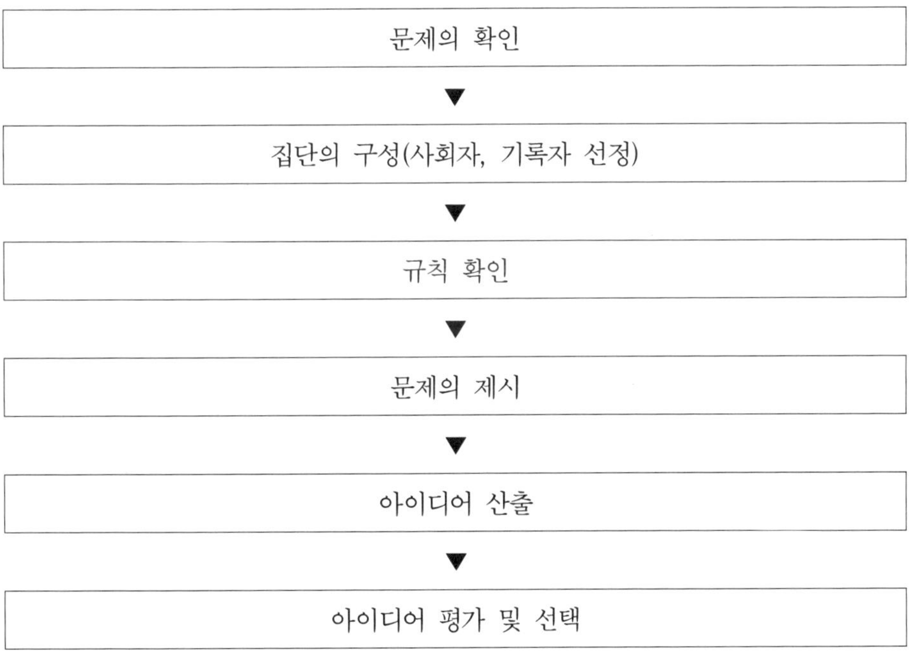

[그림 Ⅳ-9] 브레인스토밍 활용 절차

진행 요령은 다음과 같다.

① 주제는 구체적인 것을 선택한다. 알기 쉽고 구체적인 주제를 선택해야 다양한 아이디어를 낼 수 있다.('돈을 잃어버리지 않으려면', '지우개가 없어지지 않으려면')

② 참가자는 10명 내외로 하고, 주제와 다른 분야의 참가자도 포함시키는 것이 좋다.

③ 참가자에게 회의 주제나 문제에 대한 정보를 미리 알려주면 많은 양의 아이디어가 나올 수 있다.

④ 진행자는 회의 분위기를 잘 이끌 수 있는 사람으로 선택한다. 모든 참가자들을 편안하고 공정하게 대하고 주제의 방향이 벗어나지 않도록 4원칙을 확실히 지킬 수 있어야 한다.

⑤ 참가자 전원의 얼굴이 보이도록 책상과 의자를 배치한다. 원형이나 사각형 책상이 좋다.

⑥ 칠판이나 화이트보드 등을 준비하여 발표된 아이디어를 전부 기록하고, 요약한다.

⑦ 회의 시간은 30분에서 1시간 정도가 적당하다. 아이디어 내용은 가능한 한 서로의 아이디어가 조합되고 개선되는 방향으로 유도한다.

⑧ 편견이나 감정 없이 공정하게 아이디어를 평가한다. 현실성과 독창성을 고려하고, 평가항목과 평가척을 만들어서 활용하는 것이 좋다.

⑨ 최종적으로 선정된 아이디어를 회의 참석자들에게 알려주고, 수정하거나 보완할 부분을 검토한다.

브레인스토밍을 효과적으로 실천하기 위해서는 4가지 기본 규칙을 지켜야 한다. 이 4가지 규칙은 확산적 사고 기법의 기본적인 특징을 잘 나타내고 있다.

① 새로운 아이디어를 내놓는 것에만 전념하고 다른 사람의 아이디어에 대한 판단은 나중에 한다.

② 누구나 생각나는 대로 자유롭게 말하고 틀리는 것에 대한 두려움을 떨쳐내는 자신감을 갖는다.

③ 아이디어의 양이 많고 다양할수록 좋은 아이디어가 나오게 된다.

④ 서로 다른 아이디어를 결합하거나 개선시켜 더 좋은 아이디어로 발전시킨다.

그러므로 브레인스토밍에서는 어떠한 내용의 발언이라도 그에 대한 비판을 해서는 안 되며, 오히려 자유분방하고 엉뚱하기까지 한 의견을 출발점으로 해서 아이디어를 전개시켜 나가도록 하고 있다. 회의에는 리더를 두고, 구성원 수는 10명 내외를 한도로 한다.

활용상의 유의점은 다음과 같다.

① 문제를 명확하게 알려야 한다. 막연해서는 안 된다. 그리고 참가자 전원 아이디어를 내놓도록 유도한다.
② 항상 의견에 대한 가치 평가는 뒤로 미룬다.
③ 정리된 의견이 아니더라도 자유분방한 의견 자체를 존중한다.
④ 되도록 많은 의견을 모아 분석하고 채택한다.
⑤ 한 주제에 대하여 장시간을 진행하는 것은 효과가 없다
⑥ 진행자와 서기는 토의가 종료된 후에라도 또 다른 아이디어가 없는지를 확인한다.
⑦ 아이디어를 종합하는 과정에서 채택되지 못한 안건에 대해서도 재검토하도록 한다.

▸ 주제 : 컴퓨터 USB 응용 제품 개발하기 적용사례

PC 본체에 마우스·키보드·스피커 등 주변기기를 연결하기 위해 개발된 USB의 활용도가 갈수록 커지고 있다. 앞으로 어떤 제품이 개발되면 많이 활용될 수 있을지 새로운 USB 응용 제품에 대한 아이디어를 생각해 보자. 4~6명씩 그룹을 만들어서 브레인스토밍을 해 보세요.

① 예) 휴대용 메모리, MP3플레이어, 무선 인터넷 모뎀, DMB수신장치
②
③
④
⑤
⑥
⑦
최종안 :

2) 브레인라이팅(Brainwriting)

브레인라이팅은 브레인스토밍의 변형 기법으로서 브레인스토밍의 원리와 규칙을 적용하여 아이디어를 산출하되, 아이디어 창출 과정에서 침묵 속에서 개별적으로 아이디어를 창출하여 종이에 기록하고, 그것을 서로 돌려보며 아이디어를 추가해나가는 사고 기법이다. 독일 프랑크푸르트의 Battelle Institute에서 개발하였다.

침묵 속에서 개별적으로 아이디어를 종이에 기록하게 하는 것은 개인의 사고 능력을 최고도로 발휘할 수 있게 하며 지배적인 개인들의 영향을 줄여 준다. 또 기록한 아이디어들을 서로 돌려본 후 아이디어를 추가하게 함으로써 모든 참가자들은 서로의 아이디어를 공유할 수 있게 되며 산출된 아이디어를 더욱 발전적으로 확장하고 개선할 수 있게 된다.

주로 아이디어의 생성을 위한 확산적 상황에서 많이 쓰인다.

절차는 다음과 같다.

문제의 확인

▼

집단의 구성

▼

규칙 확인

▼

문제의 제시

▼

자신의 아이디어를 카드에 기록 - 제출

▼

다른 사람의 카드에 아이디어 추가 기록 - 제출(반복)

▼

아이디어 평가 및 선택

[그림 Ⅳ-10] 브레인라이팅 활용 절차

진행 요령은 다음과 같다.

① 팀원 각자는 브레인라이팅 시트를 1장씩 가지고, 예비 시트 1매는 책상의 가운데에 둔다.

② 브레인스토밍 4원칙을 그대로 준수한다.(비판 엄금, 자유 분방, 질보다 양, 결합 개선)

③ 시작을 알리면 가로 칸(A - 1, A - 2, A - 3)에 3가지 아이디어를 기입한다.

④ 3가지 아이디어를 기입하고, 그 시트를 책상 가운데에 있는 시트와 바꾼다.

⑤ 이미 기입되어 있는 3가지 아이디어의 아래 칸(B - 1, B - 2, B - 3)에 새로운 아이디어 3가지를 써넣는다. 이미 기입되어 있는 아이디어와의 조합이나 추가 쪽으로 아이디어를 내가면 양질의 아이디어 발상에 유익하다.

⑥ 아이디어 발상을 멈추라는 지시가 있을 때까지 계속해서 시트를 바꾸면서 아이디어를 써넣는다.

⑦ 아이디어 발상이 끝나면 토의를 통해 가장 좋은 아이디어를 고른다.

<표 Ⅳ-3> 브레인라이팅 시트(Brainwriting sheet)

문제 진술 :			
	A1 (아이디어 A)	A2 (아이디어 B)	A2 (아이디어 C)
참가자 1	B1	B2	B3
참가자 2	C1	C2	C3
참가자 3	D1	D2	D3
⋮			

(1) 규칙

① 비판엄금 - 창출된 어떤 아이디어도 비판하거나 평가해서는 안된다.

② 자유분방 - 자유 분방한 분위기 조성을 한다.

③ 질보다 양 - 아이디어가 많으면 많을수록 좋다.

④ 결함 개선(의견편승) - 아이디어의 결합과 조합을 통해 개선한다.

⑤ 절대 침묵 - 다른 사람의 아이디어 산출 작업을 방해하지 않는다.

(2) 활용상의 유의점

① 학생들은 흔히 앞 사람이 기록한 아이디어를 읽어보지 않고 자기의 아이디어만 기록하는 경우가 있는데, 다른 사람의 카드에 아이디어를 추가할 때는 반드시 앞 사람이 기록한 아이디어를 읽어보고 자신의 생각을 기록하도록 지도한다.

② 아이디어 생성 속도나 기록 속도가 빨라 다른 학생의 카드를 기다리고 있을 경우를 대비해 여분의 카드를 1~2장 테이블 위에 마련해 둔다. 속도가 빠른 사람은 기다리는 동안 여분의 카드를 이용하여 아이디어를 기록한다.

적용 사례는 다음과 같다.

▸ 사용 중 불편함을 느낀 정비용 공구를 선택하여 개선하기

예) 소켓 렌치, 스패너, 플라이어, 드라이버, 니퍼, 롱 노우즈, 토크렌치 바이스 플라이어, 몽키 스패너 등

※ 여러 가지 정비용 공구 중 한 가지를 선택

▸ 선택한 정비용 공구의 불편함을 개선하기 위한 아이디어를 브레인라이팅 기법을 활용하여 기록해 보자.

문제 진술 :

	아이디어 A	아이디어 B	아이디어 C
참가자 1			
참가자 2			
참가자 3			
⋮			

3) 스캠퍼(SCAMPER)

스캠퍼 기법은 특정 대상이나 특정 문제에 7가지의 대표적인 질문을 활용하여 사고를 자극함으로써 새로운 아이디어를 얻는 것으로 밥 에벌러(Bob Eberle)가 오스본(Osborn)의 동사 체크리스트를 재조직하여 만든 사고 기법이다. 스캠퍼의 각 내용은 외우기도 쉽고 실생활에 많은 도움을 주기 때문에 창의성 함양에 널리 사용되어 왔다.

S·C·A·M·P·E·R는 대치하기(Substitute), 결합하기(Combine), 동화시키기(Adapt), 수정·확대·축소하기(Modify-Magnify-Minify), 용도 변경하기(Put to other uses), 제거하기(Eliminate), 재정리하기(Rearrange)의 첫 철자를 따서 기억하기 좋게 만든 약어로서 대상의 용도 개발, 품질 개선, 실용성 증진 등에 유용하다. 또한 주어진 질문의 패턴에 따라 사고를 전개시키므로 문제의식을 습관화할 수 있다.

주로 아이디어의 생성을 위한 확산적 상황에서 많이 쓰인다.

<표 Ⅳ-4> 스캠퍼의 사고 유형

약어	사고유형	질 문 내 용
S	대치하기 (Substitute)	다른 누구? 다른 무엇? 다른 성분? 다른 재료? 다른 에너지? 다른 장소? 다른 음성?
C	결합하기 (Combine)	혼합하면? 단원을 조합하면? 목적을 합하면? 아이디어를 조합시키면?
A	동화시키기 (Adapt)	번안하면? 각색을 하면? 이것과 비슷한 것은? 이것은 어떤 아이디어를 시사하는가? 과거의 것과 비슷한 것은? 베낄 수 있는 것은? 내가 흉내 낼 수 있는 사람은?
M	수정·확대·축소하기 (Modify-Magnify-Minify)	확대시키면? 빼면? 변형시키면? 의미, 색깔, 소리, 향기, 형태 등을 바꾸면? 빈도를 높이면? 더 강하게 하면? 더 길면? 생략하면? 간소화하면? 분리하면? 작게(가볍게, 쉽게, 짧게)하면?
P	용도 변경하기 (Put to other uses)	(모양, 무게 또는 형태 등으로 보아) 다른 용도는? 수정하면? 맥락을 바꾸면?
E	제거하기 (Eliminate)	이것을 없애 버리면? 부품 수를 줄이면? 압축시키면? 낮추면? 더 가볍게 하면? 없어도 할 수 있는 것은?
R	재정리하기 (Rearrange)	거꾸로 하면? 반대로 하면? 역할을 바꾸면? 위치를 바꾸면? 다른 시퀀스는? 보조를 바꾸면? 원인과 결과를 바꾸어 보면?

진행 요령은 다음과 같다.

① 활용 용도를 찾거나 개선, 변형하고자 하는 대상을 선정한다.

② 스캠퍼의 7가지 질문을 적용하여 아이디어 생성한다.

③ 산출된 아이디어에 대한 평가 작업을 거쳐 문제 해결에 적합한 아이디어를 선택한다.

활용상의 유의점은 다음과 같다.

① 스캠퍼의 질문은 약어의 철자 순서대로 할 필요는 없으며 아이디어의 흐름을 자극할 필요가 있을 때 선택적으로 사용할 수 있다.

② 스캠퍼 훈련 단계에서는 순서대로 질문에 답하게 하는 방법도 좋다.

적용 사례는 다음과 같다.

▸ 많이 사용하는 물건을 스캠퍼 기법에 따라 개선해 보게 한다.

결합이 있는 선풍기의 기능 개선하기 위한 SCAMPER기법 활용

▼

S(대치) - 더 편리한 선풍기로 대체할 수 있을까?
C(결합) - 선풍기의 풍력 조절 기능과 온도 인식 자동화 시스템을 결합하면?
A(동화) - 다른 여러 제품들의 기능적인 아이디어가 현재 해결하려는 문제와 적합한가?
M(수정, 확대, 축소) - 풍향스위치를 센서를 통해 사용자의 거리에 따라 풍향을 조절할 수 있도록 변경한다면?
P(용도변경) - 선풍기를 여름철이 아닌 겨울철에 사용할 수 없을까?
E(제거) - 선풍기의 날개를 없애거나 다른 것으로 축소할 수 있을까?
R(재정리) - 선풍기를 360도 돌아가도록 설계가 되도록 재정렬할 수 있을까?

4) 기회의 원(Circle of opportunity)

미국의 전문 창의성 컨설턴트인 미켈코는 1991년 임의성을 이용해서 문제의 속성들을 선택하고, 선택된 속성들을 결합하여 자유 연상함으로써 아이디어를 얻는 기회의 원 기법을 개발했다. 이 기법은 속성열거법과 다소 비슷하며, 소요 시간은 긴 편이지만 뜻밖의 많은 아이디어를 낼 수 있는 장점이 있다(제임스 하긴스 지음, 박수규(역). 2003).

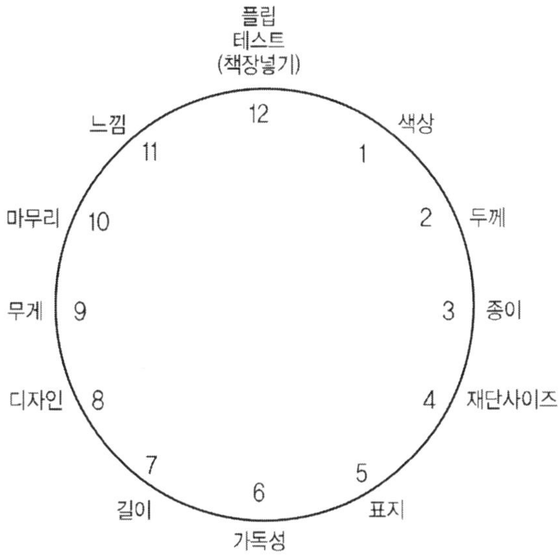

[그림 Ⅳ-11] 기회의 원

절차 및 진행 요령은 다음과 같다.

① 문제를 기술(정의)한다.(신제품 개발, 기존의 제품 개선 등)

② 원을 그리고 시계처럼 숫자를 1부터 12까지 적는다.

③ 문제의 속성 중 12개를 골라 원 바깥쪽 숫자 옆에 1개씩 적는다.

④ 주사위 한 개를 던져 해당 번호의 속성을 선택한다.

⑤ 한 쌍의 주사위를 던져 두 수의 합에 해당하는 다른 속성을 선택한다.

⑥ 각각의 속성에 대해 자유 연상 하고 나서 두 속성을 결합하여 다시 자유 연상 한다.

⑦ 연상의 결과가 문제 간에 어떤 연관성이 있는지 생각하면서 아이디어를 찾는다.

기회의 원 기법은 다양한 문제에서 적용될 수 있고 뜻밖의 아이디어를 얻을 수 있다. 개인이 사용할 수도 있지만 방법이 재미있어 여러 명이 집단으로 아이디어를 낼 때 활용하면 더욱 효과적이다.

적용 사례는 다음과 같다.

▸ 서류 가방을 개선하는 문제

① 원을 그리고 12가지 속성을 적는다.
② 주사위를 한 개 던져 5번(안전), 두 개를 던져 10번(재료)이 나온다.
③ 이 속성들을 자유 연상한 결과 플라스틱, 숨김, 방탄 조끼, 경보음, 움직임 감지기, 비디오 카메라가 나온다.
④ 이 연상들로부터 다음과 같은 아이디어가 떠오른다.

▼

- 서류 가방 안에 보안 주머니를 숨겨 놓는다.
- 방탄 재료로 가방을 만든다.
- 다른 사람이 만지면 경보음과 움직임 감지기가 작동되게 된다.

▼

① 다시 주사위 한 개를 던져 6번(덧대기), 두 개를 던져 9번(색상)이 나온다.
② 이것들을 자유 연상하여 부드럽다, 스펀지, 주머니, 무지개를 얻는다.
③ 그리고 이 연상들로부터 다음과 같은 아이디어들을 얻는다.

▼

- 여러 가지 색상의 서류 가방
- 확장 파일 주머니의 파일별 색상 구분
- 보색으로 덧댄 손잡이
- 노트북 컴퓨터를 휴대할 때 사용하도록 보색으로 덧댄 구획, 컴퓨터를 휴대하지 않을 때는 이 구획을 제거하여 공간을 확보한다.

5) 제품 개선 체크리스트(Product Improvement Checklist)

제품에 관한 새로운 아이디어 생성을 돕고자 미국 오클라호마 대학의 밴건디(VanGundy) 교수는 제품 개선 체크리스트(PICL)를 개발했다. 이 체크리스트는 오스본의 동사 체크리스트와 유사한 기능을 하며, 새로운 사고 패턴을 제공해 준다. PICL에는 다음과 같은 예들을 포함하여 총 576개의 아이디어 자극 단어가 네 영역으로 구분되어 있다(제임스 하긴스 지음, 박수규(역). 2003).

시도하다(Try to) :	**만들다(Make it) :**
팽창시키다 비틀다 그리다 꿰매다 걸다 수축시키다 기체화하다	투명하다 부드럽게 딱딱하게 얇게 두껍게 깨지지 않게 삼각형으로
생각하다(Think of) :	**제거 또는 첨가하다(Take Away or Add):**
시한폭탄 텔레비전 개미 4계절 박테리아 Lancelot 경	기대 깔때기 흠 알코올 벨크로 힘

PICL을 이용하여 아이디어를 얻고자 할 때는 먼저 개선하고자 하는 제품이나 서비스를 확인한 후, 위의 네 영역 중 한가지 영역을 골라 열거된 단어들을 훑어본 다음 단어 한 개를 고른다. 그리고 선택한 단어를 이용해 자신의 문제 해결에 도움이 될 만한 아이디어를 생각하고 떠오르는 아이디어를 모두 기록한다. 위와 같은 과정을 실행 가능한 아이디어가 나올 때까지 계속 반복하여 가장 좋은 아이디어를 선택한다.

예컨대, 문제가 "어떻게 하면 손전등을 개선할 수 있을까?"라고 하자, 먼저, 체크리스트 중 한 가지 영역을 골라 단어들을 훑어본 다음 단어를 한 개 선택한다.

- 만약 '시도하다' 영역 중 '꿰매다'를 선택했다면, 이 단어를 자극제로 이용하고 생각나는 아이디어를 기록한다. 손잡이를 꿰매어서 다양한 형태가 나올 수 있다.
- 물에 빠뜨렸을 경우 가라앉지 않고 떠 있는 손전등을 만든다.('팽창시켜 보다'로부터)
- 투명 전화기처럼 손전등을 통해 건너편 물체가 잘 보이게 만든다.('투명하게 만들다'로부터)
- 일정 시간이 지나면 자동으로 꺼지도록 타이머를 부착한다.('시한 폭탄을 생각하다'로부터)

- 스위치에 손이 닿기 바로 전에 불이 켜지게 만든다.('기대를 제거 또는 첨가하다'로부터)

PICL은 최근에 개발되었으나 이미 많은 사람들이 사용하고 있다. 역시 밴건디 교수가 개발한 것으로서 PICL의 다른 형태인 '창의성의 원(Cirlces of Creativity)'이라는 것도 있다. 창의성의 원이란 동신원에 수백 개의 단어가 '~를 시도하다', '~를 만들다', '~를 생각하다', '~를 상상하다', '~를 첨가하거나 제거하다'와 같은 영역으로 구분되어 있다. 원을 돌리고 부착되어 있는 화살표들을 이용하면 단어 결합이 몇 가지 나오게 되고, 이 결합들로부터 기존의 제품이나 서비스에 관한 개선 방법을 얻을 수 있다.

PICL은 신제품 개발 외에도 마케팅이나 고객 서비스와 같은 다소 추상적인 문제에 대한 아이디어 생성에도 유용하다는 것이 입증되었다.

제품 개선 체크리스트 단계 요약

① 먼저 개선하고자 하는 제품이나 서비스를 정확히 파악하라.

② 제품 개선 체크리스트에 수록된 단어를 선택하고, 이것을 제품이나 서비스에 응용해 보라. 그리고 그 결과를 기록하라.

③ 잠재적인 대안들 중에서 어느 것이 가장 실행 가능성이 높은지를 결정하라.

다. 아이디어 평가를 위한 수렴적 사고기법

수렴적 사고기법은 생성해 낸 아이디어들을 심사·분류·평가하여 최선의 것을 선택하기 위한 것이다. 창의적인 아이디어들을 생성해 내는 것만으로는 충분할 수가 없다. 왜냐하면 여러 개의 아이디어(또는 대안) 가운데서 우리가 선택하여 실천할 수 있는 것은 한 개 또는 몇 개일 수밖에 없기 때문이다. 그리고 시초의 아이디어들은 심사·분류·평가하는 가운데에서 더 나은 것으로 진화하며 개발해 갈 수 있기 때문이다.

이러한 사고전략 기법들은 학습자의 문제 해결 과정에서도 적용될 수 있지만, 사전에 문제 해결 활동 이전에 확산적 사고 활동 프로그램 및 수렴적 사고 활동 프로그램으로 활동을 한다면 학생들의 문제 해결 활동이 보다 촉진될 수 있을 것이다.

<표 IV-5> 수렴적 사고기법과 특징

사고기법 (사고도구)	주요 절차	특 징
창의적 평가	① 아이디어들을 일정한 차례로 적어서 목록(리스트) 만들기 ② 자신이 정한 간단한 기준에 따라 아이디어들을 3개 집단으로 나누기 ③ 3개 집단으로 나눈 아이디어들을 대충 평가해 보기	아이디어의 수가 상당히 많고 그런 아이디어들을 대충 평가해도 좋을 때 효과적으로 사용할 수 있는 기법
하이라이팅 기법	① 히트(hits)를 찾아내기 ② 서로 관련되어 있는 것 같이 보이는 히트들을 함께 묶기 ③ '핫 스파트'를 발견하기 ④ '핫 스파트'를 재진술하기	여러 가지 의견들을 기본적인 몇 개의 집단(범주)로 압축하여 분류하기 위한 기법
역브레인 스토밍	① 가급적 아이디어를 생성했던 사람들이 참여하기 ② 차트 용지에다 아이디어 리스트와 함께 문제를 기록하여 잘 보이는 곳에 고정시키기 ③ 어떤 한 사람 또는 여러 사람이 리스트에 적혀 있는 첫 번째 아이디어에 대하여 비판을 가하고 그것을 차트 용지에다 적기 ④ 나머지 아이디어들도 모두 비판하고 차트 용지에다 적기 ⑤ 제시된 비판을 고려하여 아이디어에 수정을 가하고 다듬기 ⑥ 약점이 가장 적고 문제를 가장 잘 해결해 줄 수 있을 것 같은 아이디어 선택하기	생성해 놓은 아이디어에 비판을 함으로써 어떤 아이디어가 가질 수 있는 가능한 약점들을 모두 발견해 내고 그 아이디어가 실천될 때 잘못될 수 있는 것이 무엇인지를 예상해 볼 수 있도록 한 기법
ALU	① 대안들의 Advantage(강점) - Limitation(제한) - Unique Qualities(독특한 특성) 살펴보기 ② 대안들을 분석하고, 다듬고, 발전시키기 위해 노력하기	대안들을 분석하고, 다듬고, 발전시키기 위한 것으로 매우 신기한 의견들을 생산적으로 발전시킬 수 있을 뿐만 아니라 흔한 것처럼 보이는 아이디어라 해서 쉽게 내던져 버리는 일이 없도록 하는 구조적인 기법

사고기법 (사고도구)	주요 절차	특 징
P-P-C 대화 기법	① 아이디어의 Positive(긍정적인 면) - Possibilities (가능성) - Concerns(염려스러운 점)에 대해서 생각해 보기 ② 미심쩍은 생각이 드는 유보적인 아이디어에 더욱 유용하게 사용하기	창의적 아이디어를 다루는 P-P-C 대화기법은 특히 미심쩍은 생각이 드는 (유보적인) 아이디어를 다룰 때 사용하는 기법
평가 행렬법	① 행렬표를 준비해서 평가하고자 하는 의견들을 왼쪽에, 평가에 사용하려는 핵심기준들을 오른쪽에 적기 ② 기준에 따라 의견들을 평가할 때 사용할 적절한 평정체제를 선택한 후 평가해서 행렬표를 완성하기 ③ 결과를 해석하기	의견들이 제법 많고 이들을 기준에 따라 체계적으로 평가하고자 할 때 사용하는 기법
쌍비교 분석법	① 의견들을 왼쪽에 아래로 나열하고 각각을 'A~H'라는 철자로 표기하기 ② 의견들의 각 쌍을 비교하기 ③ 모든 쌍들을 비교하고 점수를 기입하기 ④ 점수를 더해서 총점란에 적기	몇 개의 대안들을 우선순위 또는 순서를 매길 때 적절하게 사용할 수 있는 기법
PMI	① 대안들의 Plus(강점) - Minus(약점) - Interesting(흥미로운 것)을 살펴보기 ② 아이디어 제안 및 건의 같은 것들을 처리할 때 사용하기	먼저 좋은 점을, 다음에 나쁜 점을, 그리고 흥미롭다고 생각되는 점을 나열하며 아이디어, 제안 및 건의 같은 것들을 처리할 때 사용하는 기법
CAF	① 어떤 결정을 내리거나 어떤 선택을 할 때 항상 모든 요인들을 따져보기 ② 다른 사람의 생각이나 입장을 곰곰히 살펴본 후에 신중하게 선택을 하거나 결정하기	어떤 결정을 내리거나, 어떤 것을 선택할 때 중요한 사항을 빠뜨리지 않고 모든 요인들을 고려하는 기법
Rules	① 규칙이란 무엇인지 이해하기 ② 규칙이 왜 만들어졌는지 이해하기 ③ 어떤 장소나 모임에 필요한 새로운 규칙을 만들어보기	모든 사람의 삶을 편리하게, 더 행복하게 하기 위해 만들어진 규칙에 대한 이해
C&S	① 즉각적 결과, 단기적 결과, 중기적 결과, 장기적 결과에 대해 이해하기 ② 어떤 계획을 하거나, 어떤 결정을 할 때 즉각적 결과, 단기적 결과, 중기적 결과, 장기적 결과 고려하기	즉각적 결과, 단기적 결과(1~4년), 중기적 결과(5~24년), 장기적 결과(25년 이상)로 구분해서 결과를 예측하는 기법

사고기법 (사고도구)	주요 절차	특 징
AGO	① 하고자 하는 행동의 목표·목적을 정확히 알기 ② 목표와 목적에 맞게 행동하기	자신이 하고자 하는 행동의 목표를 정확히 파악하는 것은 매우 중요한데 이렇게 중요한 목표를 살피는 기법
Planning	① 계획의 뜻과 계획의 중요성 생각해 보기 ② 계획을 분명하게 세우고 일을 추진하기	어떤 일을 어떻게 할 것인가를 미리 생각해 보는 계획에 대하여 활동
FIP	① 관련되어 있는 많은 사항을 생각해 보고 나서 가장 중요한 사항을 고르기 ② 가장 중요한 사항을 고르는 것이 어려울 때는 다른 각도에서 문제를 생각해 보기 ③ 중요하지 않다고 분류된 것도 무시하지 말고 고려해 보려는 자세 갖기	어떤 문제에 대하여 생각할 때, 많은 의견을 제시한 후 그 중 어떤 것이 가장 중요한 것인가를 고르는 활동에 관한 기법
APC	① 결정을 내리거나 행동을 할 때 자기 마음대로 하지 않고 여러 가지 다른 방법을 찾아보기 ② 다른 의견을 고려하여 신중하게 결정하고 행동하기	자신의 생각만으로 결정하는 것이 아니라 처음에는 생각하지 못했던 다른 의견, 다른 방법을 생각하는 활동
Decision	① 결정을 내린 후 왜 그런 결정을 내렸는지 이유를 항상 설명할 수 있도록 하기 ② 결정을 내린 후 그 결정을 바꿀 수 있는지 없는지 알기 ③ 결정을 내릴 때 모든 사항을 생각하고, 결과를 생각해 보고, 목적을 분명히 하고, 중요한 사항을 따져보고, 다른 방법을 찾아보기 ④ 하나를 얻기 위해 다른 것을 포기할 준비를 하고 결정을 내리기	결정을 내릴 때에는 관련된 모든 사항을 생각해 보고, 목적에 대하여 생각해 보고, 결과에 대해서 생각해 보고, 가장 중요한 사항에 대하여 생각해 보고, 다른 새로운 방법에 대해서 생각해 보고 의사결정을 하는 활동
OPV	① 어떤 생각에 찬성하든 반대하든 상관없이 다른 사람의 생각을 살펴보기 ② 자기의 생각이 옳다고 해도 그것을 다른 사람들에게 강요하지 않기 ③ 다른 사람이 자신의 생각을 알고 있는지 알아보기 ④ 여러 사람의 생각 가운데 비슷한 점과 다른 점을 찾으려고 노력하기	어떤 사건의 결과나 목적에 대해 다른 사람의 의견이 다를 수 있으므로 다른 사람이 어떻게 생각하는지, 다른 사람의 입장에 서서 다른 사람의 견해를 살피는 활동

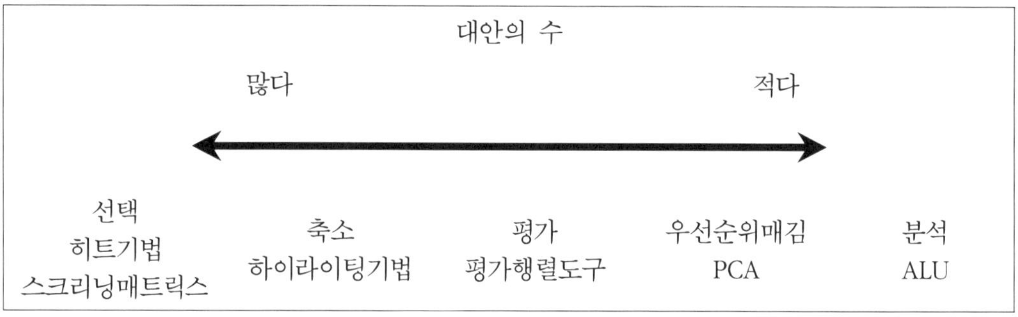

[그림 Ⅳ-12] 수렴적 사고 기법의 선택 모형

최선의 해결책을 찾아내는 일이 간단하고 자명할 수도 있다. 그러나 가능한 해결책들이 많이 생성되어 있는 경우 어느 것이 최선의 것인지가 그렇게 분명하지 아니할 수도 있다.

이제 생성해 놓은 유망한 대안들을 가려내고, 개발하고, 그리고 선택하기 위하여 사용할 수 있는 기법들을 정리해 보기로 한다. 이들 기법들은 [그림 Ⅳ-12]에서 볼 수 있는 바와 같이 주로 생성해 놓은 아이디어의 수가 몇 개 정도인가에 따라 적용할 수 있는 것이 달라진다. 그러나 하나가 아니라 몇 가지 기법을 차례대로 적용해 볼 필요가 있는 경우도 있을 것이다. 예컨대 평정 척도를 사용하여 몇 개의 그럴듯한 해결 대안을 골라낸 다음 예컨대 역 브레인스토밍 기법을 사용하여 보다 심도있는 평가를 할 수도 있을 것이다. 어떤 경우는 역 브레인스토밍 대신에 하이라이팅 기법을 사용하는 것이 더 적절할 수도 있을 것이다. 물론 이러한 복잡한 방법을 사용하지 않고 최선의 해결 대안을 쉽게 발견해 낼 수 있는 경우도 있을 것이다.

1) 하이라이팅(highlighting) 기법

하이라이팅(highlighting) 기법은 생성된 아이디어들 중 괜찮다고 느껴지는 아이디어들을 골라 낸 다음, 공통적인 측면이나 요소에 따라 묶음(결집, clusters)을 만드는데, 이를 적중 영역(hot spots)이라 한다. 하이라이팅은 이러한 적중 영역을 문제 해결에 적합한 형태로 재진술하는 기법이다.

하이라이팅 기법에서는 히트(대안들 가운데서 그럴 듯하고 괜찮다고 생각되는 대안)한 아이디어들을 관련된 것끼리 묶은 후 해결을 위한 '적중 영역'(hot spots)을 만들어낸다. 그리고 이러한 적중 영역의 해결책을 필요하면 수정하고 발전시켜 더 나은 대안으로 만들어 간다.

이 기법은 아이디어들을 평가하고 선택하는 간단하면서도 가장 효과적인 방법이다. 이 기법을 사용하는데 특별한 훈련이 필요한 것도 아니다. 또한 이 기법은 끝이 열려져 있는 성질의 것이기 때문에 집단 장면에서 사용하면 많은 논의가 이루어질 수 있다.

(1) 절차

생성된 아이디어에 차례대로 번호를 붙인다.

▼

아이디어를 차례로 음미, 재미있고 괜찮은 대안 선택('히트 아이디어')
※ 아이디어의 실현 가능성은 고려하지 않아도 된다.

▼

적중 영역을 만들고 골라낸 아이디어를 적중 영역별로 분류한다.

▼

적중 영역을 검토하고 그 의미를 재진술한다.

▼

문제의 요구를 가장 잘 충족시키는 것으로 판단되는 적중 영역을 선택
※ 두 개 이상의 적중 영역을 조합하여 하나의 해결책을 만들어도 좋다.

[그림 Ⅳ-13] 하이라이팅 기법의 절차

(2) 진행 요령

첫째, 아이디어들을 나열하고 차례대로 번호를 매긴다. 이 리스트를 음미해 보면서 재미있어 보이는 것에 표시를 한다('히트 아이디어'). 이때는 아이디어가 실현 가능한 것인지는 염두에 두지 않는다.

둘째, 서로 관련되어 있는 것 같이 보이는 히트 아이디어들을 같은 유목으로 결집시켜 '적중 영역'을 찾아낸다. 각 적중영역에 속하는 히트 아이디어들을 그 아래에서 나열한다.

셋째, 각 적중 영역을 검토해 보고 그것이 의미하는 것이 무엇인지를 재진술 한다. 검토하여 만든 재진술은 적중 영역의 히트 아이디어들이 가지고 있는 일반적 의미, 함의 또는 가능한 결과(효과)들이 같이 짜여 들어가는 것이어야 한다.

넷째, 문제의 요구를 가장 잘 만족시키는 것 같이 보이는 적중 영역 하나를 선택한다. 괜찮으면 몇 개의 적중 영역을 조합하여 하나의 해결책을 만들 수도 있다.

(3) 적용 사례

▸ 환경오염을 줄이기 위해 우리가 할 수 있는 방법 모색하기

1) 샴푸를 쓰지 말자 7) 자동차를 없애자 9) 재활용품을 사용하자 10) 나무를 많이 심자 14) 수도요금을 올리자 19) 기름 값을 올리자 21) 스님처럼 설거지 물을 마시자 22) 공장을 없애고 옛날로 돌아가자	27) 분리수거를 하자 30) 담장을 자연 풍경으로 꾸미자 32) 비료를 쓰지 않는 무농약 농사를 짓자 33) 일회용 용기 사용을 자제하자 41) 환경의 중요성을 반상회를 통해 알리자 43) 남은 재료를 활용하는 퓨전요리를 활성화하자 50) 한 달에 한 번 자기 집 앞 청소를 하자

※ 위는 57개의 대안 중 15개의 방법을 히트한 예이다.

재진술에 의해 선택된 해결책
환경오염을 줄이기 위해서 사회적인 면으로는 분리수거를 하고 재활용품을 사용하며 일회용 용기의 사용을 자제하는 한편, 예술·미학적인 면으로는 담장을 꾸미고 자기 집 앞을 청소하며 퓨전요리를 활성화하자.

2) ALU(Advantage, Limitation and Unique Qualities)

ALU기법은 강점(Advantage), 약점(Limitation) 그리고 독특한 특징(Unique Qualities)의 첫 단어로 만든 기본적인 수렴적 사고도구이다. 여러 가지 아이디어들을 분석하고, 다듬고, 발전시키기 위한 기법이다.

ALU기법은 한개 또는 몇 개의 대안을 가지고 있는데, 이들 모두가 가능해서 좀 더 깊이 있게 분석, 발전시킬 필요가 있을 때에 활용하기에 적합한 수렴기법이다.

이 기법은 매우 신기한 대안들을 생산적으로 발전시킬 수 있을 뿐만 아니라 흔한 것처럼 보이는 아이디어라 해서 쉽게 내던져 버리는 일이 없도록 하는 구조적인 접근법이다.

<표 IV-6> ALU기법의 의미

약어	영문	의미
A	Advantage	강점(이점, 장점), 긍정적인 면의 고려
L	Limitation	'제한', '약점', '문제점', 개선이 필요한 영역 찾기
U	Unique Qualities	'독특한 특성이나 기능성'의 확인

(1) 절차

1단계 : 강점, 이점, 장점 고려

▼

2단계 : 제한, 개선이 필요한 영역 찾아냄

▼

3단계 : 독특한 특성(unique qualities) 확인

▼

4단계 : '제한' 극복

[그림 IV-14] ALU 기법의 절차

(2) 진행 요령

첫째, 강점/이점, 장점을 고려한다. 강점을 먼저 고려하면 대안을 분석하는 일에 적극적으로 관여하게 되어 습관적인 회피현상을 방지할 수 있게 된다. 이 때 강점은 분명 적절한 것이어야지 사소한 것이거나 위장된 강점 같은 것이어서는 안 된다.

둘째, '제한' 또는 개선이 필요한 영역을 찾아낸다. 완벽한 대안이란 오히려 드물다. ALU는 대안이 가지고 있는 제한, 약점 또는 문제점들을 신중하게 고려한다. 그러나 그렇게 하는 목적은 대안을 잘라 버리기 위한 것이 아니라 약점을 극복하여 더욱 발전시키는 데 있기 때문에 약점을 '어떻게' 또는 '어떻게 하면'과 같은 의문형으로 진술한다.

셋째, 각 대안들이 가지고 있는 '독특한 특성'을 확인한다. 각 대안들의 새롭고 독특한 요소들을 의식적으로 고려함으로써 각 대안이 가지고 있는 유용하고 가치 있는 측면을 내버리지 않을 수 있다.

넷째, '제한'을 극복한다. 일단 제한(약점)을 확인해내면 그것을 극복하고 강화시킬 수

있는 방법을 개발해야 한다. 그래서 ALU 기법은 보다 새롭고 유용한 결과, 즉 보다 창의적인 문제 해결을 성취할 가능성이 커진다.

(3) 적용 사례

▸ ALU 기법으로 새로운 필기도구 평가하기

문제: 우리가 사용하고 있는 필기도구의 불편한 점을 확인해보고, 그 불편함을 해결할 수 있는 필기도구 개선 아이디어를 세 가지 정도 창출해보고, 그 아이디어를 ALU 기법을 사용하여 아이디어를 평가해 보자.

▸ 가장 좋은 대안은?

	새로운 아이디어 1 :	새로운 아이디어 2 :	새로운 아이디어 3 :
강점 (Advantage)	• • •	• • •	• • •
약점 (Limitation)	• • •	• • •	• • •
독특한 특징 (Unique Qualities)	• • •	• • •	• • •

3) 평가 행렬법

평가 행렬법(Evaluation Matrix)은 대안들의 수가 제법 되지만, 이 대안들을 미리 정해 놓은 준거에 따라 체계적으로 평가하기 위한 사고 방법이다. 평가하려는 아이디어들을 세로축에 나열하고 평가 준거를 가로축에 적어 행렬표를 만든 후, 각 준거(평가 내용에 따라 준거는 달라짐)를 기초로 모든 아이디어를 판정한다.

이 기법은 해결 대안을 평가하고 선택할 때뿐만 아니라 문제 해결의 어떠한 단계에서도 사용할 수 있다. 예컨대, 관심영역 진술에서, 문제 진술에서, 그리고 행위단계에서 대안들을 평가할 때 사용할 수 있다. 그러나 체계적인 만큼 시간과 노력이 소요되는 단점이 있다.

<표 Ⅳ-7> 평가 행렬법 사용 양식

평가준거 / 아이디어	C (비용)	A (수용가능성)	R (자원)	T (시간)	S (공간)
1					
2					
3					
4					

(1) 진행 요령

① 행렬표를 준비한다.

아이디어나 준거의 순서 없이 아이디어는 왼쪽에, 준거는 윗부분에 나열한다.

② 행렬표를 완성한다.

평정척도에 따라 점수를 부여한다.

평정척도 예) 15점 / 수~가 / -1, 0, +1 / 부정적, 보통, 긍정적 등

③ 결과를 해석한다.

행렬표의 결과는 아이디어의 강점과 약점을 확인하는 데에만 이용한다. 어떤 준거에서는 점수가 낮은데 어떤 준거에서는 높은 점수로 평가되었다면 그 아이디어를 다듬어 발전시킬 방도를 연구하고 궁리해 봐야 한다.

(2) 적용 사례

▸ 학교 공부를 보다 능률적으로 할 수 있는 방법에 대해서 생각해 보자.

아이디어 \ 평가준거	학습	건강	인성	환경	총계
점심 식사 후 30분간 수면 시간을 준다.	8	10	9	6	33
남학생과 여학생이 짝이 되어 앉는다.	7	8	10	9	34
능력별 이동수업을 실시한다.	10	7	7	7	31
잘하는 학생과 못하는 학생을 짝지어 서로 가르쳐 주도록 한다.	9	6	6	8	29
수업 시간을 10분 단축한다.	6	9	8	5	28
교실 벽면을 다시 칠한다.	5	5	5	10	25

- 단순히 평점 점수를 더하기 한 것을 사용하지 않는다.
- 점수가 낮다고 하여 '나쁜' 대안이라 단정하기는 어렵다.
- 점수의 범위가 큰 대안은 "어떻게 하면 …?"이라는 질문을 하여 그 대안을 더욱 개발시키고 강화시킬 수는 없는지를 찾아봐야 한다.
- 평정체제에 숫자사용이 부적절하다고 생각되면 서술적인(부정적, 긍정적) 척도를 사용할 수도 있다.

4) 쌍비교 분석법(Paired Comparison Analysis, PCA)

쌍비교 분석법은 여러 가지 산출된 아이디어, 또는 문제해결을 위한 조건이나 기준 등을 한 쌍씩 비교·평가하여 좋은 것 또는 중요한 것의 우선순위를 결정하는 기법이다. 이 기법은 몇 개의 대안들을 우선순위, 또는 순서를 매길 때 적절하게 사용할 수 있는 기법이다. 예를 들어 몇 가지 문제 진술들 가운데서 어느 것을 먼저 다룰 것인지를 결정할 때, 또는 해결 대안들 가운데서 어느 것을 먼저 고려하여 분석하고 발전시킬 것인지를 결정하는 장면에서 PCA가 적합하다.

이 기법에서는 모든 대안들을 한 번에 한 쌍씩 비교해 보고 상대적인 중요성을 결정한다. 이런 식으로 모든 쌍들을 비교해 봄으로써 대안들의 상대적인 우선순위에 대한 감을 가질 수 있다. PCA는 개인적으로 사용할 수도 있고 집단에서 합의를 도출하기 위하여 사용할 수도 있다. 그리고 비교하려는 대안들은 같은 형태로 진술하는 것이 중요하다. 그리고 대안들은 서로 너무 가깝지 않게 특유해야 하지만, 그렇다고 너무 많은 것들을 지나치게 포괄적인 하나의 대안으로 묶는 것도 피해야 한다.

PCA는 다양한 상황에서 우선순위를 결정할 때 활용될 수 있다. PCA는 힘이 들고 시간이 걸린다. 그럼에도 불구하고 대안들이 모두 중요해서 우선순위를 매겨 사용할 필요가 있을 때 유용하게 사용할 수 있다. 그러나 행렬에 빠진 다른 유망한 대안이 있을 수도 있으며, 적용한 준거가 바뀌면 결과는 달라질 수 있음을 유의할 필요가 있다.

(1) 진행 요령

① 먼저 PCA표에 아이디어나 기준들을 나열해야 한다.

② 아이디어들을 하나씩 다른 모든 아이디어들과 차례로 쌍을 만들어 서로 비교한다. 이 때 더 중요한(좋은) 아이디어가 다른 것에 비해 어느 정도로 중요한가에 따라, 조금 중요하면 1점, 중요하면 2점, 매우 중요하면 3점을 부여한다. 점수 기록하는 방법은, 가령 A와 B를 비교해 볼 때 A가 B보다 매우 중요하다고 여겨지면 'A3'라고 상자 안에 써 넣으면 된다.

③ 모든 비교가 끝나면 각 아이디어별로 총점을 계산한다.

④ 마지막으로, 총점에 따라 중요성의 순서를 정한다.

(2) 적용 사례

▸ 운동물체 문제 해결 아이디어 평가하기

<준거 1 : 창의성의 관점>

<table>
<tr><td></td><td>아이디어</td><td>A</td><td>B</td><td>C</td><td>D</td><td>E</td><td>F</td><td>G</td><td>점수계</td></tr>
<tr><td rowspan="7">척 도
1. 약간 좋다.
2. 상당히 좋다.
3. 매우 더 좋다.</td><td>A</td><td></td><td>A2</td><td>A2</td><td>A2</td><td>E1</td><td>F1</td><td>G2</td><td rowspan="7">A = 6
B = 1
C = 2
D = 0
E = 12
F = 5
G = 10</td></tr>
<tr><td>B</td><td></td><td></td><td>C1</td><td>B1</td><td>E2</td><td>F2</td><td>G3</td></tr>
<tr><td>C</td><td></td><td></td><td></td><td>C1</td><td>E2</td><td>F1</td><td>G2</td></tr>
<tr><td>D</td><td></td><td></td><td></td><td></td><td>E3</td><td>F1</td><td>G2</td></tr>
<tr><td>E</td><td></td><td></td><td></td><td></td><td></td><td>E3</td><td>E1</td></tr>
<tr><td>F</td><td></td><td></td><td></td><td></td><td></td><td></td><td>G1</td></tr>
<tr><td>G</td><td></td><td></td><td></td><td></td><td></td><td></td><td></td></tr>
</table>

■ 결과해석

1. 탐색 아이디어 중에서 창의성의 관점에서는 E가 가장 좋은 아이디어로 평가되었다.

<준거 2 : 실용성의 관점>

<table>
<tr><td></td><td>절삭유</td><td>A</td><td>B</td><td>C</td><td>D</td><td>E</td><td>F</td><td>G</td><td>점수계</td></tr>
<tr><td rowspan="7">척 도
1. 약간 좋다.
2. 상당히 좋다.
3. 매우 더 좋다.</td><td>A</td><td></td><td>A2</td><td>A1</td><td>A2</td><td>E1</td><td>F1</td><td>G2</td><td rowspan="7">A = 5
B = 1
C = 2
D = 2
E = 8
F = 6
G = 10</td></tr>
<tr><td>B</td><td></td><td></td><td>C1</td><td>B1</td><td>E2</td><td>F2</td><td>G3</td></tr>
<tr><td>C</td><td></td><td></td><td></td><td>C1</td><td>E2</td><td>F2</td><td>G2</td></tr>
<tr><td>D</td><td></td><td></td><td></td><td></td><td>D2</td><td>F1</td><td>G2</td></tr>
<tr><td>E</td><td></td><td></td><td></td><td></td><td></td><td>E2</td><td>E1</td></tr>
<tr><td>F</td><td></td><td></td><td></td><td></td><td></td><td></td><td>G1</td></tr>
<tr><td>G</td><td></td><td></td><td></td><td></td><td></td><td></td><td></td></tr>
</table>

■ 결과해석

1. 탐색 아이디어 중에서 실용성의 관점에서는 G가 가장 좋은 아이디어로 평가되었다.

〈준거 3 : 디자인의 관점〉

	절삭유	A	B	C	D	E	F	G	점수계
	A		A2	A1	A2	E1	F1	G2	A=5
척 도	B			C1	B2	B2	F2	G1	B=4
1. 약간 좋다.	C				C3	E2	F1	G2	C=4
2. 상당히 좋다.	D					E2	F2	G2	D=0
3. 매우 더 좋다.	E						E3	E1	E=9
	F							G1	F=6
	G								G=8

■ 결과해석

1. 탐색 아이디어 중에서 디자인의 관점에서는 E가 가장 좋은 아이디어로 평가되었다.

〈준거 4 : 견고성의 관점〉

	절삭유	A	B	C	D	E	F	G	점수계
	A		A1	A1	A2	E1	F1	G2	A=4
척 도	B			C1	B1	E2	F2	B1	B=2
1. 약간 좋다.	C				C2	E2	F2	G2	C=3
2. 상당히 좋다.	D					D2	F1	G2	D=2
3. 매우 더 좋다.	E						E2	E1	E=8
	F							G1	F=6
	G								G=7

■ 결과해석

1. 탐색 아이디어 중에서 견고성의 관점에서는 E가 가장 좋은 아이디어로 평가되었다.

▸ 최종 결과 : 최종적으로 운동물체 아이디어 E가 가장 좋은 아이디어로 평가되었다.

운동물체 문제 해결 아이디어	창의성	실용성	디자인	견고성	점수계
A	6	5	5	4	20
B	1	1	4	2	8
C	2	2	4	3	11
D	0	2	0	2	4
E	12	8	9	8	37
F	5	6	6	6	23
G	10	10	8	7	35

5) 스크리닝 매트릭스(Screening Matrix)

스크리닝 매트릭스는 다양한 아이디어들을 아이디어의 질에 따라 분류하여 우선순위를 정하고 선택하여 활용하고자 할 때 사용하면 좋은 체계적인 수렴기법의 일종이다.

(1) 진행 요령

① 스크리닝 매트릭스의 준거를 두 가지로 정하고, 가능하면 준거 척도 상, 중, 하에 대한 루브릭을 만든다.

② 평가할 대상을 두 가지 관점을 평정하여 스크리닝 매트릭스표에 해당 셀에 기재를 한다.

③ ②와 같은 방법으로 모든 평가 대상을 평정하고 기재한다.

④ 각 셀 A, B, C, D, E의 등급으로 평가를 한다.

	⇦ 준 거 A		
⇧ 준 거 B	A	B	C
	B	C	D
	C	D	E

A: Best Idea
B: Second Idea
C: Doubtful Idea
D: Poor Idea
E: Worst Idea

[그림 Ⅳ-15] 스크리닝 매트릭스

(2) 적용 사례

스크리닝 매트릭스 기법은 평가할 대안의 수가 많을 경우 사용할 수 있다. 따라서 학생들의 포트폴리오를 자료의 참신성과 자료의 선정과 조직의 두 가지 관점에서 평가한 사례이다. 평가 결과는 A등급 5명, B등급 7명, C등급 15명, D등급 4명, E 등급 1명으로 평가되었다.

	⇦ CREATIVITY - 자료의 참신성		
⇧ 자료의 선정과 조직	A 2, 8, 9, 14, 23	B 3, 10, 11, 24	C 4, 19, 27, 28, 32
	B 1, 13, 16	C 5, 12, 17, 18, 25, 31	D 20, 22
	C 7, 15, 26, 30	D 6, 29	E 21

[그림 Ⅳ-16] 학급의 개인별 포트폴리오 평가를 위한 스크리닝 매트릭스Screening Matrix [숫자는 학생 번호]

성찰을 위한 토론

1. 디자인 씽킹에서 '문제'의 의미를 토론해 보자.
2. 디자인 씽킹에서의 문제를 진술하는 방법을 예를들어 설명해 보자.
3. 디자인 씽킹 과정에서의 사고 과정을 예를들어 토의해보자.
4. 확산적 사고 기법에는 어떠한 것들이 있는지, 그리고 그 차이점을 토의해보자.
5. 강제적 연결법에 의한 확산적 사고 기법의 잇점이 무엇인지 이야기해보자.
6. 수렴적 사고 기법에는 어떠한 것들이 있는지, 그리고 그 차이점을 토의해보자.
7. 아이디어가 많은 경우 활용 가능한 수렴적 사고기법과 실제로 평가를 해보자.

V 교육자를 위한 디자인 씽킹 툴

연구 문제

1. 디자인 씽킹을 위한 기본 마인드인 공감마인드를 계발할 수 있는 프로그램은 어떤 것이 있는가?
2. 교육자를 위한 디자인 씽킹 사례와 프로젝트 수행을 위한 참조할 만한 워크북은 어떤 것들이 있는가?

1. '공감' 마인드 프로그램 사례

1) 쉬는 시간 놀이 혁명[1)]

모둠 놀이하기의 창시자는 비알렛(Jill Vialet)이다.

캘리포니아의 오클랜드의 화창한 날에 Laurel Elementary School에서는 수백명의 어린이들이 쉬는 시간에 교실 밖으로 쏟아져 나와 체육관, 야구장, 레고 놀이공간에서 소리 지르고 재미있게 놀이를 하고 있다. 또 다른 그룹은 훌라후프를 하고 저학년은 축구 그물망에서 마음껏 놀고 있다.

모둠 놀이하기의 창시자 비아렛은 학교에서의 쉬는 시간 동안에 사회적 정서적 건강과 운동을 증진시키는 비영리 기관의 대표이다. 많은 미국의 학교에서는 쉬는 시간을 거의 주지 않는다. 그러나 아이들은 밖에서 마음껏 소리 지르고 뛰어 놀아야 한다. 긍정적인 혼돈(positive chaos)을 경험시켜야 한다고 주장한다.

[그림 V-1] 놀이하기의 창시자 비아렛

https://www.playworks.org/greater-washington-dc/2013/11/12/recess-rules-at-macomb-park-for-playworks-founder-jill-vialet/

---

1) 'Recess Rules' at Macomb Park for Playworks Founder Jill Vialet
https://harvardmagazine.com/2018/11/jill-vialet-playworks?fbclid=IwAR3okNh14RT9Sk_biaOTVZU1tRbL5VJOIHKlUdicP_06tfu3al1lL0-fc84

[그림 V-2] 쉬는 시간 놀이하기

[그림 V-3] 놀이의 6가지 기본 원리

놀이 공간의 경험은 몇 가지 기본 원리가 있다.

모든 아이들에게 최상의 즐거움, 자유로움을 절대적으로 보장해 주어야 한다. 이러한 원리를 학교에 적용해야 한다.

1. 모든 아이들은 반드시 교실을 벗어나 운동장이나 마을 놀이터에서 놀이를 경험해야 한다.
2. 어린이들은 행복을 하도록 그들이 직접 놀이와 게임을 선택해야 한다.
3. 모든 어린이들이 놀이 공간에서의 갈등을 해결하기 위하여 자기만의 기구를 가지고 있어야 한다.

4. 어른들은 어린이들 옆에서 신뢰와 긍정적인 더불어 함께하는 문화를 지지하고 모범을 보여야 한다.
5. 놀이는 보상으로 주어지는 것이 아니어야 한다.
6. 누구나 함께 게임에 참여하는 것에 호의적이어야 한다. 이는 함께 놀이하는 것은 가정 긍정적인 지역사회 발전의 수단이 되기 때문이다.

2) "공감의 뿌리(Roots of Empathy)" 메리 고든[2)]

공감의 뿌리는 사회적 정서적 효과와 공감능력을 증대시키고 공격 성향을 완화하는데 국제적으로 효과가 입증된 학교 프로그램이다. 이 프로그램은 5세부터 13세까지 학생들을 위하여 설계되었다. 캐나다에서는 이 프로그램은 영어권, 불어권, 도시와 농촌 등 전 지역에 보급되었다. 이 프로그램은 뉴질랜드, 미국, 아일랜드, 영국, 웨일즈, 북아일랜드, 스코틀랜드, 독일, 스위스, 네덜란드, 코스트리카 등의 나라에도 활용되고 있다.

정서적 소양(Emotional Literacy)

이 프로그램의 핵심은 1년에 3주 동안 지역의 영아와 그 부모가 학교에 참여한 것이다. 전문성이 있는 공감의 뿌리 교사는 영아의 감정 교감과 영아의 발달을 관찰하도록 학생들을 조력한다. 이러한 체험 학습은 영아는 학생들이 자인의 감정과 다른 사람의 감정을 자각하고 배려하는 일을 돕는 데 기여하는 영아는 최고의 교사이고 지렛대이다.

이 프로그램에서 가르치는 이러한 정서적 소양은 어린이들이 변화들(Changers)이 일어나는 교실을 보다 안전하고 돌봄의 기초를 쌓는다. 그들은 그들 자신의 감정의 이해와 다른 사람의 감정(공감)에 보다 예민해진다. 이렇게 함으로서 다른 사람을 신체적, 정신적, 정서적 고통과 상처를 줄이는데 기여한다. 공감의 뿌리 프로그램에서는 어린이들이 잔인함(cruelty)과 불의(injustice)에 도전하는 방법을 배운다.

교사는 교수활동을 강화하기 위하여 영아의 가정을 방문하면서 특별한 수업을 준비한다, 캐나다는 물론 국제적으로 많은 연구 결과에서 공감의 뿌리 프로그램은 많은 유ㅁ의미하게 공격 성향을 완화시키고 친 사회적 행동(pro-social behaviour)을 증가시켰다고

---

2) https://rootsofempathy.org/roots-of-empathy/
https://youtu.be/fNxkCt9Pm3o

보고하고 있다.

공감(Empathy)

공감은 사고(mind)와 정신(heart) 도무 가르침에 영향을 준다.

s의 인지적 관점은

The cognitive aspect of empathy is perspective taking and the affective aspect is emotion. Roots of Empathy educates both the mind and the heart.

공감은 책임 있는 시민과 책임 있는 돌봄의 핵심 요소이다. 영아의 안전과 발달에 관한 정보는 어린이들이 udden Infant Death Syndrome(SIDS), Shaken Baby Syndrome, Fetal Alcohol Spectrum Disorder(FASD), 흡연과 같은 영아 문제(infant vulnerability) 이슈를 보다 잘 이해하도록 돕는다.

부모 자녀관계의 관찰은 어린이들이 책임있는 부모로서의 모범을 제공한다.

공감의 뿌리 교육과정(The Roots of Empathy Curriculum)

이 교육과정은 어린이들의 발달과 홍미에 중점을 둔 포괄적인 프로그램이다. 교육과정의 638쪽에서는 9개의 주제를 3개의 학급 방문 지원 자료(사전 가정 방문, 가정 방문, 사후 가정 방문)를 폼함하고 있어 총 27개의 방문 자료가 있다. 9개의 각 주제는 4개의 연령 범위로 구뷰되어 있다.

유치원(Kindergarten)

초등 저학년(Primary) (Grades 1-3)

초등 고학년(Junior) (Grades 4-6)

중학교(Grades 7-8)

공감의 뿌리 교육과정은 교육의 정의적 영역을 강조하지만, 많은 활동이 학교 교육과정과 연계되어 있다. 예를들어 학생들은 영아의 몸무게 및 신체 측정 자료를 계산하고 도표화하는 수학적 능력을 활용한다. 문학은 감정 및 긍정적 책무에 입문하는 방법으로 활용된다. 즉 토론과 성찰은 공감 능력(solidarity and empathy)을 키운다.

연극 예술은 말하지 않고 내적 감정을 표현하는 큰 역할을 한다. 음악은 매우 강력한 감정을 자극한다. 음악은 고독을 해결하고 언어와 문화와 관계없이 모든 사람에게 소통할 수 있다.

[그림 V-4] 공감의 뿌리 학교

https://rootsofempathy.org/become-a-roots-of-empathy-school/
https://www.rootsofempathy.org/wp-content/uploads/2016/01/RootsofEmpathyProgramInformationForSchools_Digital-Use-Only-1.pdf

3) 성찰하고 행동하기 / 행동으로 옮기기[3)]

에릭 도슨

평화가 먼저다(Peace First)

Peace First는 다음을 통해 전 세계 젊은이들이 강력한 평화를 만드는 사람이 되도록 돕는 데 전념하는 비영리 단체이다.

그들의 아이디어에 투자하기

3) https://www.peacefirst.org/index.php/about-peace-first

그들에게 도구와 기술 제공

그들을 전 세계의 다른 멋진 젊은이들과 연결

그들의 이야기와 영향력을 세계와 공유

폭력은 우리 문화에 만연하고 있으며 거리의 총기에서부터 학교의 괴롭힘, 편협함, 그리고 서로 연결하고 존중하고 친절하지 못한 우리의 무능력에 이르기까지 매일 젊은이들에게 영향을 미친다. 이러한 경험은 청소년의 건강한 발달에 치명적인 영향을 미치며 우리 세계의 다른 많은 문제의 근원이 되는 순환에 기여한다.

고맙게도 20년 넘게 젊은이들과 함께 일한 경험을 통해 우리는 젊은이들이 부름을 받고 준비가 되어 있다면 강력한 문제 해결자가 될 수 있다는 것을 배웠습니다. 젊은이들에게 용기, 연민, 협력적 리더십의 기술을 가르쳐줌으로써 우리는 그들의 도덕적 상상력을 발휘할 수 있습니다. 이러한 아이디어에 투자함으로써 우리는 그들이 커뮤니티에서 가장 어려운 문제를 해결하도록 도울 수 있습니다.

지금은 젊은이들에게 가장 중요한 문제를 해결하는 데 필요한 기술을 가르치고, 우리 세상을 더 나은 방향으로 바꾸는 데 도움이 될 아이디어에 투자하고, 주변에서 일어나는 청소년 평화 만들기의 이야기를 축하함으로써 이 미개척 자원을 활용할 때입니다.

우리의 프로그램4)

피스 퍼스트 챌린지

20년 동안 50개 주와 82개국의 젊은이들과 협력해 온 성공을 기반으로 하는 Peace First Challenge는 전 세계 젊은이들이 자신이 관심을 갖고 있는 불의를 식별하고 다음의 도구를 사용하여 해결하기 위한 행동 촉구입니다. 연민, 용기, 협력적 리더십. 행동을 선택할 때 젊은이들은 기업가 정신을 발휘하여 지역 사회의 가장 큰 문제에 대한 강력한 솔루션을 만들고 공유하며 생산할 것이다.

챌린지는 13세에서 18세 사이의 청소년에게 특히 중점을 두고 전 세계 어디에서나 25세 미만의 청소년에게 열려 있습니다. 피스 퍼스트 챌린지를 수락하면 참가자는 도구,

4) https://www.peacefirst.org/index.php/our-programs

리소스, 훈련된 디지털 멘토를 받게 된다.

피스 퍼스트 듀엣

Peace First Duets는 최고의 예술가, 기업가, 활동가, 사상가를 우리 시대의 가장 중요한 문제를 탐구하는 강력한 대화를 위해 세상을 바꾸고 있는 10대 및 20대와 연결하는 스토리텔링 플랫폼이다.

디지털 활동 센터

디지털 활동 센터에는 우리의 대표적인 평화 만들기 커리큘럼이 있다. 피스 퍼스트 커리큘럼은 청소년의 발달 요구 사항을 충족하고 긍정적인 행동을 개발하고 실행하도록 돕는다. 우리 교과 과정은 경험 활동과 협동 게임을 사용하여 우정, 공정성, 협력, 갈등 해결 및 행동의 결과와 같은 주제를 다룬다.

평화 1등상

평화 1등상은 불의에 맞서고 차이의 선을 넘고 지속적인 변화를 만들어낼 용기와 연민을 가진 젊은이들을 보여주기 위해 고안되었다. 목표는 지원자의 대담한 작업을 널리 공유하고 리더십에 투자하며 다른 사람들이 평화를 일상 생활의 일부로 만들도록 영감을 주는 것이다. 가장 중요한 것은 지원자들의 이야기, 즉 강력한 변화를 주도하는 젊은이들의 놀라운 이야기를 하고 싶다는 것이다.

2. 교육자를 위한 디자인 씽킹 툴

1) 다문화 영재아를 위한 워크북[5)]

<table>
<tr><th>학습요소</th><th>차시</th><th>활동명</th><th>학습목표</th></tr>
<tr><td rowspan="2">공감
(Empathize)</td><td>3</td><td>• 디자인씽킹을 이용해 만들어진 제품들에 대해 배우기</td><td>• 스탠포드 대학생들의 미얀마 여행, 차량 공유 플랫폼을 통해 디자인 씽킹이 무엇인지 말할 수 있다.
• 차량 공유 플랫폼 쏘카의 성공 요인을 탐색할 수 있다.</td></tr>
<tr><td>4-5</td><td>• 사람들이 겪고 있는 문제점들을 찾아내는 방법을 배우기
• 공감하기 활동(인터뷰, 관찰)을 통해 수요자에 대한 공감과 이해</td><td>• 사람들이 겪고 있는 문제점들을 찾는 방법을 이야기 할 수 있다.
• 직접 질문지를 만들고 이를 통해 알게 된 문제점들 중 한가지를 주제로 선정할 수 있다.</td></tr>
<tr><td>문제정의
(Define)</td><td>6-7</td><td>• 공감지도 그리기
• POV, HMW 형태로 문제 정의하기</td><td>• 공감지도를 그릴 수 있다.
• POV 형태로 문제를 정의할 수 있다.
• HMW 형태로 문제를 정의할 수 있다.</td></tr>
<tr><td>아이디어
내기
(Ideate)</td><td>8-9</td><td>• 브레인스토밍을 통해 떠오르는 생각들 적어보기
• (브레인스토밍을 통해 나온) 아이디어 다듬기
• 아이디어를 노력-결과 그래프에 위치시키기</td><td>• 브레인스토밍이 무엇인지 설명할 수 있다.
• 아이디어를 기준에 따라 나누고 구체화하여 정리할 수 있다.</td></tr>
<tr><td rowspan="2">프로토
타입
(Prototype)</td><td>10-11</td><td>• 아이디어 설명서 만들기
• 전체 대상으로 프로토타입 발표하기
• 프로토타입이 무엇인지 알아보기</td><td>• 자신의 아이디어를 상세하게 설명할 수 있다.
• 프로토타입이 무엇인지 말할 수 있다.</td></tr>
<tr><td>12-13</td><td>• 필요한 물품 정리하기
• 제품 사용설명서 만들기
• 사용 후 느낀 점 작성하기</td><td>• 프로토타입을 만드는 데 필요한 것이 무엇인지 정리할 수 있다.
• 프로토타입을 직접 만들고 다른 사람에게 설명할 수 있다.</td></tr>
<tr><td rowspan="2">테스트
(Test)</td><td>14</td><td>• 사용자의 의견 정리하기
• 바꿔야 할 부분 정리하기</td><td>• 사용자의 의견을 종합하여 정리할 수 있다.
• 사례를 통하여 수정하는 방법을 설명할 수 있다.</td></tr>
<tr><td>15-16</td><td>• 사용자의 의견을 바탕으로 한 제품 제작하기
• 프로젝트를 통해 느낀 점 정리하기</td><td>• 제품을 다시 만들기 위해 필요한 부품을 정리하고 다시 만들 수 있다.</td></tr>
</table>

5) 이 자료는 김성실(2019)의 석사학위논문에서 개발한 다문화 영재아를 위한 디자인 씽킹 교육 프로그램 개발의 자료를 재구성한 것임

1. 공감하기(Empathize)

□ 수업 개요

디자인씽킹을 이용해 만들어진 제품들에 대해 배운다.

□ 수업 내용

<table>
<tr><td>교과/
학년</td><td>디자인씽킹 / 5, 6학년</td><td>차시</td><td>3</td></tr>
<tr><td>학습
목표</td><td colspan="3">1. 스탠포드 대학생들의 미얀마 여행, 차량 공유 플랫폼을 통해 디자인 씽킹이 무엇인지 말할 수 있다.
2. 차량 공유 플랫폼 쏘카의 성공 요인을 탐색할 수 있다.</td></tr>
<tr><td colspan="4">교재 내용</td></tr>
<tr><td colspan="4">【디자인씽킹 사례들】

3.1. 스탠포드 대학생들의 미얀마 여행 이야기
이번 시간에는 실제로 이 디자인씽킹의 과정들을 통해서 제품을 만들었던 사람들의 이야기에 대해 알아보고자 합니다. 먼저 소개해드릴 사례는 미얀마에 간 스탠포드 대학생들의 이야기입니다.

[미얀마에서 농사를 짓는 사람들]</td></tr>
</table>

미얀마의 국민중 60% 가 농업에 의존하고 있을 정도로 많은 사람들이 농사를 지으며 살아가고 있습니다. 하지만 이들은 한 가지 문제를 겪고 있었습니다. 바로 농작물을 기르기 위해 물을 주어야 하는데 넓은 땅에 골고루 물을 주는 것이 쉬운 일이 아니었죠. 특히 비가 많이 오는 우기에는 농작물이 잠길 정도로 비가 많이 오지만 비가 많이 오지 않는 건기에는 농작물을 기르는 것이 쉽지 않았습니다. 이런 문제를 해결하기 위해서 스탠포드 대학교의 대학생들은 미얀마에 직접 가서 상황을 보며 문제를 해결하고자 했습니다.

그들은 한동안 미얀마 농부들의 집에서 함께 자고 일하면서 그들의 문제를 공감하려고 했죠. 즉 역지사지 상대방의 입장이 되어 어떤 점이 정말 불편한 것인지 알아내려고 했습니다. 시간이 흘러 그들이 미얀만에서의 생활이 어느 정도 적응되어 갈 때쯤 학생들은 미얀마 농부들이 겪고 있는 진짜 문제점은 물을 공급하는 것이 아닌 것 같다고 느끼게 됩니다.

진짜 문제는 불이라는 것을 깨닫게 된 것이지요. 미얀마 농업지역에서는 전기가 통하지 않아 모두가 촛불에 의존해서 생활하고 있었습니다. 그 촛불마저도 많이 없어 학생들이 공부를 하려고 할 때면 여러명이 하나의 촛불 주위에 둘러 앉아 해야 했던 것이지요.

[촛불에 의존하고 있는 미얀마 학생들]

이런 상황을 깨닫게 된 학생들은 전기가 통하지 않아도 사용할 수 있는 전구를 개발해야겠다고 결심하게 됩니다. 그들은 어떻게 하면 전기 없이 불을 밝힐 수 있을까 고민을 하다 태양열 배터리를 이용하면 되겠다는 생각을 하게 됩니다. 즉 태양이 환하게 비추고 있는 낮에 이 전구를 충전시켜 두었다가 어두워 지면 이 전구를 켜서 방안을 비춰 주는 것이지요.

[태양열 전구를 사용하는 미얀마 사람들]

스탠포드 학생들은 우선 간단하게 프로토타입을 제작해 자신들이 살고 있던 농촌 지역의 사람들에게 보여주었습니다. 사람들은 아주 만족을 했고 현재는 미얀마 뿐만 아니라 총 42 개의 농촌 국가에서 이 전구를 사용하고 있습니다.

이 사례는 공감하기 단계의 중요성을 일깨워 주는 사례입니다. 만약 그 학생들이 미얀마에 직접가서 생활해 보지 않았다면 정작 중요한 문제가 무엇인지 알 수 없었겠지요?

3.2. 차량 공류 플랫폼 쏘카(Socar) 이야기

여러분 쏘카라는 회사에 대해 들어보신 적 있으신가요? 이제는 나름 유명해진 회사여서 아마 들어본 친구들도 있으실 텐데요. 들어본 적 없는 친구들도 지나가다 그림과 같인 생긴 차는 아마 가끔 보셨을 겁니다.

[차량 공유 플랫폼 소카]

쏘카는 공용차량을 사람들에게 빌려주고 대여료를 받는 회사입니다. 멀리 놀러가고 싶은데 차량이 없거나 평소에 차를 잘 쓰지 않지만 가끔씩 쓸 일이 있는 사람들에게는 매우 좋은 유용한 서비스입니다.

이런 쏘카라는 서비스가 탄생하게된 배경은 어느 한 부부의 부부싸움에서부터 시작되었습니다. 이 부부는 같이 사용하는 차가 한 대 있었는데 꼭 차가 필요해서 사용하려고 하면 다른 사람도 필요한 상황이었다고 합니다. 하지만 차량을 한 대 더 사기에는 너무 비용이 많이 들고 사용하지 않는 시간동안에는 주차장에 하루종일 주차되어 있는 경우를 보고 차량 10대 정도만 돌려서 사용했으면 좋겠다는 생각을 하게 됩니다.

그 당시에는 차량을 빌려주는 렌트카 라는 서비스가 있었지만 빌리는 절차가 까다로웠고 또 대여업체까지 찾아가야 한다는 불편함이 있었죠. 그래서 쏘카의 대표는 우리 주변에서 흔히 접근할 수 있고 또 빌리는 절차도 쉽게 만드는 대여회사를 만들어야 겠다고 생각하게 됩니다.

본격적으로 차를 빌려주기 전에 그는 먼저 차가 없는 젊은 사람들이 많이 오지만 차가 없으면 이동하기 불편한 제주도에서 빌려주는 서비스를 시작하기로 생각합니다.

[제주도의 해안도로]

반응은 폭발적이었고 쏘카는 현재 약 600만명이 사용할 정도로 굉장히 큰 회사가 된 것이지요. 프로토타입을 잘 만들어서 검증을 해본 좋은 사례라고 생각됩니다.

3.3. 두 사례를 보고 느낀 점 작성하기

※ 두 사례에서 보면 스탠포드 대학생들과 쏘카의 제작자들은 어떻게 공감하게 되었나요?

정리	【학습 활동 정리】 ■ 디자인씽킹을 이용해서 만들어진 제품들에 대해 인터넷, 도서를 이용하여 찾아본다.

□ 수업 개요

사람들이 겪고 있는 문제점들을 찾아내는 방법에 대해 배운다. 공감하기 활동(인터뷰, 관찰)을 통해 수요자에 대한 공감과 이해를 한다.

□ 수업 내용

교과/ 학년	디자인씽킹 / 5, 6학년	차시	4-5
학습 목표	1. 사람들이 겪고 있는 문제점들을 찾는 방법을 이야기 할 수 있다. 2. 직접 질문지를 만들고 이를 통해 알게 된 문제점들 중 한가지를 주제로 선정할 수 있다.		
교재 내용			

【문제점 찾아내기】

4.1. 문제 정의의 3단계

앞선 수업에서 이야기 했듯이 디자인씽킹이란 불편한 상황을 알아차리고 그에 대한 해결책을 찾는 것을 말했습니다. 우리가 가장 먼저 해야 하는 것이 바로 불편한 상황을 알아차리는 것 즉 문제를 정의하는 것입니다.

단순하게 생각하면 불편하다고 느끼는 것을 문제라고 생각하면 되지 않을까? 할 수 있지만 내가 불편하다고 생각했던 것도 다른 사람에게는 불편하지 않을 수 있고 여러 사람들이 불편함을 느끼고 있는 문제를 찾아내는 것이 더욱 중요하기 때문에 총 3단계의 과정을 거쳐 문제를 정확하게 파악해야 합니다.

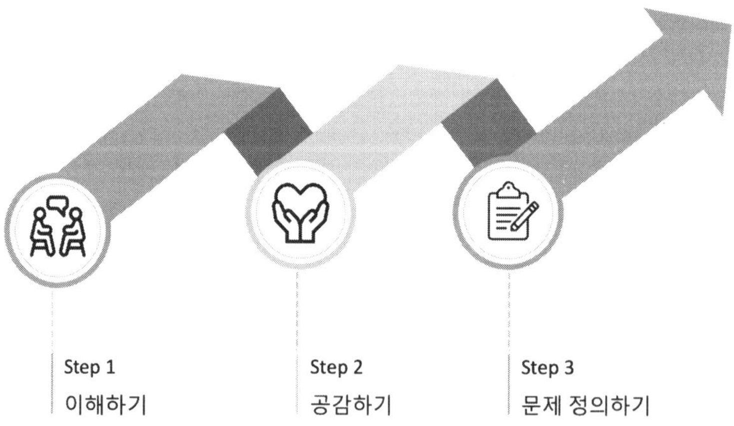

[문제 정의의 3단계]

문제 정의의 3단계의 첫 번째 단계는 '이해하기'이고 두 번째 단계는 '공감하기' 그리고 마지막 단계가 '문제 정의하기'입니다. 이제 각각의 단계에 대해 더욱 자세하게 살펴보도록 하겠습니다.

4.2. 1단계 이해하기

지금은 돌아가셨지만 아직도 많은 사람들에게 존경을 받고 있는 애플의 전 사장인 스티브잡스는 다음과 같은 말을 남겼습니다.

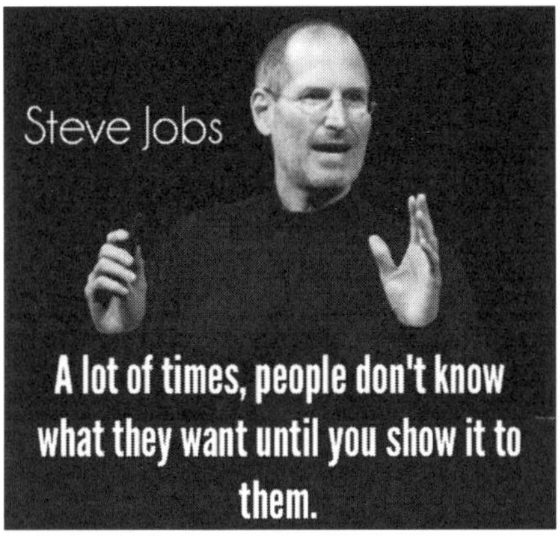

"많은 경우 사람들은 원하는 것을 보여주기 전까지는 무엇을 원하는 지도 모릅니다."'

- Steve Jobs -

스티브잡스의 말을 잘 생각해보면 실제로 우리는 일상생활에서 우리가 원하는 것을 잘 알지 못한다는 것을 느낄 수 있습니다. 예를 들어 밥을 어떤 것을 먹어야 할지 고민하고 있을 때 쉽게 먹고 싶은 것이 떠오르지 않지만 누군가 메뉴를 제안했을 때 그 메뉴가 아주 탁월한 선택이라고 생각하신 적이 있지 않으신가요? 즉 사람은 자기가 원하는 것을 정확하게 알지 못하는 경우가 많기 때문에 상대방을 이해하려고 노력하는 것이 우선입니다.

4.3. 2단계 공감하기

먼저 상대방을 이해하였다면 두 번째는 '공감하기'입니다. 상대방의 상황을 잘 이해했다면 공감을 더욱 쉽게 할 수 있겠지요. 공감하기를 가장 잘 표현한 사장성어가 바로 '역지사지'입니다.

易地思之

역지사지

"상대편과 처지를 바꾸어 생각해보라는 말"

상대방의 상황을 이해했다면 이제는 여러분이 상대방이 된다고 상상하면서 문제를 알아차리셔야 합니다. 공감을 잘 하기 위해서는 몇 가지를 조심하셔야 합니다. 먼저 색안경을 벗고 보셔야 합니다. 상대방을 색안경을 끼고 보게 되면 온전히 공감하지 못하고 자신의 기준으로 생각하게 되기 때문이지요. 두 번째는 알고 있었던 사실도 집중해서 들으셔야 합니다. 이 또한 본인이 알고 있는 사실이라 해도 상대방이 생각하는 것과 다를 수 있기 때문에 상대방의 입장에서 들어야 하기 때문이지요. 마지막으로 이야기를 들으실 때는 생각을 멈추고 온전히 상대방의 이야기를 들어야 합니다. 중요한 것은 나의 생각이 아닌 상대방의 생각이기 때문입니다. 이 3가지의 사항만 잘 유의한다면 상대방의 문제점을 잘 이해하면서 들을 수 있을 것입니다.

4.4. 3단계 문제 정의하기

공감하기 단계를 마쳤다면 이제 여러분들은 문제를 정의하셔야 합니다. 문제를 정의할 때는 단순하게 '어떤 점에서 불편함을 느꼈다'라고 하게 되면 해결점을 찾는 것이 어려워집니다. 우리가 문제를 정의하는 이유는 그것을 해결하기 위해서 이라는 점을 생각하셔야 합니다.

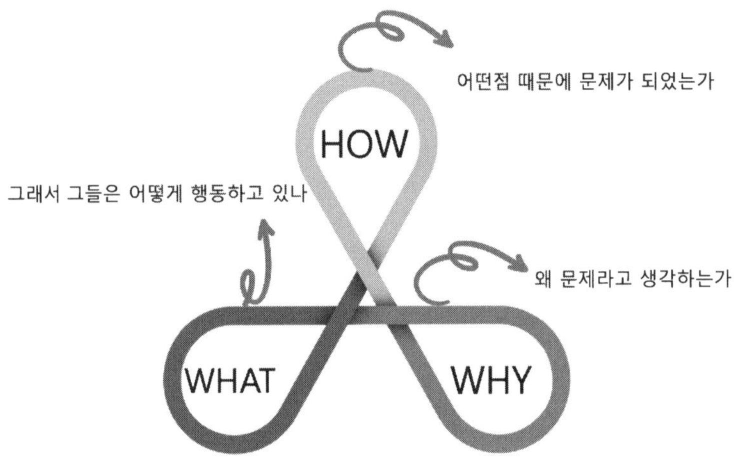

[문제 정의하기]

따라서 위의 그림과 같이 3가지의 질문에 답을 하면서 문제를 정의하게 되면 해결책을 찾는 것도 조금 쉬워집니다.

예시) 전자기기마다 충전기의 모양이 달라 매번 다른 충전기를 써야해서 불편한 상황

어떤점 때문에 문제가 되었는가?	전자기기의 충전기 모양이 달라서 불편함
왜 문제라고 생각하는가?	충전기를 여러 개 사용해야 하고 만약 잃어버리면 매번 같은 충전기를 구해야 한다.
그래서 그들은 어떻게 행동하고 있나?	전자기기에 맞는 충전기를 여러 개 준비해두고 사용한다.

4.5. 직접 문제 찾아보기

이제 앞서 배웠던 내용을 바탕으로 직접 문제를 찾아보는 활동을 진행하겠습니다.

[활동 1. 인터뷰 진행하기]

'인터뷰 진행하기'는 여러분이 직접 질문지를 먼저 작성하고 그 질문지를 이용해서 모둠에서 정한 문제의 사용자와 인터뷰를 진행하시면 됩니다. 추가로 이 인터뷰를 통해서 여러분은 그 사람이 생활하면서 겪고 있는 문제들에는 어떤 것이 있는지 정리해주시면 됩니다.

예시 1) 인터뷰 질문지

1. 최근에 생활하면서 물건을 사용할 때 불편하다고 생각했던 적이 있나요?
2. 어떤 점이 불편하셨나요?
3. 불편함의 정도를 100점 만점이라고 했을 때 몇점 정도의 불편함인가요?
4. 불편함을 감수하시고도 사용하시는 이유는 무엇인가요?

예시 2) 문제 정리

문제점 : 충전기들의 모양이 달라서 여러 개를 구매해야 한다.
왜 문제인가? : 충전기를 잃어버리면 똑같은 충전기를 다시 구매해야 한다.
불편하지만 사용하는 이유는? : 충전은 꼭 해야하지만 다른 대체방법이 없다.

인터뷰를 마치고 여러 문제가 있었다면 그 중 한 가지를 선택해 정리해봅시다.

정리	【학습 활동 정리】 ■ 인터뷰 질문지를 작성해보고 한 사람을 정해 인터뷰를 진행한다. ■ 인터뷰 내용을 보고 문제를 직접 정의해 본다.

2. 문제 정의하기(Define)

□ 수업 개요

사람들이 겪고 있는 문제점들을 정의하는 방법에 대해 배운다.

□ 수업 내용

교과/학년	디자인씽킹 / 5, 6학년	차시	6-7
학습 목표	1. 공감지도를 그릴 수 있다. 2. POV 형태로 문제를 정의할 수 있다. 3. HMW 형태로 문제를 정의할 수 있다.		
교재 내용			

[1단계] 초점과 목표 설정

1) 사용자는 누구인가?
   사용자가 누구인지 가운데에 적는다. 간단한 인구통계학적 특징을 적는다. 플립 차트나 화이트보드 가운데에 눈, 귀, 입, 코를 넣어 사람의 얼굴을 간단히 그린다. 사람의 이미지를 그리는 이유는 당신이 아니라 '사용자'에게 초점을 맞추라는 의미이다.

2) 공감지도를 그리는 목적은?
   인터뷰 질문을 만들기 위한 것인가? 자료 수집을 끝내고 정리하기 위해서 인가, 팀원들이 사용자를 이해하기 위한 것인가? 등 어떤 목적으로 공감지도를 그릴 것인가를 정한다.

[2단계] 공감지도 작성

공감지도는 형식이 다양하지만 공통 핵심 요소가 있다. 얼굴 이미지를 중심으로 다음 그림과 같이 이름을 붙인다.

1) 보기(See) : 사용자는 무엇을 보고 있는가?
   사용자는 무엇을 주시하거나 읽고 있는지 적는다. 이들이 보는 것은 다른 사람, 활동 또는 사물일 수 있다.

2) 발언(Say) : 사용자는 무슨 말을 하는가?
   사용자가 지속적으로 사용하는 구절이나 단어는 무엇인지 사용자가 했던 말을 그대로 적는다.

3) 행동(Do) : 사용자는 어떤 행동을 하는가?
어떤 행동을 하는지, 어떤 행동이 눈에 띄었는지 등 사용자가 하는 행동을 적는다. 최근에 그들의 행동이 어떻게 바뀌었는지 또는 여러 사람이 있을 때와 혼자 있을 때 행동에 어떤 변화가 있는지 주목한다. 특히 행동과 말이 어떻게 다른지 유의한다.

4) 듣기(Hear) : 사용자는 주변에서 무엇을 듣고 있는가?
사용자가 듣는 것은 무엇이며 이것이 어떻게 영향을 미치는가? SNS, 해당 분야 전문가, 가족, 친구 및 동료들로부터 듣는 내용을 고려한다. 불필요한 정보가 아니라 사용자의 생각에 영향을 미치는 것들에 집중한다.

5) 생각(Think) : 사용자는 어떤 생각을 하고 있는가? (혹은 있을까?)
사용자가 제품이나 서비스를 경험하면서 어떤 생각을 했는지 적는다. 긍정적인 생각뿐만 아니라 부정적인 생각도 포함한다.

6) 느낌(Feel) : 사용자는 어떤 감정을 느끼고 있는가? (혹은 있을까?)
사용자의 감정적인 상태(놀람, 흥분, 불안 등)를 적는다.

7) 고충(Pain) : 사용자는 어떤 고충이 있는가?
사용자는 어떤 챌린지(어려움)에 직면하고 있는가, 뭔가 고통스러운 게 있는가, 무엇에 실망하는가, 불편함, 좌절 및 극복해야 할 장애물에 대한 정보이다.

8) 원하는 것(Gain) : 사용자는 무엇을 달성하려고 하는가?
사용자가 궁극적으로 성취하거나 달성하고자 하는 열망이다. 간절히 원하는 것은 무엇인가? 그의 성공을 측정할 수 있는 것은 무엇인가?

※ 인터뷰를 통해 얻은 결과를 토대로, 사용자가 어떻게 생각하고 느끼는지 공감해보고, 해당 키워드를 포스트잇에 적어 아래와 같은 양식에 붙여보자.

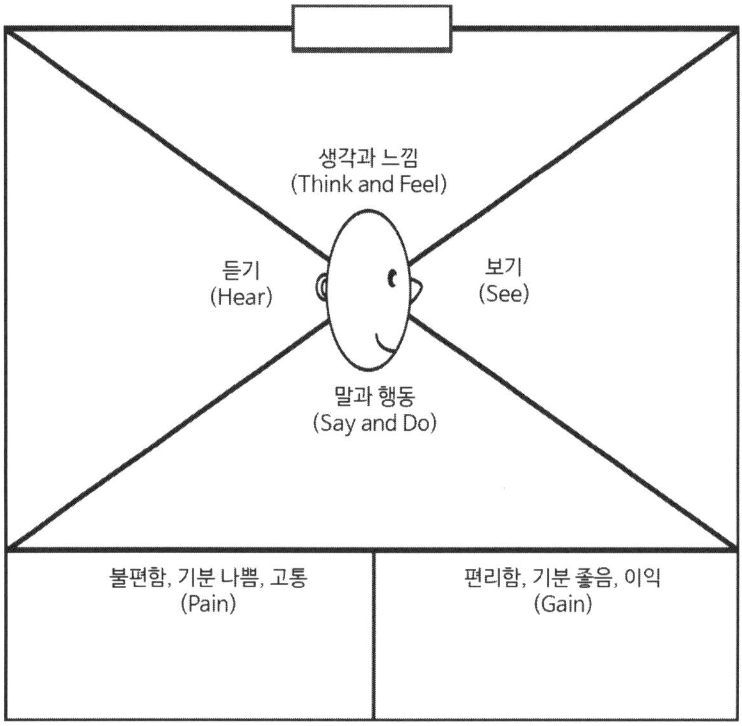

문제 정의

문제정의 단계는 공감 단계에서 관찰, 인터뷰, 체험을 통해 발견한 내용을 바탕으로 올바른 문제를 찾아내어 진술하는 단계이다. 문제 정의문(Point of View Statement; 착안점)은 고객, 요구, 통찰로 구성된다.

⇨ POV(Point of View Statement) 형태의 문제정의

대상	( )는
요구 (Needs)	( ) 필요하다.
통찰 (Insight)	왜냐하면, ( ) ( ) ( ) 때문이다.

문제 정의문은 "우리가 어떻게 하면~?"(How Might We: HMW)의 질문 형태로 진술하는 것은 다양한 아이디어의 발상에 도움이 된다.

⇨ HMW(How Might We) 형태의 문제정의

대상	우리가 어떻게 하면 (　　　　　　　　　　)을 위한
주제	기존의 (　　　　　　　　　　)을
방향	(　　　　　　　　　　) (　　　　　　　　　　) (　　　　　　　　　　) 할 수 있을까?

정리	【학습 활동 정리】 ■ 인터뷰 내용을 통해 공감지도를 직접 그려보자. ■ POV, HMW 형태로 문제를 정의해 보자.

3. 아이디어 내기(Ideate)

□ 수업 개요

사람들이 겪고 있는 문제점들의 해결책을 찾아내는 방법에 대해 배운다.

□ 수업 내용

교과/학년	디자인씽킹 / 5, 6학년	차시	8-9
학습 목표	1. 브레인스토밍이 무엇인지 설명할 수 있다. 2. 아이디어를 기준에 따라 나누고 구체화하여 정리할 수 있다.		
교재 내용			

【아이디어 내기】

6.1. 문제 해결하기

여러분들이 앞선 수업들을 잘 따라 오셨다면 여러분이 관찰한 사람이 겪고 있는 문제가 무엇인지 잘 파악했을 것이라고 생각합니다. 처음 시간에 배웠던 디자인씽킹의 뜻에 대해 기억하시나요? 불편한 상황들을 알아차리고 그에 대한 해결책을 고민하는 것을 디자인씽킹이라고 했죠. 즉 우리가 문제를 깊게 고민하며 관찰했던 이유는 바로 해결책을 찾기 위해서 입니다. 하지만 그 해결책은 문제와는 달리 더욱 찾기 어렵습니다. 대부분의 사람들이 제대로 된 해결책을 찾지 못했기 때문에 불편한 것을 알면서도 사용하고 있기 때문이죠.

그래서 여러분들 도와주기 위해 해결책을 찾는 방법들이 여러 가지가 있습니다. 그 중 가장 대표적인 방법이 바로 브레인스토밍[6]입니다.

'Brain' + 'Storming'

(뇌) (폭풍)

[브레인스토밍의 뜻]

브레인스토밍은 뇌에서 폭풍이 일어나듯이 떠오르는 생각들을 정리하지 않고 적어나가는 것을 의미합니다.

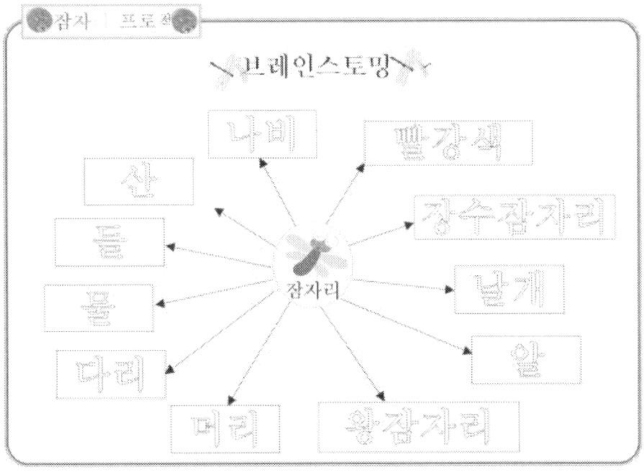

[잠자리에 대한 브레인스토밍]

브레인스토밍에 핵심은 고민하지 않고 쓰는 것입니다. 이 방법은 최대한 많은 아이디어를 떠올려야 하고 많은 생각은 오히려 이를 방해하기 때문이지요. 꼭 주제어에 연관된 것이 아니어도 됩니다. 연관된 생각에서 또다른 생각이 떠오른 다면 그것 또한 빠짐없이 적어 생각이 꼬리를 물며 이어나가면 좋습니다.

[활동1. 브레인스토밍]

자 그럼 저번시간에 여러분들이 했던 인터뷰에서 찾아낸 문제를 중심으로 브레인스토밍을 해봅시다. 꼭 문제에 대한 해결책에 대해 적을 필요는 없습니다. 이번 단계에서는 그저 떠오르는 생각들을 모두 적어주세요.

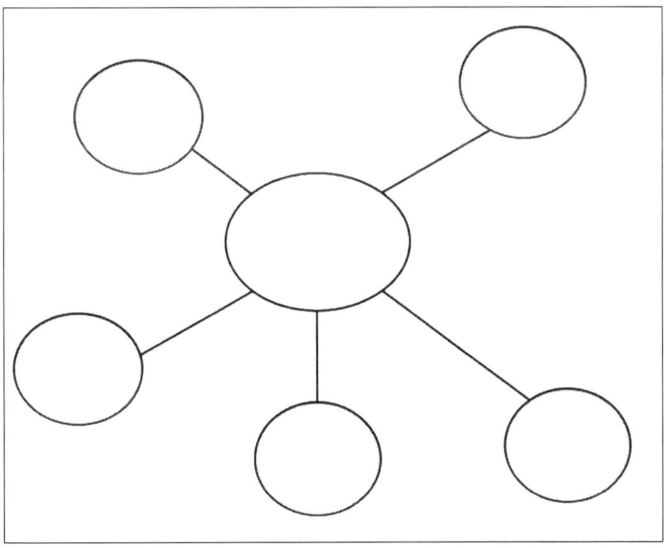

6.2. 아이디어 나누기

이제 여러분들을 브레인스토밍을 통해서 얻은 생각들은 조금 발전시킬 필요가 있습니다. 우리의 목적이었던 해결책에 조금 더 가깝게 만드는 일이지요.

적은 생각들을 이용해서 만들 수 있는 해결책들을 한 번 생각해보세요. 실제로 만들 수 있을지는 중요한 것이 아닙니다. 다소 허무맹랑한 이야기도 조금만 다듬으면 좋은 해결책이 될 수 있습니다.

[활동2. 아이디어 다듬기]

브레인스토밍의 낱말들을 발전시켜 해결책의 아이디어로 만들어 봅시다.

낱말	해결책

활동2까지 무사히 마치셨다면 여러분들은 문제해결을 위한 준비가 거의 다 된 것입니다. 이제 최종적으로 아이디어를 결정하기 전에 마지막으로 해야할 일이 하나 있습니다. 바로 생각했던 해결책 중 가장 괜찮은 방법을 고르는 일이지요. 우리가 문제를 해결하는 방법에는 여러 가지 방법이 있을 수 있지만 그 모든 방법을 다 해보는 것은 시간도 오래 걸리고 돈도 많이 듭니다. 그래서 가장 좋은 해결방법을 찾아야 하는데 이를 도와 줄 수 있는 것이 바로 노력-결과 그림입니다.

노력-결과 그림은 여러분들이 찾은 해결책이 얼마나 많은 노력이 필요할지 또 그 방법을 이용해서 문제를 해결했을 때 사용자가 얼마나 만족할지에 대해 상상하며 그리는 그림입니다.

만약 여러분이 컵에 들어있는 물이 뜨거운지 차가운지 몰라서 불편했던 것을 해결하고 싶다고 해 봅시다. 여러분은 다음과 같은 네 가지의 해결책을 생각했습니다.

해결책 1 : 직접 손을 넣어 온도를 확인해 본다.
해결책 2 : 온도계가 붙어 있는 컵을 만든다.
해결책 3 : 버튼을 누르면 온도계를 넣어 온도를 확인해주는 기계를 만든다.
해결책 4 : 온도에 따라 색이 바뀌는 컵을 만든다.

이제 이 4가지 해결책을 노력-결과 그림에 배치해 봅시다. 노력이 많이 필요할수록 위쪽에 배치하고 만들었을 때 사용자가 만족할 것 같다면 오른쪽에 배치하면 됩니다.

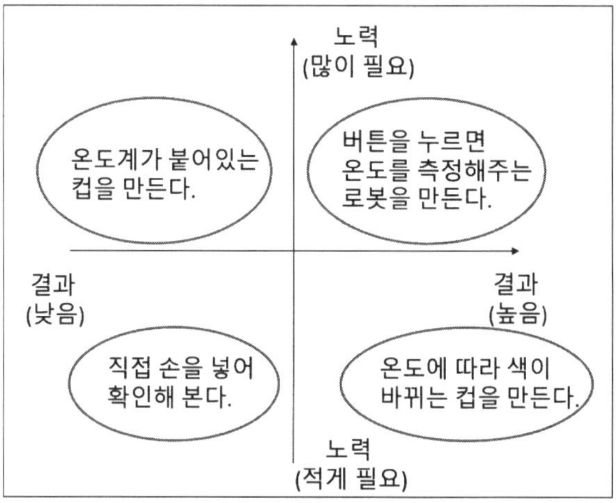

[노력-결과 그림]

노력-결과 그림을 그리고 나면 여러분은 결과가 높고 노력은 작은 즉 만들기는 쉽지만 만들고 났을 때 사람들이 좋아할만한 아이디어를 선택하는 것이 가장 좋습니다. 위의 그림에서는 오른쪽 아래에 위치한 온도에 따라 색이 바뀌는 컵을 만드는 해결책을 선택하는 것이 가장 좋은 것이지요.

[활동3. 노력-결과 그림 그리기]

자 그럼 이제 여러분들이 활동2. 아이디어 다듬기에서 적으셨던 아이디어들을 노력-결과 그림에 알맞게 배치해주세요. 꼭 해결책들이 다른 곳에 위치해야 하는 것은 아닙니다. 같은 곳에 두 가지의 해결책이 같이 들어가도 됩니다.

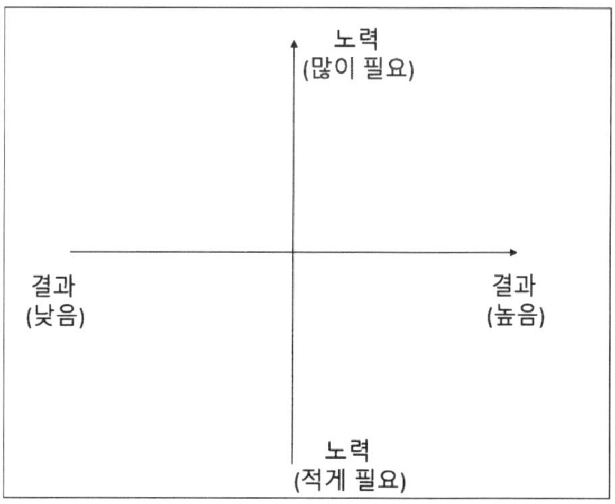

정리	【학습 활동 정리】 ■ 브레인스토밍 기법을 통해 나온 생각들을 계속해서 적어보기.(판단 금지) ■ 아이디어들을 노력-결과 그래프에 위치시켜보기.

6) 브레인스토밍은 창의적인 아이디어를 생산하기 위한 학습 도구이자 집단 회의 기법으로 알렉스 F. 오즈번이 광고 제작에 처음으로 시도하였다. 일정한 주제에 관하여 참가자가 자유스럽게 발언을 하고 아이디어를 제시하여 해결책을 찾아내려는 방법이다. 뇌(브레인)에서 폭풍(스톰)이 몰아치듯 발상하고 아이디어를 제시하는 회의 모습에서 이름이 유래되었다.[기술교과 학습의 탐구, 최유현]

4. 프로토타이핑(Prototype)

□ 수업 개요

아이디어를 구체화하고 프로토타입을 이해한다.

□ 수업 내용

교과/학년	디자인씽킹 / 5, 6학년	차시	10-11
학습 목표	1. 자신의 아이디어를 상세하게 설명할 수 있다. 2. 프로토타입이 무엇인지 말할 수 있다.		
교재 내용			

【프로토타이핑】

7.1. 아이디어 구체화하기

지난 시간에 했던 노력-결과 그림 모두 기억하시나요? 모두가 적은 노력으로 좋은 결과를 만들 수 있는 해결책을 찾았다면 좋겠지만 그렇지 못한 친구들도 있을 겁니다. 하지만 반드시 그런 해결책을 찾아야 하는 것은 아니니 걱정마세요.

이제 여러분들은 저마다 해결책을 하나씩은 가지고 있을 것입니다. 그 해결책은 여러분들의 머릿속에만 있는 상상입니다. 그 상상을 꺼내서 조금 더 자세하게 만들어야 합니다. 여러분 스스로도 그 상상을 글로 쓰거나 그림으로 그리다 보면 더 좋은 생각이 떠오르기도 하고 미쳐 생각했던 부분이 나타날 수도 있습니다. 그러니 최대한 자세하게 아이디어를 적어보는 것이 중요합니다.

[활동1. 아이디어 설명서 만들기]

아이디어 명칭	
[아이디어 설명서]	

7.2. 전체 프로토타입 발표하기

모둠끼리 정해진 아이디어를 토대로 본인들의 아이디어를 발표하고, 다른 조들의 아이디어를 들어보는 시간을 갖도록 하겠습니다. 발표 후 피드백을 통해 변화된 점이 있나요? 아래에 적어보겠습니다.

피드백
수정할 점

7.3. 프로토타입이란 무엇일까?

프로토타입이라는 말은 여러분 모두에게 생소할 것 같습니다. 이제 아이디어 설명서까지 적고 직접 만들기만 하면 되는데 갑자기 뜬금없는 단어를 소개해서 놀라셨지요? 간단하게 설명하자면 프로토타입(Prototype)이란 최종적인 완성품을 만들기 전에 먼저 간단하게 만든 결과물을 이야기 합니다.

여러분들은 이제 또다른 궁금증이 생길 수 있습니다. 왜 최종적인 완성품을 만들기 전에 먼저 간단하게 만들어보는 걸까 하고 말이죠. 우리는 살면서 많은 물건들을 구매합니다. 그런데 이렇게 필요해서 산 물건들 중에 정작 불편해서 사용하지 않거나 필요하다고 생각했지만 막상 사고 나니 그렇게 필요한 물건이 아니었던 적 한 번쯤은 있으실 것 같습니다. 우리가 만들려고 하는 해결책도 마찬가지입니다. 머릿속에서는 완벽하게 사용되던 그 해결책도 실제로 만들어보면 제대로 작동하지 않는 경우도 많고 또 오히려 그것을 사용하는 것이 더 불편해서 사용자들이 쓰지 않는 경우도 생길 수 있죠. 그래서 우리는 많은 시간과 돈을 들이기 전에 먼저 간단하게 만들어서 문제점을 확인해 보는 겁니다.

[휴대폰 모형]

휴대폰 매장에 가면 볼 수 있는 휴대폰 모형들도 일종의 프로토타입니다. 휴대폰을 사기 전에 크기는 어느 정도인지 가방안에 들어가는지 등을 확인해 볼 수 있죠.

7.4. 프로토타입의 예시

이런 프로토타입은 여러분들이 아는 구글이나 삼성에서도 신제품을 출시하기 전에 항상 만들어 봅니다. 그 만큼 머릿속에서 상상으로 해보는 것은 한계가 있고 실제로 만들어 보았을 때 생각하지 못했던 문제점이나 또는 더욱 좋은 아이디어로 만들수가 있는 것이지요.

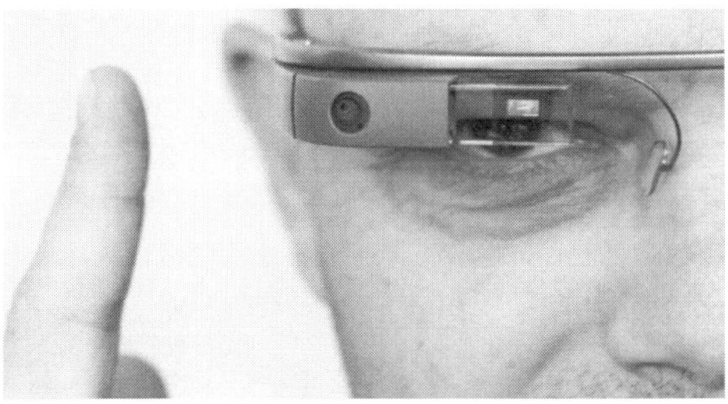
[구글글래스]

한 가지 예로 구글에서는 미래형 안경으로 구글글래스를 만들고 있습니다. 이 구글글래스는 작은 화면을 이용해서 눈앞에 많은 정보들을 보여주는 역할을 합니다. 이렇 최첨단 기술이 들어간 제품도 처음 시작은 프로토타입을 만드는 것 부터였습니다.

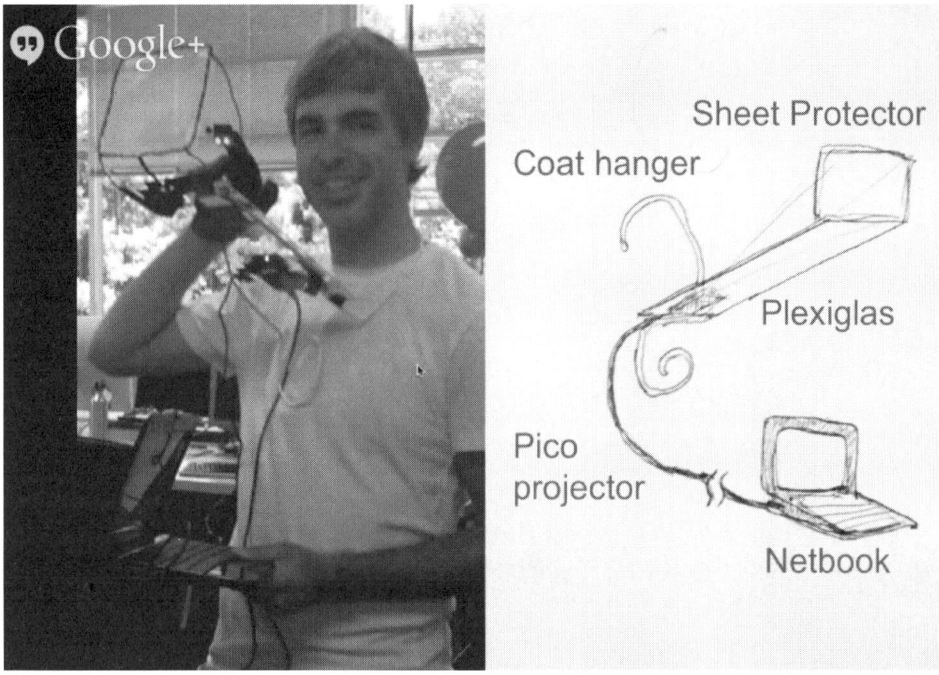

[구글글래스의 프로토타입]

구글글래스를 만든 개발자는 옷걸이를 이용해서 빔프로젝터를 목에 걸고 앞에 종이를 붙인 프로토 타입을 만들고 화면을 보면서 눈앞에 화면이 있다면 어떤 상황이 될지 직접 체험을 해보았습니다. 당시에는 터치를 이용해서 화면을 넘길수도 없었고 노트북을 한손에 들고 직접 넘겨가며 실험을 했습니다.

굉장한 똑똑한 구글의 기술자도 본인이 미처 생각하지 못한 상황들을 보기 위해 이런 프로토타입을 만들어 본다는 것을 명심하며 여러분들 또한 바로 완벽한 제품을 만들려고 하기보다 우선 간단한 프로토타입을 만들어 보고 조금씩 고쳐나가는 것이 좋습니다.

정리	【학습 활동 정리】 ■ 본인의 아이디어를 구체화 하여 아이디어 설명서를 작성한다. ■ 프로토타입이 무엇인지 아래의 빈칸에 적어본다.

□ 수업 개요

본인의 아이디어를 기반으로 프로토타입을 직접 만들어 본다.

□ 수업 내용

교과/학년	디자인씽킹 / 5, 6학년	차시	12-13
학습 목표	1. 프로토타입을 만드는 데 필요한 것이 무엇인지 정리할 수 있다. 2. 프로토타입을 직접 만들고 다른 사람에게 설명할 수 있다.		
교재 내용			

【프로토타입 만들기】

8.1. 물품정리하기

자 이제 여러분이 그토록 기다리던 물건을 직접 만들어 보는 시간입니다. 간단하게 만들어 보는 것이 프로토타입이니 준비되어 있는 재료들을 활용해서 만들어 보는 것이 가장 좋습니다.

준비되어 있는 재료
① 풍선, ② 빨대, ③ 나무젓가락, ④ 아이스바, ⑤ 클레이, ⑥ 종이접시, ⑦ 종이, ⑧ 테이프, ⑨ 싸인펜, ⑩ 마커, ⑪ 우편박스, ⑫ 실

[활동1. 사용물품 목록 정리하기]

아래의 표를 이용해 여러분들이 사용물품 목록들에 대해 상세하게 정리를 해주시기 바랍니다. 여기서 주의하셔야 할 점은 여러분은 완전한 제품을 만드는 것이 아닙니다. 최대한 빠르게 여러분들이 생각했던 것을 한 번 만들어 보는 것이지요.

	재료	크기	수량
1			
2			
3			
4			
5			
6			
7			

8.2. 다른 사람에게 설명하기

필요한 준비물을 모두 구했다면 이제부터 직접 만드시면 됩니다. 생각했던 것처럼 만들기가 쉽지 않을 수 있습니다. 만드는 과정중 느꼈던 점들을 상세하게 기록해서 다음번에 개선할 수 있도록 해야겠죠?

만약 여러분이 다 만드셨다면 이제 실제로 사람들에게 사용해보도록 하고 어땠는지 평가를 들어야 합니다. 지금까지의 모든 단계들은 여러분 혼자서 한 것이기 때문에 다른 사람들의 입장에서는 어떨지 모르기 때문이지요.

[활동2. 제품 사용설명서 만들기]

직접 만든 프로토타입을 남들에게 쉽게 설명한다고 생각하고 최대한 자세하게 설명서를 써주세요.

[프로토타입 청사진]	
제품 설명	
사용 방법	
조심할 점	

모든 학생들이 사용설명서를 적었다면 이제는 다른 사람의 제품을 실제로 보면서 느낀 점을 말해주어야 합니다.

[활동3. 사용후 느낀 점 작성하기]

같은 모둠원의 제품을 보거나 사용해보고 느낀 점을 말해줄 때는 이유도 함께 말해주어야 합니다. 그냥 불편했다거나 사용하지 않을 것 같다고 이야기 하면 어떤 이유인지 알 수 없고 고칠수도 없기 때문이죠. 아래의 4가지 점에 대해 느낀점을 최대한 상세하게 적어주시기 바랍니다.

좋은 점(+)	바라는 점(△)
질문(?)	아이디어(!)

정리	【학습 활동 정리】 ■ 프로토타입 제작에 필요한 물품을 정리한다. ■ 제품을 직접 만들어 보고 다른 사람들이 이해할 수 있도록 사용설명서를 만든다. ■ 같은 모둠의 모둠원과 서로의 제품에 대해 느낀 점을 공유한다.

5. 테스트(Test)

□ 수업 개요

사용자의 의견을 정리하고 어떻게 고칠지 정리하는 방법에 대해 배운다.

□ 수업 내용

교과/학년	디자인씽킹 / 5, 6학년	차시	14
학습 목표	1. 사용자의 의견을 종합하여 정리할 수 있다. 2. 사례를 통하여 수정하는 방법을 설명할 수 있다.		
교재 내용			

【더 나은 제품 만들기】

9.1. 사용자 의견 정리하기

지난 시간 우리는 서로의 제품에 대해 보고 들으면서 느낀 점을 적었습니다. 많은 의견들이 있었을 텐데 이제 이 의견들을 바탕으로 자신의 제품에서 고칠 점을 찾아내셔야 합니다. 많은 사람들이 이 제품을 사용하기전 주변의 사람들에게 먼저 의견을 듣는 것은 매우 중요합니다. 이 의견들을 잘 살펴보면 사용자들이 느꼈던 불편한 점이 왜 불편함을 느꼈었는지 알게 되고 우리가 문제를 해결하려고 했던 이유에 대해서 다시 한 번 생각해 볼 수도 있습니다. 결국 더 나은 제품을 만드는데 가장 도움이 많이 되는 부분이지요.

여러분들이 받은 의견은 총 4가지 부분에 대해 나누어져 있을 겁니다. 우선 그 의견들을 한 군데 모아서 한 눈에 보며 겹치는 내용은 없는지 비슷한 내용은 없는지 확인 하셔야 합니다.

[활동1. 의견 정리하기]

좋은 점(+)	바라는 점(△)
질문(?)	아이디어(!)

9.2. 사례를 통해 수정하는 법 배워보기

만약 프로토타입을 만들어서 다른 사람들의 의견을 들어보지 않고 제품을 만든다면 어떤 일이 일어날까요? 아마 생각지도 못한 상황들에서 여러 문제점들이 발생할 것입니다. 예를 들어 영화 스파이더맨 홍보를 위해 만들었던 콜라컵이 있습니다. 언뜻 보기에는 굉장히 잘 만든 아이디어 상품 같지만 이 제품에는 치명적인 문제점이 있습니다. 바로 음료를 마시기 위해 컵을 들면 손가락 부분이 사용자의 눈을 찌른다는 점입니다.

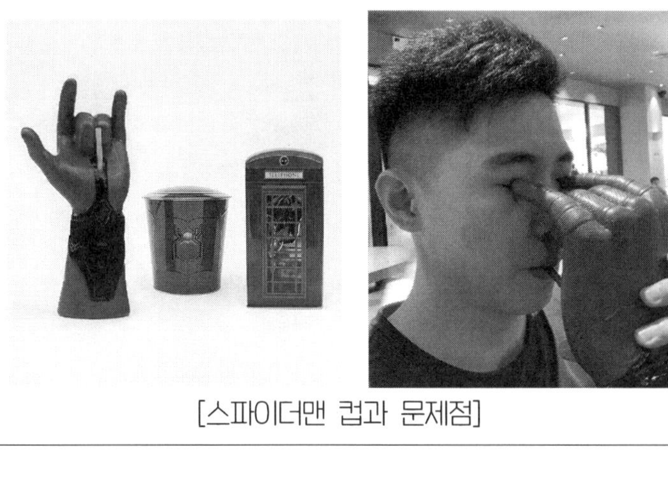

[스파이더맨 컵과 문제점]

그럼 이번에는 먼저 프로토타입을 만들어서 미리 문제점을 파악할 수 있었던 사례에 대해 알아봅시다. 여러분들에게 알려드릴 기업은 '끌림' 이라는 한국의 사회적 기업입니다.

끌림의 처음 시작은 한 대학생이 할아버지의 리어카 끄는 것을 도와주면서가 시작이었습니다. 이 대학생은 할아버지, 할머니들이 굉장히 무거운 리어카를 끌고 다니는 것을 도와드릴 방법이 없을까 하다 무게가 가볍지만 튼튼한 리어카를 만들고자 했습니다.

[리어카와 관련된 숫자들]

실제로 대한민국에는 아직도 많은 분들이 이런 위험하고 힘든 상황에 처해있었고 그 대학생은 무게가 가변운 리어카를 만들면 할머니, 할아버지들이 매우 기뻐하실 것이라고 생각했습니다. 그래서 그는 경량화된 재료를 이용하여 기존의 리어카의 무게인 60kg에서 40kg으로 20kg이나 줄이는데 성공했습니다. 이 가벼워진 리어카를 할머니 할아버지 몇 분께 드리자 그 분들은 좋아하시긴 했지만 정작 불편한 것은 리어카의 무게가 아니었다는 사실을 말합니다. 바로 하루 종일 일해도 3000원 정도 밖에 벌지 못한다는 점이었죠. 더욱이 최근에는 종이 생산이 줄어들며 더욱 수익이 줄고 있는 상황이었습니다.

문제를 찾고 이를 해결했다고 생각했지만 정작 사용자들은 다른 문제를 이야기 하고 있었죠. 그는 버스정류장에 앉아 고민하던 중 정류장에 붙어있는 광고를 보고 좋은 아이디어를 떠올리게 됩니다. 바로 리어카에 광고를 붙이면 어떨까 하는 생각이었죠. 그렇게 사회적 기업인 끌림이 탄생하게 됩니다.

[리어카 광고 기업 '끌림']

리어카는 좁은 골목길을 군데군데 누비면서 여러 사람에게 광고를 해줄 수 있고 리어카를 끄는 할머니, 할아버지들은 광고비를 추가로 받을 수 있었죠. 만약 무게를 감량한 리어카를 무턱대로 많이 생산해서 팔려고 했다면 '끌림'이라는 기업이 탄생할 수 있었을까요? 여러분들도 다른 사람들의 의견을 잘 들어 진정한 문제가 무엇인지 끊임없이 생각하셔야 합니다.

9.3. 바꿔야 하는 부분 정리하기

이제 사례들을 공부한 것을 통해 여러분도 의견들을 정리하고 고쳐야 하는 부분에 대해 생각해 봅시다.

[활동2. 고칠목록 정리하기]

우선 활동1. 의견 정리하기 표에 모든 내용을 적으셨다면 이제 똑같은 내용이거나 비슷한 내용을 찾은 후 그것을 바탕으로 고쳐야 할 점에 순위를 메겨봅시다.

많은 사람들이 느꼈던 불편한 점을 고치는 것이 가장 중요합니다. 그 후 새로운 아이디어를 추가하거나 좋았던 점들을 좀 더 좋게 만드는 등으로 고쳐나가야 합니다.

- 고쳐야 하는 점	- 더 추가할 점
1.	1.
2.	2.
3.	3.
4.	4.

정리	【학습 활동 정리】 ■ 사용자의 의견을 종합하여 정리한다. ■ 고칠점을 정리한다.

□ 수업 개요

정리했던 내용을 바탕으로 개선된 제품을 다시 만들어 본다.

□ 수업 내용

교과/학년	디자인씽킹 / 5, 6학년	차시	15-16
학습목표	1. 제품을 다시 만들기 위해 필요한 부품을 정리하고 다시 만들 수 있다.		
교재 내용			

【두번째 프로토타입 만들기】

10.1. 물품 품목 정리 및 비교하기

이번 시간에는 여러분이 정리하셨던 고칠 점을 실제로 고쳐서 발전된 제품을 만들어 볼 것입니다. 우선 먼저 해야 하는 것은 필요한 물품에 대해 정리해 보는 것이지요.

[활동1. 물품품목 정리 및 비교하기]

물품품목을 정리하는 것은 첫 번째 프로토타입을 만들 때도 작성했기 때문에 그렇게 어렵지 않으실 겁니다. 이번에는 물품품목을 정리하고 지난 첫 번째 프로토타입을 만드는 것에 비해 어느 정도의 재료가 더욱 필요한지 어느 정도 차이날 것 같은지에 대해 추가로 작성하시면 됩니다.

	재료	크기	수량
1			
2			
3			
4			
5			
6			
7			

[두번째 프로토타입 제작에 필요한 물품]

추가로 필요한 부품		이유	
전체 부품개수의 차이		이유	

[첫번째 프로토타입과 바뀐 점]

10.2. 두 번째 프로토타입 설명서

여러분은 첫 번째 프로토타입을 만들면서 유의사항과 노하우를 이미 알고 있기 때문에 두 번째 프로토타입은 조금 더 쉽게 만들 수 있을 것이라 생각됩니다. 이번 프로토타입을 만드는 것 역시 만들면서 주의해야할 점이나 특별한 점이 있었다면 따로 기록을 해두시기 바랍니다.

[활동2. 제품 설명서 만들기]

제품을 모두 만들었다면 다른 사람에게 이 제품이 왜 만들어 졌는지 또 사용하면 어떤 점이 좋은지 알려주어야 겠죠? 최대한 자세하게 적어서 모든 사람들이 설명서만 보면 쉽게 이해할 수 있도록 해주세요.

[모둠 프로토타입 사진]	
제품 설명	
이전 제품과 달라진 점	
사용할 것 같은 사람	

마지막 항목의 사용할 것 같은 사람은 여러분이 이 제품을 실제로 만들었을 때 누가 많이 사용할지 생각해보시고 작성해 주시면 됩니다.

10.3. 지난 시간 되돌아 보기

여러분 오랜 시간에 걸쳐 만든 본인의 제품을 보니 어떤 생각이 드시나요? 무언가를 만들어 냈다는 사실에 뿌듯하기도 하고 또 생각했던 것 보다 무언가를 만드는 것이 쉽지 않다는 것을 느끼기도 했을 것입니다.

어떤 제품을 만들어 본다는 것이 여러분들 한테 당장 도움이 되는 것은 아닐 수도 있습니다. 하지만 문제를 해결하기 위해 여러분이 상대방을 공감하고 또 직접 상대방의 입장이 되어 보면서 몸으로 느끼는 것이 얼마나 중요한 것인지는 깨닫는 경험이 될 수 있다고 생각합니다. 그래서 이번 제품을 만들기 까지 여러분이 느꼈던 점에 대해 정리를 해봅시다.

[활동3. 성찰일지 작성하기]

아래의 질문들에 대해 여러분의 생각을 자유롭게 적어주시면 됩니다.

1. 디자인씽킹을 통해 발명품을 만들고 나서 느낀점, 성장한 점, 깨닫게 된 점들에 대해 적어보자.

2. 디자인씽킹 프로젝트를 통해 다른 사람의 입장 또는 그들이 처한 상황에 대해 생각해 보는데 도움이 되었는가?

3. 디자인씽킹 프로젝트를 통해 다른 사람의 정서나 감정에 대해 관심을 가지게 되었는가?

4. 디자인씽킹 프로젝트를 통해 상대방의 속마음이나 생각 또는 느낌을 이해하고 표현하는 데 도움이 되었는가?	
정리	【학습 활동 정리】 ■ 1차 프로토타입과 어떤 점이 달라졌는지 말할 수 있다. ■ 2차 프로토타입의 설명서를 작성한다. ■ 제품을 만들면서 느꼈던 점에 대해 성찰일지를 작성한다.

2) 교사의 학교혁신과 성찰을 위한 워크북 : 실패의 안전 교실 만들기[7)]

#1. 실패의 **안전교실** 만들기

"세상은 강자와 약자,
또는 승자와 패자로
구분되지 않는다.
다만, 배우려는 자와
배우지 않으려는 자로
나뉠 뿐이다."

- 벤저민 바버(Benjamin Barbar)

7) 이 자료는 이진우(2018) 박사학위논문을 위한 실험교재로 개발한 것을 재구성한 것임.

Activity 1 공감 능력 진단하기(socialintelligence.labinthewild.org/mite/)

00:05

(예시) 눈에는 어떤 감정이 있습니까?

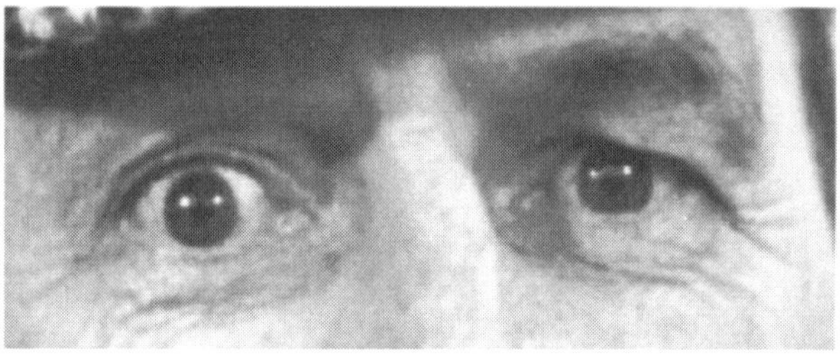

① 질투하는(jealous)
② 당황한(panicked)
③ 거만한(arrogant)
④ 혐오스러운(hateful)

출처 : socialintelligence.labinthewild.org/mite/

1. 나의 공감 능력은?
2. 다른 사람의 공감능력과 비교하면?
3. 나와 다른 사람의 공감능력의 차이의 원인은?
4. 우리 팀의 공감 능력은?
5. 다른 팀과의 공감능력과 비교하면?
6. 우리 팀과 다른 팀의 공감능력의 차이의 원인은?

Activity 2 공감 지도(Empathy Map) 작성하기

00:10

문제 정의하기
Problem Define

Activity 1 문제 정의하기 00:05

□ POV(Point of View Statement) 형태의 문제정의

대상	( )는
요구	( ) 필요하다.
통찰	왜냐하면, ( ) ( ) ( ) 때문이다.

□ HMW(How Might We) 형태의 문제정의

대상	우리가 어떻게 하면 ( )을 위한
주제	기존의 ( )을
방향	( ) ( ) ( ) 할 수 있을까?

아이디어 만들기
Generate Ideas

Activity 10개 이상의 아이디어 발상하기(스케치하기) 00:05

아이디어 다듬기
Refine Ideas

Activity 1 Pay off-Effort Matix로 아이디어 평가하기 00:05

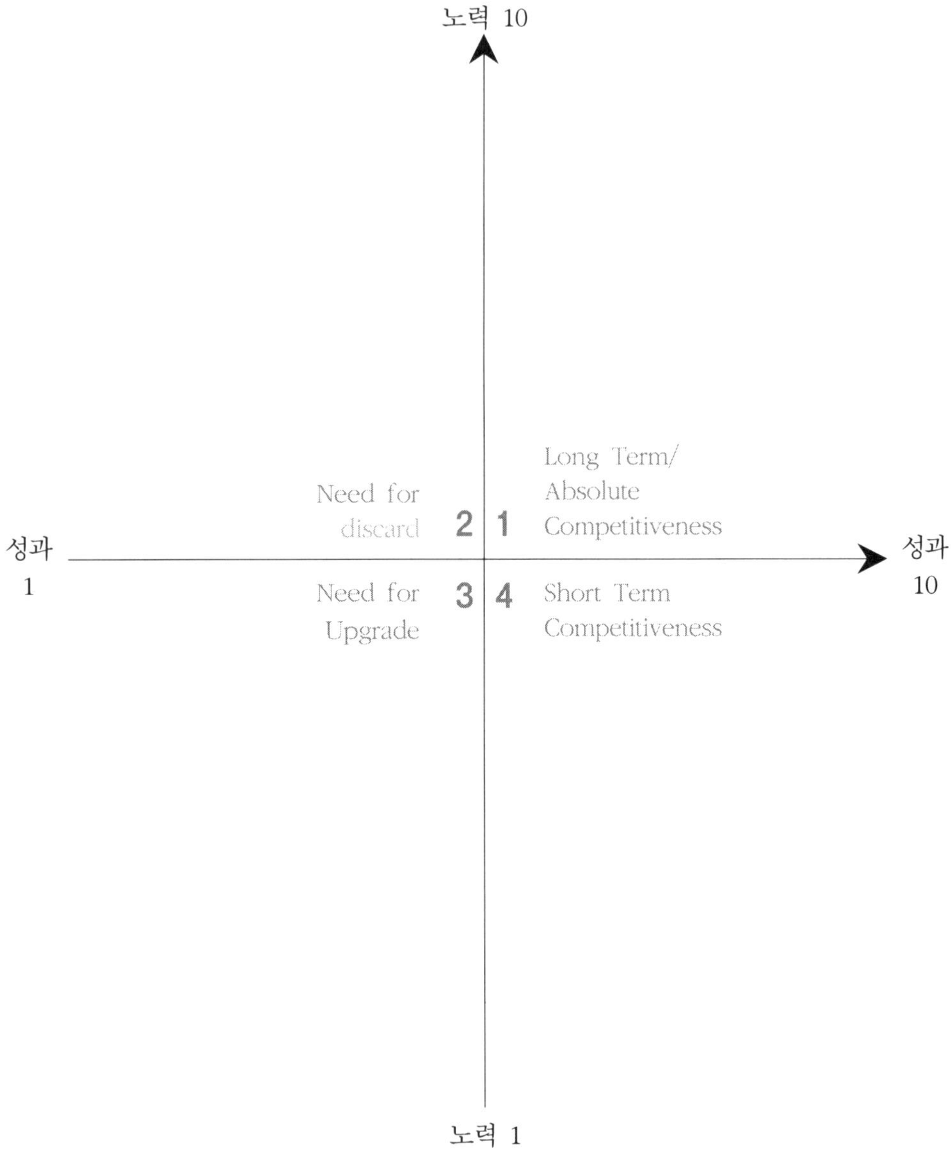

Activity 2 선정된 아이디어를 공유하고 피드백 받기

00:05

[Idea + Feedback]

[Refine Idea]

Activity 1 씬(Scenes)을 이용한 보여주기

00:05

Activity 2 해결방안을 보여주기

00:10

※ 여기에 하지 않는다. 어떻게 보여줄 것인지에 대한 계획을 세우는데 사용 가능

발전시키기
Evolution

Activity 1 발전 시키기

00:05

동작한 것 +	- 발전 가능한 것
질문 ?	! 아이디어

Activity 2 성찰하기

00:05

1. 최종 디자인이 이상적인 디자인과 동일하거나 다른가요?

2. 어디서 꼼짝 못하게 되었나요?

3. 언제 '아하'를 얻었습니까?

4. 공감은 당신의 디자인에 어떻게 기여 했습니까?

5. 프로토타이핑 대안이 설계에 어떻게 기여 했습니까?

6. 피드백은 당신의 디자인에 어떻게 기여 했습니까?

7. 당신은 어떻게 당신의 과정을 개선하겠습니까?

3) 교수자 성찰을 위한 디자인 씽킹 프로젝트

디자인 씽킹 워크샵시트[8)]

1. 문제 이해

WH 질문으로 - 학교에서 느끼는 애로 사항이나 문제는?

마인드맵으로

Who Why What When Where How

8) 개발: 충남대학교 최유현 교수 /choi@cnu.ac.kr

2. Empathy 공감하기 : 인터뷰, 관찰, 몰입(참여)

페르소나 정하기

질문 3개씩 개발하기- 문제 이해 기초로 - 포스트 잇 사용

페르소나 정하기/ 질문만들기 / 인터뷰하기 / 기록하기
https://www.youtube.com/watch?v=W1kw5xK1C30

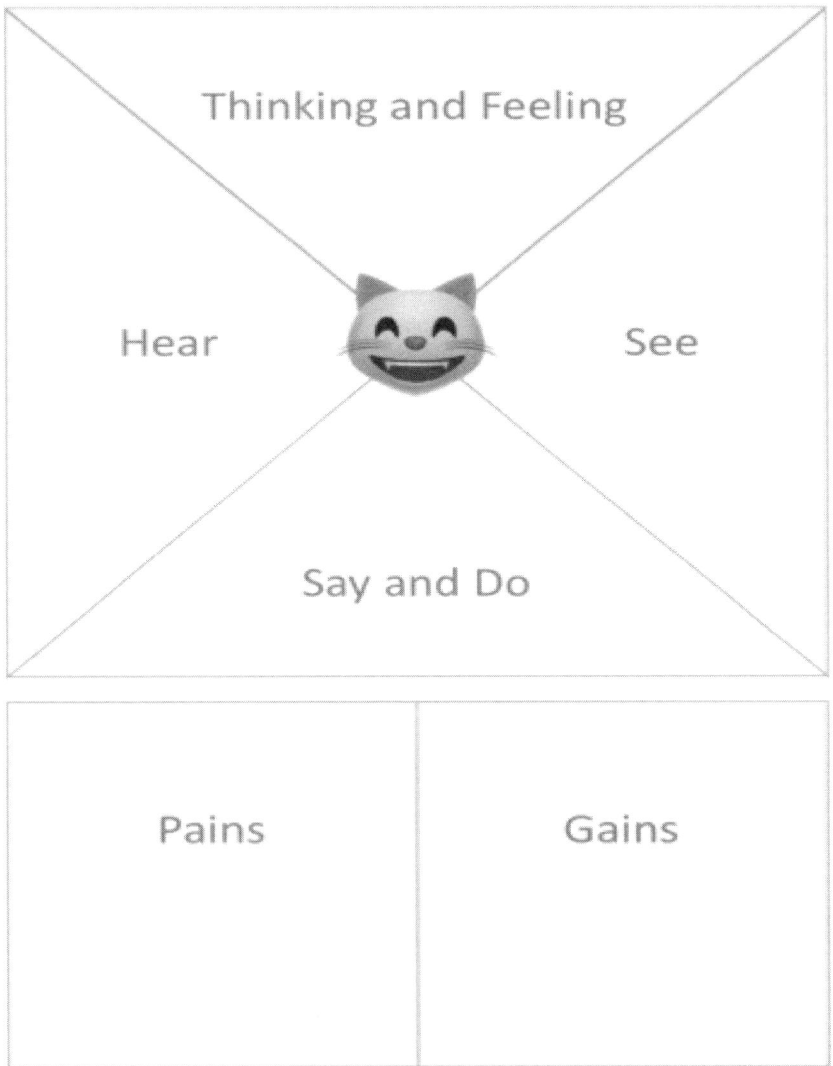

3. 문제 정의

A. 정보분석, 통찰추론, 질문구성, 질문구체화

정보 분석- 핵심 내용 정리 종합 범주화	통찰 추론-10가지 정도로 정리	질문(문제) 구성 3 영역	질문 구체화-3개

B. How Might We 기법으로 : 대상, 주제, 방향성

How Might We Statement 기본형

1. 대상 : 주된 사용자
2. 주제 : 기존의 상품, 경험, 서비스, 공간, 시설, 제도, 인터페이스, 시스템, 교육, 학습 등
3. 방향성 : 매우 큰 방향성

우리가 어떻게 하면 (누구)를 위한 기존의 (주제)를 보다 (방향성) 할 것인가?

우리가 어떻게 하면 (A 교사)를 위한 기존의 (기술교육의 전형적인 교육 활동)을 보다 (흥미롭고, 체험 중심적이며 문제해결 중심의 혁신적인 기술교육 활동을 도와 줄) 것인가?

우리가 어떻게 하면 ( )를 위한 기존의 ( )을 보다 ( ) 것인가?

4. IDEATION 아이디어 도출

A. 브레인스톰/ 브레인라이팅

이 문제 해결을 위하여 아이디어(대안)을 가능한 많이(적어도 1인당 5개) 제시해보자. [포스트잇 사용]

▶ 브레인스토밍 규칙

판단 보류 / 과감한 아이디어 장려 /다른 사람 아이디어에 덧붙이기/ 주제에 집중하기 /한사람씩

▶ 브레인라이팅 Brainwriting - 아이디어 5개씩 제안하기

반복, 양을 추구하기 시각화하기

5. IDEATION 아이디어 선별

A. 아이디어 스크리닝 : 많은 아이디어를 선별해 보자. 아이디어 통합이나 복수의 아이디어도 가능

- 스크리닝 매트릭스와 Pay off -Effort Matrix, 중요도 및 긴급도 사분면 등을 수행하여 공통으로 선별된 아이디어 활용

▶ 스크리닝 매트릭스로 아이디어를 평가해 보자 [포스트잇 붙이기- 번호]

<table>
<tr><td colspan="2" rowspan="2"></td><td colspan="3">아이디어 혁신성: 참신한가?</td></tr>
<tr><td>상</td><td>중</td><td>하</td></tr>
<tr><td rowspan="3">실현가능성: 결과가 기대할만 한가?</td><td>상</td><td></td><td></td><td></td></tr>
<tr><td>중</td><td></td><td></td><td></td></tr>
<tr><td>하</td><td></td><td></td><td></td></tr>
</table>

B. Pay off -Effort Matrix

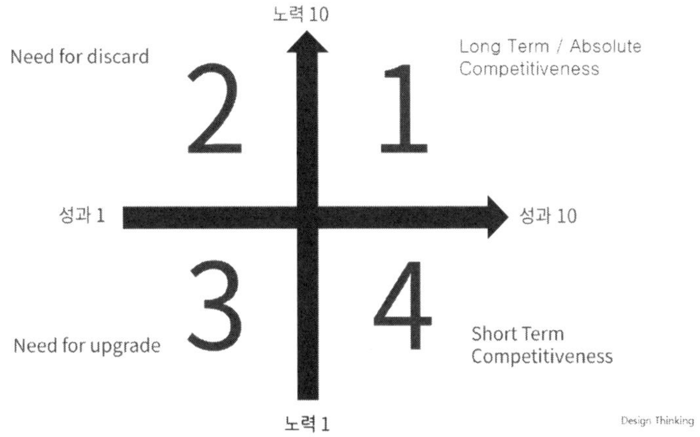

1사분면 : 장기적으로 절대적 강점을 가진 아이디어
2사분면 : 아이디어 폐기
3사분면 : 아이디어 업그레이드
4사분면 : 당장 강점을 가진 아이디어

각 해결 방안에 대한 기대성과와 노력의 정도를 고려

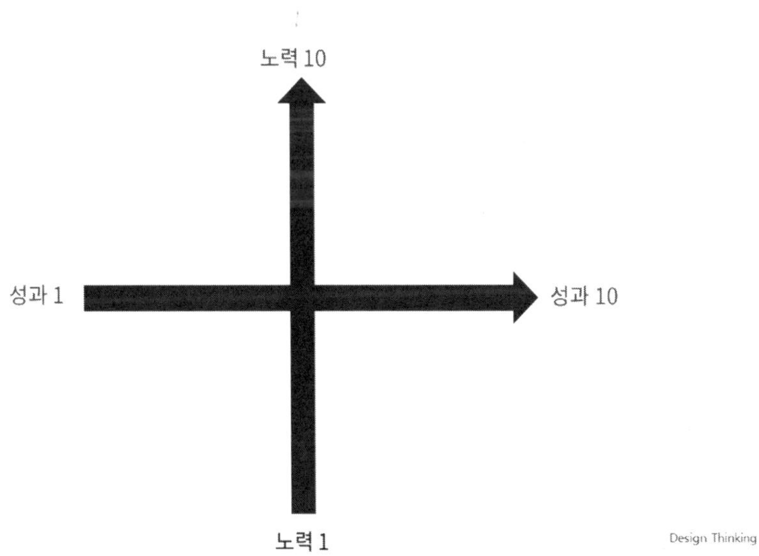

Idea Communication Sheet

<table>
<tr><td colspan="2"><u>문제(대상) 기술</u></td></tr>
<tr><td><u>슬로건</u></td><td><u>알게된 문제/요구</u></td></tr>
<tr><td colspan="2"><u>시각화</u></td></tr>
<tr><td><u>이점</u></td><td><u>전제</u></td></tr>
</table>

Idea Communication Sheet

문제(대상) 기술

우리가 어떻게 하면 김다솜 선생님을 위한 기존의 반복되어지는 교수학습 방법을 보다 교사와 학생 모두가 만족할 수 있도록 새롭게 발전시킬 수 있을 것인가?

슬로건

함께 성장하는 학생과 교사,
배움이 살아있는 수업을 디자인하자.

알게 된 문제/요구

-반복되는 교수학습에서 오는 매너리즘에 대한 해결방안
-교사의 수업전문성 신장을 위한 방안

시각화

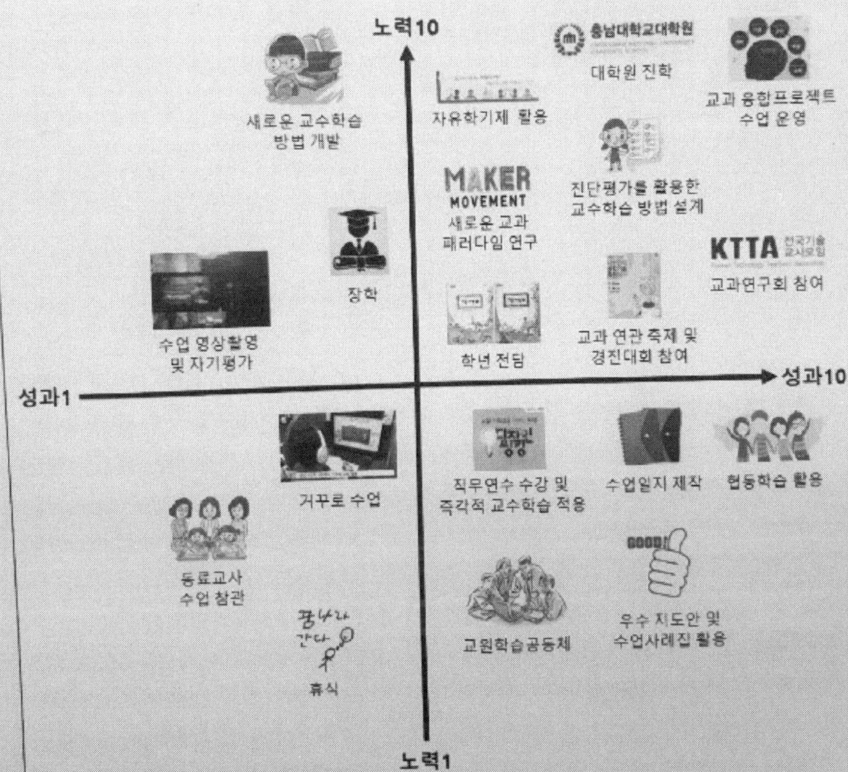

이점

-교사 전문성 신장 및 교육력 제고
-동료 및 지역사회 연계 교육 인프라 구축
-학생과 교사 모두 만족할 수 있는 수업적용

전제

-기술교과 및 교육과정, 성취수준에 대한 이해
-교사의 교수학습 개발 및 전문성 신장 욕구
-교육공동체 연계 교수학습 방법 개선 및 계발

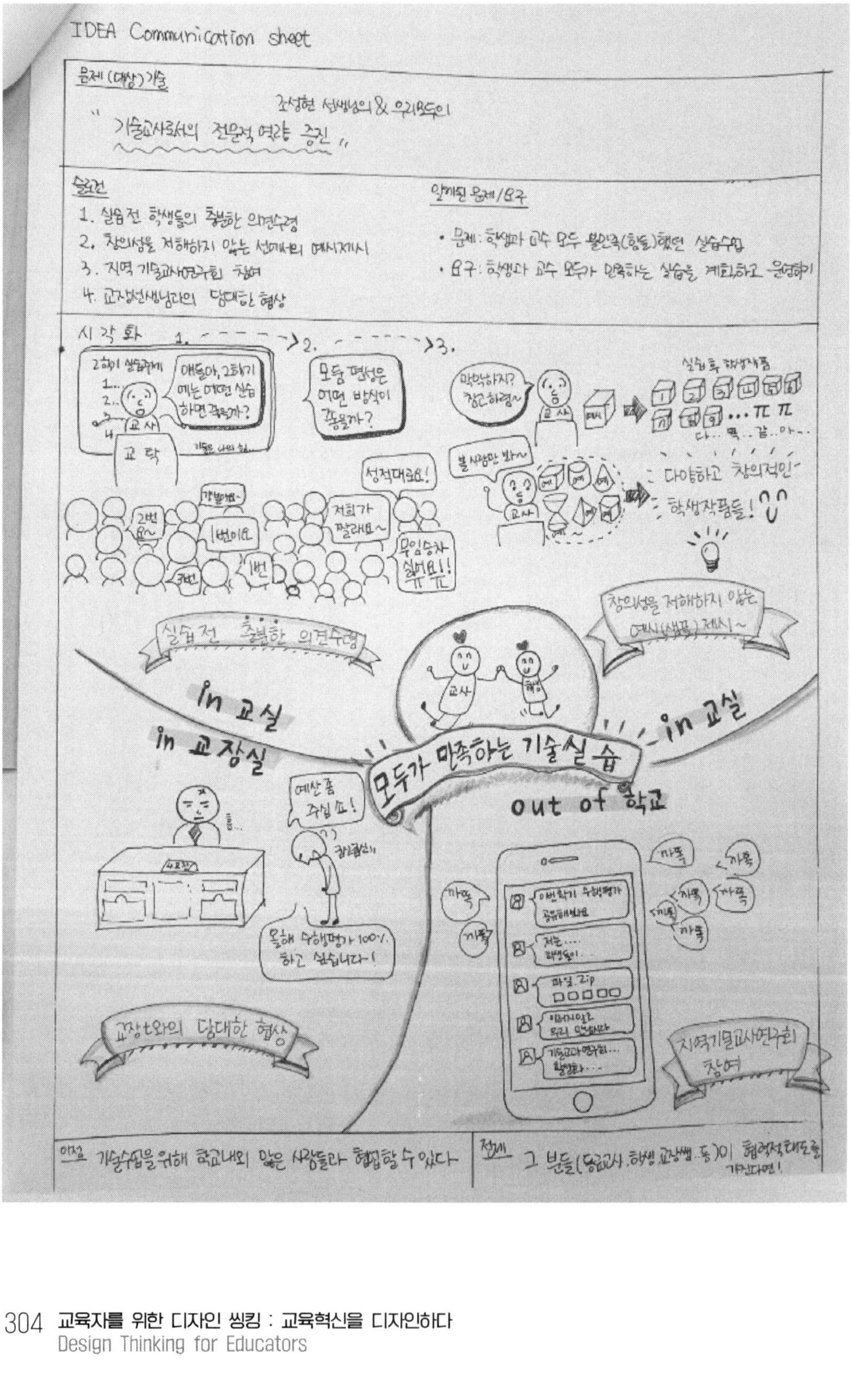
IDEA Communication sheet
문제(대상)기술
조성현 선생님의 & 우리모두의
"기술교사로서의 전문적 역량 증진"
1. 실습 전 학생들의 충분한 의견수렴
2. 창의성을 저해하지 않는 선에서의 예시제시
3. 지역 기술교사연구회 참여
4. 교장선생님과의 당당한 협상
알게된 문제/요구
• 문제: 학생과 교수 모두 불만족(힘듦)했던 실습수업
• 요구: 학생과 교수 모두가 만족하는 실습을 계획하고 운영하기
시각화
모둠 편성은 어떤 방식이 좋을까?
성적대로요!
다양하고 창의적인 학생작품들!
실습 전 충분한 의견수렴
창의성을 저해하지 않는 예시(샘플) 제시~
in 교실
in 교장실
모두가 만족하는 기술실습
out of 학교
예산 좀 주십쇼!
올해 수행평가 100% 하고 싶습니다!
교장님과의 당당한 협상
지역기술교사연구회 참여
이제 기술수업을 위해 학교내외 많은 사람들과 협업할 수 있다
전제 그 분들(동료교사, 학생, 교장쌤..등)이 협력적 태도를 가진다면!

6. PROTOTYPING 프로토타이핑

선정된 최적의 아이디어의 전략이나 시뮬레이션을 해보자.

- 역할극 - 시나리오, 3M 전지 사용 ICS, 페이퍼 프로토타이핑 활동

7. TEST 테스트 및 개선하기 - 피드백, 최종 유저(페르소나)

피드백 켑쳐 그리도 좋은점 +, 바라는 점(건설적 비평) △ , 질문 ? 새로운 아이디어 !

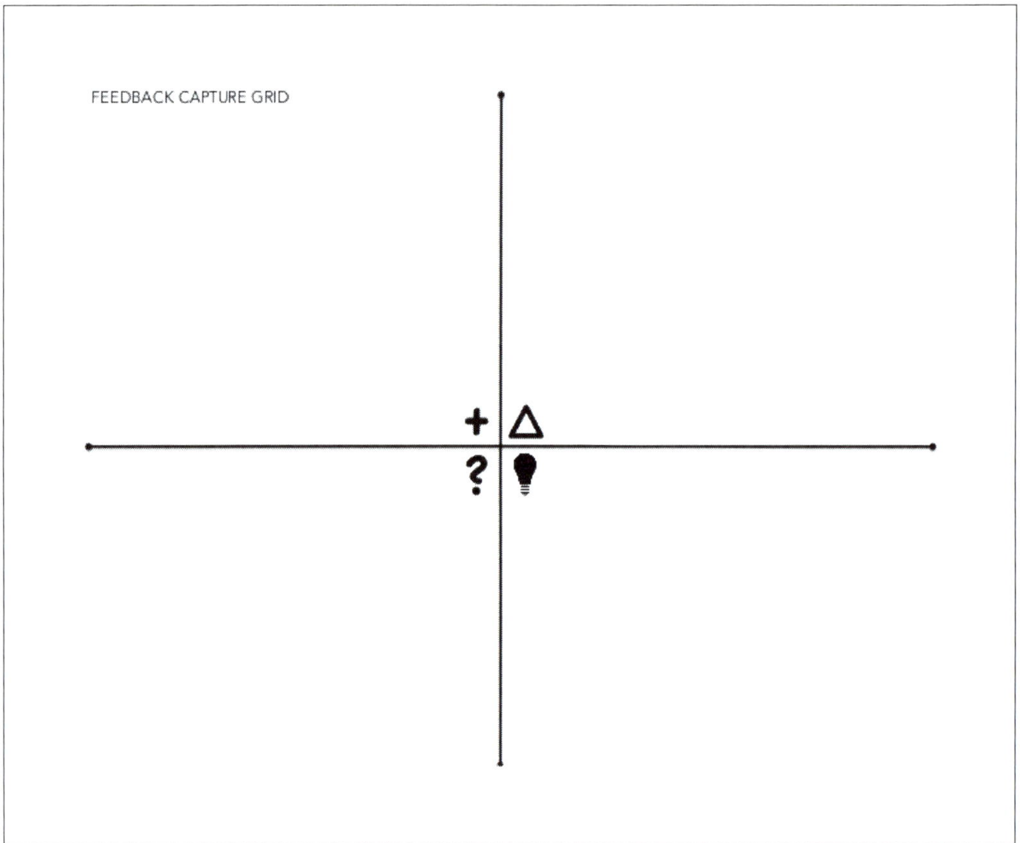

개선점

8. Reflection 회고 보드

계속해서 풀어야 할 문제	시도할 일과 기본 전략
활동의 교육적 시사점	**활동의 개인적 느낀점-에세이**

문제(대상) 기술

우리가 어떻게 하면 이광한 선생님(대상)을 위한

기존의 학교 사정상 제약이 있을 수 밖에 없는 수업과 평가(주제)를

보다 학생 중심의 수업, 과정 중심의 평가를 할 수 있도록(방향성) 도와줄 것인가?

슬로건

제약은 평가 담론 문화를 바꾸는 기회이다.

알게 된 문제/요구

- 학교가 내년 폐교를 앞두고 있는 상황이라, 동료 교사, 관리자의 수업 및 평가 방법 개선에 대한 열정이 많지 않음.
- 수행평가 100% 등 학생참여형의 과정 중심 평가를 하고 싶지만 동료 교사의 반대로 쉽지 않음.

시각화

이점

- 동료 교사, 관리자 인식 개선을 통해 학교 전체의 분위기 변화를 꾀할 수 있음.
- 블록수업, 지필평가 비율의 변경 등 거꾸로 수업 준비에 소요되는 시간 감소
- 학생의 요구 파악을 통해 학생이 진정으로 원하는 수업 진행
- 교과 교사 모임 등을 통한 정보 공유

전제

- 동료교사가 퇴직을 앞두고 있어 변화를 싫어하고, 자신과 비교되는 것을 좋지 않아 함.
- 중간고사, 기말고사 등 지필평가를 치루어야 함.
- 학교가 2020년 폐교 예정임. 폐교를 앞두고 있어 학급별 인원수가 11여명 정도로 적어 원하는 교수학습 방법 적용은 용이함.
- 학생 중심의 수업을 위해 거꾸로 수업 등을 활용하고 있음. 처음에는 노력에 비해 학생들이 생각보다 많이 참여하고 있지 않아 힘들었으나 최근에는 70% 정도 영상을 보고 오는 등 나아지고 있음.

4) Design Thinking Process Based 리빙랩 프로젝트

장동 초등학생을 위한 교육 선물 프로젝트

주요 일정	프로젝트 수행 내용		비고
1주 11월 12일	프로젝트 소개와 DT 강의	강의 및 워크시트 프로젝트 오리엔테이션 면접 준비	면접 질문지 등 계획해보기
2주 11월 19일	공감하기: 장동초 1차 방문 1시에 탑승 - 12시 도시락 수령 영교학과에서	면접- 팀별	면접 기록
3주 11월 26일	프로젝트 수행(팀별자율)	아이디어 도출 팀 작업	실제 선물할 준비- 교육프로그램 등 재료, 자료 등 개발 윇크시트 작성 40분용
4주 12월 3일	포로토타입- 선물 실행해보기 : 장동초 2차 방문 1시에 탑승 - 12시 도시락 수령 영교학과에서	선물 실행하기	PPT 발표자료 및 워크시트 준비
5주 12월 10일	최종 프로제트 발표회	사대 101강의실	최종 발표회 우수팀 시상 - 본선대상자- 총장상

1. 문제 이해

지역적으로 소외된 초등학교 학생들이 겪는 불편함, 교육 요구 등이 무엇인지 토의해 보자.

지리적 요인에서의 불편함
- └ 통학의 불편함
- └ 편의시설이 멀리 위치함 (도서관, 과학교육원, 체험관 등)
- └ 타 학교 학생들과의 교류가 적음
- └ 중학교 진학 시 거리가 먼 학교로 진학해야함

공부에서의 어려움
- └ 학습 내용이 어려움 (개념학습, 문제풀이 등)
- └ 공부의 필요성을 느끼지 못함
- └ 재미없고 지루하여 공부하고 싶지 않음
- └ 학원에 다니기 싫음 / 학원에 다니고 싶음

학교생활에서의 어려움
- └ 교우관계의 어려움
  - └ 학생 인원수가 적어 자칫 친구 사이가 틀어지면 쉽게 회복하기 힘들 수 있음
- └ 학교 활동에서 불편함을 느낌
  - └ 방과후 활동에서 본인이 하고 싶은 활동이 개설되지 않음
  - └ 교과 외 프로그램(진로, 인성 교육 등)이 지루하고 본인의 적성과 맞지 않음
  - └ 학교 수업이 어려움
  - └ 학교 수업이 지루함

기타 개인적인 어려움
- └ 진로 및 진학에 대한 고민
- └ 개인적인 고민
- └ 코로나19로 인한 고민거리, 불편함

2. Empathy 공감하기 : 인터뷰, 관찰, 몰입(참여)

면접준비(1개반 및 교사 : 40분)

• 간략한 질문순서 구성

1. 간단한 자기소개 및 대화를 통해 아이들과의 친해지기
   + 인터뷰 목적 설명해주기
   : 아이들이 겪는 불편함이나 교육 요구를 듣고 교육 선물을 해주기 위함
2. 아이들의 관심사 등 일상적인 질문하기
   (평소 관심있고 좋아하는 게 뭔지? → 취미 및 특기 그리고 장래희망은?),
   (방과 후에 주로 뭘 하면서 노는지?, 학원은 다니는지?)
3. 학교생활 관련 질문하기
   (학교 공부나 교우관계 등 기본적인 학교생활 관련 질문 → 장동초등학교 맞춤 질문)
4. 마무리 기타 질문
   (학교에 바라는 점? 코로나19로 학교생활에 불편한 점? 개인적인 고민거리? 교육요구?)
   → 이 부분에서 프로젝트 주제 잡기

• 질문 리스트 항목별 정리

* 장동초등학교 맞춤 질문들

1) 외딴 곳에 위치한 학교로 인해 불편한 점은 없는지?
   ex : 집에서 너무 멀어서 학교 다니기 불편한 점
   주변에 편의시설, 학원 등이 없어서 불편한 점
2) 적은 학생수로 인해 불편한 점
   ex : 교우관계
   학교 행사(수학여행, 축제 etc)

* 일반적인 학교생활 질문들

1) 친구들과 사이는 어떤지 (학생 수가 적은데서 오는 아쉬운 점?)
   ex : 더 많은 친구들을 만나보고 싶지는 않은지
2) 학교 공부가 어렵 지는 않은 지 (+학원은 다니는지?, 어떤 학원을 다니는지? etc)
3) 학교에 바라는 점은 없는지
   (편의를 위해 개선해줬으면 하는 점이나 하고 싶은 행사)

* 기타 질문들

1) 좋아하는 게 뭔지? (취미, 음식, 좋아하는 유튜버 등등)
2) 장래희망은?
3) 방과 후에 주로 뭘 하면서 노는지
4) 개인적인 고민거리는 없는지
5) 코로나19로 불편한 점?
6) 용돈은 받는지? (물어볼 만한 상황이 나오면 물어보는 게 좋을 듯)

면접 결과 기록과 정리

1. 아이들에 대한 기본 정보
- 인터뷰 대상 : 송윤섭(전교회장), 김보민(여학생), 백준서, 김정우, 고성현, 김수민
- 장동초 6학년 학생들은 총 11명(남 8, 여 3)으로 인원이 적은 편, 성비 불균형

2. 관심사 및 장래희망, 일상적인 질문(방과후, 학원)
- 공통적으로 유튜브, 축구, 고무딱지 놀이, 술래잡기, 장기, 바둑과 같은 놀이나 미디어에 관심이 많음
(‘흔한남매’라는 개그 및 일상, 게임 등을 소재로 컨텐츠를 제작하는 유튜버 선호)
- 장래희망 : 공군/군인, 유도선수, 은행지점장, 경찰, 게임 유튜버, 캐릭터 디자이너
(가족 등 주변 인물로부터 영향을 받은 경우 다수)
- 방과후 어떤 활동을 하는지?
학교 - 국악, 체육, 보드게임, 학습코칭 등
학원 - 태권도, 유도, 영어, 수학, 논술, 피아노 등

3. 학교 관련 질문(학교 생활, 학교의 지리적 요소 등)
- 학교 통학은 어떻게?
: 집이 가까운 경우 도보로 통학, 도보로 통학 어려운 경우 학교 통학버스 이용
(유성구에 거주하는 학생 2명 있음 - 통학버스 이용)
- 현재 공부하는 것들과 이와 관련한 사항들 (교과 관련)
ㄴ 현재 공부하는 것들
학교 - 교육과정 내 교과목, 수학은 원의 넓이 단원을 배움.
학원 - 중학교 수학 영어 과목을 예습하고 있음
ㄴ 관련 사항(좋아하는 것, 문제점)
- 영어 단어를 잘 몰라 어려움. 이외에는 큰 문제점은 없음
- 영어 게임(단어퀴즈, hangman), 팝송 감상 좋아함
- 수학 게임(창의 사고력 문제) 좋아함
- 교과 외 경험해본 활동이나 하고 싶은 활동
: 방과후 활동을 통한 활동들, 요리실습 (케이크 만든 경험 있음) 등 경험 있음
: 요리실습, 먹거리가 함께 하는 활동 선호 (아이들의 호응이 좋았던 대답)
: 보물찾기, 영어/수학 게임, 보드게임 등 활동 선호
- 학교의 지리적 요소와 관련한 사항
: 인근 도서관은 중리동이나 신탄진(자가용 약 15분 거리)으로, 중학교 진학도 장동에 없어 회덕동 혹은 그 외로 가야함. 큰 불편함을 겪고 있지는 않음

4. 기타 사항
- 용돈은 받는지? 받는다면 주로 어디에 쓰는지?
: 받지 않는 학생도 있었음. 받는 학생 중 용돈 액수에 만족하지 않는 학생도 있었음.
: 대부분 간식, 저축에 활용

3. 문제 정의

A. 면접내용 구체화

정보 분석- 핵심 내용 정리 종합 범주화	장동초 학생들의 문제와 요구 통찰 추론	문제 구체화
1. 학습활동	1. 학습활동에서 영어는 단어를 잘 몰라 학습에 어려움을 겪음	1. 다양한 영어 단어를 접하고 재미있게 익힐 수 있는 기회 필요
2. 학교 활동	2. 학교 활동에서 본인의 적성에 딱 맞는 진로 체험 등이 잘 이루어지지 않음	2. 수학이나 영어 과목에서는 단순 문제 풀이에서 벗어나 퀴즈 등을 통해 친숙해질 기회 필요
3. 관심사	3. 코로나19로 인해 이전보다 친구들과의 노는 횟수가 줄어드는 등 지루한 일상을 보내고 있음	3. 코로나19의 상황 속에서도 친구들과 안전하게 추억을 쌓을 기회 필요
4. 일상	4. 친구들과 함께하는 활동들을 하고 싶음 - 요리 실습, 스포츠 활동	4. 장동초 학생들의 눈높이에 맞춰진 교내 활동 프로그램 필요

B. How Might We 기법으로 : 대상, 주제, 방향성

How Might We Statement 기본형

1. 대상 : 주된 사용자
2. 주제 : 기존의 제품이나 시스템, 교육 프로그램 등
3. 방향성 : 매우 큰 방향성
   - 우리가 어떻게 하면 (대상)을 위한 기존의 (주제)를 보다 (방향성) 할 것인가?
   - 우리가 어떻게 하면 (장동초등학교 학생들)을 위한 기존의 (코로나19로 인해 친구들과 함께 어울리지 못하여 지친 생활)을 보다 (재미있고 활기찬 추억으로 채워줄 수 있을) 것인가?
4. IDEATION 아이디어 도출 - 브레인스토밍/ 브레인라이팅

아이들 먹거리 제공하기

ㄴ 활동 중간 혹은 끝나고 아이들끼리 먹을 수 있는 간단한 먹거리 제공하기

- 코로나19로 인하여 가정에서 개인적으로 먹을 수 있는 간식(사탕 등) 제공

ㄴ 요리 실습 활동 진행하기(떡볶이, 베이킹, 고기 등)

보물찾기 활동

ㄴ 상품 준비하여 상품을 적은 쪽지 숨겨놓고 보물찾기

- 단순 상품 수령 형식이 아닌 쪽지 속 미션 성공시 상품 수령 형식
  (미션 예시 : 사범대생과 공기놀이에서 승리, 가위바위보 게임에서 승리 등)
- 수학 영어 퀴즈와 결합하여 쪽지에 퀴즈 적어두기
- 미션 쪽지를 여러 개 준비하여 상품 소진 시 종료(최대한 많은 참여기회 제공)

유튜브 등 인터넷 매체 활용

ㄴ 아이들이 많이 보는 유튜브의 컨텐츠를 아이들과 함께 실현해보기

- 교육용 영상(실험 영상 등) 속 실험이나 현상을 직접 확인하는 활동

ㄴ 아이들이 직접 유튜버가 되는 진로 체험활동 진행 "일일 유튜버 체험"

- 아이들이 활동하는 모습을 스스로 컨텐츠로 제작할 기회 제공
  (기획, 촬영, 출연, 편집 등 1인 유튜버 체험)
  ㄴ 시간상의 문제로 아이들이 출연하고 사대생이 촬영 및 편집을 담당

수학 영어 퀴즈

ㄴ 초등학교 6학년 수준의 문제를 준비하여 아이들이 풀어볼 수 있는 기회 제공

- 고난도 문제도 준비하여 조별 활동으로 진행(학습코칭 포함)
- 성냥개비 문제(2인 혹은 3인 1조로 진행), 영어 단어/문장 퀴즈

놀이

ㄴ 보드게임, 오목 등 게임 준비

ㄴ 스포츠 활동(축구, 야구, 볼링 등)

ㄴ 장동초 학생들에게 익숙하진 않지만 다른 초등학생들에게 유행하는 게임 소개

ㄴ 아이들 전체가 한 조를 이루어 사범대 학생들과 겨루는 게임 준비(협동심 제고)

ㄴ 'vs AI' : 전자기기를 준비하여 학생들과 ai가 겨룰 수 있는 간단한 게임 준비

기타 활동 진행 사항

ㄴ 상품 : 먹거리, 학용품, 장난감

- 학용품 : 공책, 형광펜, 샤프, 지우개, 볼펜 등 곧 중학교 입학 축하 세트 제작
- 장난감 : 장동초 학생들이 좋아하는 고무딱지, 친구들과 즐길 수 있는 보드게임

5. IDEATION 아이디어 선별

A. 아이디어 스크리닝 : 많은 아이디어를 선별해 보자. 아이디어 통합이나 복수의 아이디어도 가능

▶ 스크리닝 매트릭스로 아이디어를 평가해 보자 [포스트잇 붙이기- 번호]

		아이디어 혁신성: 참신한가?		
		상	중	하
실현 가능성	상	- 일일 유튜버 체험 : 아이들 출연, 사대생 편집 및 촬영	- 보물찾기 - 수학, 영어 퀴즈 - 학용품, 장난감 선물	- 보드게임 - 초등학생들 사이 유행하는 게임
	중	- 유튜브 실험 컨텐츠 활용	- 사대생과 겨루기	- 스포츠 활동
	하	- vs AI : 전자기기 활용하여 ai와 겨루기		- 먹거리 제공 - 요리 실습 (코로나19로 인해 실현 가능성 낮음)

Idea Communication Sheet

문제(대상) 기술 장동초등학교 학생들이 원하는 방향의 학습과 경험 제공의 부족	
알게된 문제/요구 학생들의 학습 욕구가 교과서 속 내용만으로 해결되지 않음. 학교에서 진행하는 활동 외에 친구들과의 놀이 및 다양한 경험을 쌓고 싶어함	
"아이들이 관심을 갖는 부분을 활용해 새로운 경험을 하게 해주자" → 친구들과 함께 수학/영어 보물찾기를 즐기는 과정을 영상으로 담아 선물하여 일일 유튜버 체험 및 활동 진행 <준비사항> - 준비물 : 공기, 색종이, 딱지세트, 공책, 샤프, 과자(개별포장) 등 - 미션 준비 : 수학/영어 퀴즈, 게임(공기놀이, 종이비행기 멀리날리기, 딱지치기, 가위바위보, 참참참 등) <활동 진행 방식> **'일일 유튜버가 되어 다양한 게임과 퀴즈를 통해 상품 타가기'** - '일일 유튜버' 영상 선물 1. 아이들에게 활동 설명 후 참여 동의 구하기 (영상 참여 원하지 않는 아이는 영상 보물찾기 활동만 진행 가능하도록 해주기) 2. 보물찾기 활동 진행하며 게임을 하는 즐거운 장동초 학생들의 모습을 담은 영상 촬영 (보물찾기 본부 운영 인원 제외한 나머지 인원이 촬영) 3. 영상을 아이들이 자주 보는 유튜브 영상처럼 편집하여 추억을 선물함 - 보물찾기 1. 퀴즈와 게임을 담은 미션 종이를 장동초 건물에 숨기기(액자, 창틀 등) 2. 아이들이 종이를 찾아 교실에 운영 중인 보물찾기 본부에서 미션 진행 3. 미션 성공 시 상품 교환(과자, 노트, 샤프 등) - 3회 성공 까지 중복 참여 가능, 3회 성공 시 1등 상품 지급	
이점 1. 원하던 학습 방법을 통한 학습 흥미 상승 2. 진로 체험을 결합하여 새로운 경험 제공 3. 코로나19로 장기화로 지친 아이들의 심신 안정	전제 1. 충분한 활동 준비(퀴즈, 상품, 영상 기획) 2. 아이들의 활발한 참여 3. 안전한 활동 진행

6. PROTOTYPING 프로토타이핑

'일일 유튜버가 되어 다양한 게임과 퀴즈를 통해 상품 타가기'

단계 (시간)	활동 진행자	아이들	유의점
도입 (5)	▸**인사 및 주변 정리** 인사 및 근황을 이야기하며 인터뷰 때 만나지 못한 학생들에게도 다가감. ▸**활동 설명** '일일유튜버' 및 보물찾기 설명 (참여 동의 구하기) ▸**활동 준비** 교실 환경 정리 및 본부 제작	▸**인사 및 주변 정리** ▸**활동 준비** 유튜버 활동 참여 의사 밝히기 및 규칙 이해	
전개 (30)	▸**활동 진행** - 본부 : 문제 정답 확인 및 게임 진행, 상품 교환 - 영상 촬영 : 아이들과 함께 다니며 영상 촬영 (인터뷰 포함) (비디오 구상 아래 참고)	▸**활동 진행** - 활발하게 게임에 참여 - 문제 풀이가 틀렸거나 게임에서 패했을 경우, 재도전 - 미션 성공 시 원하는 상품 교환	질서 및 안전 유지
정리 (5)	▸**활동 마무리** - 주변 환경 정리 및 정리 지시 - 활동 내용 정리 및 학생들이 어려워한 문제 풀이 - 활동 소감 공유(인터뷰, 사진) ▸**인사 및 프로그램 종료** - 선물 모두 증정 완료하고 인사	▸**활동 진행** 주변 환경 정리 활동 내용 정리 및 문제풀이 이해하며 복습 활동 소감 공유 ▸**인사 및 프로그램 종료**	질서 및 안전 유지

비디오 기본 구상

1-1 컷 : 제목 현자의 문제(소제목 장동초 일일 유튜버) (+준비과정 ex. 보물 숨기기)
1-2 컷 : 진행방식 설명(+준비물 사진)
2-1 컷 : 보물찾기
2-2 컷 : 문제풀기
2-3 컷 : 게임 뽑기 및 게임 진행
3-1 컷 : 현자가 되기 위한 여정의 마무리 소감 및 자신이 한 미션 바탕으로 각 칭호부여 (한 화면에 모든 학생 칭호 및 사진) (칭호 - 문제풀이만 3개 : 지니어스 / 문제풀이와 게임 : 멀티플레이어 / 여러 번 실패 후 다시 도전하여 성공 : 지치지 않는 끈기)
4-1 컷 : 마무리 크레딧

7. 실제 선물(교육 프로그램) 실행기획안

준비 사항	준비 내용	담당
준비	프로그램 기획 및 기본 구성 (아이디어 제시)	조원 전체
준비	퀴즈 문항 제작	유상은, 곽태현, 길주희, 최수빈
준비	준비물 제작, 게임 준비	이준희, 문성민, 최수빈
진행	프로그램 설명, 진행 및 퀴즈 본부 운영	문성민
진행	프로그램 진행, 영상 기획, 촬영 및 편집	최수빈, 이준희
마무리	ppt 및 기획안 정리	곽태현, 길주희, 유상은

8. TEST 실행결과의 테스트 및 개선하기 피드백, 최종 유저

피드백 캡처 그리고 좋은점 +, 바라는 점(건설적 비평) △ , 질문 ? 새로운 아이디어 !

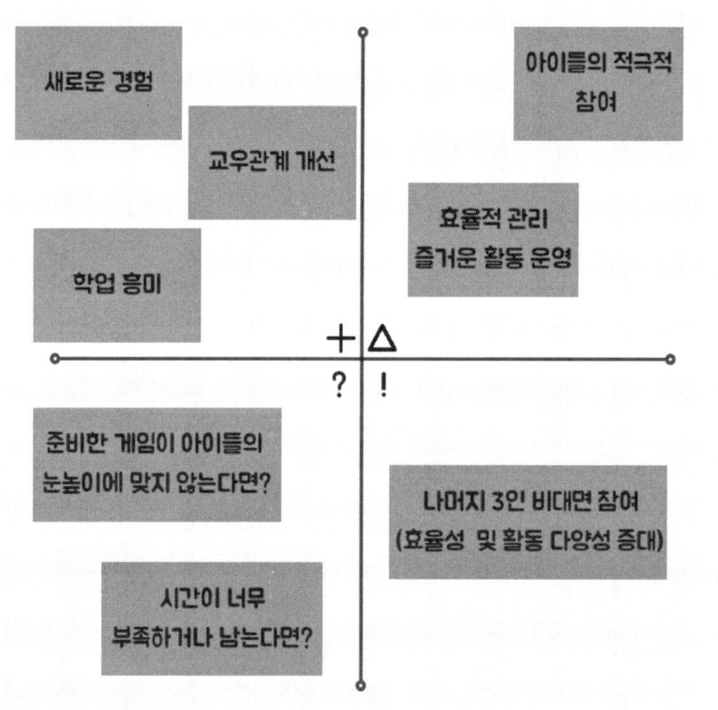

9. Reflection 회고 보드

활동의 교육적 시사점	활동의 개인적 느낀점
- 학생들이 직접 참여하고, 학급 친구 및 교사와 함께 좋은 추억을 만들어가며 재미있게 학습하는 방식이 좋은 효과가 있음을 확인. 이는 학생들에게 거부감을 덜어줄 수 있어 장기적으로 일명 수포자, 영포자를 줄일 수 있을 것으로 기대됨. (학생의 자발적 참여, 신체활동 함께하며 다양한 감각을 활용해 기억에 오래 남음) - 학생들의 주요 관심사가 각종 미디어와 인터넷 매체에 있는 만큼 교육에서도 해당 부분과 결합하는 방향으로 변화의 필요성을 확인함. 이는 학생들의 관심과 참여도를 높일 수 있어 교육효과를 높일 수 있을 것으로 기대됨.	- 아이들과의 인터뷰에서 세대교체를 느낄 수 있었다. 우리의 초등학생 시절과 비교했을 때 인터넷이 아이들의 삶에 차지하는 비율이 훨씬 늘었고, 이 영향으로 희망 직업군이 다양해지고 달라졌다는 점이 인상적이었다. 특히 드론축구를 한다는 점에서 기술 발전이 아이들의 삶에 많이 녹아들었음을 보고 교육도 변화가 필요함을 몸소 깨닫게 되었다. - 아이들의 장래희망, 취미 등에서 주변 사람들에게 영향을 많이 받음을 볼 수 있었다. 이런 점에서 아이들과 함께 수업과 활동을 진행하며 많은 시간을 함께하는 교사의 역할이 중요함을 다시 느낄 수 있었다. - 비교적 공감대를 형성하고 소통이 쉬운 중고등학생이 아닌 초등학생들과 공감대를 형성하고 그에 맞춰 수업을 진행해볼 수 있는 좋은 경험이었다.

[부록] 학습안내자료 - 수학퀴즈 11문제, 영어퀴즈 13문제 총 24문제

수학 1. ?를 구하시오

$\frac{4}{9} \div 2 =$, $\div 5 = ?$

정답: 2/45, 네모는 2/9

수학 2. 어떤 수를 6로 나누어야 할 것을 잘못하여 6을 곱했더니 90이 되었다. 바르게 계산하면 얼마인지 구하시오.

풀이: (어떤수)$\times 6 = 90$, (어떤수)$=90 \div 6 = 15$, $15 \div 6 = 2\frac{1}{2}$

정답: $2\frac{1}{2}$

수학 3. 한 모서리의 길이가 2cm인 정육면체 모양의 상자가 있다. 상자의 각 모서리의 길이를 3배로 늘여 큰 상자를 만들었을 때, 늘어난 부피는 몇 ㎤인가?

풀이: (늘어난부피)=(큰상자부피)-(처음상자부피),

(처음상자부피)=2×2×2=8, (늘어난상자부피)=6×6×6=216, 216-8=208

정답: 208㎤

수학 4. 현우의 몸무게는 가은이의 몸무게의 1.36배라고 한다. 현우의 몸무게가 50.32kg이라면 가은이의 몸무게는 몇 kg인가?

풀이: (현우몸무게)=(가은몸무게)×1.36,

(가은몸무게)=(현우몸무게)÷1.36=50.32÷1.36=37

정답: 37kg

수학 5. 길이가 $3\frac{2}{5}$cm인 양초가 있다. 이 양초는 10분마다 $\frac{1}{5}$cm가 탄다. 이 양초에 불을 붙이기 시작하여 $1\frac{1}{5}$cm가 남을 때까지 걸리는 시간은 몇 시간 몇 분인지

구하라.

풀이: 1시간에 타는 길이= $\frac{1}{5}\times 6 = 1\frac{1}{5}$, $3\frac{2}{5} - 1\frac{1}{5} = 2\frac{1}{5}$,

$$2\frac{1}{5} \div 1\frac{1}{5} = \frac{11}{5} \div \frac{6}{5} = 1\frac{2}{3}(\text{시간}) \Rightarrow 1\text{시간 } 50\text{분}$$

정답: 1시간 50분

수학 6. 다음을 보고 "?"에 들어갈 숫자를 맞혀보세요. (아래의 계산기를 참고하세요) (프린트)

$$741 = 1$$
$$74125 = 6$$
$$747852 = 7$$
$$87452 = ?$$

정답 : 9

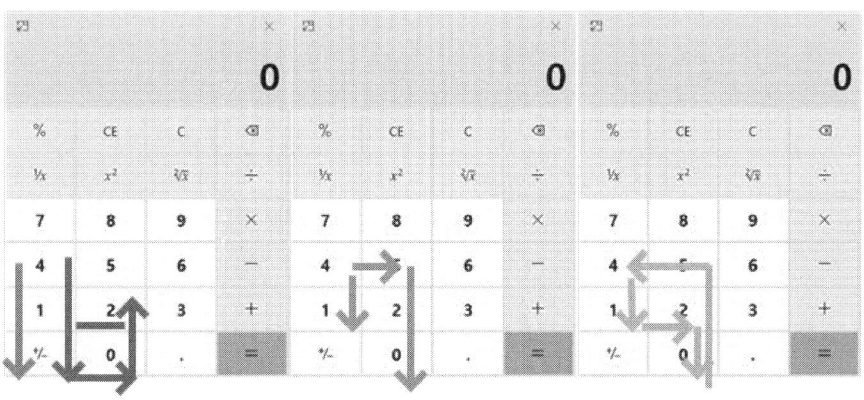

수학 7. 다음의 성냥개비 중 3개를 한 번씩 움직여서 정삼각형 5개를 만들어보세요. (성냥/프린트)

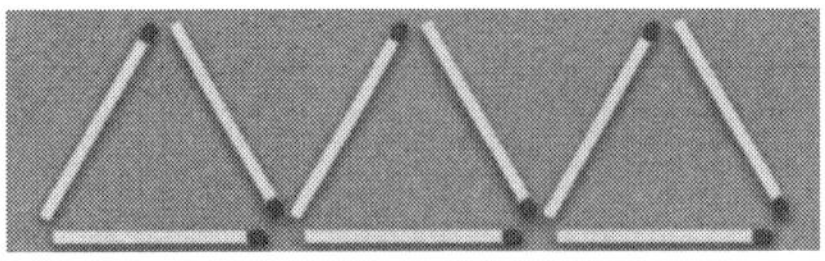

정답 :

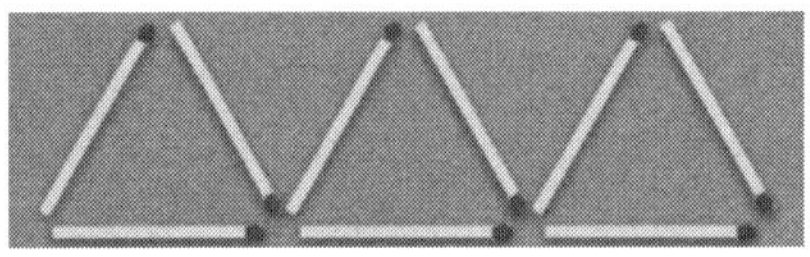

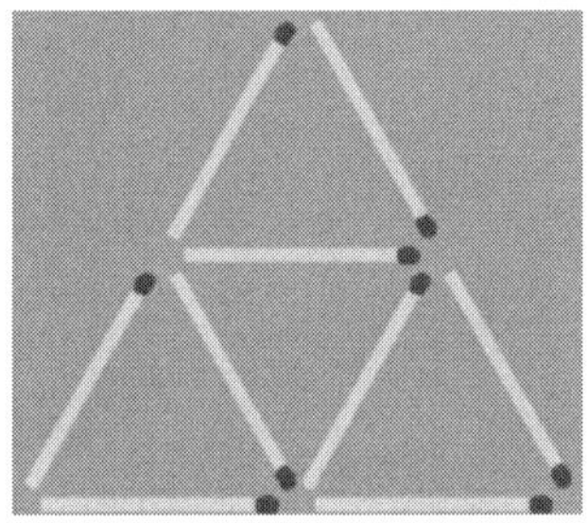

수학 8. 다음의 직육면체의 부피가 $40cm^3$일 때, 겉넓이를 구하시오. (프린트)

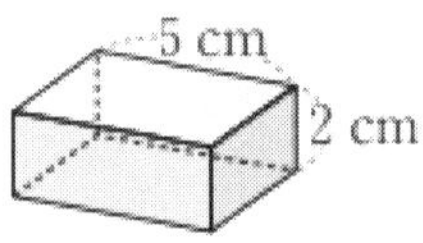

정답 : 76cm^2

(밑면의 세로의 길이)$\times 5 \times 2 = 40$
$\therefore$ 밑면의 세로의 길이 $= 10cm$

(겉넓이) $= 2\times(2\times4)+2\times(5\times2)+2\times(4\times5)=76$

수학 9. 다음과 같이 규칙적으로 나열된 수를 보고 "?"에 들어갈 숫자를 구해보세요. (프린트)

0 1 1 2 3 5 8 13 21 34 ?

정답 : 55

세 번째 숫자인 1부터는 그 앞의 두 숫자를 더한 값이 된다는 규칙이 있다.

$0+1=1, 1+1=2, 1+2=3, 2+3=5, \cdots, 21+34=55$

수학 10. 어떤 수에 0.25를 곱했더니 $\frac{2}{5}$가 되었습니다. 이 때, 어떤 수는 얼마인지 소수로 나타내려고 합니다. 풀이과정을 쓰고 답을 구하시오.

풀이: $x \times 0.25 = \frac{2}{5} \Rightarrow x \times \frac{1}{4} = \frac{2}{5} \Rightarrow x = \frac{2}{5} \div \frac{1}{4} = \frac{2}{5} \times 4 = \frac{8}{5} = 1\frac{3}{5} = 1.6$

정답: 1.6

수학 11. 밑변이 $1\frac{3}{4}$이고 넓이가 $7.35cm^2$인 평행사변형의 높이는 얼마입니까?

정답: $\frac{21}{5}cm$

영어 1. 다음 문장에 쓰인 'ṣ 중, 뜻이 다른 하나를 고르세요.

① It's sunny outside.

② Let's go!

③ He's going to read the book.

④ That's a good idea.

정답: ② Let's go! - 's가 us의 생략형, 나머지 's는 모두 is의 생략형.

영어 2. 다음 중 단어와 뜻이 올바르게 짝지어진 것을 고르세요.

① education-철학

② science-사회학

③ economics-고고학

④ mathematics-수학

정답: ④ mathematics-수학

영어 3. 다음 중 성격이 다른 단어 하나를 고르세요.

① lovely

② dirty

③ cold

④ tell

⑤ easy

정답: ④ tell - tell은 동사, 나머지는 모두 형용사.

영어 4. 다음 문장에 대한 대답으로 알맞은 것을 고르세요.

Would you please close the door?

① Nevermind, I am okay.

② Yes, you can.

③ Okay, I will.

④ Sorry, but I can't fix it.

정답: ③ Okay, I will.

영어 5. 다음 설명 속 밑줄 친 here가 지칭하는 단어를 고르세요.

When you want to read books, you can visit here. You don't have to pay for reading or borrowing books here. Normally, you can find novels, journals, newspapers, dictionaries, and even comic books in here.

① book store

② hospital

③ restaurant

④ library

정답: ④ library

영어 6. 다음은 영어 속담입니다. 속담의 뜻을 말하세요.

The early bird catches the worm.

정답: 일찍 일어난 새가 벌레를 잡는다. -원하는 것을 이루려면 부지런해야 한다.

영어 7. 다음 문장의 모든 빈칸에 알맞은 한 단어를 고르세요.

> I will ____ an online game someday.
> There is a lipstick in the ____-up box.
> You can ____ it happen.
> It doesn't ____ sense.

① love

② make

③ have

④ say

정답: ② make

영어 8. 다음 중 문법적으로 올바르지 **않은** 문장을 고르세요.

① We didn't bring our textbooks.

② The cat is sleeping.

③ He should does his best.

④ They are not a football team.

정답: ③ He should does his best.- He should do his best.로 고칠 수 있다.
(조동사 should 뒤에는 일반동사의 원형이 따라온다.)

영어 9. 다음 중 의미 관계가 나머지와 <u>다른</u> 단어 쌍을 고르세요.

① young-old

② plant-flower

③ life-death

④ girl-boy

정답: ② plant-flower -해당 번호를 제외한 나머지는 모두 반의 관계, plant는 flower의 상위어, flower는 plant의 하위어로, 종속 관계에 놓여 있음.

영어 10. 다음 두 문장에서 shower가 각각 어떤 의미로 쓰였는지 설명하세요.

> You are sweaty! You should take a <u>shower</u> right now.
> We were caught in a heavy <u>shower</u> yesterday.

정답: You are sweaty! You should take a <u>shower</u> right now.

너 땀투성이구나! 지금 당장 씻어야겠다. -이 문장에서 shower는 샤워, 즉 씻는 것을 의미한다.

We were caught in a heavy <u>shower</u> yesterday.

우리는 어제 엄청난 소나기를 만났다. -이 문장에서 shower는 소나기를 의미한다.

영어 11. 주어진 우리말에 맞게 단어를 순서대로 배열하세요.

"스마트폰을 진동 모드로 해두었는지 꼭 확인해라"

(your smartphone, sure, to, Make, on, silent mode, put)

정답: Make sure to put your smartphone on silent mode

영어 12. 다음을 읽고, 빈칸에 알맞은 단어를 고르세요.

"In ancient Greece, the people believed _____ a mother god.

① at ② for ③ in ④ to

정답: in

영어 13. 다음을 읽고, 빈칸에 알맞은 단어를 고르세요.

"I'm sorry I missed the appointment. It's completely ________ my mind!"

① lost ② crossed ③ emptied ④ slipped

정답: ④

① lost my mind 화가 났다.

② crossed my mind 생각이 났다.

③ emptied my mind 마음을 비웠다.

④ slipped my mind 잊어버렸다, 깜빡잊었다.

대전 장동초등학교 교육 선물 프로젝트
찾아라, 현자의 눈!
충남대학교 사범대학교 TEAM E214

INDEX
01 문제 이해
02 공감하기 (Empathy)
03 교육 선물 준비
04 교육 선물 실행
05 교육 선물 후기

01
2021.11.12 1주차
문제 이해
진행 내용
장동초등학교 학생들의 불편함 및 교육 요구 파악하기
장동초등학교 학생들과의 인터뷰 준비하기

문제 이해
지역적으로 소외된 장동초등학교 학생들의 불편함, 교육요구 추측하기
Problem 1 지리적 요인
Problem 2 학교 생활
Problem 3 기타 요인
학업 및 학습
학교/학급 환경

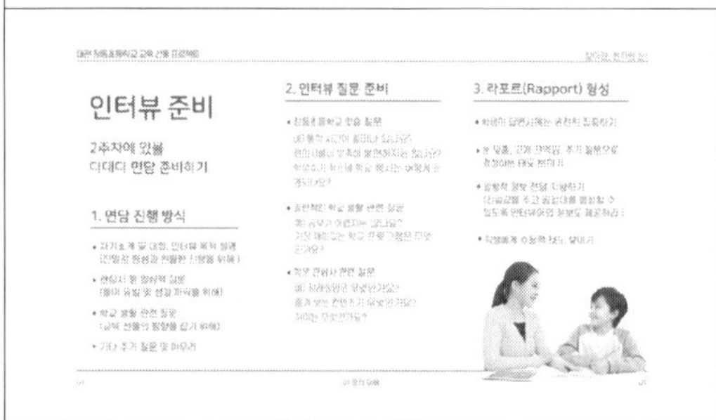
인터뷰 준비
2주차에 있을 대대대 면담 준비하기
1. 면담 진행 방식
2. 인터뷰 질문 준비
3. 라포르(Rapport) 형성

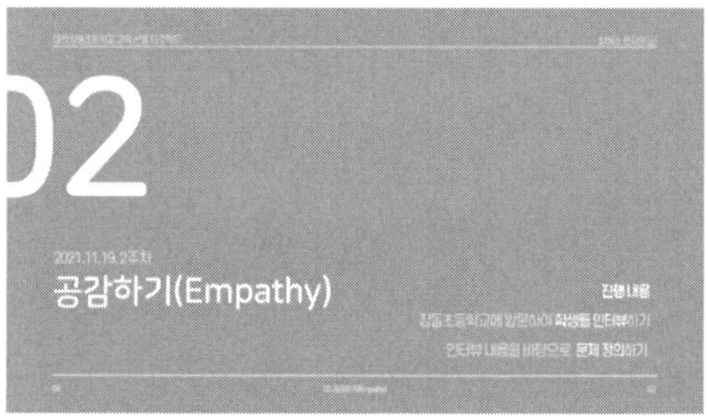
02
2021.11.19 2주차
공감하기(Empathy)
진행 내용

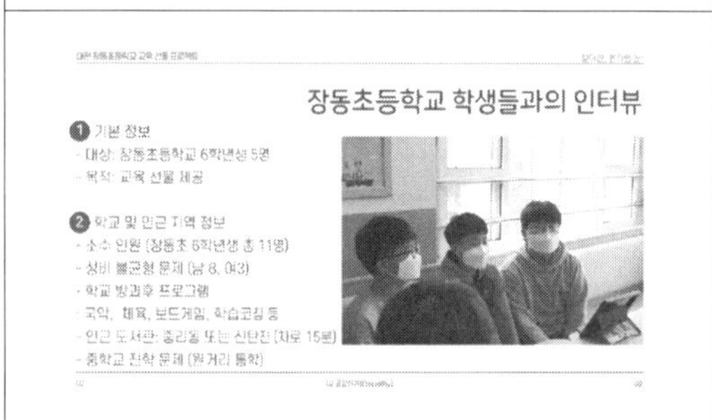
장동초등학교 학생들과의 인터뷰
1 기본 정보
- 대상: 장동초등학교 6학년생 5명
- 목적: 교육 선물 제공
2 학교 및 인근 지역 정보
- 소수 인원 (장동초 6학년생 총 11명)
- 학교 방과후 프로그램

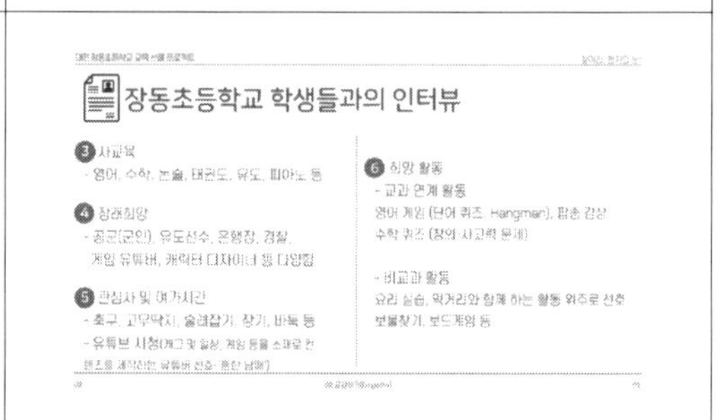
장동초등학교 학생들과의 인터뷰
3 사교육
4 장래희망
5 관심사 및 여가시간
6 희망 활동
- 교과 연계 활동
- 비교과 활동

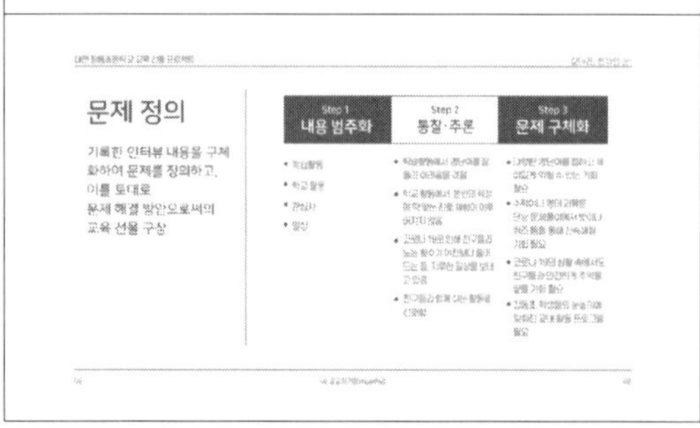
문제 정의
기록한 인터뷰 내용을 구체화하여 문제를 정의하고, 이를 토대로 문제 해결 방안으로서의 교육 선물 구상
Step 1 내용 범주화
Step 2 통찰·추론
Step 3 문제 구체화

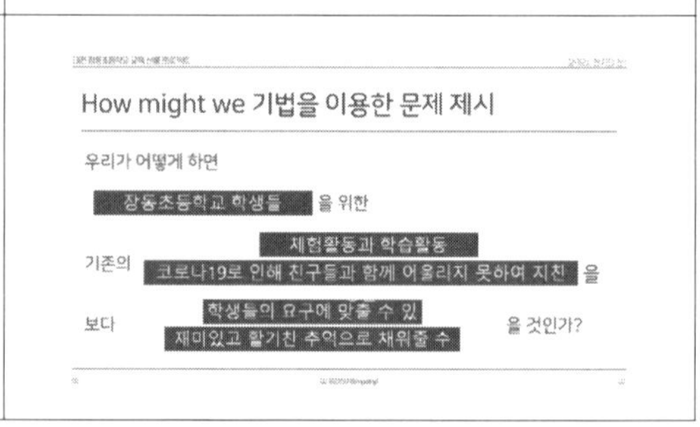
How might we 기법을 이용한 문제 제시
우리가 어떻게 하면
장동초등학교 학생들 을 위한
기존의 체험활동과 학습활동
코로나19로 인해 친구들과 함께 어울리지 못하여 지친 을
보다 학생들의 요구에 맞출 수 있
재미있고 알기찬 추억으로 채워줄 수 을 것인가?

03
2021.11.26.3주차
교육 선물 준비
진행 내용
교육 선물 아이디어 제시 및 선별하기
교육 선물 활동 계획 및 준비하기

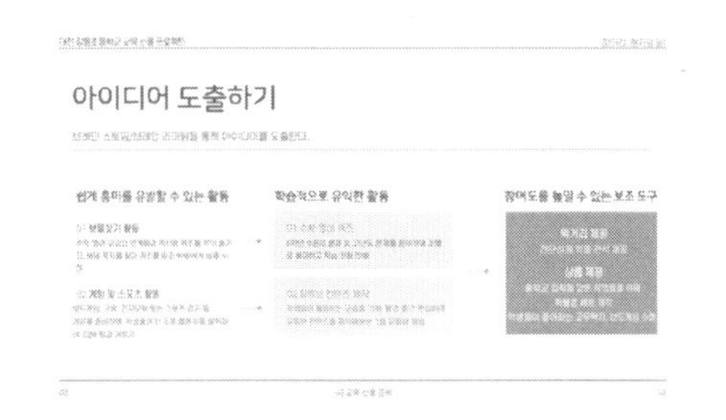
아이디어 도출하기
쉽게 흥미를 유발할 수 있는 활동
학습적으로 유익한 활동
참여도를 높일 수 있는 보조 도구

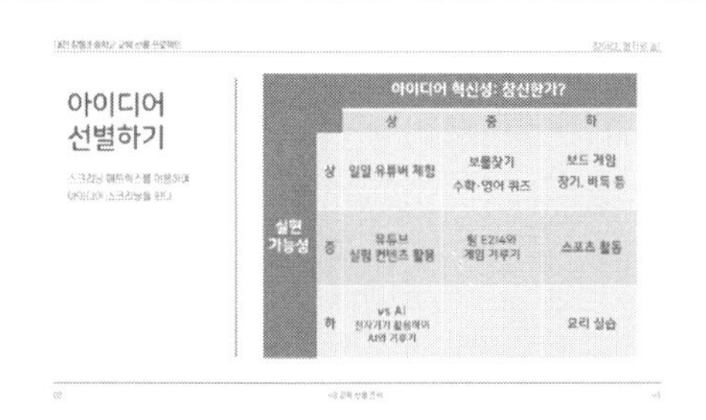
아이디어 선별하기
아이디어 혁신성: 참신한가?
상
중
하
실현 가능성
상
일일 유튜버 체험
보물찾기 수학·영어 퀴즈
보드 게임 장기, 바둑 등
중
유튜브 실험 컨텐츠 활용
스포츠 활동
하
vs AI
요리 실습

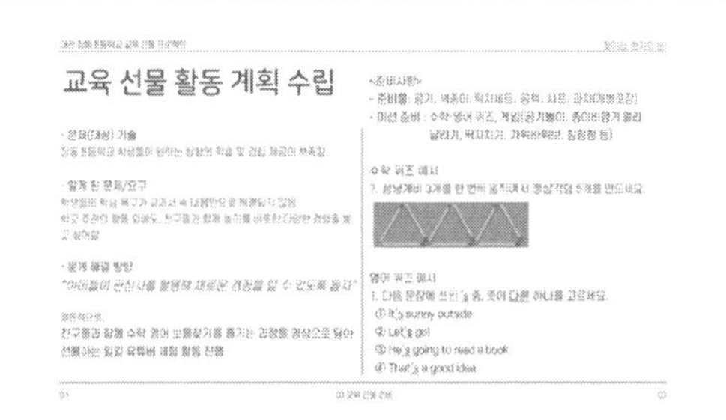
교육 선물 활동 계획 수립
수학 퀴즈 예시
영어 퀴즈 예시
① It's sunny outside
② Let's go!
③ He's going to read a book
④ That's a good idea.

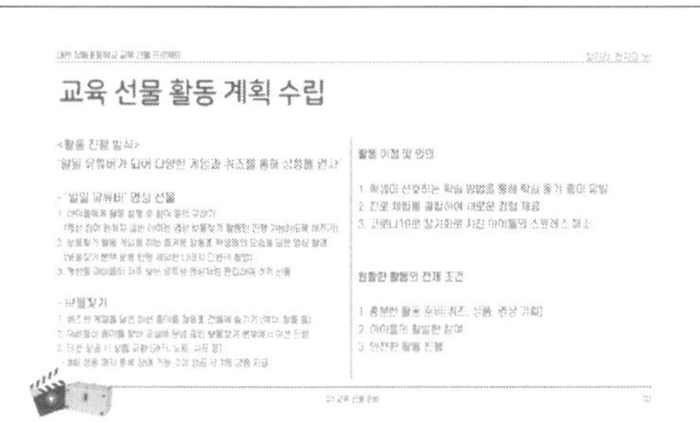
교육 선물 활동 계획 수립

04
2021.12.3.4주차
교육 선물 실행
진행 내용
활동 내용 기록 후 정리하기

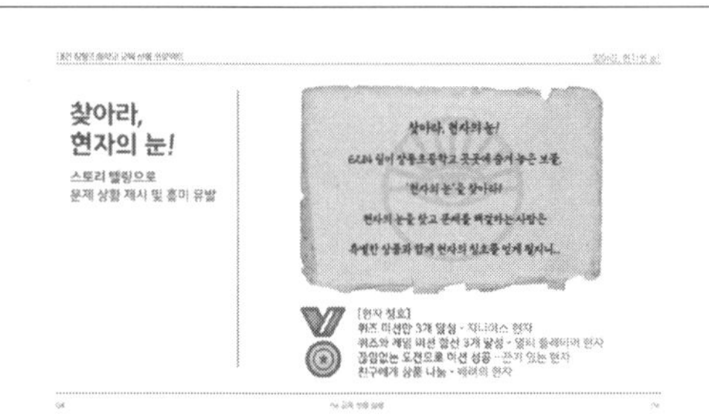
찾아라, 현자의 눈!
스토리 텔링으로
문제 상황 제시 및 흥미 유발
찾아라, 현자의 눈!

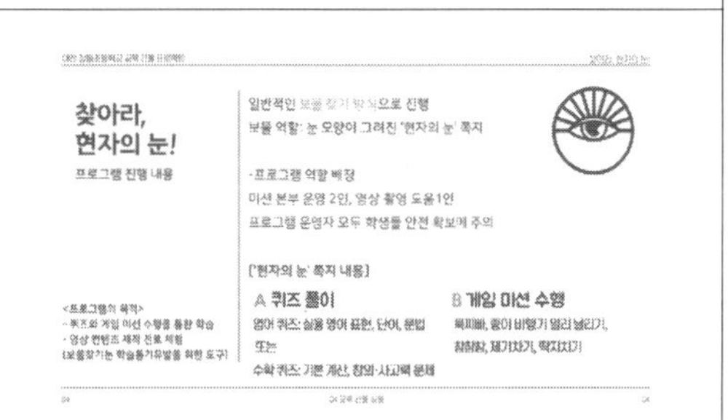
찾아라, 현자의 눈!
프로그램 진행 내용
보물 역할: 눈 모양이 그려진 '현자의 눈' 쪽지
-프로그램 역할 배정
미션 본부 운영 2인, 영상 촬영 도움1인
프로그램 운영자 모두 학생들 안전 확보에 주의
['현자의 눈' 쪽지 내용]
A 퀴즈 풀이
영어 퀴즈: 실용 영어 표현, 단어, 문법
또는
수학 퀴즈: 기본 계산, 창의·사고력 문제
B 게임 미션 수행
딱지치기

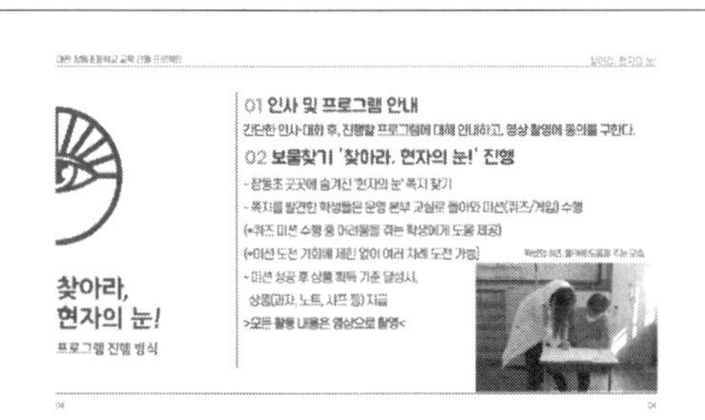
01 인사 및 프로그램 안내
간단한 인사·대화 후, 진행할 프로그램에 대해 안내하고, 영상 촬영에 동의를 구한다.
02 보물찾기 '찾아라, 현자의 눈!' 진행
-쪽지를 발견한 학생들은 운영 본부 교실로 돌아와 미션(퀴즈/게임) 수행
(*퀴즈 미션 수행 중 어려움을 겪는 학생에게 도움 제공)
(*미션 도전 기회에 제한 없이 여러 차례 도전 가능)
-미션 성공 후 상품 획득 기준 달성시,
상품(과자, 노트, 샤프 등) 지급
>모든 활동 내용은 영상으로 촬영<
찾아라, 현자의 눈!
프로그램 진행 방식

찾아라, 현자의 눈!
프로그램 진행 방식
03 활동 마무리 및 작별 인사
-활동 뒷정리 후 활동에 대한 학생 소감/의견 수렴
04 '찾아라, 현자의 눈!' 영상 제작 및 선물
-촬영한 영상을 편집하여 학생들에게 선물

05
교육 선물 후기
느낀 점 및 자체 평가(피드백)

활동 자체 평가
아쉬운 점
만족스러운 점

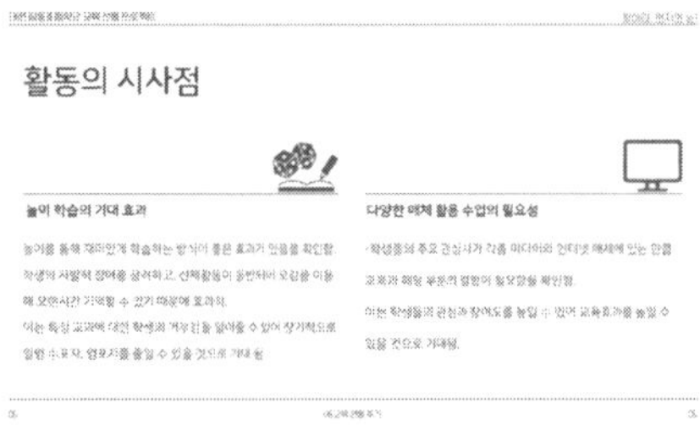
활동의 시사점
놀이 학습의 기대 효과
다양한 매체 활용 수업의 필요성

에필로그

디자인, 그 이상의 의미

1. '디자인' 따라잡기, 생각 그 이상[1)]

디자인, 창의성 그 이상이다. 디자인은 디자인의 잠재력에 새로운 인식으로 디자인 문화의 의미를 이해해야 한다. 디자인 프로세스는 항상 조직과 개인을 새로운 혁신을 이끄는 가장 효과적이고 효율적인 수단이다.

디자인은 'tertium quid' (제3의 방법)으로 예술 또는 과학과는 구분된다고 한다.

건축이 과학과 예술의 중간인가에 대한 혼란이 자주 일어나는 것처럼 디자인의 본질도 왜곡되어있다. 디자인은 응용 예술과 과학의 중간 지점이 아니다. 디자인은 학습 및 탐구에 대한 고유한 접근 방식이 존재하고 고유한 기초 전제와 이치를 가진 제3의 문화이다. 디자인은 과학에서 찾는 이성과 예술에서 찾는 창의력과 같은 요소들을 모두 포함한다.

디자인은 아직 존재하지 않는 것을 상상하여 이를 새롭고 목적성이 있는 부가물로서 현실에 구체적인 형태로 나타나게 하는 능력이다. 디자인은 예술, 종교, 과학 및 기술을 포함한 시간이 지남에 따라 발전된 많은 탐구 및 행동 관습 중에서도 첫 번째 관습이기도 하다. 우리는 물질적 인공산물뿐만 아니라 우주, 가정, 사업, 삶을 디자인한다. 따라서 디자인은 우리가 경험하는 세계의 거의 모든 측면에 영향을 끼치고 디자이너를 꿈꾸는 사람뿐만 아니라 디자인 관계를 맺는 모든 사람에게도 중요한 능력이다.

- 생존
- 개선
- 개발과 성장
- 번성
- 발전
- 타인 배려
- 오래 지속되는 품질 만들기
- 실질적 결과를 제작
- 끝없는 생성(genesis)에 참여

[그림 1] 디자인의 목표

1) 이 부분은 Nelson & Stolterman(2014)의 The Design Way의 pp. 11-40의 내용을 재구성하여 인용한 자료이다.

위에서 볼 수 있듯이 우리가 디자인하는 이유에 대한 질문은 여러 가지 목표를 갖는다. 헤파이스토스는 '우리도 살아남고 싶기 때문에 디자인해야 하지만 인간에게는 생존을 넘어서는 끊임없는 개선과 발전에 대한 의지도 있다.'고 주장한다.

디자인은 다양한 동기를 보여준다. 가장 기본적인 단계에서 인간으로서 우리는 디자인을 강요당한다. 디자인을 가진 인간의 의지에 따라 우리는 새로운 의미, 새로운 형태, 새로운 현실을 창조해야 한다. 디자인은 권력획득, 통제, 질서 부여, 전체성 부족, 공헌 등 여러 가지 동기에서 출발한다.

- 권력 획득
- 통제
- 필요성에 따름
- 질서 부여
- 의미 부여
- 부름
- 디자인 의지
- 계몽을 위함
- 지혜
- 전체성 결핍 해결
- 공헌

[그림 2] 디자인의 동기

우리가 해결해야 할 문제는 크게 두 가지로 분류된다, 즉 여기서 디자인 문제는 길들여진 문제(tame problem)와 악질적인 문제(wicked problem)이다.

1. 문제 이해
2. 정보 수집
3. 정보분석
4. 해결책 생성
5. 해결책 평가
6. 실현
7. 연습
8. 수정

[그림 3] 길들여진 문제 해결 절차 (Rittel 1972)

길들여진 문제는 단순하거나 사소한 문제로 정해진 절차에 의하여 쉽게 해결될 수 있다. 그러나 악질적인 문제의 특성은 간단한 절차나 단순한 해결 절차로 어렵다. 악질적인 문제의 특성은 다음과 같다.

- 완전히 공식화될 수 없음
- 모든 공식화 해결책에 관한 서술임
- 중지 규칙 없음
- 참 또는 거짓 없음
- 작업의 전체 목록이 없음
- 동일한 문제에 대한 여러 설명
- 모든 문제는 다른 문제의 징후
- 즉각적인 또는 궁극적인 테스트 없음
- 원샷 솔루션
- 모든 문제는 본질적으로 고유함
- 문제 해결자는 틀릴 권한이 없음

[그림 4] 악질적인(wicked) 문제의 특성 (Rittel 1972)

이 악질적인 문제는 디자인 프로세스에 의하여 해결될 가능성이 크다.

우리가 탐구의 세 가지 형태는 현실, 진리, 그리고 이상인데 디자인은 이 세 가지의 동시에 고려되는 특성이 있다.

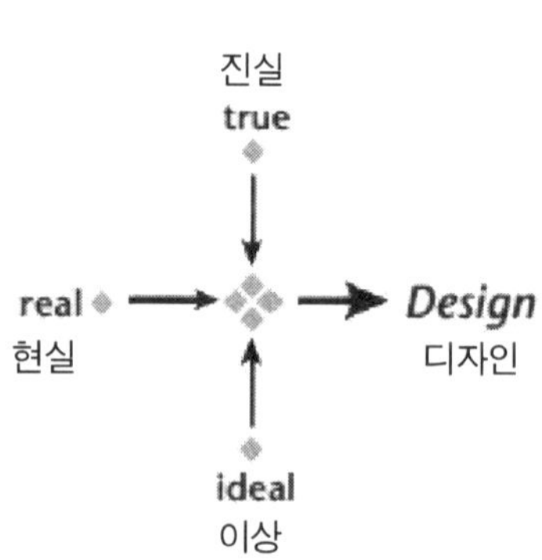

[그림 5] 탐구 디자인: 현실, 진실, 그리고 이상

2. 디자인 씽킹이 지향하는 철학[2)]

1) 디자인은 서비스(service)이다_노티티아

디자인은 서비스 관계로 정의된다. 모든 디자인 활동은 활동적인 서비스를 받는 사람들 사이의 관계이며, 이 관계 대상인 고객, 고객 대리인, 소비자, 소비자 대리인, 또는 최종 사용자에 대한 서비스들은 디자이너에게 매우 중요하다. 디자인은 이상적으로 서비스에 관한 것이다. 다른 사람을 대신하여 - 단순히 누군가의 행동을 바꾸는 것이 아니라, 자신의 재화 또는 제품과 서비스를 구매하도록 설득한다.

디자이너는 고객의 욕구와 필요를 공감하면서 그려가는 "의미 찾기(finding meaning)"와 "의미 만들기(making meaning)"의 작업이 중요하다. 힐만(Hillman 1992)은 "노티티아(notitiia)"를 "진정한 개념을 형성하는 능력"이라고 정의한다. 주의 깊게 알아차리는 의미로 노티티아는 주의를 기울이는 행위이다. 모든 뉘앙스를 감지하고 보다 수동적인 관계에서 벗어나는 세부 사항과 연결 패턴에 초점을 맞추면서 공감하는 작업이다. 실제 상황과 만남으로서의 노티티아는 진정한 관계를 형성한다. 노티티아는 방법이 아니라, 그러나 오히려 고도로 집중하고 세심한 존재 방식이다. 안경이 사물을 가져다주는 방식으로 초점을 맞추는 과정이다. 관점을 제한하거나 좁히기보다는 명확성(즉, 초점)으로(즉, 집중) 누구에게나 열려 있는 깨달음이다.

다음 [그림 6]은 디자이너와 고객의 힘의 역학 관계 그림이다. 예술가적 디자이너, 촉진자적 디자이너, 전문가적 디자이너, 기술적 디자이너를 디자이너와 고객의 힘의 강도에 따라 그 역할이 나누어진다. 결국은 서비스 디자인의 관점에서 고객과 디자인의 힘의 관계를 이해할 필요가 있다.

한편 인양(Yin Ynag) 모델에서는 디자이너와 고객 등(생산자와 소비자, 주주와 이해관계자, 최종 사용자와 의사결정자)의 역할의 예시적인 관계 그림을 보여주고 있다. 디자이너에게 상황에 따라 서비스의 관점에서 그 역할의 균형 관계를 고려해야 할 것이다.

---

2) 이 부분은 Nelson & Stolterman(2014)의 The Design Way의 pp. 41-102를 요약 재구성한 자료이다.

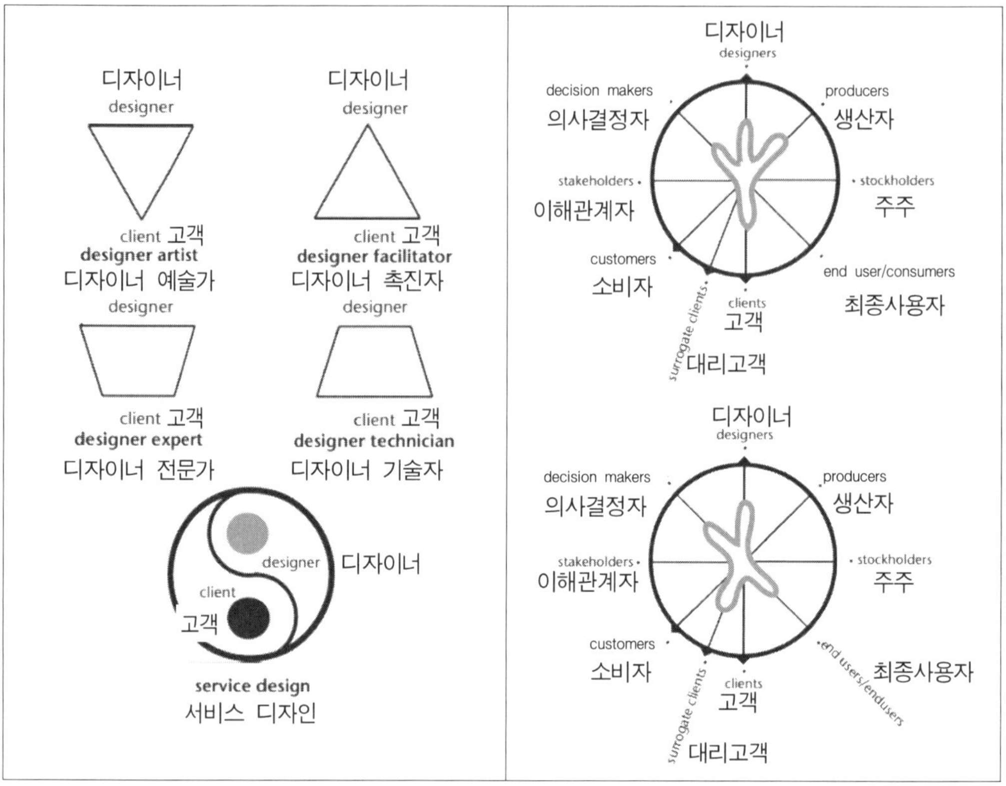

[그림 6] 디자이너와 고객간의 힘의 역학 관계

2) 디자인은 시스템(system)이다.

디자인은 정의상 현실 세계의 다차원 영역에서 여러 입력을 포함하는 상호의존적인 활동이다. 그렇기 때문에 디자인 탐구는 본질적으로 시스템으로 볼 수 있다. 시스템 과학을 포함한 시스템 접근 및 시스템 사고는 통합적 존재론적(실제 사물의 본성 관련) 및 인식론적(디자인 관련) 탐구 체계 철학의 포괄적인 도식 내에서 접근한다. 일부 철학자들은 체계 접근법이 발견된 가장 오래된 철학적 탐구 형태 중 하나로 여긴다.

시스템적 사고는 시스템 과학과 시스템 접근 방식으로 구성된다. 그것은 새롭고, 동시에 의미를 만드는 고대의 방식이다. 의미 만들기는 본질적으로 이해의 관계, 특히 경험되는 것 사이의 생성이다. 이러한 관계는 특정 상황에서 행동, 반성 및 상상에 정보를 제공하는 세계에 대한 현실적이고 진실하며 이상적인 이해를 포함하는 신념 체계의 매트릭스를 형성한다.

시스템 사고

1) 시스템 과학(system science)
   - 체계적인 기술
   - 체계적인 설명
   - 시스템 행동 예측
   - 시스템 역학 및 상태의 제어

2) 시스템 접근(system approach)
   - 상호 관계/구성
   - 상호 연결/출현
   - 포용, 통합 및 통합
   - 전연관적 탐구
   - 관찰자 의존
   - 다차원
   - 상호성
     - 분석 및 합성
     - 좌뇌와 우뇌
     - 합리적이고 미학적인
     - 객관적이고 주관적인
     - 개별 및 통합
     - 복잡하고 단순한
     - 유사와 상이
     - 사고와 행동
     - 큰 그림과 세부 사항

Harold Linstone은 여러 관점, 즉 관점과 관점의 모델을 개발하였다(Linstone 1984). 서로 다른 관점이 결합할 때 기존 복잡성에 대한 보다 풍부하고 전체적인 그림을 제공한다. 즉 기술(T), 조직(O), 개인(P)의 세 가지 관점은 다양한 상황에서 다른 사람들에 의해 사용되고 확장되었다.

디자인의 경우에 이러한 다양한 관점을 보다 포괄적으로 확장하는 것이 유리하다. 예를 들어, 디자인과 관련하여 정치적, 경제적, 윤리적, 영적 관점을 고려하는 것이다.

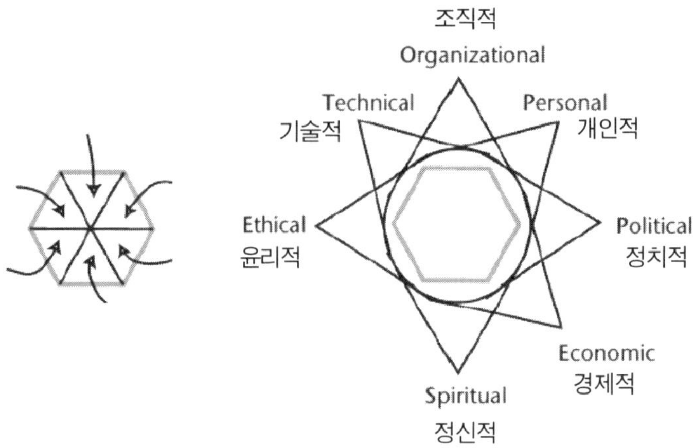

각 부분을 보기

- 단일 학문
- 간학문
- 다학문

도전 :
- 부분들의 관계
- 부분들의 통합

전체를 보기

- 다양한 관점

도전 :
- 관점의 통합
- 출현의 재인식

[그림 7] 부분과 전체를 보기

아래 [그림 8]은 어느 위치에서 관점에서 사물을 보느냐에 따라 다른 결과를 보여주는 그림이다.

[그림 8] Max Braun의 사진; Max Braun 포토스트림, Flickr, 2009

아날로그와 디지털은 설계에 있어 필수적인 동반자 접근 방식이다. 아날로그란 미분화되고 연속적으로 인식되는 형식, 과정 또는 경험을 의미하고, 디지털은 대조적으로 분석적 관점에 의해 불연속성의 특성을 보인다. 예를 들어 인간의 조건, 자연적 맥락과 역사적 맥락 모두에서 삶이 흐름으로 경험될 때 의미를 갖는다. 인간 경험에서 "의미 만들기(meaning making)"는 이 아날로그적 맥락이다.

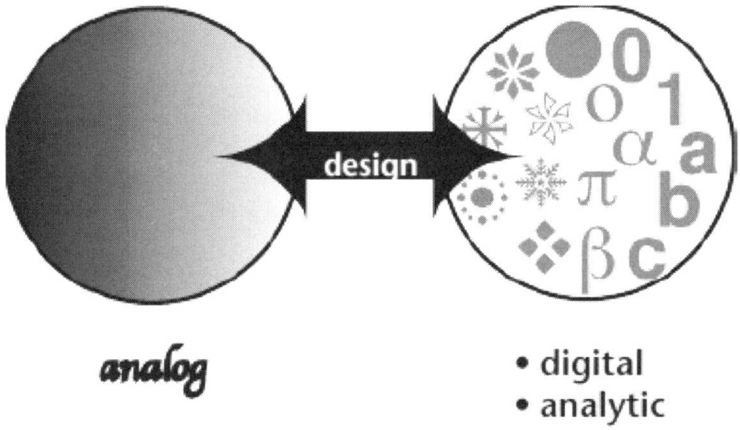

[그림 9] 아날로그와 디지털

사물은 연결되고 상호 연관될 때만 의미가 있다. 일이 연결되지 않고 불연속적으로 일어난다면 내재된 의미가 존재하지 않는다. 의미는 맥락의 관계를 통해 이해되는 것에만 귀속된다. 이것이 시스템 관점이 디자인을 위해 유용한 작업이다. 디자인은 전체적이고 구성적으로 시스템 관점에서 창조에 참여하기 때문에 의미를 만드는 과정이다(Jullien 2004).

디자인 팔레트는 디자인 프로세스의 일련의 이벤트에서 아티스트 팔레트와 동일한 목적을 수행한다. 디자인 팔레트는 일반적이거나 보편적인 존재론적 범주와 인식론적 범주를 매트릭스 방식으로 상호 연관 지어 형성된다.

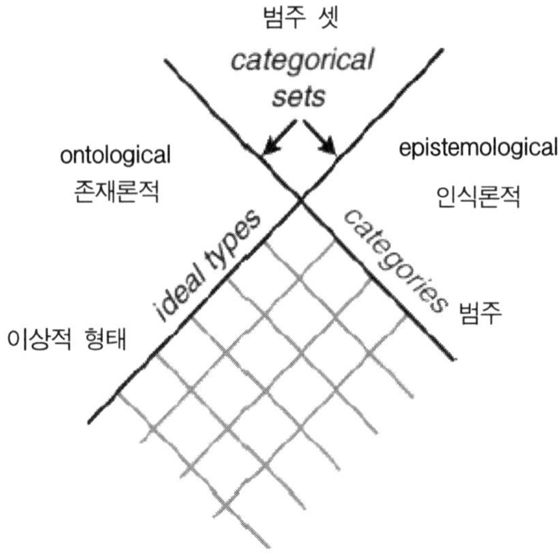

[그림 10] 디자인 팔레트

모든 경우에 존재론적 차원과 인식론적 차원이 존재한다. 디자이너와 이해 관계자는 고려할 범주 집합을 선택하고 특정 범주 또는 범주 그룹을 선택하여 특정 항목 팔레트에 대한 요소 목록을 제공하는 데 사용할 수 있다.

다양한 맥락과 접근 방식을 결합한 팔레트 매트릭스를 사용하여 여러 특정 팔레트를 생성할 수 있다. 예를 들어, 종교에 기반을 둔 맥락은 탐구에 대한 이상적 접근과 실제적 접근 모두의 복합물이 될 수 있으며, 따라서 기술적으로 발전된 서구에서 발견되는 현대적인 생활 방식에 더 쉽게 맞는 방식으로 영적 및 실제적 관심사를 혼합할 수 있다. 또 다른 예는 탐구에 대한 이상적 접근 방식과 진정한 접근 방식이 결합한 정치적 맥락으로 정책 설계에 대한 과학 기반 유토피아적 접근 방식을 낳는 것이다. 법적 맥락 범주는 조사에 대한 진실하고 실제적인 접근 방식(선례에 기반한 법률 시스템) 또는 조회에 대한 진실하고 이상적인 접근 방식(규범에 기반한 법률 시스템)의 복합과 관련된 매트릭스일 수 있다.

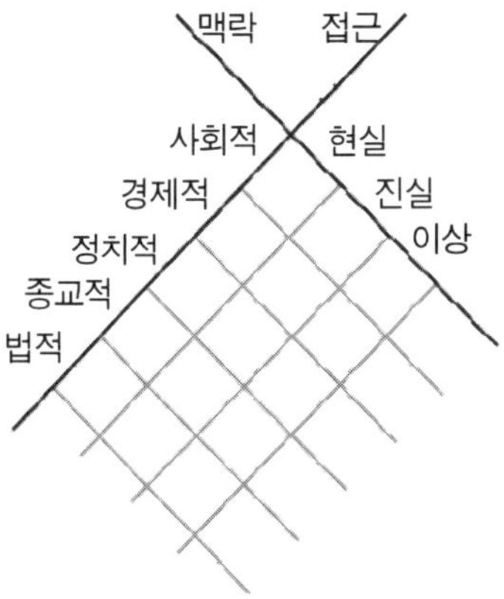

[그림 11] 2차원 디자인 팔레트

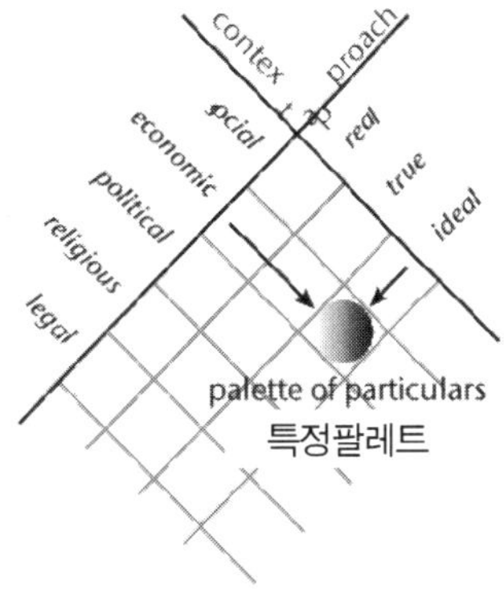

[그림 12] 특정 항목 팔레트

특정 유형이나 범주가 선택되면 서로 결합한다. 이것은 궁극적인 특정 디자인을 위한 특정 팔레트 개발의 일부가 된다. 컨텍스트의 특정 범주와 접근 모드는 특정 프로젝트의 매개 변수를 설명하거나 설명하는 데 도움이 되는 인지 프레임 워크를 만든다. 이러한 프레임 워크는 특정 상황에 새로 설계된 추가 사항의 설계 개념화에도 도움이 될 수 있다. 다양한 문의 범주와 관련하여 이상적인 유형으로 구성된 디자인 팔레트를 생성하는 능력은 복잡한 디자인 프로젝트를 관리하는 데 필수적이다.

3) 디자인은 전체성(wholeness)이다.

디자인이 전체를 구성한다고 할 때 무엇을 의미하는가? 전체적으로 디자인한다는 것은 무엇을 의미하는가? "전체" 및 "전체론"과 같은 파생 형식이라는 용어는 다양한 방식으로 사용된다. 불행하게도 "전체"라는 용어는 종종 존재의 전체, 추상적이든 구체적이든 모든 것을 포함하는 관점을 의미하는 것으로 받아들여진다. "전체"라는 용어는 모든 사물이 단지 하나의 실체를 살짝 비춘다는 정신적인 개념으로부터도 이해된다. 이것의 순열은 모든 사물이 체계적으로 연결되거나 상호 연결되어 있다는 이해이다. 디자인 관점에서 구성과 조합의 결과로서의 출현의 개념은 전체 또는 전체론적 의미를 설명한다. 출현은 전체성의 실체화이다.

디자인의 기초 중 하나는 전체적인 특성이다. 좋은 디자인은 혼자서는 결코 존재하지 않는다. 그것은 항상 더 큰 전체의 일부이고 그 자체로 완전하다. 디자인에서, 우리가 어떤 것이 전체라고 말할 때, 우리는 그것이 관계, 연결, 그리고 근본적인 통합된 힘 또는 원칙의 복잡한 앙상블이라는 것을 의미한다.

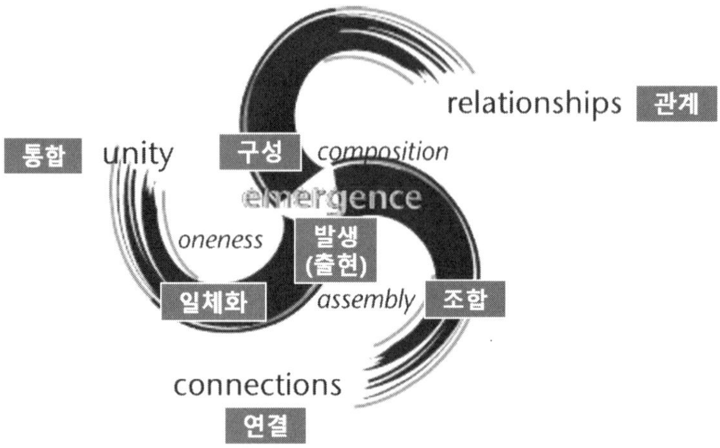

[그림 13] 출현하는 전체의 차원

"전체가 그 부분의 합보다 더 크다"라는 것은 사실이지만, 우리는 또한 전체가 그 부분들의 합이라는 것을 인정해야 한다. 이 생각은 중요한 결과를 가진다. 즉, 디자인 팔레트에 포함할 부분이나 요소의 선택을 고려하지 않고는 전체를 설계할 수 없다. 개념적으로도(또는 구체적으로) 부분에 전체를 적용할 수 없다. 전체를 설계하고, 전체 우선순위에 속할 수 없는 부분에 새로운 특성을 부과하는 것은 불가능하다. 전체는 그 부분의 본성에서 나오는 본질을 취한다. 부분과 전체 사이에는 불가분의 관계가 있다. 우리는 또한 모든 것이 항상 좀 더 포괄적인 것, 또 다른 것의 일부라는 것을 기억해야 한다. 즉, 시스템적으로 상호작용하는 부분들로 구성된 전체는 특정 목적을 위해 기능하며, 불변적으로 더 큰 목적을 위한 수단이다.

전체를 정의하는 한 가지 방법이자, 디자인의 토대 중 하나는 전체의 구성 및 조합으로서의 특성화이다. 이 정의는 자연적 전체와 디자인된 전체에 모두 적용된다. 자연적 창조는 우발적(즉, 상황에 따라 달라짐) 또는 보편적(조건이나 예외 없이) 전체의 새로운 특성으로 정의된다. 반대로, 디자인된 창작물은 궁극적인 특정한 전체이며, 따라서 독특하고 특이하다. 이러한 유형의 전체는 특정한 시간과 장소에서 특정한 목적을 위해 수행되는 의도적인 구성 및 조합 행위를 통해 유발된다.

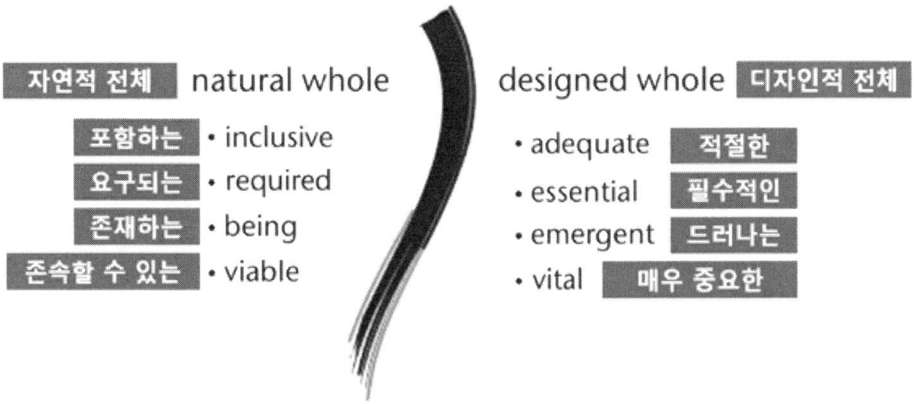

[그림 14] 기능적인 구성으로서의 전체

자연적 전체는 포괄적이고, 필요하며, 새로우며, 실행 가능한 속성을 가지고 있는 것으로 정의될 수 있으며, 게다가 그들은 세계에 존재하고 그것에 영향을 미친다. 디자인된 전체의 특성은 동일하지만 자연적 전체와는 달리 종류가 다르다. 예를 들어, 디자인된 전체의 경우, 적절하다는 속성이 포괄적이라는 속성을 대체한다.

자연계 시스템은 그것에 대해 사실이라고 말할 수 있는 관점에서는 포괄적이다. 그러나 그 포괄성은 복잡하기 때문에 결코 완전히 밝힐 수 없다. 디자인된 시스템은 의도된 목적을 달성하는 데 필요한 만큼만 복잡하고 포괄적이기 때문에 적절하다. 상대적으로 그 복잡성은 인간의 의도된 산물이기 때문에 이해할 수 있다. 유사한 방식으로 디자인된 전체 속성(예: 사회 시스템의 경우 기본적인, 새로운, 필수적인)은 자연적 전체의 관련 속성에 대응한다. 이러한 디자인된 전체의 속성은 전체의 의도적인 구성과 조합을 위한 지침이 된다. 이러한 지도적 특성은 구성요소 조합 과정과 디자인된 결과와 관련이 있다.

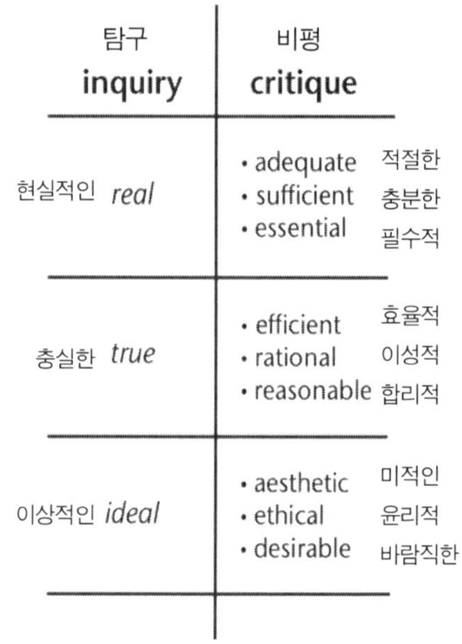

[그림 15] 기능적 전체에 대한 비판

우리는 종종 나열된 처음 세 가지 속성(적정성, 필수성, 창발성)보다 미학과 윤리의 관점에서 표현되는 건전한 디자인된 전체 속성에 더 익숙하다. 불행하게도, 현대의 디자인 과정에서 적절하고 본질적이며 새로운 것의 전체론적 속성은 동일한 의미의 깊이가 없는 기준으로 대체되는 경우가 너무 많다. 적절한 것은 일반적으로 더 많은 것의 속성으로 대체되고, 본질은 더 빠른 것으로, 출현은 빠른 해결책 또는 단기적인 이익으로 대체된다.

전체론적 관점에서 볼 때, 디자인에서 가장 이해하기 어렵고 생소한 개념은 적절한 개념일 수 있다. 어떤 행동 계획도 포괄적인 분석에 근거해야 한다는 의심할 여지 없는 가정을 고려할 때, 이 개념은 이해하기 어려울 수 있다. 그것은 포괄적인 것이 가능할 뿐만 아니라 필요하다고 믿었던 시대로부터 남겨진 믿음의 글이다. 계몽주의 시대에 백과사전식 학자들의 확고한 신념은 알 만한 가치가 있는 것은 모두 알 수 있다는 것이었다. 그들의 믿음은 또한 이러한 지식이 어떤 상황에서도 적용될 수 있으며, 당면한 상황에 대한 명확하고 정확한 설명을 제공하고, 그에 따라 올바른 결정을 할 수 있다고 믿었다. 이러한 오늘날까지 전문적인 의사결정의 기준이 되었다.

디자이너들에게 이 믿음에는 두 가지 문제가 있다. 첫 번째 문제는 디자인 선택이 분명 이성에 근거하지만, 실제로는 이성에 의해 이루어지는 것은 아니라는 것이다. 즉, 디자인은 합리적 사고(예: 시스템 과학, 규율적 사고, 과학적 방법)에 의존하지만, 단순히 합리화되고 논리적인 과정이 아니다. 그것은 상상력, 직관, 느낌, 그리고 감정도 포함하는 과정이다. 두 번째 문제는 지난 세기의 정보의 폭발적 증가로 인해 어떤 것에 대해서도 포괄적으로 생각할 수 없게 되었다는 것이다. 이해 가능성이 달성될 수 있다는 믿음에 계속 집착하는 사람들은 필연적으로 분석 정체를 겪게 될 것이다.

디자인은 종종 "포괄적인 의사결정" 우산의 그늘에 편안하게 놓여 있다고 가정한다. 왜냐하면, 디자인은 주로 무언가를 구체적으로 만들거나, 특정한 것을 계획하거나, 단순히 미적으로 만족스럽게 만드는 것으로 이해되기 때문이다. 비록 이것들은 전통적인 물리적 디자인에서 일반적인 결과이지만, 실제로 이러한 목적이 의미하는 것보다 훨씬 더 많은 디자인할 것이 있다. 현대 디자인의 핵심적인 특징 중 하나는 디자인적 판단을 통해 디자인 선택이 이뤄져 이전에는 존재하지 않았던 것을 만들어낸다는 점이다. 그리고, 이러한 중요한 디자인 판단은 항상 포괄적이기보다는 적절한 맥락에서 이루어진다는 것은 피할 수 없는 깨달음이다.

3. 디자이너 되어가기 (Becoming a Designer)

그 누구도 시작부터 완벽히 자격을 갖춘 디자이너일 수 없다. 디자이너가 되기 위해서는 적절한 설계 역량을 구성하는 필수 요소에 숙달한 개인으로 발전시키는 학습 과정에 참여해야 한다. 디자이너가 된다는 것은 삶의 더 큰 관계(자연, 사회, 문화) 안에서 한 사람으로서 성숙하는 것을 의미하며, 다시 말해 초보자에서 전문가가 됨으로써 숙련된 일상 전문가, 적응 전문가, 마지막으로 디자인 전문가가 됨을 의미한다. 그것은 가치 전문가의 최고의 이익을 위해 봉사하는 것을 의미한다.

디자이너가 되는 길을 선택한다면 많은 어려움이 있다. 다양한 도전 중 한 가지 도전은 디자인에서 자신의 역량을 얻는 것과 디자이너로서의 개성을 기르는 것의 균형을 맞추는 것과 관련이 있다. 디자이너의 성격은 어떤 디자인 기술이나 전문지식 만큼이나 사람의 성공에 중요하다.

디자이너가 되기 위해서는 디자인에 관한 특별한 지식의 여러 측면과 도식들에 대하여 연구해야 하고 토론되어야 한다. 디자이너는 또한 디자인 철학, 메타 디자인의 개념을 검토해야 한다. 디자인 인식론은, 디자인 연구 및 디자인 조사 및 디자인에 대한 이해와 디자인 전문지식을 구성하는 모든 것의 기초가 된다.

우리는 우리의 첫 번째 위대한 스키마인 디자인 철학으로 탐구를 시작한다. 디자인의 철학은 과학의 철학이나 학문적 연구를 위한 철학의 다른 공식과는 다르다. 디자인 철학은 디자인을 다른 형태의 조사 및 조치(예: 의도적으로 변화를 일으키는 것)와 구별하는 것에 초점을 맞춘다는 점에서 다른 목적이 있다. 철학은 일반적으로, 또는 어떤 결정적 방법으로든 그 질문에 답하는 것은 물론 어렵기 때문에 이 책의 범위를 벗어난다. 하지만, 우리는 디자이너가 되고자 하는 개인의 야망을 지지하고 영향을 미친다는 관점에서 무엇이 디자인 철학을 구성하는지에 대한 개념에 대해 몇 가지 언급하고 싶다.

철학의 전통적인 이해는 구체적인 행동과 "하는 것" 보다 추상적인 사고를 선호한다. 디자인 철학은 지혜의 사랑, 즉 조사와 행동의 통일, 더 구체적으로는 행동에 관한 탐구로서 접근한다. 올바른 사람들을 위해, 적절한 시간에, 적절한 장소에서, 올바른 방법으로 올바른 것을 창조하는 행위는 디자인 철학이다. 이러한 조사를 가장 높은 수준에서 프레임화하고 안내하는 스키마는 디자인 철학의 일부가 된다.

디자인의 확고한 철학은 다양한 목적 및 활동에 관여할 수 있고, 관여해야 한다.

<디자인 철학 Philosopy of design>

- 디자인 철학을 메타 지식과 연결하는 것 - 메타 디자인, 형이상학, 윤리, 미학 등
- 디자인 가정과 공리가 기본적이고 근본적인 것임을 확인
- 전략적 및 전술적 도식을 공식화하기 위한 수단에 대한 개방적인 접근
- 지식을 통합하는 복합적인 형태의 탐구로 디자인 탐구를 구성
- 디자이너의 디자인 명세서 정의
- 특정 또는 궁극적인 특정(ultimate particular)을 보고 평가하는 수단을 공식화
- 판단의 본질을 결정
- 행동을 위한 지식 만들기
- 아이디어, 개념 및 경험의 결합에 주의
- 마비 없이 역설을 유지할 수 있는 능력
- 디자인의 한계, 책임 및 책임의 수용을 정의
- 디자인 학문의 성격 및 활동 결정

디자인에 대한 보다 깊은 이해는 조사의 성격과 의미 있고 의도적인 변화의 가능성에 대한 철학적 가정에 기초한다.

<디자인 가정 Design assumptions>

- 디자인 의지는 자유 의지
- 디자인 보증
- 이상(디자인 탐구)은 욕망의 표현
- 디자인은 지혜(sophia)의 재구성
- 연결, 딜레마 및 수용은 "매입 거래(buy ins)"가 필요
- 실재(존재론적 탐구)는 체계적인 탐구를 통해 드러남
- 시스템은 디자인의 논리
- 특정 및 궁극적인 특정(ultimate particular)은 현실
- 진리(과학적 탐구) 설계 개념을 확증
- 서비스가 기관을 결정
- 디자인 가정과 공리는 디자인에 특화되어 있음
- 스키마(거시적, 전략적, 전술적)는 설계 탐구에 중요
- 무의식적 판단이 디자인 부분을 형성함

디자이너가 되고자 하는 사람은 디자인의 기본 철학을 형성하는 의도적이거나 무의식적인 과정을 거친다. 디자이너가 되는 과정을 얼마나 잘 관리하느냐는 부분적으로 이 과정에 얼마나 세심하고 의식적으로 참여하느냐에 달려있다. 그것은 디자인의 근본적인 본질을 완전히 탐구하는 데 얼마나 많은 주의를 기울이는가에 달려있으며, 개인이 그러한 고려사항과 성찰을 어떤 형태로든 개인적이고 일관성 있는 디자인 철학의 형태로 얼마나 잘 형성하고 형성할 수 있는지에 달려있다. 우리는 디자이너가 되는 것이 규정된 디자인 철학을 구독해야 한다는 것을 의미한다고 주장하는 것이 아니라, 자신의 성향과 욕망에 따라 무슨 의미인지 끊임없이 고민하는 문제이다.

디자이너가 되는 사람은 누구나 디자인을 실천하는 더 큰 맥락을 이해하기 위해 메타 디자인 이슈에 참여할 필요가 있다. 디자이너가 된다는 것은 설계가 특정 상황에서 개인적 변화에 대한 적절한 접근 방식인지 아닌지를 인식하는 법을 배우는 것을 의미한다.

디자인의 한계와 잠재력을 철저히 이해하는 사람만이 디자인 접근법을 사용하여 바람직하지 않거나 문제가 있는 상황을 “해결” 할 수 있는지를 결정할 수 있다. 따라서 디자이너가 되는 것은 적절한 접근 방식일 때 디자인에 대한 사려 깊은 옹호자가 되고 그렇지 않을 때 디자인에 대한 정직한 옹호자가 되는 것을 포함한다. 어떤 디자이너라도 더 넓은 디자인 문화의 일부가 될 것이고, 따라서 다른 관심 영역에서 그 문화의 대변자로 기능할 것이며, 또한 디자인 문화의 지속적인 개발에 관여하는 책임을 질 것이다. 이러한 옹호를 위해서는 디자인 철학에 대한 깊은 이해와 실행에 관한 탐구로서의 디자인이 필요하다.

디자인 인식론은 디자인 사상가나 실무 디자이너에 의해 어떻게 공식화되거나 도식화되는지는 학습 과정을 설계하고 디자이너가 되는 방법에 대한 지침에 적합한 학문적 내용을 정의하기 위한 전략을 결정한다. 만약 디자인 교육이 과학적 인식론의 결과라고 가정한다면, 디자인 학문과 프로그램은 특정한 과학적인 형식을 취할 것이다.

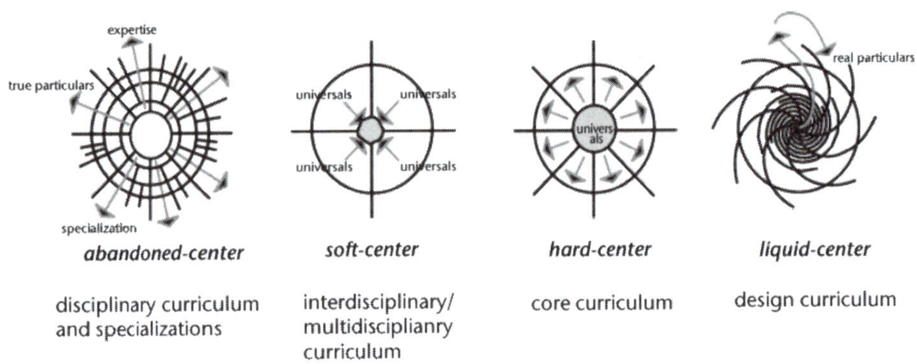

분리된 중심	부드러운 중심	단단한 중심	액체 중심
규율화된 교육과정 및 전문화	학제 간/다학제 간 교육과정	핵심 교육과정	디자인 교육과정

[그림 16] 중심별 교육과정

위 그림에서 ‘분리된 중심’은 학문이 단절된 교육과정이고, ‘부드러운 중심’은 다학제간 교육과정이며, ‘단단한 중심’은 중핵 교육과정이고, ‘액체 중심’은 디자인 교육과정을 의미한다.

디자인은 근본적으로 주로 수렴되는 과학적 탐구와는 서로 다른 프로세스이며, 논리적으로 결정론적 결과를 도출하는 연구 과정이다. 디자인 학문은 어떻게 하면 가장 잘 형성된 질문을 할 수 있는지에 관한 것이다.

디자인 학자들은 또한 과학적 가설이 증명되고 완전한 이론으로 받아들여지는 방식으로 증명될 수 없기 때문에 어떻게 잘 형성된 도식을 만들고 그들의 상품들을 평가하는 것이 가능한지에 대해 성찰해야 한다. 다양한 유형의 스키마, 스키마의 계층구조, 스키마의 내구성에 대한 학문적 질문들이 있다. 다음과 같은 질문들이 있다: 상황적 스키마뿐만 아니라 보편적인 디자인 스키마가 있는가? 스키마의 타당성과 신뢰성을 확립하는 과정은 무엇인가? 디자인 스키마를 테스트, 비교 및 평가할 수 있는가? 어떻게 하면 도식을 가장 잘 가르치고 배울 수 있을까?

디자인 학문은 이성, 상상력, 감정, 경험을 포함해야 한다. 디자인 학문을 본질적으로 포함, 다양성, 관계 및 연결의 학문으로 구분할 수 있으며, 추상적이고 구체적인 질문을 동시에 수반하는 학문이다. 그것은 도식을 만들고 적용하는 학문의 한 형태이다. 성찰과 행동, 사고와 행동, 상상과 만들기, 그리고 결정되지 않은 책임과 책임에 맞서는 것을 통합하는 학습. 그것은 압도적인 복잡성, 불충분하지만 압도적인 정보와 지식, 모순되고 끊임없이 변화하는 조건과 딜레마, 필요와 욕구를 다루는 학문이다. 디자인 학문은 또한 개인과 집단 사회 구조의 상호의존성, 유일무이한 것과 공통적으로 발견되는 것 그리고 다른 역설들의 결합을 조사한다. 이 모든 것이 가리키는 것은 디자인 학문은 분석과 분리에 대한 것이 아니라 쓸어 넣고 통합하는 것에 관한 것이다.

디자인 학문은 잘 생각한 디자인 철학과 인식론에 기초한 설계 탐구 및 조치의 스키마를 지속적으로 탐구, 생성, 개발 및 개선하는 것이다. 이러한 개념적 스키마는 기초적인 것으로 심각하게 간주하여 디자인 학문이 어떤 것이 될 수 있고 어떤 것이 되어야 하는지에 대한 지침을 제공한다. 따라서 그들은 디자인 멘토링과 학습에서 성공하고자 하는 각자의 목표에서 디자인 교육자와 디자이너가 되는 사람들을 안내할 수 있다.

디자이너가 된다는 것은 디자인 학자와 전문가가 제작한 "정확한" 또는 기존 스키마를 사용하고 적용하는 방법을 배우는 것을 의미하지는 않는다. 그것은 또한 자신의 도식에 대한 창조, 적용, 비평에 지속적으로 참여하는 것을 의미한다. 그것은 개별 디자이너로서 디자인 연구를 안내하기 위해 신중하게 고려된 디자인 인식론으로 이어지는 개인 디자인 철학을 개발함으로써 디자인 학문에 참여하는 것을 의미한다. 디자이너가 된다는 것은 실전 기술 및 기술 개발과 같은 실질적인 문제에 대한 참여를 다음과 같이 보완해야 한다는 것을 의미한다. 앞서 언급한 지적 활동 다재다능한 디자이너가 된다는 것은 디자인을 전통과 철학으로 이해하고 무엇이 디자인 인식론과 조사를 구성하며 구체적인 실천을 구성하는지에 대한 감각을 갖는 것을 의미한다.

디자이너가 되는 과정은 혼자만의 일이 아니다. 그것은 항상 디자인 환경 안에서 일어난다. 이러한 환경 또는 설정은 설계자가 되는 것과 관련하여 새로운 설계자가 다룰 수 있는 것에 영향을 미치거나 촉진하거나 제한한다. 실무 설계자는 항상 다른 사람, 다른 시스템 및 기타 목적을 포함하는 맥락과 환경에서 작업한다. 이들의 디자인 환경에는 설계 프로젝트의 공식화에 이르는 사건의 역사가 포함된다. 여기에는 설계 프로젝트가 포함된 더 큰 시스템이 포함된다. 이는 새로운 디자이너가 참여하는 학습 환경과 활동에서도 마찬가지이다.

디자인이 이루어지는 지적 전통은 매우 오래된 전통의 일부이다. 역사를 통틀어 인간은 행동에 관한 인간의 탐구(설계)가 이루어지는 맥락적 전통을 구성하는 제도, 프로토콜 및 사고 습관을 발전시켜 왔다. 디자인은 탐구 및 의미의 첫 번째 전통이라고 주장하지만, 그것은 여전히 공식적인 지적 전통으로서 잘 확립되지 않았고 디자이너들이 필요로 하는 안정적이고 지지적인 지적 기초를 항상 제공하는 것은 아니다. 문화적 환경과 관련하여 어떠한 디자인 시도도 이루어지며, 의도적인 변화에 대한 유효한 접근법으로 디자인을 받아들일수록, 그것은 디자인 및 디자이너를 위한 더 나은 지원을 제공한다.

좀 더 구체적인 수준에서 설계자가 되는 맥락을 과학과 예술의 다른 더 친숙하고 확립된 전통 중 제3의 방법(테르티움 퀴드) 안에 거주하는 것으로 볼 수 있다.

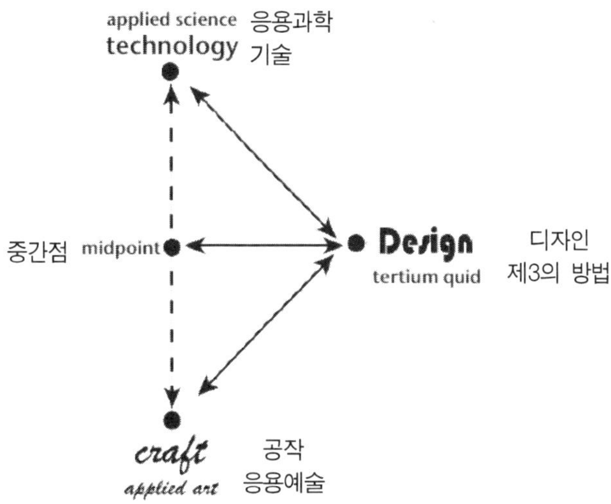

[그림 17] 테르티움 퀴드-제 3의 방법

그렇다면, 디자이너가 되고 싶은 사람은 어떠한 디자이너가 될 것인가? 그들은 어떤 디자이너가 되기 위해 무엇을 배우고 있는가? 다음의 목록은 예비 디자이너가 갖추어야 할 사항을 몇 가지 자질을 제시한다. 이것은 절대적인 자질이기 보다는 중요한 자질이고 향후에 자질 목록이 많아질 수 있다.

인성(character)
전문적 학식(scholarship)
시스템 사고(systemic thinking)
감식 안목(connoisseurship)
공작 정신(craftsmanship)
창의적 혁신적 역량(creative and innovative competence)
디자인, 적응력, 절차적 전문성(design, adaptive, routine expertise)

[그림 18] 디자이너의 자질

네 가지 형태의 전문지식이 모두 중요하지만, 불행히도 일상적인 전문지식은 공식 및 비공식 교육 환경 모두에서 특히 설계자의 교육 방식에 큰 관심을 받고 있다.

대부분의 교육 프로그램에서, 일반적으로 예상되는 학습 결과는 학습 과정에 투입된 정보로부터 논리적으로 예측할 수 있는 지식 또는 더 정확히는 훈련 과정이다. 표준 시험을 통해 확인할 수 있는 것은 지식이다. 즉, 일상적인 지식이다. 그러나 존 브랜스포드와 다른 사람들이 적응 전문지식에 관한 연구에서 지적했듯이, 긴급 변화를 이해하는 능력에 초점을 맞춘 다른 학습이 있다. 특정한 상황에서 이러한 지식은 추상적인 격리, 즉 적응적 지식에서만 시험 될 수 없다. 또한, 원하는 변화를 창조하는 능력을 촉진하는 학습의 영역도 있다. 전문가로서의 디자이너는 오늘날의 복잡성과 불확실성에서 원하는 변화를 창출하는 데 필요한 여러 형태의 전문지식을 개발하기 위해 훈련과 학습 경험을 모두 갖추어야 한다.

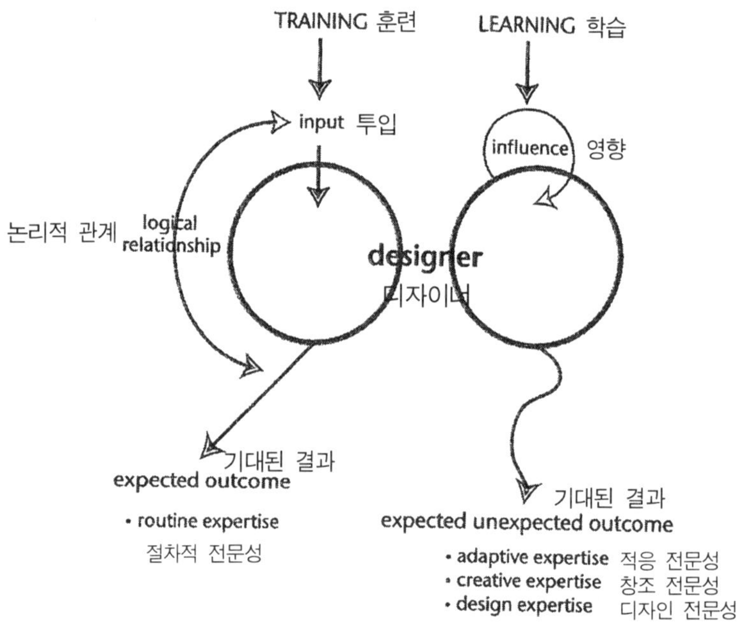

[그림 19] 훈련과 학습

교육 경험의 결과물인 지식은 종종 한 가지 또는 다른 지식 계층구조로 맥락화된다. 러셀 애코프(1989)의 계층구조가 전형적인 예이다. 그러나 디자인 지식, 특히 디자인 지식이 현명한 행동에서 다르다는 것은 단순히 이해만 평가되는 것이 아니라 디자인 지혜를 보여주는 것이다.

1. Data: symbols
2. Information: data that are processed to be useful; provides answers to "who," "what," "where," and "when" questions
3. Knowledge: application of data and information; answers "how" questions
4. Understanding: appreciation of "why"
5. Wisdom: evaluated understanding

1. 데이터: 기호
2. 정보: 유용하게 처리된 데이터. "who", "what", "where", "when" 질문에 대한 답변을 제공
3. 지식: 데이터와 정보의 적용: "how" 질문에 대답
4. 이해: "why"에 대한 이해
5. 지혜: 평가된 이해

[그림 20] 지식 계층구조

디자인 학습은 (1) 디자인 특성, (2) 디자인 사고, (3) 디자인 지식 및 (4) 디자인 행동 또는 실천의 네 가지 영역에서 다루어질 수 있다. 이러한 영역은 도식적으로 표현될 수 있다. 디자인 학습 또는 조사의 결과는 구체적인 현실과 추상적 사고와 같은 익숙한 이분법의 교차 축에 의해 형성된 사분면 사이에 상호 관련되는 역량군을 관리하는 과정으로 볼 수 있다. 그리고 개인은 사회적 집단들과 대비되어있다. 마인드 역량군, 지식 역량군, 기능 역량군 및 도구 역량군은 디자이너가 되는 과정에서 개발되어야 한다.

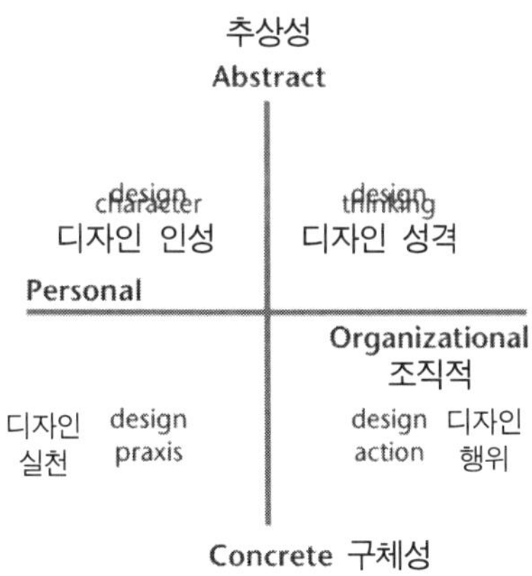

[그림 21] 디자인 학습영역

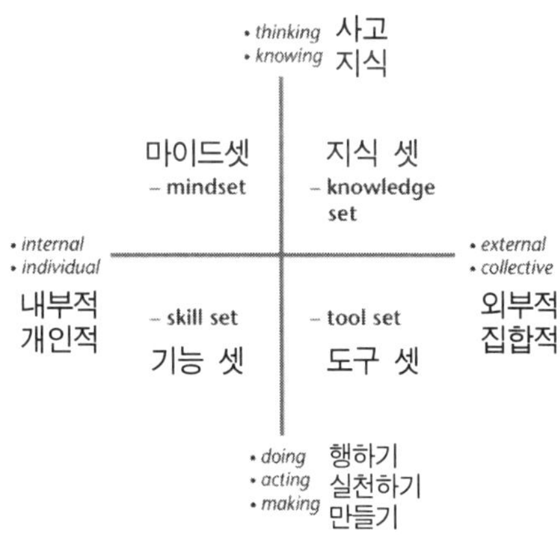

[그림 22] 디자인 역량군

디자인 학습영역과 디자인 역량군사이에 상호 연계가 있다. 디자인적 인성과 디자인 사고는 디자인 마인드 역량군과 디자인 지식 역량군과 연결된다. 그리고 디자인 지식과 디자인 실천은 디자인 기능 역량군과 디자인 도구 역량군과 연결된다.

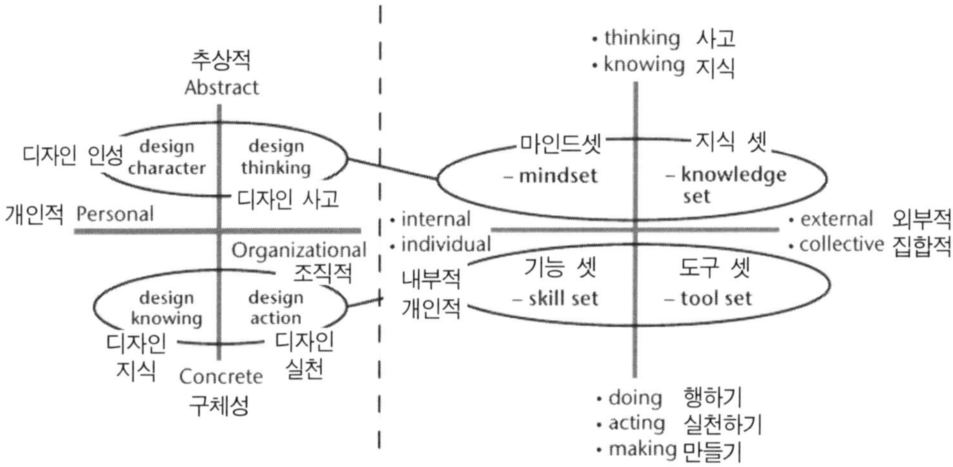

[그림 23] 디자인 학습영역과 역량군의 상호 연계

또한, 그 효용성이 디자인을 지원하는 전체론적이고 시너지적인 자원으로 통합되도록 역량군 간에 중재할 수 있어야 한다.

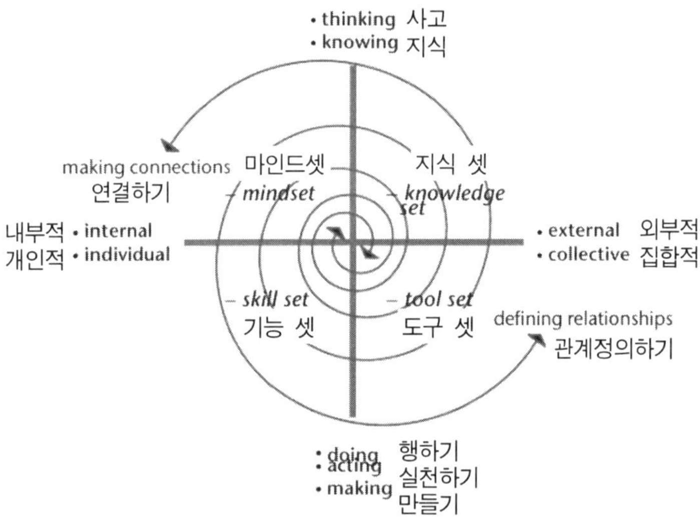

[그림 24] 디자인 역량군의 중재

학습 성과는 계층적으로나 범주적으로 차별화된다. 디자인-학습 결과의 계층구조는 다양한 유형의 전문지식이 결과 수준에 미치는 상호 관계를 보여준다.

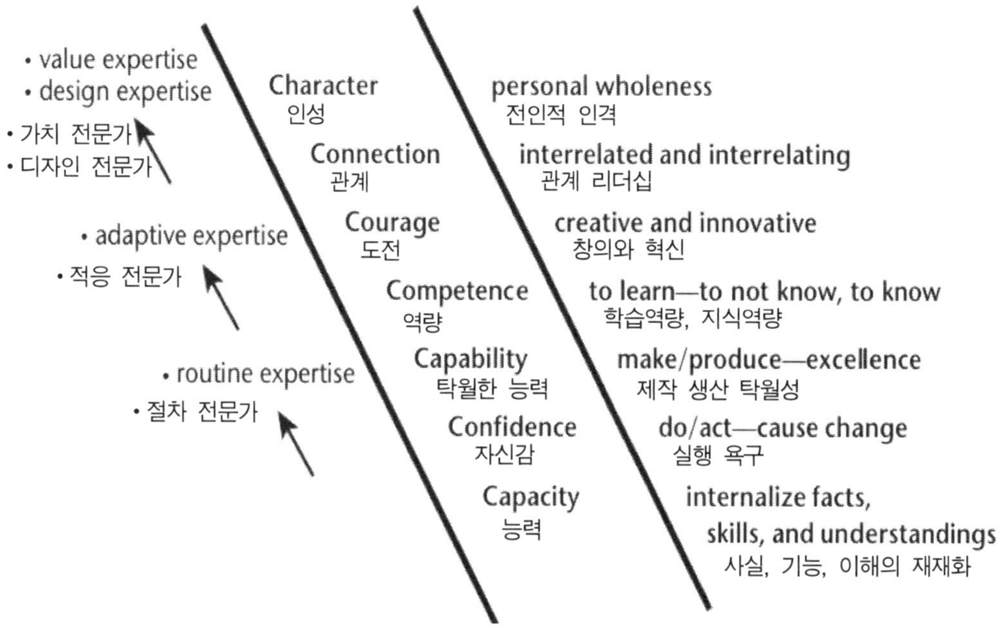

[그림 25] 디자인 학습 결과의 위계

학습 결과의 계층구조는 하위 수준의 다른 결과가 아직 달성되지 않았을 때 일부 결과를 달성할 수 없다는 것을 분명히 하므로 이해하는데, 필요하고 중요하다. 그것은 또한 하루의 마지막에 디자이너가 되는 것은 시간이 지남에 따라 깊어지고 계층이 올라갈수록 더 개인적이 되는 과정이라는 것을 보여준다.

디자이너가 되는 것은 스스로 하는 일이 아니다. 이는 대부분은 학생으로서 좀 더 공식적인 교육과정에 참여하는 과정이며, 또한 활용할 수 있는 비공식적인 학습도 마찬가지입니다. 당신이 참여하는 모든 교육과정이 필요한 구조와 활동을 제공하도록 설계된 것이 중요하다. 우리가 논의한 것처럼 유능한 디자이너가 되는 과정을 지지한다. 공식 설계 연구 프로그램의 예는 다른 범주, 다른 계층구조 및 학습 순서와 원하는 각 결과를 달성하는 방법을 고려할 필요가 있다. 이러한 공식 프레임워크는 프로세스로서 설계(점수화)될 필요가 있으며, 이는 서로 다른 방식으로 진행되는 돌이킬 수 없는 시간의 화살을 따라 흐른다. 설계 교육에 관련된 다양한 유형의 학습 경험을 중심으로 구성된 단계 및 단계. 그러한 학습 과정의 점수의 예는 다음 [그림 26]에서 볼 수 있다. 원하는 결과에 따라, 시간과 노력의 비례적 할당은 다른 요소와 섹션에 따라 달라질 수 있지만, 다음과 같을 필요가 있다. 기대치가 충족되도록 공정을 전체적으로 설계해야 한다.

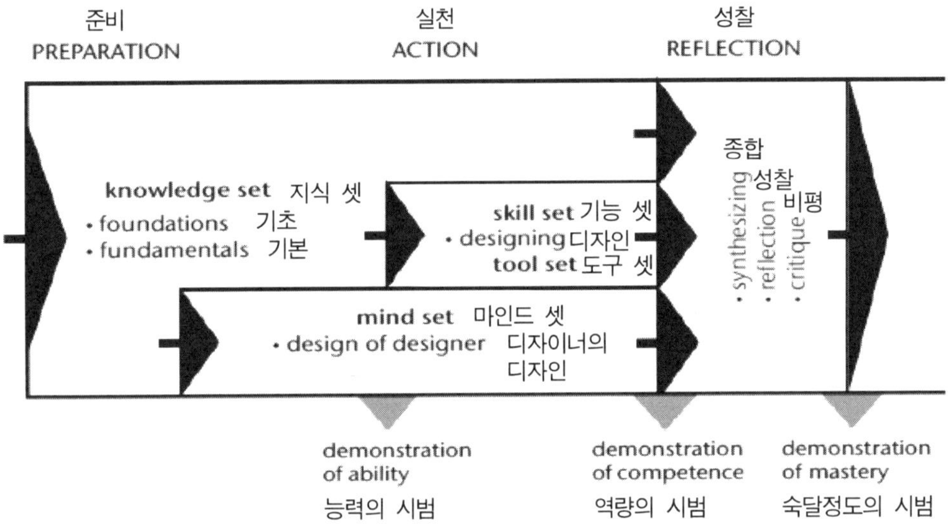

[그림 26] 디자인 학습 교육과정

예비 디자이너를 위한 학습 설계는 요소, 구조 및 프로세스의 복잡한 구성을 만드는 것을 포함한다. 사실 디자이너가 되는 것은 지속적인 배움 과정이다. 실제로 "디자이너가 되는 것"으로 눈을 돌리면 디자이너가 되는 것을 멈추지 않는다. 흥미롭게도, 디자이너가 되는 과정 내내 디자인을 연습해야 한다. 디자이너로서의 자신의 디자인을 포함하여, 학습자가 디자이너가 되는 동안 관여하는 많은 디자인 프로젝트들에 관여한다.

성찰을 위한 토론

1. '디자인'의 동기, 목적은? 그리고 개념적 논의의 특징을 이야기해보자.
2. 왜 디자인이 '서비스, service'라는 철학을 논의하는지 토의 해보자.
3. 왜 디자인이 '시스템, system'이라는 철학을 논의하는지 토의 해보자.
4. 왜 디자인이 '전체성, wholeness'라는 철학을 논의하는지 토의 해보자.
5. 제시되는 디자이너의 자질에 대하여 이야기해보자.
6. 디자이너를 위한 교육의 중요한 고려사항이 무엇인지. 교육과정의 특징을 이야기해보자.

참고문헌

강예진, 이광훈(역) (2018). 디자인 씽킹 플레이북(마이클 부릭 외, The Design Thinking Playbook). 프리렉.

강인애, 유예은(2017). 디자인 씽킹 기반의 메이커교육 프로그램 개발 및 적용. 한국교양교육학회 학술대회 자료집, 252-257.

구자준(2017). 디자인 씽킹(Design Thinking)을 활용한 배수로 개선에 관한 연구. 조형미디어학, 20(3), 1-10.

권고운(2017). 공감능력 향상을 위한 디자인 사고 과정 지도 방안. 석사학위논문, 서울교육대학교 교육전문대학원.

김경원 & 고종현(2015). 창조경제 시대에 디자인 씽킹의 필요성과 흐름 = Necessity and Its Trend of Design Thinking in the Creative Economy. 한국디자인학회 학술발표대회 논문집, 2015(5), 144-145.

김재운(2021). 디자인 씽킹 기반 팀 프로젝트 활동이 영재학교 학생의 청소년 기업가정신에 미치는 영향. 석사학위논문. 충남대학교.

김영채(1995). 사고와 문제해결 심리학. 서울 : 박영사.

김영채(1999). 창의적 문제해결. 서울 : 교육과학사.

김은영 (역). 테크놀로지의 걸작들(Lewis's Masterworks of Technology). 생각의 나무.

김자인(2015). 디스쿨(d.School)의 디자인사고 교육 = Design Thinking Education in d.School. 디지털디자인학연구, 15(4), 97-108.

김정아, 오인균(2016). 디자인 씽킹을 활용한 디자인 프로세스 방법론 연구 = A Methodology for Design Process in Design Thinking. Journal of Digital Interaction Design, 15(3), 9-18.

김성실(2020). 다문화 영재학생을 위한 디자인 씽킹 프로그래 개발. 석사학위논문. 충남대학교.

김한영 (역) 미래마인드(저, 하워드 가드너). 재인.

다카하시 마코토 편저, 조경덕 옮김(2003). 창조력 사전. 매일경제신문사.

대니얼 레비, 정명진 역(2011). 팀워크 심리학(Group Dynamics for Team). 부글북스.

명지대학교 창의공학 연구회(2001) (역). 창의적 문제해결과 공학 설계(Lumsdaine, Lumsdaine & Shelnutt's Creative Problem Solving and Engineering Design).

박태현(2012). 팀으로 일하라. 시그마북스.

서응교, 전은화 & 정효정(2016). 대학생 창의역량 개발을 위한 디자인씽킹 기반 강좌 개발. 학습자중심교과교육연구, 16(4), 693-718.

송기봉·김상균 (역). (2015). 메이커 교육 혁명, 교육을 통합하다(Sylvia Libow Martinez and Gary S. (2013), Invent To Learn: Making, Tinkering, and Engineering in the Classroom). 홍릉과학출판사.

송석리(2015). '디자인 씽킹 프로세스를 적용해 학교 홈페이지 리디자인하기' 수업 사례. 적정기술, 7(2), 39-56.

안진환 역. 팀워크북(수잔 윌리스 조글리오 저), 제우스.

양경란, 문석찬, 한규하 & 박소현(2015). 디자인 씽킹, 새로운 패러다임의 전환. Entrue Journal of Information Technology, 14(3), 7-24.

염주연(2018). 제4차 산업혁명 시대에 필요한 창의·융합형 인재 양성. 적정기술, 10(1), 28-55.

윤옥한(2017). STEAM 교육을 위한 교수체제설계 모형 탐색 = A Study of the Instructional Systems Design Model for STEAM Education - Focus on Design Thinking. 교양교육연구, 11(1), 443-474.

이봉만, 김원택(2014). HCD 방법론을 통한 적정기술 적용 개선에 관한 연구 = A study on Application Improvement of Appropriate Technology based on Human-centered Design Methodology - Focusing on the case study of a Cambodian village application. 디지털디자인학연구, 14(4), 1007-1018.

이영진 역(2004). 팀 매니지먼트(더글러스 스미스 저). 21세기북스.

이영진 옮김(2009). 팀 매니지먼트 성공하는 팀 구축 전략(더글러스 스미스 외 지음). 21세기북스.

이재신(1979). 문제해결과정과 문제해결성취와의 관계에 관한 연구. 서울대학교 대학원 교육학석사학위논문.

이진우(2018). 디자인 씽킹에 기반한 기술교사 성찰 프로그램 개발과 적용 사례 분석. 박사학위논문, 충남대학교 대학원.

이진우 & 최유현(2019). 디자인 씽킹에 기반한 기술교사 성찰 프로그램 개발과 적용 사례 분석. 한국기술교육학회지, 19, 76-96.

이태헌, 홍순구(2016). Co-creation 기반 지역재생모델에 관한 연구 : 부산시 호천마을 지역혁신워크 사례를 중심으로. 한국지방정부학회 학술대회 논문집, 2016(4), 537-542.

이호준 역(2005). 그룹 지니어스(Keith Sawyer의 Group Genius). 북섬.

전효은(2015). 후츠파 문화정신과 디자인 씽킹 연구를 통한 기업 융합형 창의성 모형 제언. 브랜드디자인학연구, 13(2), 333-344.
정명진 역(2011). 팀워크 심리학(Group Dynamics for Team, 대니얼 레비 지음). 부글북스.
정정호, 장동련(2012). 수평적 조직구조에서 디자인씽킹 기반의 창의성 발현. Archives of Design Research, 25(2), 219-230.
제임스 하긴스(2003). 필요할 때 꺼내 쓰는 결정적 아이디어 101. 비즈니스북스.
조순기 · 최유현(2004). 초등학생의 기술적 문제해결활동을 위한 확산적 사고 및 수렴적 사고 전략이 창의력에 미치는 효과. 한국기술교육학회지, 4(1). 54-67.
채성기, 이성희, 박성민 & 권영성(2016). 디자인 씽킹 프로세스를 적용한 공군 피복지원체계 개선 연구. 기업교육과 인재연구, 18, 353-374.
최유현 외(2009). 공학교수자를 위한 공학 교수 학습 이론과 실제. 인터비전.
최유현 외(2016). 창으로 보는 팀 문제해결. 충남대학교 출판문화원.
최유현(2003). 기술적 문제해결 사고과정에 나타난 사고활동의 분석과 그 계발전략. 과학교육논총, 제15집. 인천교육대학교 과학교육연구소. 281-318.
최유현(2004a). 기술과 교육을 위한 학습과정으로서의 설계과정과 문제해결 비교 연구. 한국실과교육학회지.
최유현(2004b). 가술과 교육을 위한 기술적 문제해결 수업전략의 개발. 교육과정평가연구.
최유현(2005). 기술교과교육학, 형설출판사.
최유현(2008). 공학기술과 팀워크. 지호.
최유현(2010). 기술교과 학습의 탐구. 형설출판사.
최유현(2013). 팀워크 리더십. 충남대학교 출판문화원.
최유현(2014). 발명교육학연구. 형설출판사.
최유현(2014). 팀워크 리더십. 궁미디어.
최유현(2017). 기술교육론 1: 교육학적 탐구와 담론. 형설출판사.
최유현(2013). 팀워크 리더십. 대전: 궁미디어.
최유현(2017). 기술교육론2(학습학적 이론과 실천). 파주: 형설출판사.
최유현(2018). 아날로그 교육을 꿈꾸다. 파주: 마루비
최유현(2018). An Analysis of Observers' Reflections on the Design-Thinking Based Team Problem-Solving Process of Pre-Service Technology Teachers. 한국기술교육학회지, 18, 22-43.
최유현(2019). 초임 기술교사를 위한 핵심 역량의 추출과 교육 요구도 분석. 대한공업교육학회지, 44(1), 209-231.

최유현, 노지아, 이진우 & 은용식(2019). 중학생용 창조적 자신감 척도의 개발과 타당화. 한국기술교육학회지, 19, 17-38.

최유현(2020). 기술교과 교육을 위한 디자인 사고에 기반한 메이커 교육의 다학제적 학습 모델의 개발. 한국과학예술융합학회, 38(2), 323-335.

최유현, 이승원 & 성의석(2021). 예비교사를 위한 디자인 씽킹 기반 팀 문제해결 프로그램의 모형 개발과 타당화. 교사교육연구, 60(2), 171-186.

최유현 외(2022). 창의융합메이커: 3I 디자인 씽킹 기반 창의 체험아카데미 캠프교재(초등학교). 충남대창의교육 거점센터. 마루비.

최유현 외(2022). 창의융합디자이너: 3I 디자인 씽킹 기반 창의 체험아카데미 캠프교재(중학교). 충남대창의교육 거점센터. 마루비.

최유현 외(2022). 창의융합이노베이터: 3I 디자인 씽킹 기반 창의 체험아카데미 캠프교재(고등학교). 충남대창의교육 거점센터. 마루비.

최유현 · 정문성(2013). 공학교수자를 위한 토의·토론 학습 모형. 국고.

최형신, 김미송(2017). 디자인 사고와 컴퓨팅 사고를 결합한 새로운 교사 교육 코스 설계. 정보교육학회논문지, 21(3), 343-350.

하유경, 조한익(2016). 대학생용 창의적 자기효능감 척도의 개발과 타당화 - Development and Validation of Creative Self-Efficacy Scale for College Students. 한국심리학회지, 13(1), 55-78.

Anderson, L. D. (1989). Problem Solving in Technology Education. The Technology Teacher, 49(9). 3-7.

Bagulary, P. (2003). Teams and Team-working. Chicago, Ill: MaGraw-Hill.

Bagulary, P. (2003). Teams and Team-working. Chicago, Ill: MaGraw-Hill.

Baker, G. E. & Dugger, J. C. (1986). Helping Students Develop Problem Solving Skills. The Technology Teacher, 45(1), 10-13.

Barnes, J. L. (1989). Learning to Solve Tomorrow's Problems. The Technology Teacher, 48(3). 25-29.

Beckman, S. L., & Barry, M. (2007). Innovation as a learning process: Embedding design thinking. California Management Review, 50(1), 25-35.

Beghetto, R. A. (2006). Creative self-efficacy: Correlates in middle and secondary students. Creativity Research Journal, 18(4), 447-457.

Bennis, W. & Nanus, B. (1985). Leaders: The Strategies for Taking Charge. New York:

Harper & Row.

Brooks, J. G. & Brooks, M. G. (1993). The Case for Constructivist Classrooms. ASCD.

Brown, T. (2008). Design thinking. Harvard Business Review, 86(6), 84-95.

Cassim, F. (2013). Hands On, Hearts On, Minds On: Design Thinking within an Education Context. International Journal of Art & Design Education, 32(2), 190-202.

Cheek, Dennis W. (1992). Thinking Constructively about Science, Technology, and Society Education. State Univ. of New York Press.

Chou, D. C. (2017). Applying design thinking method to social entrepreneurship project. Computer Standards & Interfaces.

Christensen, K. W. & Martin, L. (1992). Teaching Creative Problem Solving. The Technology Teacher, 51(12). 9-11.

Delisle, R. (1997). How to Use Problem-Based Learning in the Classroom. Association for Supervision and Curriculum Development.

Efeoglu, A., Møller, C., Sérié, M., & Boer, H. (2013). Design thinking: characteristics and promises. Paper presented at the 14th International CINet Conference on Business Development and Co-creation.

Eide, A. R., Jenison, R. D., Mashaw, L.H., and Northup, L.L. (2002). Introduction to Engineering Design & Problem Solving. Boston: McGraw-Hill.

Eide, A. R., Jenison, R. D., Mashaw, L.H., and Northup, L.L. (2002). Introduction to Engineering Design & Problem Solving. Boston: McGraw-Hill.

Fehring, R. J. (1987). Methods to validate nursing diagnoses. Nursing Faculty Research and Publications. 27.

Franks, D. R. eds. (1994). Constructivism : Its Significance for Education. North Bay, ON Nipissing Universty.

Glasersfeld. (1984). An Introduction to Radical Constructivism, in P. Watzlawick, the Invented Reakity. N. Y. : Norton & Company.

Goetsch, D. (2004). Effective Teamwork: Ten Steps for Technical Professions. Net Efect Series. Columbus, Ohio, Pearson Prentice Hall.

Gwyneth Owen-Jackson(ed.). (2002). Teaching Design and Technology in Secondary Schools. London and New York : The Open University.

Gwyneth Owen-Jackson. (2001). Developing Subject Knowledge in Design and Technology

: Developing, Planning and Communication Ideas. Trentham Books. The Open University.

Henriksen, D., Richardson, C., & Mehta, R. (2017). Design thinking: A creative approach to educational problems of practice. Thinking Skills and Creativity, 26, 140-153.

Hill, A. M. (1998). Problem Solving in Real Life Contexts : An Alternative for Design in Technology Education. International Journal of Technology and Design Education, 8. 203-220.

Howard-Jones, P. A. (2002). A Dual-State Model of Creative Cognition for Supporting Strategies that Foster Creativity in the Classroom. International Journal of Technology and Design Education, 12. 215-226.

Hutchinson, J. & Karsnitz, J. (1994). Design and Problem Solving in Technology. New York, Delmar pub.

Hutchinson, P. A. (1987). Problem-Solving in the British Craft. Design and Technology Program, Doctoral Dissertation, New York University.

IDEO. (2003). METHOD CARD. from IDEO https://www.ideo.com/post/method-cards

IDEO. (2012). Design thinking for Educators.

Jobst, B., Köppen, E., Lindberg, T., Moritz, J., Rhinow, H., & Meinel, C. (2012). The Faith-Factor in Design Thinking: Creative Confidence Through Education at the Design Thinking Schools Potsdam and Stanford? In Design Thinking Research (pp. 35-46).

Katzenbach & D. Smith(1993). The Wisdon of Treams: Creating the High-Performance Organization. Cambrudge, M.A : Harvard Business School Press.

Katzenbach, J. & Smith D. (1993). The wisdom of teams: Creating the high-performance organization. Cambridge, MA: Harvard Business School Press.

Katzenbach, J. & Smith D. (1993). The wisdom of teams: Creating the high-performance organization. Cambridge, MA: Harvard Business School Press.

Kelley, T., & Kelley, D. (2012). Reclaim your creative confidence. Harvard Business Review, 90(12), 115-118, 135.

Kelley. T. (2017). 2017 기술교육 전문가를 위한 D-Bait Project 워크샵 자료. 한국기술교육학회.

Koh, J. H. L., Chai, C. S., Wong, B., & Hong, H.-Y. (2015). Design Thinking and

Education. In Design Thinking for Education (pp. 1-15): Springer.

Krueger, R. A., & Casey, M. A. (2002). Designing and conducting focus group interviews.

Lawshe, C. H.(1975). A quantitative approach to content validity. Personal Psychology, 28(4). 563-575.

Leavy, B. (2010). Design thinking-a new mental model of value innovation. Strategy & leadership, 38(3), 5-14.

Levine, D. I., Agogino, A. M., & Lesniewski, M. A. (2016). Design Thinking in Development Engineering. INTERNATIONAL JOURNAL OF ENGINEERING EDUCATION, 32(3), 1396-1406.

Lindberg, T., Gumienny, R., Jobst, B., & Meinel, C. (2010). Is there a need for a design thinking process. Paper presented at the Design thinking research symposium.

Lugmayr, A. (2011). Applying design thinking as a method for teaching in media education. Paper presented at the Proceedings of the 15th International Academic MindTrek Conference: Envisioning Future Media Environments.

Martin, R. L. (2010). 디자인 씽킹. 서울: 웅진윙스.

Martin, R., & Martin, R. L. (2009). The design of business: Why design thinking is the next competitive advantage. Harvard Business Press.

Mathisen, G. E. (2011). Organizational Antecedents of Creative Self-Efficacy. Creativity and Innovation Management, 20(3), 185-195.

Mathisen, G. E., & Bronnick, K. S. (2009). Creative self-efficacy: An intervention study. International Journal of Educational Research, 48(1), 21-29. doi:10.1016/j.ijer.2009.02.009

McNeill, B. Bellamy, L. and Foster, S. (1995). Introduction to engineering design. Tempe: Arizona State University.

McNeill, B. Bellamy, L. and Foster, S. (1995). Introduction to engineering design. Tempe: Arizona State University.

Michael, L. A. H., Hou, S.-T., & Fan, H.-L. (2011). Creative Self-Efficacy and Innovative Behavior in a Service Setting: Optimism as a Moderator. The Journal of Creative Behavior, 45(4), 258-272. doi:10.1002/j.2162-6057.2011.tb01430.x

Nelson, H. G. & Stolterman, E. (2014). The Design Way : International change on an Unpredicable World. The MIT Press, Massachusetts.

Oxman, R. (2017). Thinking difference: Theories and models of parametric design thinking. Design studies, 52, 4-39.

Pualine, B. (1995). Designing and Learning in the Elementary School. International Technology Education Association. Reston, V. A. ERIC ED 381-387.

Rauth, I., Köppen, E., Jobst, B., & Meinel, C. (2010). Design thinking: an educational model towards creative confidence. Paper presented at the DS 66-2: Proceedings of the 1st International Conference on Design Creativity (ICDC 2010).

Razzouk, R., & Shute, V. (2012). What is design thinking and why is it important?. Review of Educational Research, 82(3), 330-348.

Rees, F. (1997). Teamwork form start to finish. : 10 steps to results. An Imprint of Jossey-Bass Inc., Publishers.

Richter, A. W., Hirst, G., van Knippenberg, D., & Baer, M. (2012). Creative self-efficacy and individual creativity in team contexts: cross-level interactions with team informational resources. J Appl Psychol, 97(6), 1282-1290. doi:10.1037/a0029359

Romme, A. G. L. (2004). Action research, emancipation and design thinking. Journal of Community & Applied Social Psychology, 14(6), 495-499. doi:10.1002/casp.794

Rosa, M., Marques, C. A. N., & Rozenfeld, H. (2017). Commonalities and Particularities of PSS Design Process and Design Thinking. Procedia CIRP, 64, 253-258.

Rowe, P. G. (1987). Design thinking. MIT press.

Sayers, S., Morley, J. & Barnes, B. (ed.). (2002). Issues in Design and Technology Teaching. Routledge, Falmer.

Scolotes, P. P. (1996). The Team Handbook. Madison, WI: Joiner Association.

Seelig, T. (2015). Insight Out: Get Ideas Out of Your Head and Into the World: Harper Collins.

Sengupta, P., Kinnebrew, J. S., Basu, S., Biswas, G., & Clark, D. (2013). Integrating computational thinking with K-12 science education using agent-based computation: A theoretical framework. Education and Information Technologies, 18(2), 351-380.

Smith, K. A. (2004). Teamwork and Project Management. 2nd Ed. Boston: MaGraw-Hill.

Smith, K. A. (2004). Teamwork and Project Management. Boston: McGrawHill - Higher Education.

Steinbeck, R. (2011). Building Creative Competence in Globally Distributed Courses through

Design Thinking. Comunicar(37), 27-34. doi:10.3916/c37-2011-02-02

Stewart, G. L., Manz, C. C. & Sims, Jr, H. P. (1999). Team Work and Group Dynamics. New York: John Wiley & Sons, INC.

Stewart, G. L., Manz, C. C. & Sims, Jr, H. P. (1999). Team Work and Group Dynamics. New York: John Wiley & Sons, INC.

Sweet, C., Blythe, H., & Carpenter, R. (2015). Developing Creative Confidence. Paper presented at the The National Teaching & Learning Forum.

Sylvia Libow Martinez and Gary S.(2013). Invent To Learn: Making, Tinkering, and Engineering in the Classroom. Constructing Modern Knowledge Press.

Takeda, K. (2013). Design Thinking for Future Schools. Fujitsu Scientific & Technical Journal, 49(4), 455-462.

Tan, A.-G., Li, J., & Rotgans, J. (2011). Creativity self-efficacy scale as a predictor for classroom behavior in a Chinese student context.

Tierney, P., & Farmer, S. M. (2002). Creative self-efficacy: Its potential antecedents and relationship to creative performance. Academy of management Journal, 45(6), 1137-1148.

Tierney, P., & Farmer, S. M. (2011). Creative self-efficacy development and creative performance over time. J Appl Psychol, 96(2), 277-293. doi:10.1037/a0020952

Tingyi, L., Xinyi, S., Zhiyu, H., & Jingxi, H. (2014). (스탠퍼드 대학의) 디자인 씽킹 강의 노트(송은진, 역). 인천: 인서트.

Torp, L. & Sage, S. (1998). Problems as Possibilities : Problem-Based Learning for K-12 Education. Association for Supervision and Curriculum Development.

Tschimmel, K. (2012). Design Thinking as an effective Toolkit for Innovation. Paper presented at the ISPIM Conference Proceedings.

Ulibarri, N., Cravens, A. E., Cornelius, M., Royalty, A., & Nabergoj, A. S. (2014). Research as design: Developing creative confidence in doctoral students through design thinking. International Journal of Doctoral Studies, 9, 249-270.

Wellins, R. S., Byham, W. C. & Willson, J. M. (1991). Empowered Teams: Creating self-directed work groups that improve quality, productivity, and participation. San Francisco, CA: Jossy-Bass Inc.

Wellins, R. S., Byham, W. C. & Willson, J. M. (1991). Empowered Teams: Creating self-directed work groups that improve quality, productivity, and participation. San Francisco, CA: Jossy-Bass Inc.

West, M. A. & Markiewicz, L. (2004). Building Team-Based Working: Practical Guide to Organizational Transforming. BPS Blackwell.

Yang, H.-L., & Cheng, H.-H. (2009). Creative self-efficacy and its factors: An empirical study of information system analysts and programmers. Computers in Human Behavior, 25(2), 429-438.